# NBA 风云录（上）

直笔体育百科系列

典藏版

直笔巨献

王玉国 著

北京时代华文书局

图书在版编目（CIP）数据

NBA 风云录 / 王玉国著 . -- 北京：北京时代华文书局，2021.8
ISBN 978-7-5699-4259-0

Ⅰ . ①N… Ⅱ . ①王… Ⅲ . ①篮球运动－运动员－生平事迹－美国 Ⅳ . ①K837.125.47

中国版本图书馆 CIP 数据核字（2021）第 141110 号

## NBA 风云录
### NBA FENGYUNLU

| 著　者 | 王玉国 |
| --- | --- |
| 出 版 人 | 陈　涛 |
| 选题策划 | 董振伟　直笔体育 |
| 责任编辑 | 周连杰 |
| 执行编辑 | 王振强　马彰羚 |
| 责任校对 | 凤宝莲 |
| 装帧设计 | 程　慧　段文辉 |
| 责任印制 | 訾　敬 |

| 出版发行 | 北京时代华文书局 http://www.bjsdsj.com.cn |
| --- | --- |
|  | 北京市东城区安定门外大街 138 号皇城国际大厦 A 座 8 楼 |
|  | 邮编：100011　电话：010-64267955　64267677 |
| 印　　刷 | 小森印刷（北京）有限公司　010-80215073 |
|  | （如发现印装质量问题，请与印刷厂联系调换） |
| 开　　本 | 787mm×1092mm　1/16　印　张　32　字　数　512 千字 |
| 版　　次 | 2021 年 8 月第 1 版　印　次　2021 年 8 月第 1 次印刷 |
| 书　　号 | ISBN 978-7-5699-4259-0 |
| 定　　价 | 168.00 元（全二册） |

本书部分图片因无法联系上版权所有者，请所有者与出版社联系支付相关费用。

版权所有，侵权必究

## 玉国是我的好兄弟

文/黄健翔 著名主持人

和玉国相识已经20多年。

回首过往，在最困难的时候，玉国参与了《最体育》的创办。在北京，他跟着我坚持了好多年，后来因为结婚生子回到了老家山东潍坊。我一直觉得很可惜，因为他是一个非常有才的体育媒体人，离开了北京这样一个搞媒体、搞文化产业最好的阵地，有点屈才。

但事实证明，是金子到哪儿都能发光，离开北京后玉国一直做得有声有色，并且由于网络的存在，人与人之间的时空距离大幅缩小，我得以时常看到他的观点，听到他的言论，感觉我们仍然并肩战斗。

当然，我还是经常在微信上、电话里故意挖苦、调侃玉国。他在篮球方面的钻研和见解是令我非常钦佩的。我如果想在篮球方面侃一番，就一定会问问他的意见，才敢出来说话。

玉国现在出的这本书，算是对他自己体育媒体生涯做个交代，我非常理解他这样的情结和心愿。相信这本书能引起很多篮球爱好者的共鸣，特别是和玉国一个年龄段、同一个时代的篮球爱好者。如果你和玉国出生年代相似，进入媒体岗位、投入互联网工作的年代差不多，你们一定会有很多共同的回忆的。你们的青春，都在这本书里面。

作为一个足球解说员，我深知足球的魅力有多大。但是同样，篮球这项运动，NBA这项赛事，所带给球迷的震撼力也是无与伦比的。在足球圈，我们对贝利、马拉多纳、齐达内、C罗、梅西等球星侃侃而谈，而在篮球圈，贾巴尔、奥拉朱旺、乔丹、科比、詹姆斯、库里等，这一串串响亮的名字也有太多的故事，值得去记忆、去典藏。

当玉国把这本书的书稿给我的时候，我也是看得津津有味。其实在体育这个领域，足球也好，篮球也罢，还有乒乓球、羽毛球、排球、田径等等项目,他都是那样的魅力无极限。而当一项赛事在历史的长河中沉淀下来,就会有太多的故事源远流长,有太多的传奇值得记忆。而这本《NBA风云录》,正是玉国对NBA这75年风云发展的总结。如果你是一个体育迷、一个篮球迷、一个NBA粉丝,定会喜欢玉国老弟的这本《NBA风云录》。

# 那些我们愿意回忆的，才是往事

文/颜晓华  著名体育媒体人

2020-2021赛季，NBA西部决赛第五场，快船队球员保罗·乔治在第四节一次投篮中被克劳德犯规后倒地不起。对此，解说席上的杰夫·范甘迪怒喷："我真是受够了比赛里的这些'娘炮'动作，克劳德又不是恶意犯规。"

也许因为角度的问题，范甘迪没有注意到克劳德的插眼动作（当值裁判根据录像回放给了克劳德一级恶意犯规），所以范甘迪的这段说辞成为争议。

因为曾执教姚明，中国球迷对范甘迪都不陌生，但范甘迪真正打出名声是在执教尼克斯队期间的一场季后赛中——1998年季后赛首轮，尼克斯队对阵热火队，双方硬汉奥克利和莫宁的冲突引发群殴，为了保护球员，瘦小的范甘迪抱住莫宁的大腿，在地板上被硬生生拖了十米。

范甘迪见过硬汉，他是硬汉时代的见证者，甚至是缔造者之一。当年他从帕特·莱利手上接过来的那支球队被称为"纽约黑帮"，范甘迪对防守的要求近乎变态，拿皮尺量球员的防守站位，少一寸都不行。

批判保罗·乔治不是范甘迪改当评论员后第一次表达对当今联盟对抗氛围的不满，几年前在一档节目里，他说当今NBA的比赛已经没有真正的对抗和令人"讨厌"的对手了。

所以，我的理解是，与其说范甘迪忽略了克劳德对于乔治的插眼动作，不如说他还活在曾经的峥嵘岁月里。

当然，不是所有人都像范甘迪一样觉得这是一个"娘炮时代"（以前的时代才是最好的）。

你是否遇见过这样的惶惑？当你和别人，特别是比你更年轻的人，谈起一段历史，或者谈起一个历史人物的时候，会发现你们谈的根本不是一回事。

一个人世界观尺度的设定，一定可以追溯到过往生命里某个决定性的时刻。落实到篮球观上，生于"黑白双雄"时代的球迷、生于"飞人"乔丹时代的球迷、生于科比时代的球迷、生于詹姆斯时代、生于库里时代的球迷，一定都不一样。

那些我们愿意回忆的，才是往事，才是岁月，才是历史。

本书的作者王玉国，是我的小兄弟，我们有过一段一起在北京打拼的岁月，我们一起看过很多的NBA比赛，一起码过很多字，2010年残酷至死的"黄绿大战"，现在回忆起来可以抽成一帧一帧的。我看着他从一个初出茅庐的小伙子一点点变成跟我一样一身烟味、满脸憔悴、对着镜子才可以心疼一下自己的中年男人。

玉国现在在老家做着自己的事业，虽然写字在这个时代已经很难养活自己了，但是他一直有个执念，要写一本书，围绕自己的兴趣。

于是，有了这本《NBA风云录》。

我很想帮他把书名改成《NBA往事》，"往事"很细碎，比较有温度。譬如《美国往事》，"面条"那让人心碎的倒下……

# 原来你还在这里

文/王玉国

邀请颜晓华老师写序的时候,他在微信上发来一串惊讶的表情,说记不清上一次正经码字是什么时候了。

我们大致都曾经靠码字为生。在《最体育》办公室里,我俩对面而坐,中间放一个烟灰缸,嘴里叼根没有点着的烟卷,他用销魂的一指禅把键盘敲得噼啪直响。烟缸满了,烟卷没了,等烟屁股也被分刮完毕,稿子差不多也就写完了,收工走人。我一直觉得,我们的稿子的长度,取决于香烟燃烧的速度,以及用嘴吸嘬的力度。

世界杯、欧洲杯、NBA,我们在一起码了很多很多字,但荒诞的是,这个时代似乎已经不需要文字了,更荒诞的是,我还写了这本书,还请颜老师写序。

我们都是与这个世界格格不入的人。也正是因为这点相近的德性,我和他,一个南京人,一个潍坊人,才能在网络上隔空挑逗,并在北京走到了一起,还腻歪了好些年。

那时候我还在南开大学读书,他在南京操刀《扬子体育报》和《篮霸周刊》。我懒得去上课,他在报社指点江山,应该也很闲,我们就在QQ上扯淡。我至今仍想起来就要落泪的一幕:他问我晚饭吃什么,我说泡面,他说你是不是没钱了,我给你寄点?

2008年毕业后,经张博老师引荐,我去了新浪体育NBA频道,一年之后,姚明所在的火箭队在季后赛里被淘汰出局,我突然觉得生活很无趣,辞职了。

一切都是天意,对的人总会走到一起。辞职一个月后,黄健翔和颜晓华两位老师拉我入伙,捣鼓出了《最体育》,直到2014年我逃遁回潍,我们一直在一起。

就像黄健翔老师在序里说的,作

为一个体育媒体人，我潜逃回老家很是可惜，那几乎意味着我与体育从此一刀两断。但人生充满了无奈，彼时我已是32岁"高龄"，仍孤身一人，好不容易在老家找到一个愿意收留我的姑娘，生怕错过了这个村，一辈子就找不到店住了。

但体育并未因此与我绝缘。那年夏天，世界杯来了，黄颜两位大哥又将我拽回了北京，一起做《黄·段子》节目，名义上是工作，其实就是花钱请我去玩耍。那个月，我们又在一起策划了好多期节目，码了好多字，喝了好多啤酒，吃了好多小龙虾——我负责喝酒，颜晓华负责吃小龙虾，以及买单。

时光是一条无情的小河，我人到中年，颜老师快成颜老了，传媒也发生了令我们猝不及防的剧变，节目策划和码字已经不那么重要，甚至不再被需要。我和体育的勾连越来越少，和黄颜两位大哥也就逐渐失联。

所以当编辑和我商议请人写序时，我说就黄健翔和颜晓华吧，再加上我自己，算是《最体育》办了一场线上《老友记》吧。

说起来也巧，负责本书策划的董振伟老师，也是《最体育》的故人，当年是我们的撰稿人。实在没想到时隔多年，我们又因为这本书久别重逢。所有相遇，都是久别重逢，也都是最好的安排。

董老师对书有一种近乎偏执的认真，那就让我们一起与这个世界格格不入吧。

在写这本书的同时，我在老家山东潍坊开了一家体彩店，说出来大家可能不信，在内心最深处，我只是想与体育再亲密接触一次。也正如写这本书，走进浩瀚的NBA历史，其实我与体育从未走散，原来它还在这里。

我始终固执地认为，文字不会被抛弃，或者说，这并不重要，重要的是，文字不会被我自己抛弃，就像不会被念旧的颜晓华老师和严谨的董振伟老师抛弃一样。我们都是孤独的守望者，也希望不会独行。

克里斯·保罗率领太阳队打进了总决赛，这门老炮的浮沉，带走了我们的青春，现在回忆起来，依旧鲜活。颜老师说，那些我们愿意回忆的，才叫往事。关于保罗，关于NBA，关于你和我，有很多值得回忆的往事，让我们一起举杯，把这杯往事干了，敬过往，也敬明天。

蒂姆·哈达威　　　　格兰特·希尔
康尼·霍金斯　斯潘塞·海伍德
　　凯里·欧文　马拉维奇
保罗·皮尔斯　内特·瑟蒙德　韦斯·昂塞尔德
　　　　　　　　　鲍勃·麦卡杜
　　　　　　　　　　　查尔斯·巴克利
# 维尔特·张伯伦
　　　　斯科特·皮蓬　　詹姆斯·哈登
　　　　　史蒂夫·纳什
　　杰克·特怀曼　## 贾巴尔　沃尔特·贝拉米
　　　　　　　　　　　　　　威利斯·里德
　　阿伦·艾弗森　埃尔文·约翰逊
里克·巴里　　　德雷克斯勒　阿奇博尔德
## 卡尔·马龙
　　德怀恩·韦德　# 迈克尔·乔丹　乔·杜马斯
　维斯布鲁克
　　　　　　　　　　拉里·伯德
　　　　　　　　　　　　　威尔金斯
## 勒布朗·詹姆斯
　　　　　　　　　　戴夫·宾
　乔治·麦肯　比利·坎宁安　　　　　文斯·卡特
　　　　　　　　　　比尔·拉塞尔
　　　　　蒙克利夫
麦克格雷迪
　　　　多尔夫·谢伊斯　　丹特利　安芬尼·哈达威
　杰里·韦斯特　　　　卡梅隆·安东尼
　　　　　　　雷·阿伦　　沃尔特·弗雷泽
　哈尔·格里尔
## 沙奎尔·奥尼尔　　鲍勃·兰尼尔

戴夫·考恩斯　　　　　　　　　摩西·马龙
　　　　肖恩·坎普　杰里·卢卡斯
　　　　　　　　　鲍勃·库西

　　　帕特里克·尤因　　埃尔金·贝勒　托尼·帕克
保罗·加索尔　　　　　　　　　　　穆托姆博

## 斯蒂芬·库里
　　马努·吉诺比利　　奥斯卡·罗伯特森
　　　阿德托昆博　　　　　　　　麦克海尔

　贾森·基德　克里斯·穆林　德怀特·霍华德
　　　　　　　　　　　　　　凯文·加内特
　　哈弗里切克　　　　　　　丹尼斯·约翰逊
　　　　　　　　　克里斯·韦伯
　　　　　　　　　　　丹尼斯·罗德曼
　　　蒂姆·邓肯
英格利什　　　　　## 科比·布莱恩特
　　　罗伯特·帕里什
　　　　　　　　　　　　奥拉朱旺　雷吉·米勒
　　　　　　　萨姆·琼斯
　　　　　　　　　　　　　　阿尔蒂·吉尔摩
　　　斯托克顿
　　　　　　　　　大卫·罗宾逊
　兰尼·威尔肯斯
阿隆佐·莫宁　　　　　　　　　　克里斯·保罗
　　　　科怀·莱昂纳德
　　　厄尔·门罗　## 姚明　　詹姆斯·沃西
　　　　　　戴夫·德布斯切尔　乔治·格文
　　鲍勃·佩蒂特
　加里·佩顿　　　　凯文·杜兰特
　　　　　　大卫·汤普森　伯纳德·金　　比尔·沃顿
　　　　　诺维茨基　　　　　埃尔文·海耶斯
以赛亚·托马斯
　　　　　　　朱利叶斯·欧文

# 目录 CONTENTS

## 第一章 典藏时刻，梦回开始

| | | |
|---|---|---|
| 1946-1947 | 起航！第一次美妙跳投 第一位球星 | 002 |
| 1947-1948 | 惊叹！第一次大逆转 子弹队造神迹 | 005 |
| 1948-1949 | 巨星！麦肯加盟湖人队 王朝迎序幕 | 008 |
| 1949-1950 | 连冠！第一次卫冕 真正的NBA到来 | 011 |
| 1950-1951 | 铭记！首办全明星 第一个黑人球员 | 015 |
| 1951-1952 | 调整！规则限制麦肯 湖人队收失地 | 019 |
| 1952-1953 | 湖人队再卫冕 "绿衫军"崭露头角 | 022 |
| 1953-1954 | 王朝！首个三连冠 湖人队上演征服 | 025 |
| 1954-1955 | 告别！麦肯退役 回首最激烈总决赛 | 028 |
| 1955-1956 | 合作！两大超巨联手 助勇士队夺冠 | 031 |

## 第二章 统治超群，绿衫时代

| | | |
|---|---|---|
| 1956-1957 | 动魄！史诗级决赛"绿衫军"首夺冠 | 050 |
| 1957-1958 | 成功复仇！老鹰队夺冠 神话来临之前 | 054 |
| 1958-1959 | 霸气！横扫夺冠"绿衫军"王朝序幕 | 057 |
| 1959-1960 | 神人！张伯伦到来"绿衫军"演卫冕 | 061 |
| 1960-1961 | 湖人队迎"LOGO男""绿衫军"三连冠 | 065 |
| 1961-1962 | 秀！张伯伦100分 "大O"场均三双 | 068 |
| 1962-1963 | 五连冠！"绿衫军"神迹 库西正式退役 | 072 |
| 1963-1964 | 联盟的无解时代"绿衫军"8年7冠 | 075 |
| 1964-1965 | 瞬间！东部决赛惊世一断 76人队失意 | 078 |
| 1965-1966 | 难有后来者"绿衫军"迎旷世八连冠 | 082 |
| 1966-1967 | 世纪对决"大帅"胜 76人队上演复仇 | 085 |
| 1967-1968 | 王朝还没有坍塌"绿衫军"卷土重来 | 088 |
| 1968-1969 | 载入史册的绿衫时代 韦斯特败方MVP | 091 |

## 第三章 翻天覆地,诸神混战

| | | |
|---|---|---|
| **1969-1970** | 上帝安排!"天勾"驾到 铁血尼克斯 | 112 |
| **1970-1971** | 无敌之师!"大O""天勾"珠联璧合 | 116 |
| **1971-1972** | 33连胜的窒息感!湖人队终破魔咒 | 120 |
| **1972-1973** | 留无数经典!里德与张伯伦的告别 | 124 |
| **1973-1974** | 两大后卫退役!"绿衫军"再夺冠 | 128 |
| **1974-1975** | 巴里,一个人的表演!勇士队称王 | 132 |
| **1975-1976** | 一个非法的暂停!一场马拉松战役 | 136 |
| **1976-1977** | NBA迎大一统!开拓者队惊天泣鬼 | 140 |
| **1977-1978** | 黑马神奇夺冠!最惨烈得分王之争 | 144 |
| **1978-1979** | 刺激的半决赛!超音速队华丽夺冠 | 148 |

## 第四章 极致PK,"黑白"争霸

| | | |
|---|---|---|
| **1979-1980** | 天之骄子!"魔术师""大鸟"对决 | 172 |
| **1980-1981** | 陷入癫狂!"大鸟"伯德的伟大投篮 | 176 |
| **1981-1982** | 美妙的宫斗大戏!"魔术师"的救赎 | 180 |
| **1982-1983** | 马龙霸气"FO"!76人队创纪录夺冠 | 184 |
| **1983-1984** | 扣篮大赛问世!贾巴尔总得分破纪录 | 188 |
| **1984-1985** | 乔丹亮相了!湖人队终赢"绿衫军" | 192 |
| **1985-1986** | "大鸟"又赢了!上帝穿上乔丹球衣 | 197 |
| **1986-1987** | 乔丹加冕扣篮王"魔术师"惊世一勾 | 202 |
| **1987-1988** | 乔丹惊天表演难救主 湖人队成功卫冕 | 207 |
| **1988-1989** | "The Shot"诞生"坏孩子军团登基" | 212 |
| **1989-1990** | "禅师"联手乔丹"刺客"笑到最后 | 217 |

# 目录

## 第五章 "GOAT"，乔丹时代

| 1990-1991 | 超过巨人们的头顶！乔丹获生涯首冠 | 242 |
| 1991-1992 | 疯狂呐喊！乔丹耸耸肩，公牛队卫冕 | 248 |
| 1992-1993 | 不可一世！乔丹传传球，公牛三连冠 | 255 |
| 1993-1994 | 乔丹首次退役 "大梦"助火箭队升空 | 262 |
| 1994-1995 | "大梦"的舞台！火箭队迎神奇卫冕 | 268 |
| 1995-1996 | 72胜10负！谁能阻止乔丹和公牛队 | 274 |
| 1996-1997 | 乔丹的"流感之战"！公牛队壮哉卫冕 | 281 |
| 1997-1998 | 神！神！神！世纪一投 公牛队六冠王 | 289 |

## 第六章 万众仰望，乱世巨星

| 1998-1999 | 第一个突围的是邓肯！马刺队夺首冠 | 314 |
| 1999-2000 | 恐怖而狰狞的"鲨鱼"新王朝的序曲 | 319 |
| 2000-2001 | 孤独却华丽的艾弗森！湖人队的卫冕 | 325 |
| 2001-2002 | "OK"组合最后癫狂！湖人队三连冠 | 331 |
| 2002-2003 | 姚明登陆NBA！属于"GDP"的狂欢秀 | 337 |
| 2003-2004 | 03一代正式登场！活塞队的草根逆袭 | 343 |
| 2004-2005 | 邓肯"成佛"！"OK"解散"MM"出世 | 349 |
| 2005-2006 | 科比的81分！"闪电侠"完成不可能 | 355 |
| 2006-2007 | "小皇帝"的初征！"GDP"的碾压秀 | 361 |

## 第七章 珠联璧合，巨头组队

| | | |
|---|---|---|
| 2007-2008 | 科比的唯一MVP！"三巨头"的荣耀 | 382 |
| 2008-2009 | "黑曼巴"之独行逆转！科比第四冠 | 388 |
| 2009-2010 | "黑曼巴"之盛世伟业！科比第五冠 | 395 |
| 2010-2011 | 詹姆斯再折戟！"诺天王"曼妙之舞 | 401 |
| 2011-2012 | "林疯狂"火爆全球 詹姆斯九年圆梦 | 408 |
| 2012-2013 | "君子雷"绝妙三分 詹姆斯真"皇帝" | 416 |
| 2013-2014 | 杜兰特得分盛宴！"GDP"觅得接班人 | 424 |

## 第八章 三分盛宴，小球时代

| | | |
|---|---|---|
| 2014-2015 | 惊叹！那个叫库里的家伙 勇士队夺冠 | 442 |
| 2015-2016 | 冰与火之歌！73胜神迹遇上"全力詹" | 449 |
| 2016-2017 | 无可挑剔梦幻之师！勇士队王者归来 | 455 |
| 2017-2018 | 遗憾！火箭队挑战未遂 勇士队造王朝 | 461 |
| 2018-2019 | 詹姆斯驾临西部！猛龙队新王"登基" | 467 |
| 2019-2020 | 世界之殇！科比离世 湖人队冠军告慰 | 473 |
| 2020-2021 | "控卫之神"留憾 "字母哥"成主宰 | 480 |

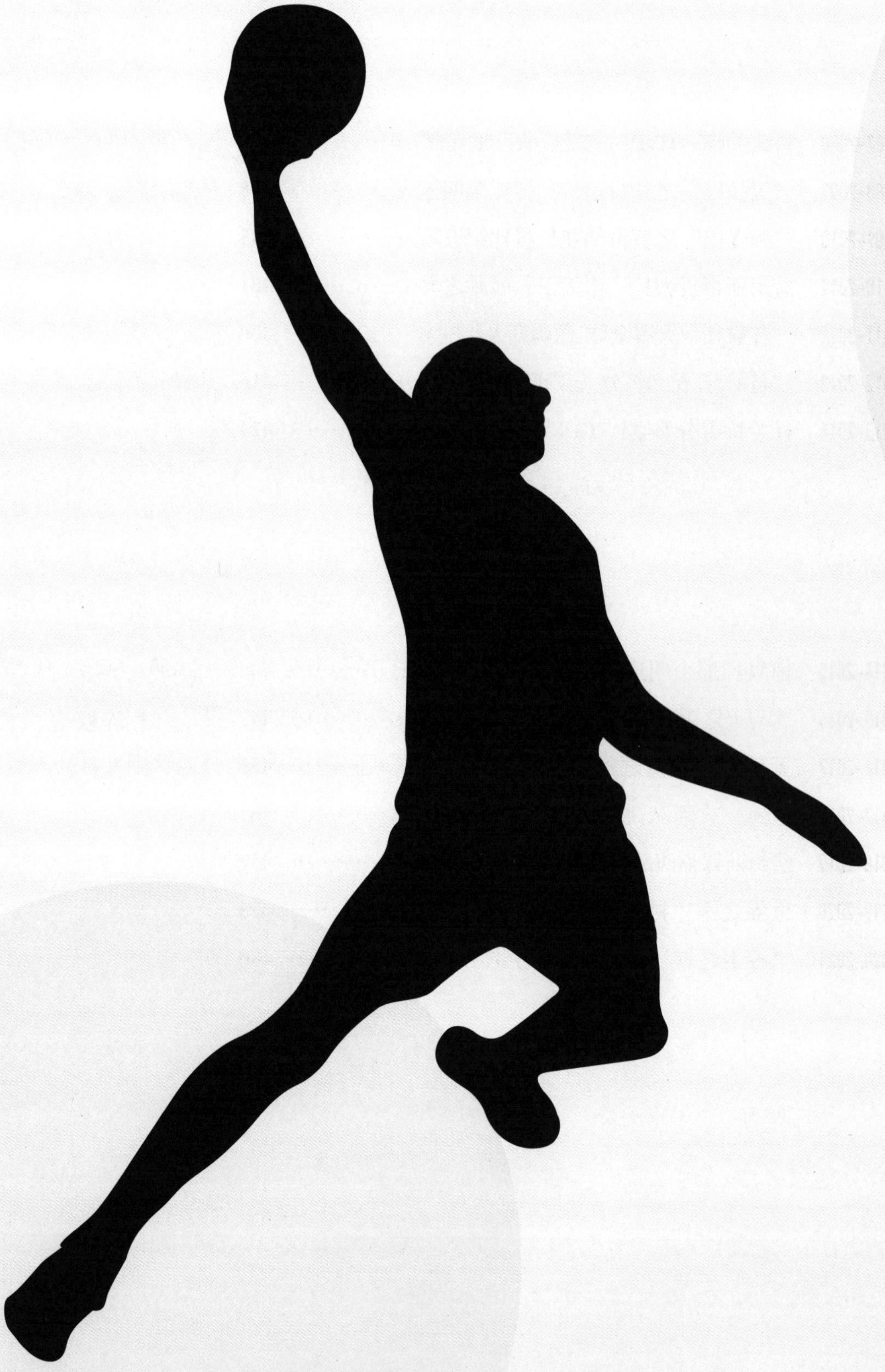

# 第一章 典藏时刻，梦回开始

1945年，第二次世界大战结束，作为战胜国的美国欢欣雀跃，一批精明的商人和老板敏锐地洞察到，从炮火中走出来的民众会越发需要娱乐，他们决定成立新的篮球联盟——NBA的前身——BAA（Basketball Association of America）。

BAA的生日是1946年6月6日。这一天，在纽约中央车站附近的"舰长饭店"里，BAA召开了成立大会。会议确定了11支参赛球队：纽约尼克斯队、波士顿凯尔特人队、芝加哥牡鹿队、克利夫兰叛逆者队、底特律猎鹰队、费城勇士队、匹兹堡铁人队、普罗维登斯蒸汽压路机队、圣路易斯轰炸机队、多伦多哈士奇队和华盛顿国会队。会议同时确定了每支球队每个赛季进行60场常规赛。

BAA和当时大大小小的联盟相比，有四个与众不同的特点：

1.所有11支球队的老板都有自己的体育馆。2.由于当时采用主客场制的大学业余联赛已经非常成功，BAA的球员都是刚刚大学毕业的篮球选手。3.BAA借鉴了当时冰球联赛的赛程，分为东、西部两个联盟以及若干个赛区；常规赛时，联盟内部的球队要打两个主客场，并和另一个联盟的球队打一次主客场，按照成绩好坏排出名次，只有进入季后赛才有资格夺取总冠军。4.与业余篮球上下半场的计时制不同，BAA采用4节48分钟制。为了取悦球迷，避免比赛枯燥沉闷，BAA禁止使用区域联防。

1946年11月1日，BAA的第一场比赛在枫叶花园进行，多伦多哈士奇队主场迎战纽约尼克斯队。比赛开始后，史克曼得到了尼克斯队、也是BAA历史上的第1分，率队获6∶0领先，首节比赛结束，尼克斯队16∶12领先。尼克斯队

## 1946—1947

### 起航！第一次美妙跳投 第一位球星

**总冠军：费城勇士队**
**得分王：乔·弗尔克斯**（勇士队/1389分）
**助攻王：埃尼·卡弗利**（压路机队/202次）

一度把领先优势扩大至15分,多伦多哈士奇队教练兼队员萨多斯基率队反击,在半场结束前将比分追至29∶37。不幸的是,萨多斯基很快在3分钟内个人累计犯规达到5次,被罚出场。诺斯特雷德替下萨多斯基后,哈士奇队反而士气大增,第三节比赛结束时将比分反超为48∶44。比赛还剩最后两分半钟,尼克斯队的迪克和托米贡献一次投篮和一次罚球,多伦多哈士奇队以66∶68惜败。萨多斯基砍下18分,里奥得到14分,是各自球队的最高分。

BAA首个赛季诞生了史上第一个球星,他就是来自费城勇士队的乔·弗尔克斯。弗尔克斯来自肯塔基大学,身高1.98米,他在进攻端无所不能,以总得分1389分成为1946—1947赛季的得分王(在1969—1970赛季之前,得分王、助攻王分别是赛季总得分、总助攻最多的球员)。那个年代,进攻并没有时间限制,球员的身体素质远没有今天这么好,大家一般采用双脚原地站立胸前投篮,单脚离地被视为挑战教练权威的"大逆不道"的行径,因此球员的投篮命中率普遍在30%左右。能在这种情况下场均砍下23.2分,弗尔克斯的进攻效率之高可见一斑,他比场均得分榜第二的鲍勃·菲利克高出6分多,后者的场均得分只有16.84分。由于进攻效率低下,联盟的首个助攻王——压路机队的埃尼·卡弗利场均助攻次数只有3.4次,总助攻数202次。

那个赛季,后来被称为"红衣主教"的里德·奥尔巴赫执教的华盛顿国会队荣膺常规赛冠军,战绩为49胜11负,其中主场战绩为骄人的29胜1负。但在季后赛中,国会队被扎斯洛夫斯基和中锋查克·哈勃特带领的牡鹿队以大比分4∶2击败。而费城勇士队则在弗尔克斯的率领下,连克圣路易斯轰炸机队和纽约尼克斯队,与芝加哥牡鹿队会师总决赛。

总决赛首战,弗尔克斯下半场如有神助,无人能挡,劈下29分,全场比赛砍下37分,率勇士队获得开门红。美联社撰文称:"这是在这个球馆(即费城球馆)见过的最伟大的投篮秀。"

首战告捷,勇士队势如破竹,再下两城,3∶0取得赛点。第四战,牡鹿队扳回一阵,但终因实力不济,无力回天,以1∶4败北,目送勇士队捧取BAA史上首个总冠军。总决赛中,除了弗尔克斯,达尔玛和安吉洛·姆西也立下汗马功劳。

获得总冠军后,勇士队球员每人得到2000美金,这相当于当时大多数球员半个赛季的薪水。

## 1946-1947赛季排名

| 东部联盟 | | | |
|---|---|---|---|
| 排名 | 球队 | 胜 | 负 |
| 1 | 华盛顿国会队 | 49 | 11 |
| 2 | 费城勇士队 | 35 | 25 |
| 3 | 纽约尼克斯队 | 33 | 27 |
| 4 | 普罗维登斯蒸汽压路机队 | 28 | 32 |
| 5 | 波士顿凯尔特人队 | 22 | 38 |
| 6 | 多伦多哈士奇队 | 22 | 38 |

| 西部联盟 | | | |
|---|---|---|---|
| 排名 | 球队 | 胜 | 负 |
| 1 | 芝加哥牡鹿队 | 39 | 22 |
| 2 | 圣路易斯轰炸机队 | 38 | 23 |
| 3 | 克利夫兰叛逆者队 | 30 | 30 |
| 4 | 底特律猎鹰队 | 20 | 40 |
| 5 | 匹斯堡铁人队 | 15 | 45 |

# NBA PLAYOFFS
## NBA季后赛 对阵表
### 1946—1947赛季

- 费城勇士队 2
- 圣易路斯轰炸机队 1
- 费城勇士队 2
- 纽约尼克斯队 2
- 克利夫兰叛逆者队 1
- 纽约尼克斯队 0

**The Finals**

**费城勇士队**

费城勇士队 4 — 芝加哥牡鹿队 1

- 芝加哥牡鹿队 4
- 华盛顿国会队 2

由于BAA从酝酿到成立的时间很短，初期的局势动荡不堪，这里面有经济和运营的原因，也有规则尚不健全的原因。由于缺乏硬性、有效的规则制度，一些球队可以随意进入退出联盟。

BAA第二个赛季伊始，多伦多哈士奇队、底特律猎鹰队、克利夫兰叛逆者队和匹兹堡铁人队就单方面宣布退出联盟。如此一来，联盟由成立之初的11支球队锐减为7支，BAA面临分崩离析的危险。

这反倒成全了ABL（American Basketball League）的巴尔的摩子弹队。早在1946年，子弹队就有意加入这个全新的联盟，但由于球馆质量太差而遭到拒绝。4支球队退出后，BAA高管终于给子弹队放行，这才勉强凑足了8支球队。

球队锐减，同时为了节省旅费开支，这一赛季的常规赛由60场减为48场。令高层稍感欣慰的是，BAA在本赛季吸纳了一位达人，乔·雷普奇克成为纽约尼克斯队的新任主教练。雷普奇克曾在ABL的原凯尔特人队效力，随后在圣约翰大学执教，是一位经验丰富的篮球教练。从这方面来说，BAA尽管举步维艰，但也逐步走上了招揽良将加盟、提高技术含量的道路。

上赛季得分王乔·弗尔克斯依然保持了较高水准，场均得分22.1分，但由于因伤缺席了5场比赛，他的赛季总得分是949分，列联盟第二。因此，赛季的总得分王头衔被牡鹿队的马克斯·扎斯洛夫斯基抢走，他的总得分突破千分大关，达到1007分。勇士队的达

## 1947-1948

### 惊叹！第一次大逆转 子弹队造神迹

总冠军：巴尔的摩子弹队

得分王：马克斯·扎斯洛夫斯基（牡鹿队/1007分）

助攻王：豪伊·达尔马（勇士队/120次）

尔马荣膺助攻王，助攻总数120次。

刚刚入伙的子弹队常规赛战绩为28胜20负，但他们在不被看好的情况下连胜尼克斯队和牡鹿队，闯进总决赛。卫冕冠军勇士队则4∶3险胜圣路易斯轰炸机队，再次跻身总决赛。子弹队跻身总决赛本来就令人刮目，但更神奇的事情还在后面，他们在总决赛中再次上演以弱克强的好戏，以4∶2的大比分加冕。其中，第二战的21分逆转被看作历史上最震撼人心的总决赛翻盘战。

总决赛首战，卫冕冠军勇士队以经验取胜，71∶68取得开门红。第二战，勇士队上半场就将子弹队打蒙，41∶20，看上去一场屠杀在所难免。面对一边倒的战况，勇士队主场的观众也感到索然无趣，他们脑子里想的已经不是比赛本身，而是赛后如何去庆祝。然而，下半场比赛风云突变，子弹队展开绝地反击，第三节比赛结束时竟然神奇地将比分扳为40∶48，仅仅落后8分。21分的领先优势转瞬间化为乌有，勇士队球员方寸大乱，而子弹队则愈战愈勇，最终将比分定格为66∶63，总决赛史上第一次经典大逆转就此诞生。子弹队偷得一场胜利后，势头再也无法抑制，最终4∶2将不可一世的勇士队拉下马来。

一个有趣的段子是，由于当时比赛规则很不完善，球员打球相当粗野，子弹队的领军人物巴蒂·吉安纳特在加冕战中嘴唇被打裂，比赛结束后他不得不先把嘴唇缝合，然后才能出去喝酒庆祝。

这是子弹队队史上第一次也是唯一一次获得BAA总冠军，身高1.80米的吉安纳特成为历史上第一个以教练兼队员的身份获得职业联赛冠军的人。除了吉安纳特，身高2.03米的中锋克莱瑞斯·海蒙森、后卫切克·里瑟、前锋保罗·霍夫曼和康尼·西蒙森等人也永远地留在了子弹队和BAA的光荣史册上。

## 1947-1948赛季排名

| 东部联盟 | | | |
|---|---|---|---|
| 排名 | 球队 | 胜 | 负 |
| 1 | 费城勇士队 | 27 | 21 |
| 2 | 纽约尼克斯队 | 26 | 22 |
| 3 | 波士顿凯尔特人队 | 20 | 28 |
| 4 | 普罗维登斯蒸汽压路机队 | 6 | 42 |

| 西部联盟 | | | |
|---|---|---|---|
| 排名 | 球队 | 胜 | 负 |
| 1 | 圣路易斯轰炸机队 | 29 | 19 |
| 2 | 巴尔的摩子弹队 | 28 | 20 |
| 3 | 芝加哥牡鹿队 | 28 | 20 |
| 4 | 华盛顿国会队 | 28 | 20 |

## NBA PLAYOFFS

### NBA季后赛 对阵表
#### 1947—1948赛季

- 巴尔的摩子弹队 2
- 纽约尼克斯队 1
  - 巴尔的摩子弹队 2
- 芝加哥牡鹿队 2
- 波士顿凯尔特人队 1
  - 芝加哥牡鹿队 0

**The Finals**

巴尔的摩子弹队
- 巴尔的摩子弹队 4
- 费城勇士队 2

- 费城勇士队 4
- 圣路易斯轰炸机队 3

西部赛区淘汰赛：芝加哥牡鹿队1：0华盛顿国会队
西部赛区排位赛：巴尔的摩子弹队1：0芝加哥牡鹿队

总体来说，BAA的头两个赛季运作得并不成功，联赛规模和门票收入锐减，财政亏损严重，已经到了无以为继、不变即死的地步。在进退两难的处境之下，头脑精明的总裁莫里斯·波多洛夫决定"策反"与BAA分庭抗礼的NBL（National Basketball League）。实际上，总裁初期的计划是拉拢NBL的明尼阿波利斯湖人队，因为湖人队阵中有巨星乔治·麦肯，他想通过明星效应来救市。

麦肯身高2.08米，在大学时已是闻名遐迩的明星人物，1946年毕业加入NBL后，迅速成为湖人队和联盟的摇钱树。为了得到这一关键人物，波多洛夫顶住了BAA内部贵族集团的压力，决定无论城市大小和球队贫富，只要愿意加入，一律通吃。此举的目的只有一个，那就是降低准入门槛，引诱拥有麦肯的湖人队入伙。

在现实操作中，招揽麦肯的计划演变成了更为庞大的扩军计划。精于外交的总裁先生巧舌如簧，不但成功说服了湖人队，还将韦恩堡活塞队、罗切斯特皇家队和印第安纳波利斯奥林匹亚队吸纳了进来。由于此前BAA独霸东部大城市，而NBL则占据了中西部的一些小城市，因此这次大规模扩军有着极其深远的战略意义。

尽管新加入的4支球队栖身于中小城市，但他们却不乏明星级球员，此次扩军让BAA一下子变得星光四射。不过就当时来看，对BAA影响最大的无疑是戴着近视眼镜、形似图书馆工作人员的传奇中锋乔治·麦肯。2.08米的麦肯鹤立鸡群，左右开弓，进攻技巧纯熟，在球场上根本就是个"无解男"。那个赛季麦肯场均轰下28.3分，总分1698分，雄踞联盟得分榜首席，他

## 1948-1949 巨星！麦肯加盟湖人队 王朝迎序幕

**总冠军**：明尼阿波利斯湖人队
**得分王**：乔治·麦肯（湖人队/1698分）
**助攻王**：鲍勃·戴维斯（皇家队/321次）

的得分几乎占了湖人全队总得分的三分之一。

之前在NBL的那个赛季，麦肯在吉姆·波拉德的辅弼下率湖人队打遍联盟无敌手，轻而易举地揽获总冠军。令人震惊的是，湖人队在整个季后赛竟然只输了两场球，麦肯则是名副其实的巨无霸，以常规赛场均21.3分傲视群雄，季后赛场均24.4分也是联盟最高。

来到BAA后，麦肯迅速成为联盟中心和商业卖点，即便是湖人队客场作战，也会有大批球迷竞相买票，只为看那个"球场怪物"一眼。一个最生动的例子是：有一次湖人队客场挑战尼克斯队，麦迪逊花园广场的宣传海报上竟赫然写着"乔治·麦肯VS尼克斯队"。

有麦肯坐镇，湖人队也自然而然地成为联盟超级劲旅，他们以联盟第二的44胜16负结束常规赛，第一名正是与他们同时进入BAA的罗切斯特皇家队。其实两队在NBL时就是冤家对头，上赛季湖人队只输了两场季后赛，其中一场就是拜皇家队所赐。湖人队和皇家队的恩怨在BAA延续，两队在常规赛时就为冠军争得你死我活。季后赛中，这对冤家又在西部决赛中相遇，火星撞地球般的激战正式上演。

西部决赛首战，湖人队以1分险胜。第二战，湖人队在第三节中一度落后12分，但他们在第四节发起疯狂反扑，最终逆转取胜，在3局2胜制的系列赛中完成横扫，昂首杀进总决赛。

来到总决赛，湖人队的对手是里德·奥尔巴赫挂帅的华盛顿国会队。在这个7局4胜制的系列赛中，湖人队很快就取得3：0领先，拿到了赛点。天有不测风云，就在湖人队离总冠军只差1场胜利之际，麦肯却因腕伤缺战，国会队抓住机会扳回一场。第五战，麦肯眼见情况不对，遂决定打着石膏上阵，并勇砍22分，但国会队也从第四战中收获了信心，再胜一场，将总比分追成2：3，局面重新变得扑朔迷离。

好在回到主场的湖人队重整旗鼓，再也没给对手机会，以77：56狂屠国会队，大比分4：2问鼎总冠军。季后赛10场比赛，麦肯场均生砍30.3分，风头一时无两。

毫无疑问，麦肯的到来在BAA掀起了一场势头汹涌的革命，从此篮球运动开始向高大化延展，被挖了墙角的NBL逐渐走向消亡，而且，麦肯携湖人队拉开了统治联盟的序幕，历史上第一支王朝球队已经浮出水面。

## 1948-1949赛季排名

| 东部联盟 | | | |
|---|---|---|---|
| 排名 | 球队 | 胜 | 负 |
| 1 | 华盛顿国会队 | 38 | 22 |
| 2 | 纽约尼克斯队 | 32 | 28 |
| 3 | 巴尔的摩子弹队 | 29 | 31 |
| 4 | 费城勇士队 | 28 | 32 |
| 5 | 波士顿凯尔特人队 | 25 | 35 |
| 6 | 普罗维登斯蒸汽压路机队 | 12 | 48 |

| 西部联盟 | | | |
|---|---|---|---|
| 排名 | 球队 | 胜 | 负 |
| 1 | 罗切斯特皇家队 | 45 | 15 |
| 2 | 明尼阿波利斯湖人队 | 44 | 16 |
| 3 | 芝加哥牡鹿队 | 38 | 22 |
| 4 | 圣路易斯轰炸机队 | 29 | 31 |
| 5 | 韦恩堡活塞队 | 22 | 38 |
| 6 | 印第安纳波利斯奥林匹亚队 | 18 | 42 |

# NBA PLAYOFFS

## NBA季后赛 对阵表
### 1948—1949赛季

**West**

- 明尼阿波利斯湖人队 2
- 芝加哥牡鹿队 0
  - 明尼阿波利斯湖人队 2
- 罗切斯特皇家队 2
- 圣路易斯轰炸机队 0
  - 罗切斯特皇家队 0

**The Finals: 明尼阿波利斯湖人队**

明尼阿波利斯湖人队 4 — 华盛顿国会队 2

**East**

- 华盛顿国会队 2
- 费城勇士队 0
  - 华盛顿国会队
- 纽约尼克斯队 2
- 巴尔的摩子弹队 1
  - 纽约尼克斯队 1

新加盟的4支球队显然让BAA高层们尝到了甜头，于是波多洛夫总裁继续把"魔爪"伸向日薄西山的NBL，将其旗下剩余的6支球队一网打尽——新加盟的球队中，只有锡拉丘兹民族队和三城黑鹰队存活了下来，即现在的费城76人队和亚特兰大老鹰队。

BAA彻底吞并NBL后，正式更名为NBA（National Basketball Association: 国家篮球联盟，现统称美国职业篮球联赛）。由于BAA元老普罗维登斯蒸汽压路机队宣布解散，NBA诞生之初一共有17支球队。波多洛夫以其精明的头脑和宏大的魄力赢得一致认可，成为NBA首任总裁。规模大幅壮大后，NBA把17支球队分为西部、中部和东部三个赛区，由此迈进全新的发展轨道。

这个赛季的湖人队更为强大，他们不仅有"擎天一柱"乔治·麦肯和吉姆·波拉德，还新近补充进了"动力三人组"：前锋弗恩·米克尔森、后卫斯雷特·马丁和巴德·格拉特（此人后来在明尼苏达海盗足球队任教，一时传为佳话）。

重新分区后，湖人队归入中部赛区，巧合的是，老对头皇家队也在这个赛区，两队为中部冠军头衔展开了殊死搏斗。

两大明星当家，又补充进了活力无限的悍将，湖人队的整体实力要略高一些，但皇家队用一波骇人的15连胜告诉湖人队：想轻而易举收下中部赛区冠军，没门！果不其然，常规赛结束时，两队的战绩同为51胜17负，并列赛区第一。两队为此加赛一场，结果湖人队1分险胜，抢下中部赛区冠军。

这个常规赛，麦肯继续独孤求败，总分1865分，场均轰下27.4分，蝉联

## 1949—1950 连冠！第一次卫冕 真正的NBA到来

**总冠军**：明尼阿波利斯湖人队

**得分王**：乔治·麦肯（湖人队/1865分）

**助攻王**：迪克·麦克奎尔（尼克斯队/386次）

得分王称号——要知道，那个赛季只有两名球员场均得分达到20+，除了乔治·麦肯，另一个是来自印第安纳波利斯奥林匹亚队的阿历克斯·格罗萨。

另外两个赛区，身高2.03米的多尔夫·谢伊斯场均得到16.8分，率领锡拉丘兹民族队以51胜13负问鼎东部。而阿历克斯·格罗萨场均进账23.4分，率奥林匹亚队称雄西部。

经过几番厮杀，湖人队和民族队会师总决赛。需要注意的是，由于17支球队分成3个赛区，季后赛赛程变得混乱不堪。湖人队连闯牡鹿队、活塞队和包装工队三关才杀进总决赛，而民族队则只打了两轮系列赛，战胜勇士队和尼克斯队后晋级。从赛程上说，民族队占据优势，湖人队消耗了更多的体力。而且，彼时民族队不乏多尔夫·谢伊斯、保罗和西蒙这样的天才球员，湖人队的卫冕之路看上去迷雾重重。

这是NBA历史上的第一届总决赛。

首战，拥有主场优势的民族队牢牢缠住湖人队。危难时刻方显英雄本色，终场哨响前，替补后卫鲍勃·哈里森不可思议地在约12.2米外投中一球，帮助湖人队以2分险胜，取得开门红。但民族队的情绪并未受到多大影响，他们在主场扳回一城，大比分变为1：1。

5天后，第三战移师明尼阿波利斯进行。回到主场后，湖人队没给民族队任何喘息之机，以91：77干净利索地再次超出。湖人队再胜一场后，将民族队推到了悬崖边缘，后者拼死挣扎拿下了第五战后，再也无力抵御湖人队的铁蹄，在第六战中以95：110惨败。就这样，强大的湖人队以4：2的总比分捧得NBA历史上的第一个总冠军。季后赛中麦肯的表现只能用现象级来形容，他场均砍下恐怖的31.3分。

连续收获BAA和NBA的两个总冠军，麦肯和湖人队已成为联盟巨无霸，以至于其他球队纷纷抱怨起明尼阿波利斯的球场构造来：由于观众席离球场太近，湖人队的主场要比标准球场窄一些，对手们委屈地认为，这使得麦肯和他的队友们在防守时更具统治力。民族队某后卫更是夸张地表示："当麦肯、波拉德和米克尔森把手臂都张开时，没有人可以通过那个狭窄的球场。"

这个野史段子，从另一个角度印证了麦肯和湖人队已然引发了联盟恐慌，这也为后来的规则修改埋下了伏笔。

# 1949—1950赛季排名

| 东部联盟 | | | |
|---|---|---|---|
| 排名 | 球队 | 胜 | 负 |
| 1 | 锡拉丘兹民族队 | 51 | 13 |
| 2 | 纽约尼克斯队 | 40 | 28 |
| 3 | 华盛顿国会队 | 32 | 36 |
| 4 | 费城勇士队 | 26 | 42 |
| 5 | 巴尔的摩子弹队 | 25 | 43 |
| 6 | 波士顿凯尔特人队 | 22 | 46 |

| 西部联盟 | | | |
|---|---|---|---|
| 排名 | 球队 | 胜 | 负 |
| 1 | 印第安纳波利斯奥林匹亚队 | 39 | 25 |
| 2 | 安德森包装工队 | 37 | 27 |
| 3 | 三城黑鹰队 | 29 | 35 |
| 4 | 希博伊根红皮队 | 22 | 40 |
| 5 | 滑铁卢老鹰队 | 19 | 43 |
| 6 | 丹佛掘金队 | 11 | 51 |

| 中部联盟 | | | |
|---|---|---|---|
| 排名 | 球队 | 胜 | 负 |
| 1 | 明尼阿波利斯湖人队 | 51 | 17 |
| 2 | 罗切斯特皇家队 | 51 | 17 |
| 3 | 韦恩堡活塞队 | 40 | 28 |
| 4 | 芝加哥牡鹿队 | 40 | 28 |
| 5 | 圣路易斯轰炸机队 | 26 | 42 |

# NBA PLAYOFFS
## NBA季后赛 对阵表
### 1949—1950赛季

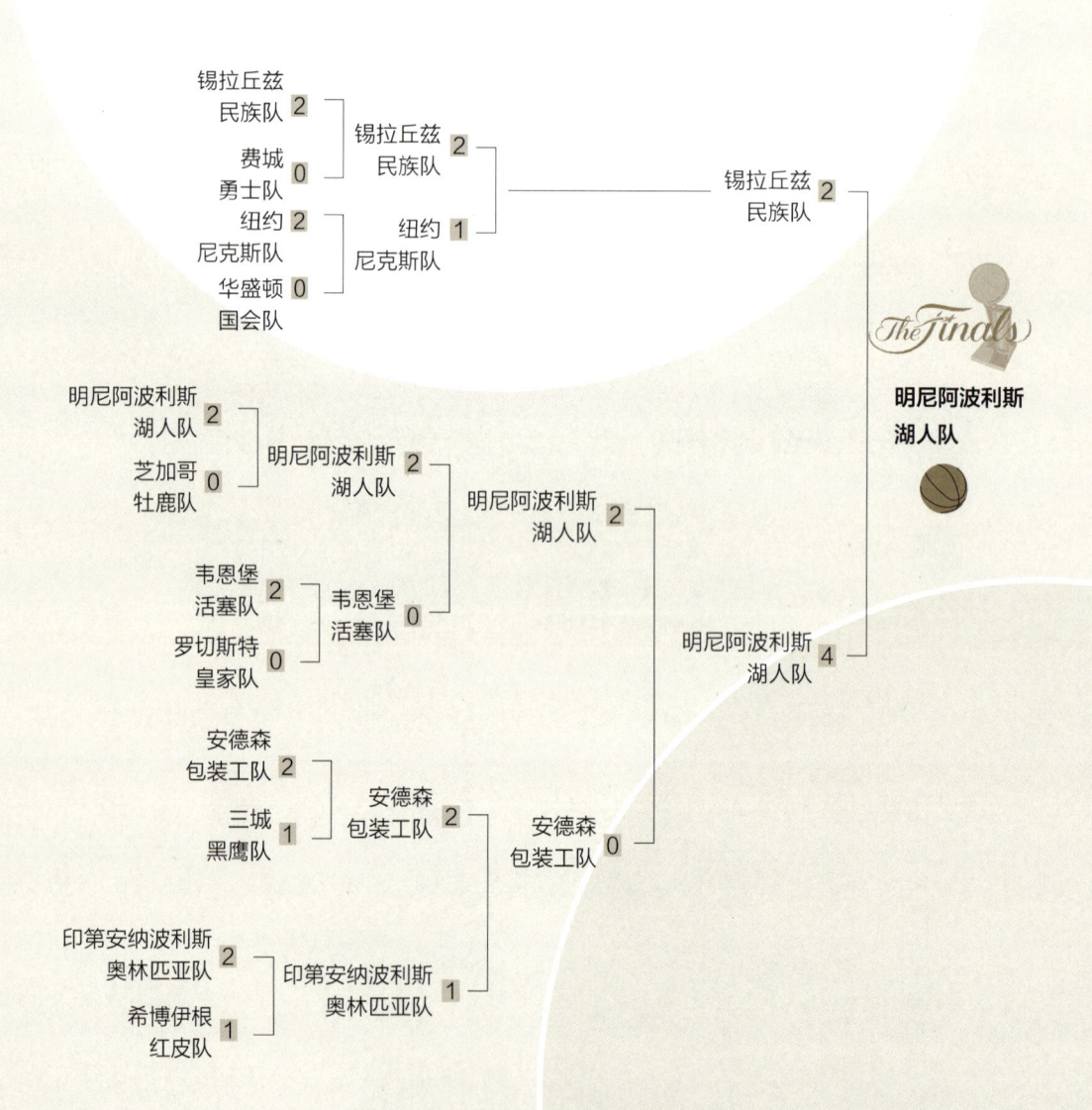

```
锡拉丘兹
民族队      2
            ┐ 锡拉丘兹
费城        │ 民族队    2
勇士队      0 ┤         ┐
            │           │ 锡拉丘兹
纽约        2│ 纽约      │ 民族队    2
尼克斯队    ┐│ 尼克斯队  1         ┐
            ┤                       │
华盛顿      ││                      │
国会队      0                       │
                                    │
                                    │
明尼阿波利斯                        │
湖人队      2                       │      明尼阿波利斯
            ┐ 明尼阿波利斯          │      湖人队
芝加哥      │ 湖人队    2           │
牡鹿队      0 ┤         ┐           │
            │           │ 明尼阿波利斯
韦恩堡      2│ 韦恩堡    │ 湖人队    2
活塞队      ┐│ 活塞队    0         ┐
            ┤                       │
罗切斯特    ││                      │ 明尼阿波利斯
皇家队      0                       │ 湖人队    4
                                    │
安德森                              │
包装工队    2                       │
            ┐ 安德森                │
三城        │ 包装工队  2           │
黑鹰队      1 ┤         ┐           │
            │           │ 安德森    │
印第安纳波利斯           │ 包装工队  0
奥林匹亚队  2│ 印第安纳波利斯      ┘
            ┐│ 奥林匹亚队 1
希博伊根    ┤│
红皮队      1
```

中部赛区第一名争夺赛：明尼阿波利斯湖人队1：0罗切斯特皇家队
中部赛区第三名争夺赛：韦恩堡活塞队1：0芝加哥牡鹿队

NBA诞生一年即遭重创，多支球队因经营不善而倒闭，第二个赛季开始时球队数量又回到了11支，三个赛区也相应地被整合成东、西两个赛区。

剩余的11支球队是东部的勇士队、凯尔特人队、尼克斯队、国会队、子弹队和民族队，以及西部的湖人队、皇家队、活塞队、奥林匹亚队和黑鹰队。其中国会队继上赛季失去主帅奥尔巴赫后，这个赛季仅仅打了一半就宣告退出，那时他们的战绩是糟糕的10胜25负。也就是说，NBA成立后的第二个赛季，旗下实际上只有10支球队，解散球队的球员分流到了其他球队，所以，尽管球队数量骤减，但竞争因此变得更为激烈。

除了解散大潮，这个赛季的NBA有许多新鲜事情值得铭记：黑人球员开始进入联盟；联盟为了吸引观众，增强轻松娱乐氛围，首次举办了全明星赛；篮板数被纳入技术统计，为"三双"统计奠定了基础；民族队的多尔夫·谢伊斯成为史上首个篮板王得主。

1950年，已是凯尔特人队主教练的奥尔巴赫冒天下之大不韪，突破重重阻力，毅然决然地选择了查克·库珀，后者成为NBA历史上第一位黑人球员。

从BAA诞生之日起，此前球场上从来没有黑皮肤球员，奥尔巴赫的"壮举"为黑人球员大量涌入联盟并成为主宰打开了一扇窗。当赛季另有两名黑人球员进入联盟，他们分别是国会队的埃尔·罗伊德和尼克斯队的"糖水"内特·克里夫顿，前者成为NBA历史上第一个在正式比赛中出场的黑人球员——当然，这要得益于国会队的赛季揭幕战

## 1950—1951

### 铭记！首办全明星 第一个黑人球员

**总冠军**：罗切斯特皇家队
**得分王**：乔治·麦肯（湖人队/1932分）
**篮板王**：多尔夫·谢伊斯（民族队/1080个）
**助攻王**：安迪·菲利普（勇士队/414次）

比其他球队提前一天进行，而后者则是NBA历史上第一个和球队完成签约的黑人球员。

说到这一年的奥尔巴赫和凯尔特人队，有一个故事不得不提。大学时代，鲍勃·库西就因开创了篮球场上的视觉盛宴而名声大噪，他于1950年参加了NBA选秀。奥尔巴赫对库西非但不感冒，反而轻蔑地说："我要的队员是能赢球的，而不是来哗众取宠的。"库西在第一轮被黑鹰队选中，继而被换到了牡鹿队。孰料牡鹿队倒闭，队员们要以抽签的方式分配到各队。凯尔特人队老板迫切想抽到1947-1948赛季BAA得分王扎斯洛夫斯基，但造化弄人，他手中的纸条上的名字正是"鲍勃·库西"。"我当时几乎要晕倒在地板上。"布朗老板回忆道。先入为主的思维很难改变，奥尔巴赫起初也是极力"打压"库西，尽可能多地压榨后者的出场时间。至于库西后来成为绿色王朝的骨干，在此先按下不表。

为了扩大NBA的影响力，1950年底，时任高层公共事务主管哈斯卡尔·科亨率先提出了举办全明星赛的构想。这一倡议很快即被采纳，1951年3月2日，NBA历史上的首届全明星赛在凯尔特人队主场波士顿花园球馆举行，最终东部明星队以111∶94战胜了西部明星队，凯尔特人队前锋爱德·麦考利砍下20分，当选首届全明星赛MVP。

这个赛季，湖人队理所当然地还是头号夺冠热门，麦肯、波拉德和米克尔森构架起超级豪华的前场，后场则由实力派人物鲍勃·哈里森和斯雷特·马丁担纲。常规赛阶段，湖人队领先皇家队3个胜场称雄西部，44胜24负的成绩还刷新了西部赛区的常规赛纪录。与此同时，勇士队以40胜26负笑傲东部。

事实证明，已经两连冠的湖人队低估了季后赛的难度。尽管在季后赛首轮，湖人队以2∶1战胜奥林匹亚队晋级，但这是他们自进入BAA以来第一次在季后赛首轮输球。西部决赛中，湖人队和皇家队再次相遇，与以往不同的是，风水轮流转，这一回终于转到了皇家队。湖人队险胜一场后，皇家队在后场核心鲍勃·戴维斯和中锋艾尔尼·瑞森的率领下连扳三局，昂首杀入总决赛。东部打进总决赛的球队是尼克斯队，他们先后以2∶0和3∶2淘汰凯尔特人队和民族队，与皇家队会师。

这年的总决赛差点颠覆一条铁律——没有球队能在季后赛0∶3落后的情况下最终翻盘。跨过湖人队的皇家队趁热打铁，上来就给了尼克斯队三记闷棍，3∶0获得冠军点。令人大跌眼镜的是，命悬一线的尼克斯队竟以牙还牙，也连胜三场，双方进入抢七局。亏得皇家队运气更好，他们在抢七战中以79∶75险胜尼克斯队，断了后者上演逆天神话的念想。

这届总决赛注定会被历史铭记，不只是因为这是NBA历史上首次打满七场的总决赛，更重要的是，倘若没有皇家队阻击湖人队，后者将创造炫目至极的六连冠神迹。

## 1950-1951赛季排名

| 东部联盟 | | | |
|---|---|---|---|
| 排名 | 球队 | 胜 | 负 |
| 1 | 费城勇士队 | 40 | 26 |
| 2 | 波士顿凯尔特人队 | 39 | 30 |
| 3 | 纽约尼克斯队 | 36 | 30 |
| 4 | 锡拉丘兹民族队 | 32 | 34 |
| 5 | 巴尔的摩子弹队 | 24 | 42 |
| 6 | 华盛顿国会队 | 10 | 25 |
| 西部联盟 | | | |
| 排名 | 球队 | 胜 | 负 |
| 1 | 明尼阿波利斯湖人队 | 44 | 24 |
| 2 | 罗切斯特皇家队 | 41 | 27 |
| 3 | 韦恩堡活塞队 | 32 | 36 |
| 4 | 印第安纳波利斯奥林匹亚队 | 31 | 37 |
| 5 | 三城黑鹰队 | 25 | 43 |

# NBA PLAYOFFS

## NBA季后赛 对阵表
### 1950—1951赛季

W<sub>est</sub>      E<sub>ast</sub>

**The Finals**

**罗切斯特皇家队**

西部：
- 罗切斯特皇家队 2 — 韦恩堡活塞队 1 → 罗切斯特皇家队 3
- 明尼阿波利斯湖人队 2 — 印第安纳波利斯奥林匹亚队 1 → 明尼阿波利斯湖人队 1

总决赛：罗切斯特皇家队 4 — 纽约尼克斯队 3

东部：
- 纽约尼克斯队 2 — 波士顿凯尔特人队 0 → 纽约尼克斯队 3
- 锡拉丘兹民族队 2 — 费城勇士队 0 → 锡拉丘兹民族队 2

尽管湖人队上赛季卫冕失败，但麦肯成为球场上的无解球星却是不争的事实，他已经连续3个赛季加冕得分王了。

这样一来，与麦肯对位的球员基本上形同虚设，任你使出何种防守招数，都免不了被湖人队中锋瓷实地"解封"。为了缓解这一日益严重的问题，NBA联盟首次因为某个球员而修改竞赛规则：禁区由过去的1.83米增加到了3.66米。

麦肯的得分难度有所增加，果然丢掉了得分王头衔。这个赛季，麦肯的场均得分"只有"23.8分，抢走"得分王"的是来自勇士队的保罗·阿里金，场均得分25.4分，总得分1674分。

乔·弗尔克斯是第一个将跳投在实战中推广的球员，但真正的跳投鼻祖却是阿里金。阿里金能成为一代跳投宗师，绝对是意外收获。在维兰诺瓦就读期间，阿里金同时为六七支球队打球，有时候一个晚上要打两场比赛。受到条件制约，阿里金的比赛多是在一些舞厅或者礼堂进行。有一次在舞厅参加比赛，地板非常滑，阿里金总是站不稳，于是他索性跳起来投篮——让双脚离开地面，再也不必担心脚下打滑了。跳得多了，也就成了绝技，勇士队队友将阿里金的跳投称为"新式武器"。得益于跳投这一绝招，阿里金的投篮命中率高达44.8%，如此高效，抢下"得分王"水到渠成。

"我跳的次数越多，投篮也就越准，后来就每次投篮都用跳投。"阿里金

## 1951—1952 调整！规则限制麦肯 湖人队收失地

**总冠军**：明尼阿波利斯湖人队

**得分王**：保罗·阿里金（勇士队/1674分）

**篮板王**：拉里·福斯特（活塞队/880个）
梅尔·哈特金斯（老鹰队/880个）

**助攻王**：安迪·菲利普（勇士队/539次）

回忆说。其实，阿里金不仅有跳投绝技，他的彪悍防守同样值得称道，大家都亲切地叫他"能干的保罗"。毫不夸张地说，阿里金就是原始版的"飞人乔丹"。

阿里金在大学时代就是一个神人，大三时在一场与利文森队的比赛中，他竟然惊为天人地劈下85分。到了NBA，这种神奇还在延续。1951年12月31日，勇士队和湖人队鏖战3个加时才分出胜负，阿里金累计出场时间达到63分钟，这一铁人纪录差不多过了40年才被迈克尔·乔丹打破。值得一提的是，阿里金还收获了当年全明星赛的MVP，可谓风头出尽——这是阿里金第二次入选全明星赛，他交出13投9中、26分、6个篮板的答卷，率领东部明星队以108∶91取胜。

这个赛季，联盟赛程终于趋于完善，所有10支球队都打满了66场常规赛。NBA发展到此时，已经成为大学天才球员的聚集地，麦肯、阿里金、麦考利、库西都入选了年度最佳阵容第一队，剩下的那个席位被鲍勃·戴维斯和多尔夫·谢伊斯共同占据。

联盟修改规则一定程度上抑制了麦肯的火力，但对兵强马壮的湖人队而言，这种影响没有想象中那么大。常规赛，卫冕冠军皇家队继续压制湖人队，以1个胜场的优势登上西部冠军的宝座。然而在西部决赛中，湖人队4∶0酣畅复仇，与东部第三的尼克斯队会师总决赛。

总决赛首战，湖人队加时取胜，先拔头筹，尼克斯队随即还以颜色，在第二场中胜出，两队战成1∶1。有意思的是，第三场和第四场的比赛地点不是麦迪逊广场花园，而是第69团兵工厂。双方激战6场，仍然难分胜负。但局面显然对湖人队更为有利，因为他们握有主场优势。果不其然，抢七局，湖人队凭借主场之利，82∶65大破尼克斯队，时隔一年后再次捧起总冠军奖杯。

尼克斯队连续第二次在总决赛第七战中饮恨，但更倒霉的事情还没来，接下来一个赛季，他们成为NBA历史上第一支连续三季都在总决赛中失意的球队。

## 1951-1952赛季排名

| 东部联盟 | | | |
|---|---|---|---|
| 排名 | 球队 | 胜 | 负 |
| 1 | 锡拉丘兹民族队 | 40 | 26 |
| 2 | 波士顿凯尔特人队 | 39 | 27 |
| 3 | 纽约尼克斯队 | 37 | 29 |
| 4 | 费城勇士队 | 33 | 33 |
| 5 | 巴尔的摩子弹队 | 20 | 46 |

| 西部联盟 | | | |
|---|---|---|---|
| 排名 | 球队 | 胜 | 负 |
| 1 | 罗切斯特皇家队 | 41 | 25 |
| 2 | 明尼阿波利斯湖人队 | 40 | 26 |
| 3 | 印第安纳波利斯奥林匹亚队 | 34 | 32 |
| 4 | 韦恩堡活塞队 | 29 | 37 |
| 5 | 密尔沃基老鹰队 | 17 | 49 |

# NBA PLAYOFFS

## NBA季后赛 对阵表
### 1951—1952赛季

**West**     **East**

### The Finals
**明尼阿波利斯湖人队**

**West:**
- 明尼阿波利斯湖人队 2 — 印第安纳波利斯奥林匹亚队 0
- 明尼阿波利斯湖人队 3 — 罗切斯特皇家队 1
- 罗切斯特皇家队 2 — 韦恩堡活塞队 0

**Finals:** 明尼阿波利斯湖人队 4 — 纽约尼克斯队 3

**East:**
- 纽约尼克斯队 2 — 波士顿凯尔特人队 1
- 纽约尼克斯队 3 — 锡拉丘兹民族队 1
- 锡拉丘兹民族队 2 — 费城勇士队 1

抱歉，这个赛季NBA的关键词仍然是麦肯和湖人队。

常规赛结束时，湖人队比排在第二名的皇家队多出4个胜场，无可争议地夺回西部老大的王位。联盟的打压措施看上去收到了成效，麦肯的场均得分继续下滑，只有20.6分，排在联盟第二。但东方不亮西方亮，麦肯本赛季抢下1007个篮板球，首度加冕篮板王。同时，队友米克尔森也日渐成熟，该季场均得到15分，排在联盟第八位，和麦肯一道跻身联盟"十位最杰出球员"行列。

这一季的总决赛是故人重逢：湖人队VS尼克斯队，东、西部的常规赛冠军会师总决赛，这在NBA历史上还是头一遭。

总决赛率先在明尼阿波利斯打响，客队给了湖人队当头一棒，以96∶88赢下第一战。第二战湖人队打得极其艰苦，最终以2分的微弱优势将总比分扳成1∶1。

总决赛采用"2-3-2"赛制，这就意味着接下来3场比赛都在尼克斯队麦迪逊广场花园进行，局面对湖人队很不利。然而，湖人队到了客场，反而迸发出了超强的战斗力，一鼓作气连胜三场，以4∶1的大比分成为NBA历史上第一支成功卫冕的球队（上一次卫冕横跨BAA和NBA）。

三场客场胜利，湖人队有两场比赛取得了压倒性优势，无与伦比的统治力可见一斑。而尼克斯队只能吞下连续三年总决赛都败北的苦果，这在NBA历史上尚属首次，有意思的是，下一支如此不幸的球队正是湖人队。

这个赛季，除了湖人队继续累加冠军次数，令人印象最为深刻的就是无处

## 1952—1953 湖人队再卫冕 "绿衫军"崭露头角

**总冠军：** 明尼阿波利斯湖人队
**得分王：** 尼尔·约翰斯顿（勇士队/1564分）
**篮板王：** 乔治·麦肯（湖人队/1007个）
**助攻王：** 鲍勃·库西（凯尔特人队/547次）
**最佳新秀：** 唐·曼尼克（活塞队）

不在的犯规。据统计，该赛季平均每场比赛的犯规数飙升至惊人的58次，球队的平均罚球次数也创造了NBA纪录。

犯规偏多的一个极致表现是，凯尔特人队的控卫鲍勃·库西在一场比赛中竟然博得了32次罚球，命中了30次，全场比赛砍下了50分。库西创造的单场比赛32次罚球纪录，至今仍无人能破。这场比赛，两队携手奉上107次犯规，制造了130次罚球，粗野程度不难想象。这场比赛发生在季后赛中，由凯尔特人队对阵民族队。当然，犯规次数和罚球次数如此之多，也与超越常规的比赛时间有关。是役，两队生生打了4个加时，缠斗3小时11分钟，才以凯尔特人队111∶105取胜收尾。总计216分的得分在今天看来不足为奇，但在季后赛鏖战4个加时的场面却颇难重现，因此，这场"马拉松"战役被后人命名为"无法复制的持久战"。

尽管凯尔特人队最终未能突破尼克斯队，但一个不争的事实是，"绿衫军"已经越来越成熟，46胜是当时的球队纪录。尤其是缔造罚球纪录的库西，这个花哨的控卫让奥尔巴赫看到了他实用高效的一面，1952年入选最佳阵容第一队后，信心陡增的库西在这个赛季井喷般爆发，以赛季547次助攻首获"助攻王"，就此拉开了他对这一殊荣长达8个赛季的垄断。

回到那场"无法复制的持久战"：这场比赛库西是带伤作战，他在常规时间就取下25分，并在最后1秒钟用罚球将比分扳成77平。第1个加时，凯尔特人队一共得到9分，库西包揽其中6分。第2个加时，全队得到4分，全部来自库西，这其中还包括这个加时结束前3秒的7.6米跳投。第3个加时，凯尔特人队99∶104落后的时候，库西再次挺身而出，连砍5分，为球队取胜立下汗马功劳。最终，凭借库西帝王级的演出，凯尔特人队再胜民族队，2∶0横扫晋级。由此不难看出，库西不但拥有出神入化的传球手法、骇人的攻击火力，还有超强的心理承受能力，因此，他日后成为绿衫王朝的"心脏"不足为怪。

除了库西，凯尔特人队的另一名后卫也峥嵘初显，他就是"红衣主教"用选秀权换来的比尔·沙曼。这是沙曼的第二个赛季，他成熟的速度令人惊讶：该赛季他的罚球命中率高居联盟之首（85%），中投命中率联盟第四（43.6%），得分榜位列第六（总得分1147分，场均16.2分）。两名超级后卫携手惊艳，可以看成是日后凯尔特人队建立王朝的前奏。

另外需要提及的是，上赛季的得分王阿里金因为服兵役而缺席了这个赛季，好在肥水不流外人田，得分王桂冠被他的勇士队队友尼尔·约翰斯顿笑纳。

## 1952-1953赛季排名

**东部联盟**

| 排名 | 球队 | 胜 | 负 |
|---|---|---|---|
| 1 | 纽约尼克斯队 | 47 | 23 |
| 2 | 锡拉丘兹民族队 | 47 | 24 |
| 3 | 波士顿凯尔特人队 | 46 | 25 |
| 4 | 巴尔的摩子弹队 | 16 | 54 |
| 5 | 费城勇士队 | 12 | 57 |

**西部联盟**

| 排名 | 球队 | 胜 | 负 |
|---|---|---|---|
| 1 | 明尼阿波利斯湖人队 | 48 | 22 |
| 2 | 罗切斯特皇家队 | 44 | 26 |
| 3 | 韦恩堡活塞队 | 36 | 33 |
| 4 | 印第安纳波利斯奥林匹亚队 | 28 | 43 |
| 5 | 密尔沃基老鹰队 | 27 | 44 |

# NBA PLAYOFFS

## NBA季后赛 对阵表
### 1952—1953赛季

**West** / **East**

**The Finals: 明尼阿波利斯湖人队**

West:
- 明尼阿波利斯湖人队 2 / 印第安纳波利斯奥林匹亚队 0 → 明尼阿波利斯湖人队 3
- 韦恩堡活塞队 2 / 罗切斯特皇家队 1 → 韦恩堡活塞队 2
- 明尼阿波利斯湖人队 4

East:
- 纽约尼克斯队 2 / 巴尔的摩子弹队 0 → 纽约尼克斯队 3
- 波士顿凯尔特人队 2 / 锡拉丘兹民族队 0 → 波士顿凯尔特人队 1
- 纽约尼克斯队 1

NBA的发展壮大是一个循序渐进的过程，期间免不了要走些岔道弯路，甚至会发生一些令人感到荒唐的事情。为了减少犯规次数，提高比赛的观赏性和流畅度，该赛季联盟出台了一项怪异的新规则：一名球员单节的犯规上限是2次，如果领到第3次犯规，就只能待在板凳上度过本节剩余时间。这条规则的出台收获了一定成效，本赛季的场均犯规次数下降到了51次，但到了最后关头，比赛还是不可避免地成为罚球大战。

NBA发展到这个阶段，已经趋于稳定，但该赛季还是有一支球队退出了历史舞台，这就是印第安纳波利斯奥林匹亚队。如此一来，西部联盟只剩下了4支球队。

年事渐高，膝伤缠身，"巨无霸"麦肯进入了职业生涯的暮年。昆德拉教练不忍心过度透支这头"老黄牛"，另外也有为季后赛保存实力的考虑，他开始有意识地限制麦肯的出场时间。尽管如此，麦肯依然能交出场均18.1分、14.3个篮板的鲜亮答卷。除此之外，湖人队还签下了一名潜质无限的新秀：身高2.06米、毕业于堪萨斯大学、绰号"情书"的克莱德·拉弗莱特。"情书"的加盟，一定程度上缓解了麦肯在防守端的压力，使他可以全身心地投入到进攻当中去。麦肯的衰老对湖人队的影响并不大，这支冠军之师以创纪录的46胜26负收官常规赛。

该赛季季后赛的赛制发生了变化，分区前三名要先打小循环来决出前

## 1953-1954

### 王朝！首个三连冠 湖人队上演征服

**总冠军：** 明尼阿波利斯湖人队
**得分王：** 尼尔·约翰斯顿（勇士队/1759分）
**篮板王：** 哈里·加兰丁（尼克斯队/1098个）
**助攻王：** 鲍勃·库西（凯尔特人队/518次）
**最佳新秀：** 雷蒙德·弗里克斯（子弹队）

两名，前两名再角逐分区冠军。东部出线的是凯尔特人队和民族队，西部则是湖人队和皇家队。这是湖人队和皇家队死磕的最后一个赛季，结果依旧：西部决赛中，湖人队碾过皇家队的"尸体"，昂首挺进总决赛。不过，湖人队的总决赛对手并不是此前连续三次杀进总决赛的尼克斯队，他们在东区小循环赛中就被淘汰了——谢天谢地，尼克斯队避免了连续四次进军总决赛却都无功而返的噩运。另外一块战场上，民族队淘汰尚在崛起路上的凯尔特人队，跻身总决赛。

总决赛的战火率先在湖人队的主场打响。湖人队波澜不惊赢得开门红，但第二战民族队以2分的优势险胜——大比分1∶1，这是7年来湖人队在季后赛中首次主场沦陷。根据"2-3-2"的赛制，接下来的三场比赛在民族队主场进行，湖人队这三场比赛2胜1负。总比分3∶2，湖人队带着赛点回到主场。殊不知民族队极其顽强，第六战再次以2分险胜。姜还是老的辣，抢七局中，湖人队的总冠军经验起了作用，以87∶80结束战斗。

三连冠，六年五冠，包揽了NBA成立五年来的四个总冠军，历史上首个王朝——湖人王朝——宣告诞生。但残忍的是，虽然湖人队在这个赛季达到了顶峰，但王朝建立后，他们便光速坠落，空留一个王朝的背影。

昆德拉教练并未因率湖人队六年五夺冠而收获一致赞誉，恰恰相反，坊间业界流行的论调是：有麦肯、波拉德、米克尔森等精兵悍将，所谓主教练不过是个摆设，换成谁都可获此成就。为此，凯尔特人队主帅奥尔巴赫站出来替同行开脱："我见过许多伟大的球队，但那只是纸面上的伟大，他们什么也没得到。当然昆德拉也有一支伟大的球队，但是他和他的球队做了一些伟大的事情。"

这个赛季，阿里金仍在服兵役，其勇士队队友尼尔·约翰斯顿蝉联得分王。凯尔特人队的黄金后场搭档持续惊艳，鲍勃·库西以赛季518次助攻蝉联助攻王，场均得分高达19.2分，比尔·沙曼场均交出16分之余，继续霸占罚球命中率第一（84.4%）的王座，而且45%的中投命中率也攀升到了联盟第二，排在前面的是队友爱德·麦考利。

## 1953-1954赛季排名

| 东部联盟 | | | |
|---|---|---|---|
| 排名 | 球队 | 胜 | 负 |
| 1 | 纽约尼克斯队 | 44 | 28 |
| 2 | 锡拉丘兹民族队 | 42 | 30 |
| 3 | 波士顿凯尔特人队 | 42 | 30 |
| 4 | 费城勇士队 | 29 | 43 |
| 5 | 巴尔的摩子弹队 | 16 | 56 |
| 西部联盟 | | | |
| 排名 | 球队 | 胜 | 负 |
| 1 | 明尼阿波利斯湖人队 | 46 | 26 |
| 2 | 罗切斯特皇家队 | 44 | 28 |
| 3 | 韦恩堡活塞队 | 40 | 32 |
| 4 | 密尔沃基老鹰队 | 21 | 51 |

# NBA PLAYOFFS

## NBA季后赛 对阵表
### 1953—1954赛季

West　　　　　　　　　　　　　　　　　　　　East

**The Finals**

**明尼阿波利斯湖人队**

明尼阿波利斯湖人队 2　　　　　　　　　　　　　　锡拉丘兹民族队 2
　　　　　　　　　明尼阿波利斯湖人队 4　　锡拉丘兹民族队 3
罗切斯特皇家队 1　　　　　　　　　　　　　　　　波士顿凯尔特人队 0

NBA头5个赛季，困扰决策层的最大问题是比赛观赏性不够。尽管设立全明星赛可以提高娱乐性和观众的参与度，但比赛节奏拖沓缓慢的问题却一直未能解决。

最极端的例子发生在1950年11月22日，活塞队VS湖人队，那场比赛的比分竟然是惨不忍睹的19∶18。第一节活塞队8∶7领先，半场结束时湖人队13∶11反超。下半场更加丑陋，活塞队为了限制麦肯的威力，拖慢比赛节奏到了无所不用其极的地步。最后8分钟，湖人队18∶17领先，然而计时表走了4分钟，比分却再没有任何变化。此时的活塞队表现有些消极丑陋，他们的策略很明确，就是一直控制到最后才去投制胜一球。比赛还剩下10秒钟，活塞队中锋拉里·福斯特晃过麦肯，一击致命，以19∶18的超低比分战胜了湖人队。比赛过程当中，忍无可忍的观众纷纷将手中的杂物扔向场内，场面混乱不堪。

本赛季，这个问题终于得到解决，民族队老板丹尼·比亚松提出，应该将24秒进攻规则引入比赛，加快比赛节奏。这一倡议被采纳后，比赛节奏瞬间加快，联盟球队的场均得分由79.5分飙升至93.1分。不过，球员的个人得分变化不大，因为24秒规则使得比赛强度陡然加大，分享球权成了必然选择。这个赛季，勇士队的尼尔·约翰斯顿以总分1631分连续第三次成为得分王。

所谓无巧不成书，24秒进攻规则由民族队老板提出，而那个赛季最终夺冠的也正是民族队。

## 1954—1955
## 告别！麦肯退役
## 回首最激烈总决赛

**总冠军**：锡拉丘兹民族队
**得分王**：尼尔·约翰斯顿（勇士队/1631分）
**篮板王**：尼尔·约翰斯顿（勇士队/1085个）
**助攻王**：鲍勃·库西（凯尔特人队/557次）
**最佳新秀**：鲍勃·佩蒂特（老鹰队）

由于巴尔的摩子弹队倒闭,该赛季NBA只剩下8支球队,每个赛区的前三名进入季后赛。民族队的核心多尔夫·谢伊斯本赛季表现抢眼,他的场均得分(18.5分)、篮板(12.3个)和罚球命中率分列联盟第六、第四和第三。常规赛民族队43胜29负排在联盟第一,季后赛也是一片坦途,与活塞队在总决赛中相遇。这是一场堪称经典的总决赛:两队战满7场,没有一场比赛的分差超过7分。抢七局还剩最后12秒钟时,乔治·金造成活塞队犯规,2罚1中帮助民族队以92:91领先,随后他又抢断对方发出的界外球,直接为锡拉丘兹带来截至当时这个城市历史上唯一的总冠军奖杯。

除了24秒进攻规则,这个赛季的另外一项规则升级是球队单节犯规6次限定(满6次后每次犯规都会被判处由对方执行罚球)。很显然,两项新规则的出台都对湖人队很不利,因为他们的攻防围绕大中锋麦肯展开。唯一的疑问在于:这种影响会有多大?不过这个问题已经永远不会有答案了,麦肯在赛季之前已经宣布退役,摇身变成了湖人队的总经理。

麦肯隐退后,湖人队的内线重担落到了二年级生拉弗莱特肩上。这个赛季,"情书"场均贡献18.7分、11.5个篮板,但他的能力终究与麦肯相差不少,湖人队常规赛40胜32负列西部第二,闯过季后赛首轮后,在西部决赛中负于活塞队,四年来首度无缘总决赛。

惨烈的厮杀之外,这个赛季也贡献了一个有趣的故事:赛季中途,活塞队宣布聘请查理·埃克曼成为球队新任主教练。令舆论哗然的是,埃克曼此前的工作是篮球裁判。好在埃克曼没闹出笑话,反而书写了一段佳话,他率领活塞队在常规赛取得了43胜,胜率高居西部第一,并一路高歌杀进了总决赛。

NBA建立初期,没有执教经验的主教练并不新鲜,可由裁判"跨界"至主教练,在历史上却是凤毛麟角。

## 1954-1955赛季排名

### 东部联盟

| 排名 | 球队 | 胜 | 负 |
|---|---|---|---|
| 1 | 锡拉丘兹民族队 | 43 | 29 |
| 2 | 纽约尼克斯队 | 38 | 34 |
| 3 | 波士顿凯尔特人队 | 36 | 36 |
| 4 | 费城勇士队 | 33 | 39 |
| 5 | 巴尔的摩子弹队 | 33 | 11 |

1954年11月27日宣布解散

### 西部联盟

| 排名 | 球队 | 胜 | 负 |
|---|---|---|---|
| 1 | 韦恩堡活塞队 | 43 | 29 |
| 2 | 明尼阿波利斯湖人队 | 40 | 32 |
| 3 | 罗切斯特皇家队 | 29 | 43 |
| 4 | 密尔沃基老鹰队 | 26 | 46 |

# NBA PLAYOFFS

## NBA季后赛 对阵表
### 1954—1955赛季

**West** — **East**

**The Finals**

**锡拉丘兹民族队**

西部:
- 明尼阿波利斯湖人队 2
- 罗切斯特皇家队 1
- 明尼阿波利斯湖人队 1
- 韦恩堡活塞队 3
- 韦恩堡活塞队 3

决赛: 韦恩堡活塞队 3 — 锡拉丘兹民族队 4

东部:
- 锡拉丘兹民族队 3
- 波士顿凯尔特人队 1
- 波士顿凯尔特人队 2
- 纽约尼克斯队 1

继设立年度最佳新秀奖之后，联盟又于这个赛季首度推出常规赛最有价值球员（即MVP）奖项。

NBA历史上首个常规赛MVP是鲍勃·佩蒂特。之前一个赛季，老鹰队的战绩只有可怜的26胜46负。休赛期，老板将球队搬到了圣路易斯。来到新的城市后，老鹰队的战绩有所提升，多赢了7场比赛。毋庸置疑，球队的进步应该归功于佩蒂特的飞速成长。这个赛季，佩蒂特场均轰下25.7分，总分1849分，结束了湖人队和勇士队对得分王长达7年的垄断（麦肯3次，阿里金和约翰斯顿共4次）。另外，他还以总篮板数1164个获得篮板王，成为NBA历史上第二位单季包揽得分王和篮板王的球员，第一个是勇士队的约翰斯顿。

MVP设立之初，不像今天这般过多考虑球队战绩，佩蒂特获得首届MVP在情理之中。值得一提的是，佩蒂特还获得了1956年全明星赛MVP，那场比赛他砍下20分、24个篮板，还送出了7次助攻。

双拳难敌四手，佩蒂特个人的风光拯救不了老鹰队，倘若一支球队同时拥有两名超级球星呢？勇士队的阿里金和约翰斯顿给出了答案。

之前的4个赛季，勇士队的这两名悍将瓜分了全部得分王，这个赛季他们让出了这个头衔，球队却变得更为强大。究其原因，阿里金和约翰斯顿不但保持了较高水准，还身先士卒将球队捏合成

## 1955-1956

### 合作！两大超巨联手助勇士队夺冠

**总冠军：费城勇士队**

**得分王：鲍勃·佩蒂特**（老鹰队/1849分）

**篮板王：鲍勃·佩蒂特**（老鹰队/1164个）

**助攻王：鲍勃·库西**（凯尔特人队/642次）

**最有价值球员：鲍勃·佩蒂特**（老鹰队）

**最佳新秀：莫里斯·斯托克斯**（皇家队）

了一个整体。约翰斯顿坐镇篮下，阿里金统领后场，光是他们两个，场均就能轰下46.3分，另外乔·格拉博斯基和沃尔特·戴维斯联手锋线，新秀汤姆·格拉摇摆于锋卫间。这支球队年龄结构合理，内外兼修，攻守平衡，实力空前强大。

常规赛，勇士队以45胜豪取东部第一，东部决赛中3∶2斩落卫冕冠军民族队后，在总决赛中4∶1轻松战胜活塞队，继1947年夺得BAA首个冠军后，又一次站在了最高领奖台上。"跳投鼻祖"阿里金在季后赛中如有神助，10场比赛劈下289分，这一数字仅次于NBA史上首个巨星麦肯。

新规则磨合了一年后，NBA在这个赛季迎来一个小高潮，球队的场均得分达到创纪录的99分。盛世繁华之下，越发衬托出湖人队的落寞。麦肯退役后，湖人队在这个赛季再遭重创，效忠球队8年之久的吉姆·波拉德也隐退。湖人队的老龄化问题集中爆发，状态不错的斯雷特·马丁——该赛季他场均贡献6.2次助攻，罚球命中率为83.3%，两项数据都排进了联盟前十——也已经30岁了。26岁的"情书"拉弗莱特成了湖人队的首席球星，他场均能砍下21.5分、14个篮板，两项数据分列联盟第四和第三。退化严重的湖人队陷入泥潭，无奈

之下他们只能说服麦肯复出。但老麦肯难复当年之勇，出战37场比赛，场均只得10.5分、8.3个篮板。昔日"三驾马车"之一的米克尔森也英雄迟暮，连续两年犯规数位列联盟之首。

常规赛结束，湖人队的账面上只有33胜39负，队史上胜率首次跌破50%。季后赛首轮湖人队曾在第二战中狂胜老鹰队58分，但这不过是最后的晚餐，他们已经不再是联盟的主角了。

即将闪耀历史舞台的凯尔特人队仍在经历个人与团队的背离。鲍勃·库西牢牢把持着助攻王，比尔·沙曼则有如下表演：86.7%的罚球命中率无人可比，43.8%的投篮命中率列全联盟第五，场均19.9分排在联盟第六。表现如此全面，他也终于等来了官方认可：和库西、佩蒂特、阿里金以及约翰斯顿等人一起入选了常规赛最佳阵容。除了后场双枪，爱德·麦考利的场均得分也能排进联盟前十。同时有三名球员场均得分排前十，可以想象凯尔特人队的攻击力有多么骇人，但那时候他们也不太会防守，场均得分笑傲联盟的同时，场均失分也是联盟最多。常规赛取得了39胜33负后，凯尔特人在季后赛首轮被民族队淘汰，草草收场。

但任谁也不会想到，属于凯尔特人队的荣耀正在慢慢到来。

## 1955–1956赛季排名

**东部联盟**

| 排名 | 球队 | 胜 | 负 |
|---|---|---|---|
| 1 | 费城勇士队 | 45 | 27 |
| 2 | 波士顿凯尔特人队 | 39 | 33 |
| 3 | 锡拉丘兹民族队 | 35 | 37 |
| 4 | 纽约尼克斯队 | 35 | 37 |

**西部联盟**

| 排名 | 球队 | 胜 | 负 |
|---|---|---|---|
| 1 | 韦恩堡活塞队 | 37 | 35 |
| 2 | 明尼阿波利斯湖人队 | 33 | 39 |
| 3 | 圣路易斯老鹰队 | 33 | 39 |
| 4 | 罗切斯特皇家队 | 31 | 41 |

# NBA PLAYOFFS
## NBA季后赛 对阵表
### 1955—1956赛季

**West** — **East**

*The Finals*

- 圣路易斯老鹰队 2
- 明尼阿波利斯湖人队 1
  - 圣路易斯老鹰队 2
- 韦恩堡活塞队 3
  - 韦恩堡活塞队 1
- 费城勇士队（冠军）
  - 费城勇士队 4
    - 费城勇士队 3
    - 锡拉丘兹民族队 2
      - 锡拉丘兹民族队 2
      - 波士顿凯尔特人队 1

## 乔·雷普奇克是谁?

乔·雷普奇克是捷克裔美国人,家境贫寒,童年时代便在火车道旁边捡煤块补贴家用。15岁时,雷普奇克参加当地的篮球比赛,每场能赚5到10美元,19岁时为4支球队打球,酬金涨到了每场100美元。1923年,雷普奇克加盟原始凯尔特人队,率领球队连续两年夺得ABL总冠军。

较之球员生涯,雷普奇克的执教经历更为传奇:他先是在圣约翰大学红色风暴队执教11个赛季,1943年和1944年连续两年夺得全国邀请巡回赛冠军;1947年,他进入BAA联盟执教纽约尼克斯队,1951年到1953年,连续三年带队闯进总决赛。

摔椅子、踩自己的外套、往空中扔东西……雷普奇克的执教风格可用"歇斯底里"来形容。因为压力过大,他的情绪经常失控,不得已在1955-1956赛季结束后放下尼克斯队教鞭,但仅休息了一个月,他便再次出任圣约翰大学红色风暴队的主教练,又两次为球队带来全国邀请巡回赛冠军。

在执教的最后一季里,雷普奇克多次突发心脏病。"(那个赛季)胸口的疼痛有时候会加倍,严重时,半场结束我甚至不能和我的队员交流。"他曾经这样回忆。

退休后雷普奇克开始写作,1968年撰写 *50 Years of Basketbal* 一书,记载了他早期球员生涯的各种故事,以及执教生涯中的心路历程。1966年,雷普奇克入选篮球名人堂,1970年因突发心脏病去世,享年70岁。

## 乔治·麦肯
### NBA历史上第一个超级球星

简单来说，乔治·麦肯是NBA历史上第一个令其他球队感到绝望、第一个逼迫联盟修改规则、第一个以个人名字定义一支球队和一段岁月的球员。

麦肯在大学时代就鹤立鸡群，两次当选年度最佳大学球员，三次成为全美最佳球员，曾在一场比赛里砍出53分，比对手全队得分还多。

1948年，麦肯效力于明尼阿波利斯湖人队，他也随之开启一段独孤求败的岁月。加入BAA第一季，麦肯就以总得分1698分成为得分王，率领湖人队夺得总冠军。连续三个赛季，得分王头衔都被麦肯垄断；连续六个赛季，他率领湖人队拿了五个总冠军，加上此前的NBL，他和湖人队八年拿了七个冠军。

那个年代，NBA联盟由小个子统治，身高2.08米的麦肯凭借一己之力改变了这一固有生态。因为麦肯一柱擎天，1951-1952赛季，联盟修改规则，将三秒区由1.83米放宽到3.66米，其统治力之强，可见一斑。

麦肯是NBA历史上第一个得到10000分的球员，除了连续三年垄断得分王，还曾加冕篮板王，1959年入选篮球名人堂。时至今日，明尼阿波利斯目标中心球馆之外，还耸立着麦肯伟岸的塑像。

## 什么是区域选秀权？

初期的选秀制度，曾有"区域选秀权"条款，即为了维系球队和本地球迷的黏性，激发本地球迷的归属感和热情，每一支球队都可以放弃自己的首轮选秀权，从而挑选一名本地大学球员。

第一支使用"区域选秀权"的球队是明尼阿波利斯湖人队，选择的是沃恩·米克尔森。米克尔森是NBA历史上第一个王朝的基石型球员，职业生涯全部效力于湖人队，一共夺得4次总冠军，6次入选全明星阵容。

第二支使用这个条款的球队是圣路易斯轰炸机队，他们在1949年挑中了圣路易斯大学的爱德·麦考利，次年将其送到了凯尔特人队。有趣的是，7年之后，也就是1956年，凯尔特人队又将麦考利交易回了圣路易斯，此时球队已改叫老鹰队。

就是在1956年选秀大会上，凯尔特人队用"区域选秀权"签下了身高两米、攻防俱佳的前锋汤姆·海因索恩。

这个条款要求必须选择本地大学球员，但也有例外，堪萨斯大学的维尔特·张伯伦原本不适用这一条款，因为堪萨斯并没有NBA球队。费城勇士队老板埃迪·戈塔利布向联盟高层百般游说，称张伯伦是土生土长的费城人，高中时就是费城球迷心中的大偶像，再说堪萨斯又没有NBA球队……联盟最终决定破例，允许勇士队使用这一条款签下张伯伦。

1966年，这一条款被废止。

图1　NBA史上第一个总冠军——费城勇士队合照。

图2　联盟第一届得分王乔·弗尔克斯。
图3　1945年乔治·麦肯获得最佳大学球员奖。
图4　1947-1948赛季BAA总决赛的第二场，子弹队在半场结束时落后21分的情况下演上演大逆转，这是NBA历史上最伟大的逆转之一。

039

040

| 5 | |
|---|---|
| 6 | 8 |
| 7 | |

图5　NBA历史上第一位黑人球员查克·库珀。
图6　1950-1951、1951-1952赛季联盟助攻王安迪·菲利普。
图7　NBA历史上第一个篮板王多尔夫·谢伊斯（左）。
图8　1952年1月20日，乔治·麦肯在对阵皇家队的比赛中拿下61分。

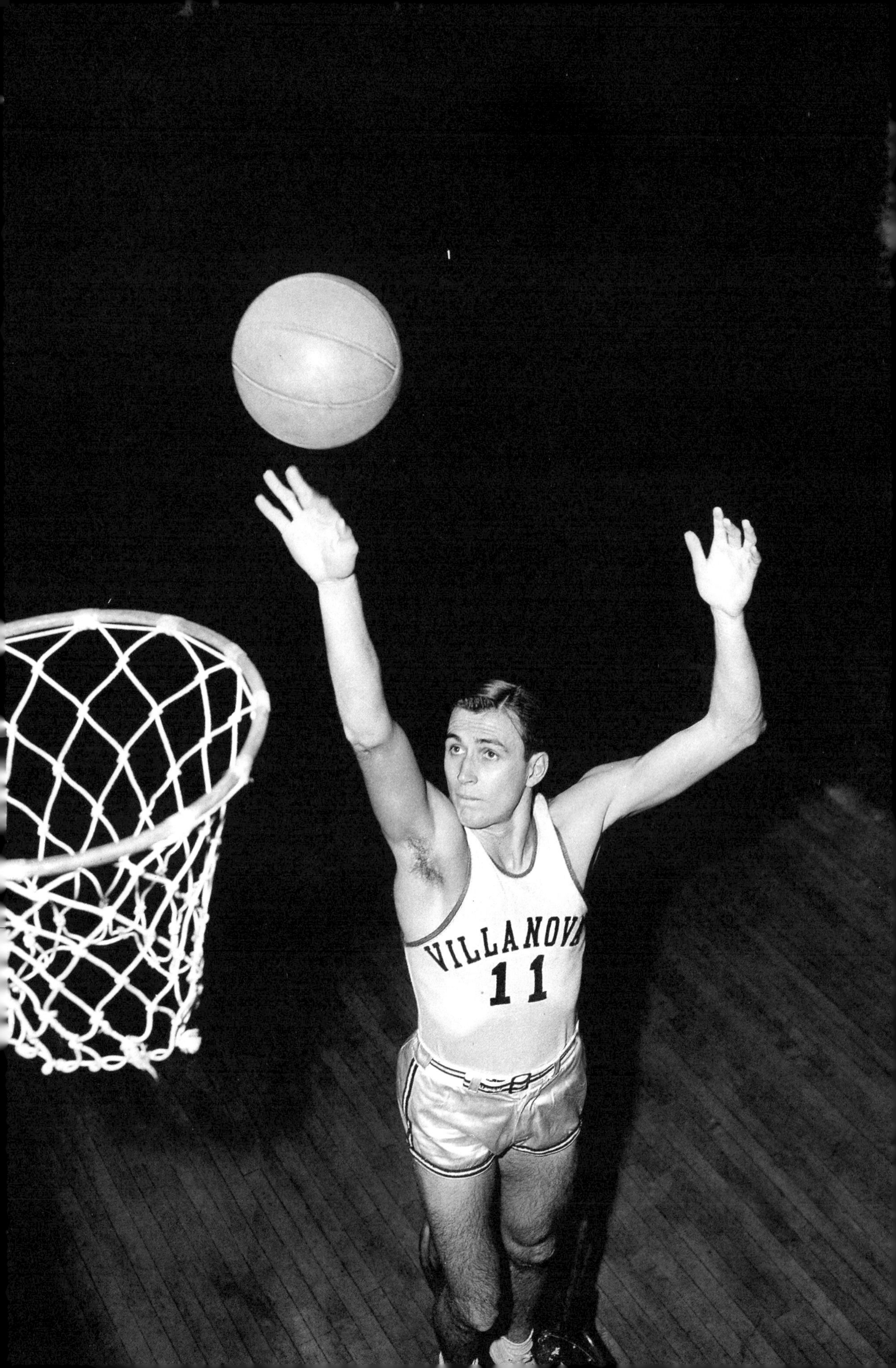
VILLANOV
11

图9　1951–1952赛季得分王保罗·阿里金。
图10　1953年全明星赛，麦考利（左）与乔治·麦肯（右）争球。
图11　1952–1953赛季总冠军湖人队合影。

043

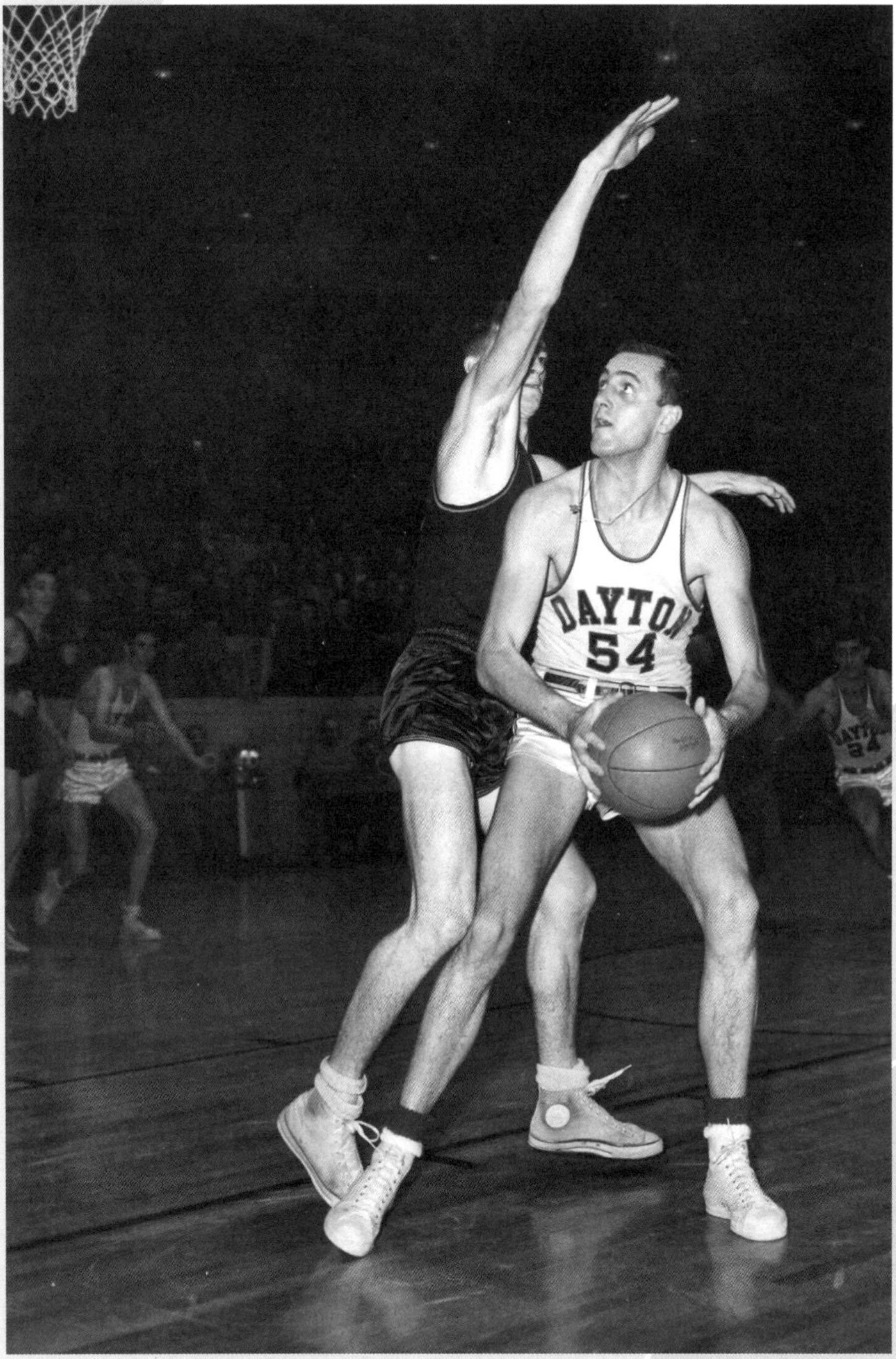
DAYTON
54

图12　NBA历史上第一个最佳新秀唐·曼尼克（右）。
图13　1952-1953赛季至1959-1960赛季，鲍勃·库西连续8个赛季荣膺联盟助攻王。

046

图14　NBA三届得分王尼尔·约翰斯顿（中）。
图15　1955年NBA全明星，东部明星队100：91战胜西部明星队。
图16　1954—1955赛季NBA总冠军球队——锡拉丘兹民族队。
图17　凯尔特人队球员合影，鲍勃·库西（中）和比尔·拉塞尔（左二）。

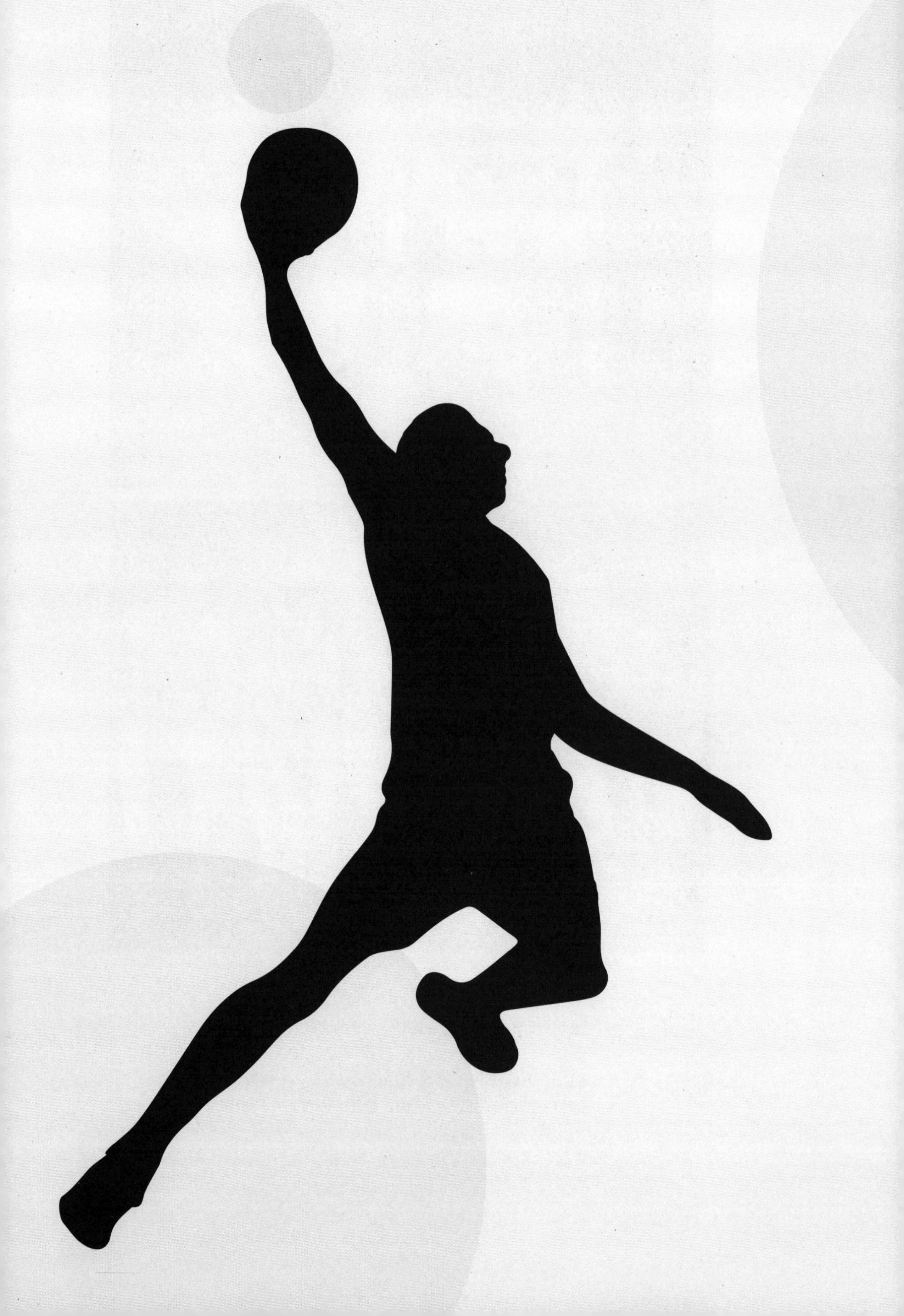

# 第二章 统治超群，绿衫时代

从这个赛季开始，凯尔特人队揭开了13年11冠的恢宏篇章。

历史的开创从1956年的选秀开始。凯尔特人队的进攻已然足够好，但防守却不是一般的差，所以"绿衫军"这年选秀的首要目标是吸纳防守人才，争取彻底和一条腿走路的岁月说再见。选秀前夕，凯尔特人队做了一个被事实证明是无比英明的决定，他们行使了"地区选秀权"（所谓地区选秀权，是指球队可以放弃自己的首轮选秀权来换取本地大学的一名参选球员），签下了身高两米，攻防俱佳的前锋汤姆·海因索恩。

好戏还在后面，眼光毒辣、魄力非凡的奥尔巴赫用爱德·麦考利和克里夫·哈甘从老鹰队那里换来了榜眼签，签下了来自圣弗朗西斯科大学的传奇中锋比尔·拉塞尔。值得注意的是，"红衣主教"还在第二轮挑中了K.C.琼斯，只是后者因为要服兵役，两年后才能披上"绿衫军"战袍。

鲍勃·库西、比尔·沙曼、比尔·拉塞尔、汤姆·海因索恩、吉姆·卢斯卡特奥夫、弗兰克·拉姆西……至此，美国职业体育史上最具传奇色彩的王朝球队的骨架已然有了雏形。

赛季开始后，拉塞尔因为要随美国国家队参加在墨尔本举办的奥运会，不得不延迟入队的时间。奥尔巴赫为此特招了一帮"老戏骨"，他们分别是34

## 1956-1957

### 动魄！史诗级决赛 "绿衫军"首夺冠

**总冠军：** 波士顿凯尔特人队
**得分王：** 保罗·阿里金（勇士队/1817分）
**篮板王：** 莫里斯·斯托克斯（皇家队/1256个）
**助攻王：** 鲍勃·库西（凯尔特人队/478次）
**最有价值球员：** 鲍勃·库西（凯尔特人队）
**最佳新秀：** 汤姆·海因索恩（凯尔特人队）

岁的后卫安迪·菲利普、32岁的中锋埃尔尼·瑞森和30岁的前锋杰克·尼科尔斯。当拉塞尔在12月22日正式入队时，凯尔特人队已经取得了16胜8负的好成绩。

库西和沙曼上演着熟悉的戏码，前者继续垄断助攻王，场均贡献21.1分，荣膺常规赛MVP，沙曼场均砍下20.6分。海因索恩凭借场均16.2分、9.8个篮板的靓丽数据当选年度最佳新秀，卢斯卡特奥夫也能场均帮衬10.4个篮板……尤其是拉塞尔，他对凯尔特人队比赛模式的改变是颠覆性的，这是场均14.7分、19.6个篮板的数据根本无法体现的。拉塞尔极大地改善了球队的防守质量，他抓下篮板后直传库西，再由后者驱导快攻，这甚至成了球队固有的进攻套路。

几乎是一夜间，凯尔特人队成了联盟最强的球队，没有之一。

常规赛，凯尔特人队豪取联盟最佳的44胜28负，甩开了第二名民族队足足6个胜场。季后赛3:0横扫民族队后，凯尔特人队高调挺进总决赛，对手是老鹰队。

说来颇有意思，正是老鹰队让出榜眼签成就了凯尔特人队，但他们实际上也没吃亏，因为交换而来的爱德·麦考利和克里夫·哈甘也成了他们杀进总决赛的大功臣——那笔买卖可以说是双赢。鲜为人知的是，其实比尔·沙曼也出自老鹰队。

这个赛季，老鹰队进行了大规模的重组，除了换来麦考利和哈甘，还吸纳了湖人队功勋后卫斯雷特·马丁以及亚历克斯·汉纳姆。老鹰队在这个赛季更换了三次主教练，汉纳姆作为球员兼任教练后球队成绩有明显起色。常规赛结束时老鹰队的战绩是34胜48负，由于西区整体实力羸弱，这足以保证他们杀进季后赛。西部决赛中，老鹰队干净利落地以3:0横扫湖人队，跻身总决赛。

舆论普遍认为老鹰队不可能给空前强大的凯尔特人队制造任何威胁。然而事实绝非如此，首战老鹰队就给了"绿衫军"一个下马威，鏖战两个加时后以125:123取胜。凯尔特人队立马扳回一城，随后两队各胜一场，总比分打成2:2。

第五战凯尔特人队以124:109获胜，两个晚上之后，哈甘在比赛最后1秒钟将佩蒂特的投篮补进，给了旧主夺命一刀，3:3，比赛被迫进入抢七。

第七战是NBA总决赛历史上名局之一。比赛在星期六下午进行，而且首次进行了全国电视直播，无数观众亲眼见证了这一历史性的鏖战。从第1秒钟开始，双方就呈现绞杀态势，比分犬牙交错，紧张的空气令人窒息。凯尔特人队屡屡取得微弱领先，坚韧的老鹰队又总能扳平。常规时间快结束时，佩蒂特用两个精准罚球将比赛拖进加时。

首个加时，戏码不变，还是缠斗，科尔曼拯救了老鹰队，将"绿衫军"拖入第二个加时。第二个加时的最后几秒钟，卢斯卡特奥夫的罚球使凯尔特人队取得2分领先，佩蒂特在铃响之前仓促出手，可惜投出的是个"三不沾"，老鹰队123∶125功亏一篑。凯尔特人队的两个菜鸟成为胜负手，拉塞尔砍下19分、32个篮板，海因索恩则轰落37分、23个篮板。当然，错失最后一投的佩蒂特也应收获掌声，是役，他独取39分、19个篮板，季后赛的场均数据是恐怖的29.8分、16.8个篮板——倘若没有佩蒂特，老鹰队根本不可能支撑7场。

这是凯尔特人队的首个总冠军，夺冠后奥尔巴赫激动地说："第一个（冠军）永远是最难的，也是最让人满意的。无论我走到哪里，我都会告诉自己，现在我是世界冠军的教头了。"彼时的"红衣主教"肯定没有想到：他的球队会拿冠军拿到手抽筋。

## 1956-1957赛季排名

### 东部联盟

| 排名 | 球队 | 胜 | 负 |
| --- | --- | --- | --- |
| 1 | 波士顿凯尔特人队 | 44 | 28 |
| 2 | 锡拉丘兹民族队 | 38 | 34 |
| 3 | 费城勇士队 | 37 | 35 |
| 4 | 纽约尼克斯队 | 36 | 36 |

### 西部联盟

| 排名 | 球队 | 胜 | 负 |
| --- | --- | --- | --- |
| 1 | 圣路易斯老鹰队 | 34 | 38 |
| 2 | 明尼阿波利斯湖人队 | 34 | 38 |
| 3 | 韦恩堡活塞队 | 34 | 38 |
| 4 | 罗切斯特皇家队 | 31 | 41 |

# NBA PLAYOFFS

## NBA季后赛对阵表
### 1956—1957赛季

West / East

**The Finals**: 波士顿凯尔特人队

**West:**
- 明尼阿波利斯湖人队 2
- 韦恩堡活塞队 0
- 圣路易斯老鹰队 3
- 明尼阿波利斯湖人队 0
- 圣路易斯老鹰队 3
- 波士顿凯尔特人队 4

**East:**
- 波士顿凯尔特人队 3
- 锡拉丘兹民族队 0
- 锡拉丘兹民族队 2
- 费城勇士队 0

该赛季有两支球队完成迁址，活塞队搬到了"汽车城"底特律，皇家队则开始了漫长的迁徙旅程，他们的第一站是辛辛那提。这也标志着NBA正在大幅扩充地理版图。仅仅3年之前，联盟一半球队所在的城市人口不足百万，而到了这个赛季，这样的球队只剩下锡拉丘兹民族队。

迁至充满工业气味的底特律后，活塞队球迷迎来了属于他们的得分王：场均砍下27.8分的乔治·亚德利，另外他还是NBA历史上第一个常规赛单季得分突破2000分大关（2001分）的球员。但是，这些都冲淡不了这个赛季的主题：老鹰队PK凯尔特人队。

上赛季的总决赛球队——凯尔特人队和老鹰队——这个赛季依然是表现最好的两支球队，他们在常规赛中分别获得赛区最多的49胜和41胜，都比第二名多赢了8场球。

花开两朵，各表一枝。

夺得队史首冠后，凯尔特人队有一发不可收之势。这是比尔·拉塞尔的第一个完整赛季，小试牛刀后，他在这个赛季完全入戏，成为无人可撼的禁区霸王，场均抢下27.7个篮板，以赛季1564个篮板加冕篮板王，另外还有16.6分入账，首次加冕常规赛MVP。得益于拉塞尔在内线的强大威慑力，队友们能肆无忌惮地施展赌博式防守。高质量的防守反过来也能拉动进攻，在标志性陷阱防守的帮助下，凯尔特人队的进攻变得更加犀利。库西锁住助攻王，沙曼连续三个赛

## 1957-1958
## 成功复仇！老鹰队夺冠
## 神话来临之前

**总冠军：圣路易斯老鹰队**
**得分王：乔治·亚德利**（活塞队/2001分）
**篮板王：比尔·拉塞尔**（凯尔特人队/1564个）
**助攻王：鲍勃·库西**（凯尔特人队/463次）
**最有价值球员：比尔·拉塞尔**（凯尔特人队）
**最佳新秀：伍迪·索德斯布里**（勇士队）

季成为球队得分王,场均22.3分高居联盟第六,中投命中率是42.4%。唯一遗憾的是,沙曼对罚球命中率榜单的垄断被打破,这个赛季他以89.3%屈居第二,排在他前面的是民族队的多尔夫·谢伊斯,他的罚球命中率为90.4%。内外合璧,全民皆兵,无缝交融,凯尔特人队豪取49胜,刷新联盟胜场纪录。

饮恨总决赛后,老鹰队卷土重来。尤其是佩蒂特,他在这个赛季场均斩落24.6分、17.4个篮板,还凭借28分、26个篮板的大号"两双"赢得全明星赛MVP,最终老鹰队以西部最好的41胜收官常规赛。

从该赛季开始,分区决赛由原来的5场3胜制改为7场4胜制,老鹰队和凯尔特人队以相同的4:1比分分别击败活塞队和勇士队,时隔一年后重逢于总决赛。

总决赛率先在波士顿开打,前两场双方平分秋色,各胜一场。天有不测风云,第三战拉塞尔扭伤脚踝,成全了老鹰队一场胜利。第四战,拉塞尔缺席,但凯尔特人队却在客场顽强地将大比分扳成2:2。

看上去,一切都和一年前一样。但总决赛在打了4场之后拐了弯,运气彻底拐向了复仇者老鹰队。第五战,老鹰队以102:100险胜。第六战,佩蒂特如同上帝附体,前三节掠下31分,末节更是犹如"天外飞仙",独取老鹰队21分中的19分,最终硬生生劈下了50分,一下子将乔·弗尔克斯1947年创造的总决赛单场得分纪录提升了13分,老鹰队以110:109险胜,从而以4:2的总比分复仇成功,登上了联盟之巅。

GAME OVER,奥尔巴赫的雪茄熄灭,"绿衫军"更衣室里响起"红衣主教"的咒骂声。50分之夜,身高2.06米、体重97.6千克的佩蒂特幻化成了神,提供了"最好的个人击败最好的团队"的生动案例。

佩蒂特和老鹰队4次在总决赛中遭遇凯尔特人队,这是唯一取胜的一次。这不但是老鹰队球队历史上唯一的总冠军,也是佩蒂特辉煌职业生涯中仅有的一次总冠军。老鹰队此番夺冠置于历史长河中还有更深远的含义:1.他们成了最勇敢的狙击者,否则凯尔特人队将开创更为玄幻的十连冠伟业。2.洋洋七十多年NBA史,老鹰队首开上一年总决赛失意一方隔年逆袭成功的先河。3.沙曼和拉塞尔并肩作战5年,这是唯一一次没有获得总冠军。

当然你也可以这么认为:凯尔特人队失手,是八连冠神话降临凡间之前的小插曲。

## 1957-1958赛季排名

| 东部联盟 | | | |
|---|---|---|---|
| 排名 | 球队 | 胜 | 负 |
| 1 | 波士顿凯尔特人队 | 49 | 23 |
| 2 | 锡拉丘兹民族队 | 41 | 31 |
| 3 | 费城勇士队 | 37 | 35 |
| 4 | 纽约尼克斯队 | 35 | 37 |

| 西部联盟 | | | |
|---|---|---|---|
| 排名 | 球队 | 胜 | 负 |
| 1 | 圣路易斯老鹰队 | 41 | 31 |
| 2 | 底特律活塞队 | 33 | 39 |
| 3 | 辛辛那提皇家队 | 33 | 39 |
| 4 | 明尼阿波利斯湖人队 | 19 | 53 |

## NBA PLAYOFFS

### NBA季后赛 对阵表
#### 1957—1958赛季

West　　　　　　　　　　　　　　East

**The Finals**

**圣路易斯老鹰队**

- 底特律活塞队 2 / 辛辛那提皇家队 0 → 底特律活塞队 1
- 圣路易斯老鹰队 4 → 圣路易斯老鹰队 4
- 波士顿凯尔特人队 2
- 费城勇士队 1 → 波士顿凯尔特人队 4
- 费城勇士队 2 / 锡拉丘兹民族队 1

故事还得从1957-1958赛季说起。

对于湖人队而言，这是堪称噩梦的一个赛季。连年沉沦下，麦肯成了救火主教练，可他的执教水平显然没有打球好，在任期间，湖人队的战绩只有惨不忍睹的9胜30负，最终麦肯黯然下课。万般无奈，湖人队高层只得说服约翰·昆德拉重新出山。但事已至此，积重难返，常规赛结束，湖人队只收获19胜53负，这是湖人队历史上的最差战绩。当然，以现在的眼光看，这个丢人纪录在湖人队队史上发挥了极其重要的作用，他们因此收获了一个状元签，并在1958年选秀大会上签下了伟大的埃尔金·贝勒。

贝勒身高1.96米，司职小前锋，早在西雅图大学打球时，他就被认为是不世出的篮球天才：纯熟的控运技术、出众的拼抢篮板意识、强烈的得分欲望……最为重要的是，这个身高偏矮的小前锋，似乎有不受地心引力掣肘的魔力，惊人的弹跳力使他成为可以在篮筐之上打球的"飞人鼻祖"。当后人瞪圆了双眼欣赏康尼·霍金斯、朱利叶斯·欧文和迈克尔·乔丹等"飞人"上演空中滑翔时，总会隐约想起贝勒，是他为"飞人系"树立了标杆。

新秀赛季贝勒即震惊联盟，他场均能砍下联盟第四的24.9分、联盟第三的15个篮板，以及湖人队最高的4.1次助攻。1959年2月25日湖人队对阵辛辛那提皇家队的比赛中，这个家伙竟飙

## 1958-1959 霸气！横扫夺冠 "绿衫军"王朝序幕

**总冠军：波士顿凯尔特人队**

**得分王：鲍勃·佩蒂特**（老鹰队／2105分）

**篮板王：比尔·拉塞尔**（凯尔特人队／1612个）

**助攻王：鲍勃·库西**（凯尔特人队／557次）

**最有价值球员：鲍勃·佩蒂特**（老鹰队）

**最佳新秀：埃尔金·贝勒**（湖人队）

下了惊世骇俗的55分,这是当时NBA有史以来的单场第三高分,前两位分别是乔·弗尔克斯的63分和乔治·麦肯的61分。贝勒毫无悬念地当选为年度最佳新秀,并成为继鲍勃·佩蒂特和阿历克斯·格罗索后,史上第三个以新秀身份入选年度最佳阵容的球员。

贝勒横空出世,湖人队战力大增,常规赛33胜39负,比上赛季多赢了14场球,战绩排在卫冕冠军老鹰队之后,位列西部第二。

东部赛区,凯尔特人队一枝独秀。卫冕失败后,"绿衫军"众神归位,四名超级球星重复着相同的故事,库西以赛季557次助攻连庄助攻王,拉塞尔则以赛季1612个篮板蝉联篮板王。在此基础上,奥尔巴赫又收获了两个实力增长点,K.C.琼斯服完兵役归来,二年级生萨姆·琼斯爆发。老兵新丁,星光耀眼,凯尔特人队已然到了独孤求败的地步,以创历史纪录的52胜20负收官常规赛,比第二的尼克斯队多赢了12场球,球队场均出手次数、篮板数、助攻数和得分都高居联盟之首。

几乎所有人都认为,组装完毕的凯尔特人队应该能见佛杀佛,一路凯歌,轻松收拾旧山河。但在东部决赛中,小意外发生了,民族队差点把凯尔特人队拉下马。民族队有从活塞队转来的上届得分王乔治·亚德利,成名甚早的多尔夫·谢伊斯和里德·克里……其实仔细看看民族队的阵容,他们着实不应被小觑。最终,凯尔特人队和民族队绞杀7场,在最后一战中以130∶125取胜,有惊无险地杀进总决赛。

西部决赛在湖人队和老鹰队间展开。尽管贝勒的加入令湖人队面貌一新,但没有多少人相信他们能给当季得分王佩蒂特带领的卫冕冠军制造麻烦——常规赛时,老鹰队足足比湖人队多赢了16场球。老鹰队和凯尔特人队连续第三次会师总决赛似乎是天经地义的戏码。前3战,老鹰队顺理成章地以2∶1领先,随后的桥段令人大跌眼镜,在贝勒和米克尔森的率领下,湖人队竟然连取三阵——第四战赢了10分,第五战加时1分险胜,第六战106∶104险胜,以4∶2的总比分把西部巨擘拖下水。这个系列赛也被视为以弱克强的经典案例,湖人队结束"麦肯时代"后首进总决赛,而老鹰队连续三年进军总决赛的美梦被无情击碎。

业界至此哑然,总决赛:凯尔特人队VS湖人队。

这种神奇是不可复制的,从以往战绩看,湖人队和凯尔特人队根本不是同等档次的球队。凯尔特人队是名副其实的湖人队克星，保持着对后者的18连胜。常规赛的一场比赛中，凯尔特人队曾以173：139血洗湖人队。曲终人散，秩序重归井然，凯尔特人队如同砍瓜切菜，以4：0横扫湖人队问鼎冠军。

这是NBA总决赛历史上第一次出现横扫的惨烈局面，然而比这更有意思的是，双方决然不会想到，这是一段荣耀与耻辱的开始：于凯尔特人队，他们拉开了震古烁今的八连冠序幕；于湖人队，这是他们前8次与"绿衫军"死磕总冠军，却无一胜绩的开端。

## 1958–1959赛季排名

| 东部联盟 | | | |
|---|---|---|---|
| 排名 | 球队 | 胜 | 负 |
| 1 | 波士顿凯尔特人队 | 52 | 20 |
| 2 | 纽约尼克斯队 | 40 | 32 |
| 3 | 锡拉丘兹民族队 | 35 | 37 |
| 4 | 费城勇士队 | 32 | 40 |

| 西部联盟 | | | |
|---|---|---|---|
| 排名 | 球队 | 胜 | 负 |
| 1 | 圣路易斯老鹰队 | 49 | 23 |
| 2 | 明尼阿波利斯湖人队 | 33 | 39 |
| 3 | 底特律活塞队 | 28 | 44 |
| 4 | 辛辛那提皇家队 | 19 | 53 |

## NBA PLAYOFFS

### NBA季后赛 对阵表
#### 1958—1959赛季

West — East

*The Finals*

**波士顿凯尔特人队**

- 明尼阿波利斯湖人队 2
- 底特律活塞队 1
- → 明尼阿波利斯湖人队 4
- 圣路易斯老鹰队 2
- → 明尼阿波利斯湖人队 0
- 波士顿凯尔特人队 4

- 波士顿凯尔特人队 4
- 锡拉丘兹民族队 3
- → 波士顿凯尔特人队 4
- 锡拉丘兹民族队 2
- 纽约尼克斯队 0

当堪萨斯大学的现象级中锋张伯伦决定参加选秀后，所有NBA总经理都茶饭不思，连做梦都想着揽获这块至宝。这种哄抢心态不难理解，因为张伯伦在NCAA（全国大学体育协会）赛场上的脱俗表现根本无法用语言来形容。

彼时NCAA规定大一新生不能直接参加校队，张伯伦只能委身菜鸟队。愤愤不平的张伯伦终于逮住机会展现球技，在一年级队对阵刚刚获得分区冠军的校队的比赛中，他几乎踢烂了师哥们的屁股。后来在接受《费城每日新闻》采访时，张伯伦不屑一顾地回忆道："我们整场比赛都在用鞭子抽打他们，81：71，我得了40分还是42分，大约抢了30个篮板球。我就是要让那群目中无人的家伙们看看，到底我有没有资格进入校队。"NCAA首秀，张伯伦轰下破校史纪录的52分，最终获得了该季的MOP（最杰出球员奖）。创造无数个数字神话后，张伯伦发觉待在大学很没劲，遂决定进入NBA。

NBA有"地区选秀权"一说，即允许球队以放弃一个首轮选秀权为代价，得到一名本地的大学球员。按理说，张伯伦根本不适用这一条款，因为堪萨斯城并没有NBA球队。此时费城勇士队老板埃迪·戈塔利布展示了超强的交际能力，他向联盟高层百般游说，称张伯伦是土生土长的费城人，高中时就是费城球迷心中的大偶像，而堪萨斯城又没有NBA球队……多方斡旋的结果是，联盟

## 1959—1960

### 神人！张伯伦到来 "绿衫军"演卫冕

**总冠军：波士顿凯尔特人队**
**得分王：维尔特·张伯伦**（勇士队/2707分）
**篮板王：维尔特·张伯伦**（勇士队/1941个）
**助攻王：鲍勃·库西**（凯尔特人队/715次）
**最有价值球员：维尔特·张伯伦**（勇士队）
**最佳新秀：维尔特·张伯伦**（勇士队）

决定破一次例，允许勇士队用"地区选秀权"特例签下张伯伦——这是NBA历史上唯一一次把出生地和高中作为"地区选秀权"的考量标准。

费尽周折后，张伯伦终于披上了勇士队的战袍。牛皮不是吹的，张伯伦在NBA处子秀中暴敛43分、28个篮板，就此拉开了激情的菜鸟赛季的序幕。张伯伦在该赛季光是得分50+的比赛就有7场，常规赛场均贡献37.6分、27个篮板，两项数据都是联盟最高，此外他还是历史上首位单季场均得分突破30分大关的球员。常规赛结束，张伯伦荣膺最佳新秀、常规赛MVP和全明星赛MVP，并入选了年度最佳阵容，成为NBA历史上首个包揽最佳新秀和常规赛MVP的球员——随后的几十年，只有1968-1969赛季的维斯·昂塞尔德完成过这一壮举。

张伯伦的横空出世缓解了大家的审美疲劳，他与拉塞尔的PK从此成为保留剧目。1959年11月7日，波士顿，张伯伦VS拉塞尔第1集上演。那一天，波士顿下起了瓢泼大雨，为巨人对话营造出了足够的江湖氛围，门票早就被一抢而光，大家早就迫不及待想看看"神仙打架"的桥段了。

结果，拉塞尔用统治级的防守占得了上风，自己砍下了22分、35个篮板，防得张伯伦只有39投12中、30分、28个篮板。只从数据看，张伯伦不落下风，甚至更为风光，但拉塞尔显然效率更高，而且他的帮手更为靠谱，球队更为强大。那场比赛，凯尔特人队115∶106击败勇士队——这成了两人对话的主基调，张伯伦往往能赢得数据，但大多数情况下，赢得胜利的是拉塞尔。该赛季季后赛，凯尔特人队与勇士队再次遭遇，进一步印证了这种论断。

常规赛，凯尔特人队依然无坚不摧，先发五虎鲍勃·库西、比尔·沙曼、弗兰克·拉姆西、汤姆·海因索恩和比尔·拉塞尔，场均得分都在15分以上，替补席上的K.C.琼斯、萨姆·琼斯等人提供延续战力，"绿衫军"一度取得17连胜，最终以10场的优势高居东部榜首。东部第二正是张伯伦率领的勇士队，他们的战绩由上赛季的32胜40负飙升至49胜26负。

东部决赛中，拉塞尔和张伯伦遭遇。正像他们的首次对决那样，张伯伦过足了数据瘾，总得分胜出81分，但他从队友那里得到的支援极其有限，拉塞尔笑到了最后，凯尔特人队以4∶2淘汰勇士队，闯入总决赛。

冲出西部的是老鹰队。老鹰队常

规赛战绩是46胜29负，比排名第二的活塞队多赢了16场球，他们以4∶3险胜湖人队后，四年来第三次在总决赛中与凯尔特人队相遇。

总决赛前4战，这对冤家战成2∶2。第五战，凯尔特人队25分狂屠老鹰队。老鹰队不屈不挠，第六战以3分优势将总比分扳平。第七战属于拉塞尔，他取下22分，狂抓35个篮板，库西和拉姆西也分别奉上19分、14次助攻和24分、13个篮板，凯尔特人队122∶103拿下抢七局，卫冕成功。

在此不得不提一下湖人队。埃尔金·贝勒的加盟让积弱不振的湖人队看到崛起的曙光。这个赛季，贝勒炫目依然，场均贡献29.6分、16.4个篮板。但湖人队却在常规赛坠入泥潭，主帅约翰·昆德拉背了黑锅，黯然下课，贝勒大学时的恩师约翰·卡斯特莱纳接任。

卡斯特莱纳并未成为救世主，他执教期间，湖人队的战绩只有11胜25负。随后前功勋球员吉姆·波拉德顶班，最终湖人队的常规赛战绩只有25胜50负，在西部只比皇家队的19胜56负略好。

季后赛中湖人队突然雄起，在西部半决赛中淘汰了活塞队。西部决赛中，湖人队一度取得3∶2的领先，只可惜被更为老辣的老鹰队连胜两场，错失连续两年进军总决赛的大好机会。

## 1959-1960赛季排名

| 东部联盟 | | | |
|---|---|---|---|
| 排名 | 球队 | 胜 | 负 |
| 1 | 波士顿凯尔特人队 | 59 | 16 |
| 2 | 费城勇士队 | 49 | 26 |
| 3 | 锡拉丘兹民族队 | 45 | 30 |
| 4 | 纽约尼克斯队 | 27 | 48 |

| 西部联盟 | | | |
|---|---|---|---|
| 排名 | 球队 | 胜 | 负 |
| 1 | 圣路易斯老鹰队 | 46 | 29 |
| 2 | 底特律活塞队 | 30 | 45 |
| 3 | 明尼阿波利斯湖人队 | 25 | 50 |
| 4 | 辛辛那提皇家队 | 19 | 56 |

# NBA PLAYOFFS

## NBA季后赛对阵表
### 1959—1960赛季

West      East

**The Finals**

**波士顿凯尔特人队**

- 明尼阿波利斯湖人队 2
- 底特律活塞队 0
- 圣路易斯老鹰队 4
- 明尼阿波利斯湖人队 3
- 圣路易斯老鹰队 3
- 波士顿凯尔特人队 4
- 波士顿凯尔特人队 4
- 费城勇士队 2
- 费城勇士队 2
- 锡拉丘兹民族队 1

后麦肯时代，湖人队逐步褪去了王朝的光环，一如明尼阿波利斯寒冷的天气，主场的氛围也是惨淡寥落，上座率持续看跌。即便有"飞人系"鼻祖埃尔金·贝勒加盟，也难以改变这一窘况。

这种情况下，接手球队已两年的老板鲍勃·肖特开始考虑迁址，下一站：洛杉矶。肖特之所以青睐洛杉矶，是受到了美国职棒联盟球队道奇队的启发——道奇队于1958年从东部的布鲁克林迁到洛杉矶后，取得了意想不到的成功。就这样，洛杉矶成了湖人队的新家，从此这座城市雍容华贵的气质深深植入了这支历史上的王朝球队。

除了迁址，湖人队在这个赛季又迎来一个超级巨星，他就是历史上最强的后卫之一，后来成为联盟LOGO原型的杰里·韦斯特。

韦斯特成名甚早，高中时曾率校队问鼎全国冠军，而且是西弗吉尼亚第一位单季得分超过900分的少年英雄。高中毕业后，曾有60多所大学愿意为韦斯特提供丰厚的奖学金。近乡情怯，他选择了加盟西弗吉尼亚大学。1959年，韦斯特率队连续第三次夺得NCAA冠军，他本人也荣膺MOP（最杰出球员奖）。1960年，韦斯特代表美国队征战罗马奥运会，收获了一枚奥运会金牌，当年的选秀大会上，他被湖人队在第1轮第2顺位签下。与韦斯特一道入主湖人队的，还有他大学时代的主教练弗雷德·斯卡斯。

韦斯特的新秀赛季并无脱俗表现，

## 1960—1961 湖人队迎"LOGO男" "绿衫军"三连冠

**总冠军：** 波士顿凯尔特人队

**得分王：** 维尔特·张伯伦（勇士队/3033分）

**篮板王：** 维尔特·张伯伦（勇士队/2149个）

**助攻王：** 奥斯卡·罗伯特森（皇家队/690次）

**最有价值球员：** 比尔·拉塞尔（凯尔特人队）

**最佳新秀：** 奥斯卡·罗伯特森（皇家队）

场均贡献17.6分、7.7个篮板和4.2次助攻，这是他14年紫金生涯中唯一一次赛季场均得分不到20分。韦斯特蓄势待发，贝勒则继续砍分表演，该赛季他场均轰下34.8分，另有19.8个篮板球入账。最神奇的一幕发生在1960年11月15日，湖人队VS尼克斯队，贝勒彻底进入无解模式，劈下惊为天人的71分，创造了新的NBA单场得分纪录。来到洛杉矶的第一个赛季，湖人队的成绩大有起色，36胜43负列西部第二。

季后赛首轮湖人队与活塞队展开飚分大战。头两战，湖人队都得到了120分，凭借水银泻地般的进攻取得2：0领先。回到底特律，活塞队又以124：113和123：114扳平总比分。第五战，湖人队的进攻更加无敌，以137：120晋级。

迈过活塞队这一关后，湖人队和老鹰队连续第三年在西部决赛中遭遇。常规赛老鹰队比湖人队多赢了15场球，实力明显高出一筹。但湖人队打得相当顽强，一度取得2：1的领先。随后运气站在了老鹰队这一边，第四战1分险胜，第六战加时赛1分险胜，抢七局以105：103取胜，再次闯入总决赛。

在这一年进入NBA的巨星还有"大O"奥斯卡·罗伯特森。罗伯特森是辛辛那提大学队史上第一个黑人球员，留下场均33.8分、15.2个篮板的傲人数据后，于1960年以状元身份成为皇家队一员。

与韦斯特一样，罗伯特森是罗马奥运会男子篮球冠军队成员。进入NBA后，罗伯特森根本无须适应，犹如天外来客般惊煞世人，菜鸟赛季就几乎达成场均三双伟业：30.5分、10.1个篮板和9.7次助攻，并以赛季690次助攻终结了鲍勃·库西对助攻王长达8个赛季的垄断。这着实是个高分遍地的赛季，罗伯特森和韦斯特的30+被"大北斗"张伯伦的场均38.4分所掩盖。凭借赛季3033分连续第2季揽下得分王之外，张伯伦还蝉联了篮板王，成为该赛季最为风光的球员。38.4分、34.8分和30.5分，NBA历史上首次出现单季同时有3名球员场均30+的盛景。

得分机器争奇斗艳，并不妨碍凯尔特人队继续王朝之旅。这是比尔·沙曼的最后一个赛季，由于萨姆·琼斯进入首发，他的出场时间有所减少。本赛季常规赛场次增加到了79场，凯尔特人队独孤求败，以57胜笑傲联盟，比尔·拉塞尔第2次荣膺常规赛MVP。4：1淘汰民族队后，凯尔特人队与51胜的西部老大老鹰队会师总决赛。这是5年里两队第4次争夺总冠军，同时也是这对冤家最后一次"华山论剑"，这个赛季后老鹰队就再也没打进过总决赛，风光一时后归于沉寂。四次总决赛碰撞中，这是最没有悬念的一次，凯尔特人队以4∶1的总比分完成了历史上的第2次三连冠。

整个季后赛，凯尔特人队只输了两场球，强大指数可见一斑。

## 1960-1961赛季排名

| 东部联盟 | | | |
| --- | --- | --- | --- |
| 排名 | 球队 | 胜 | 负 |
| 1 | 波士顿凯尔特人队 | 57 | 22 |
| 2 | 费城勇士队 | 46 | 33 |
| 3 | 锡拉丘兹民族队 | 38 | 41 |
| 4 | 纽约尼克斯队 | 21 | 58 |

| 西部联盟 | | | |
| --- | --- | --- | --- |
| 排名 | 球队 | 胜 | 负 |
| 1 | 圣路易斯老鹰队 | 51 | 28 |
| 2 | 洛杉矶湖人队 | 36 | 43 |
| 3 | 底特律活塞队 | 34 | 45 |
| 4 | 辛辛那提皇家队 | 33 | 46 |

# NBA PLAYOFFS

## NBA季后赛对阵表
### 1960—1961赛季

West　　　　　　　　　　　　　　　　East

**The Finals**

**波士顿凯尔特人队**

West：
- 洛杉矶湖人队 3 — 底特律活塞队 2
- 圣路易斯老鹰队 4 — 洛杉矶湖人队 3
- 圣路易斯老鹰队 1 — 波士顿凯尔特人队 4

East：
- 波士顿凯尔特人队 4 — 锡拉丘兹民族队 1
- 锡拉丘兹民族队 3 — 费城勇士队 0

张伯伦进入联盟后，就一直牢牢把持着得分王的宝座，诸如埃尔金·贝勒和奥斯卡·罗伯特森等砍分机器，也只有努力争第二的份儿。37.6分、38.4分，头两个赛季，张伯伦已然足够惊艳，但所有这些和1961-1962赛季相比，根本不值一提。这个赛季，张伯伦光是得分70+的比赛就达到了4场，场均得分是前无古人，后无来者的50.4分。张伯伦赛季总共砍下4029分，成为NBA历史上唯一单季总得分突破4000分大关的球员。

众所周知，张伯伦最惊人的表现是1962年3月2日勇士队对阵尼克斯队时匪夷所思地刷下了100分——细心的朋友会发现，尼克斯队喜欢成人之美，前一个赛季，贝勒曾在纽约球队头上卷走71分，而在几十年后的2008-2009赛季，他们又被勒布朗·詹姆斯、科比·布莱恩特和德怀恩·韦德轮番打劫。

那场比赛还剩1分25秒时，看台上的球迷早已陷入痴狂状态，他们恨不得喊破喉咙："把球传给维尔特！把球传给维尔特！"此时张伯伦已经得到了98分，只要再投中一个球，就能突破百分大关。比赛还剩46秒，张伯伦终于得到圆满的机会，他在篮下接球、跃起、灌篮，100分神迹就此问世，勇士队最终以169：147大胜。

张伯伦疯狂表演，连对手都被他彻底虏获，据说在100分诞生之际，尼

## 1961-1962 秀！张伯伦100分 "大O"场均三双

**总冠军**：波士顿凯尔特人队
**得分王**：维尔特·张伯伦（勇士队/4029分）
**篮板王**：维尔特·张伯伦（勇士队/2052个）
**助攻王**：奥斯卡·罗伯特森（皇家队/899次）
**最有价值球员**：比尔·拉塞尔（凯尔特人队）
**最佳新秀**：沃尔特·贝拉米（包装工队）

克斯队的防守球员根本就没动。那场比赛，并没有电视直播，甚至纽约各大报纸的记者都没去采访，因为他们也知道尼克斯队那个赛季就是鱼腩球队，每场铁定输球，去了也是白跑一趟。

奇怪的是，据统计，现场观众只有4124人，可时隔多年之后，声称亲眼见证100分的人超过了10000人。赛后张伯伦在接受《HOOP》杂志采访时说："上帝，这简直不可思议。我从未想到自己会在一场比赛投中那么多篮。"

的确，他把比赛当成了投篮练习，加之后来队友也极力成全，技术统计上赫然写着：63投36中。不仅如此，张伯伦向来很烂的罚球在那个夜晚也很靠谱：32投28中——要知道，那个赛季他的罚球命中率是惨不忍睹的50.6%。较之于单场100分和场均50.4分，张伯伦蝉联篮板王这等"小事"似乎没有赘述的必要了。

奥斯卡·罗伯特森的个人表演还在继续，且态势更为汹涌。该赛季，罗伯特森的投篮命中率高达47.8%，高列联盟第四，场均得分达到了30.8分，场均篮板数是整个职业生涯最高的12.5个，加上场均11.4次助攻。单季场均技术统计达到三双，罗伯特森成为NBA历史上唯一达到此成就的球员。尤其值一提的是，终结了鲍勃·库西对助攻王长达8年的垄断后，罗伯特森该赛季又以899次助攻打破了前辈创下的单季总助攻次数纪录。

令人感到意外的是，张伯伦和罗伯特森打出变态数据，却与常规赛MVP无缘。比尔·拉塞尔场均"只"抢下23.6个篮板，就成为史上首个MVP连庄者，原因在于，他所在的凯尔特人队整体更为强大、战绩更好——本赛季，"绿衫军"豪取NBA历史上的首个60胜，比东区第二足足多赢了11场球。至此，MVP的评选标准逐步明确，那就是不仅要看个人表现，球队战绩也是极其重要的一环。与MVP首创时相比，这个标准已经发生了很大改变，鲍勃·佩蒂特成为史上首个MVP，凭借的就是场均25.7分和16.2个篮板，那个赛季老鹰队只赢了33场球。

球队方面，湖人队继续大踏步前进。埃尔金·贝勒因为要服兵役本赛季只出战48场，场均轰下38.3分，大爆发的韦斯特贡献30.8分。除疯狂二人组外，湖人队阵中还有场均17.2分、10.4个篮板的鲁迪·拉鲁索，场均14.7分的弗兰克·塞尔威以及有"高速马力车"之誉的罗德尼·亨德莱。阵容鼎盛的湖人队统治了西部，比排在第二的皇家队多胜11场,并在西部决赛中以4∶2的总比分干掉活塞队,重回总决赛。湖人队的对手自然是凯尔特人队。本赛季鲍勃·库西场均15.7分、7.8次助攻,拉塞尔23.6个篮板,二年级生托马斯·桑德斯9.5个篮板,海因索恩22.1分、9.5个篮板,凯尔特人队以60胜收官常规赛,笑傲群雄。季后赛张伯伦率勇士队给卫冕冠军制造了莫大麻烦,双方激战7场,凯尔特人队才凭借最后2秒的绝杀涉险过关。

总决赛率先在波士顿打响。前两战,双方战成1∶1。第三战移师洛杉矶,杰里·韦斯特贡献关键抢断,抢下胜利,第四战凯尔特人队再次扳平。1962年4月14日第五战,贝勒上演得分秀,狂砍61分和22个篮板——61分是当时的季后赛单场得分纪录,保持了25年之久,湖人队再次将比分超出。取得3∶2领先后,湖人队离总冠军近在咫尺,但顽强的"绿衫军"在第六战背水一战,以119∶105大胜,双方进入抢七大战。这又是一个惊心动魄的名局。两队一直呈互掐态势,战局极为胶着,打成100平后,湖人队握有最后一攻的机会。凯尔特人队的连冠步伐眼看就要结束了,这时候湖人队后卫塞尔威救了他们,他的投篮涮筐而出,比赛进入加时。大难不死后,凯尔特人队在加时赛中显示出了老辣的一面,最终以110∶107笑到了最后,连续第4次捧起总冠军奖杯。

## 1961-1962赛季排名

| 东部联盟 | | | |
|---|---|---|---|
| 排名 | 球队 | 胜 | 负 |
| 1 | 波士顿凯尔特人队 | 60 | 20 |
| 2 | 费城勇士队 | 49 | 31 |
| 3 | 锡拉丘兹民族队 | 41 | 39 |
| 4 | 纽约尼克斯队 | 29 | 51 |

| 西部联盟 | | | |
|---|---|---|---|
| 排名 | 球队 | 胜 | 负 |
| 1 | 洛杉矶湖人队 | 54 | 26 |
| 2 | 辛辛那提皇家队 | 43 | 37 |
| 3 | 底特律活塞队 | 37 | 43 |
| 4 | 圣路易斯老鹰队 | 29 | 51 |
| 5 | 芝加哥包装工队 | 18 | 62 |

# NBA PLAYOFFS

## NBA季后赛 对阵表
### 1961—1962赛季

**West**            **East**

*The Finals*

**波士顿凯尔特人队**

West:
- 底特律活塞队 [3]
- 辛辛那提皇家队 [1]
- → 洛杉矶湖人队 [4] / 底特律活塞队 [2]
- → 洛杉矶湖人队 [3]

East:
- 波士顿凯尔特人队 [4] / 费城勇士队 [3]
- 费城勇士队 [3] / 锡拉丘兹民族队 [2]
- → 波士顿凯尔特人队 [4]

Finals: 波士顿凯尔特人队 [4]

NBA版图继续扩张。

勇士队是NBA的元老级球队，1946年BAA成立时，他们就是11支创建球队之一，而且还是那一赛季的总冠军。本赛季，勇士队和已经待了16年的费城说再见，搬迁到西海岸的旧金山，更名为旧金山勇士队。出于平衡考虑，拥有奥斯卡·罗伯特森的辛辛那提皇家队被划到东部赛区，而上赛季才加盟的新军芝加哥包装工队更名为芝加哥西风队。

赛季开打前，34岁的鲍勃·库西正式宣布，这将是他的最后一个赛季。开创基业的功勋们年龄逐渐增大，凯尔特人队持续有新鲜血液加入，哈弗里切克于这个赛季入队。

哈弗里切克天生喜欢当配角，效力于俄亥俄州立大学期间，球队1号人物是杰里·卢卡斯，队友们于是叫他"第二根香蕉"。在俄亥俄州立大学效力3年，哈弗里切克场均得到14.6分，入选过全美最佳阵容，校队取得了78胜6负的骇人战绩，获得1960年NCAA冠军。大学毕业后，哈弗里切克同时被两个联盟的球队——NFL的克利夫兰布朗队和NBA的波士顿凯尔特人队——相中。虽然代表布朗队打了季前赛，但经过慎重权衡，哈弗里切克最终选择了NBA，正式成了"绿衫军"的一员。

此时的凯尔特人队主将年龄偏大，哈弗里切克的朝气和硬朗给球队注

## 1962-1963

## 五连冠！"绿衫军"神迹 库西正式退役

**总冠军：** 波士顿凯尔特人队

**得分王：** 维尔特·张伯伦（勇士队/3586分）

**篮板王：** 维尔特·张伯伦（勇士队/1946个）

**助攻王：** 盖伊·罗杰斯（勇士队/825次）

**最有价值球员：** 比尔·拉塞尔（凯尔特人队）

**最佳新秀：** 特里·帝辛格（西风队）

**最佳教练：** 哈里·盖拉汀（老鹰队）

入了一针强心剂，拉塞尔甚至说："他将让我的职业生涯延长两年。"在拉塞尔的力推下，哈弗里切克成为球队的第六人，并凭借场均14.3分、6.7个篮板的表现入选了新秀全明星队。本赛季凯尔特人队58胜22负，以10场优势领跑东部，拉塞尔连续三季荣膺常规赛MVP。

被划入东部赛区的皇家队在罗伯特森的率领下，在东部决赛中给凯尔特人队制造了很大麻烦。大比分打成3：3后，凯尔特人队拿下决胜局，再进总决赛。

西部依然是湖人队的地盘。休赛期湖人队招来了曾在民族队打过两年球的后卫迪克·巴莱特，把老后卫塞尔威挤到了第六人的位置上。埃尔金·贝勒得分势头不减，场均交出仅次于维尔特·张伯伦（场均44.8分）的34分。韦斯特因伤缺席了27场比赛，场均得到27.1分。巴莱特不辱使命，场均砍下18分，在韦斯特缺席期间撑起了湖人队后场。常规赛湖人队顺风顺水，以53胜27负的战绩再获西部赛区常规赛冠军，在西部决赛中淘汰老鹰队后再次和凯尔特人队会师总决赛。

似曾相识的戏码。2：0，3：1，4：2，凯尔特人队再次踏着湖人队的"尸首"，最终问鼎了五连冠。在职业生涯最后一场比赛中，鲍勃·库西感动了世界。比赛进行到第四节，库西扭伤了脚踝，在队友的搀扶下回到替补席。湖人队借机反攻，将分差缩小到了只剩1分，此时坚韧的库西带伤出场。尽管没有再次得分，但库西的出现却大幅提升了球队士气。112：109，库西把球扔向看台，战斗结束，凯尔特人队登顶。

在35岁的时候，库西这个控卫"视觉系"鼻祖正式告别赛场，他的最后一战被描述成"波士顿的眼泪派对"。告别演说按计划为时7分钟，由于库西情绪激动难以自已，延长到了20分钟。波士顿花园球馆中突然传出一声"我们爱你，库西"，整座城市陷入无尽的悲伤。约翰·肯尼迪亲自打来电话对库西说："比赛都会留下你精湛球技和强烈取胜心的印记。"

16955分（场均18.5分）、6945次助攻（场均7.6次）、80.3%的罚球命中率、917场胜利，伟大的鲍勃·库西连同这些数字，被永远地载入了凯尔特人队的荣耀史册。

## 1962-1963赛季排名

| 东部联盟 | | | |
|---|---|---|---|
| 排名 | 球队 | 胜 | 负 |
| 1 | 波士顿凯尔特人队 | 58 | 22 |
| 2 | 锡拉丘兹民族队 | 48 | 32 |
| 3 | 辛辛那提皇家队 | 42 | 38 |
| 4 | 纽约尼克斯队 | 21 | 59 |

| 西部联盟 | | | |
|---|---|---|---|
| 排名 | 球队 | 胜 | 负 |
| 1 | 洛杉矶湖人队 | 53 | 27 |
| 2 | 圣路易斯老鹰队 | 48 | 32 |
| 3 | 底特律活塞队 | 34 | 46 |
| 4 | 旧金山勇士队 | 31 | 49 |
| 5 | 芝加哥西风队 | 25 | 55 |

# NBA PLAYOFFS

## NBA季后赛 对阵表
### 1962—1963赛季

West　　　　　　　　　　　　　　　　East

**The Finals**

波士顿凯尔特人队

| 西部 | | | | | 东部 | | |
|---|---|---|---|---|---|---|---|
| 圣路易斯老鹰队 3 | | 洛杉矶湖人队 4 | | | 波士顿凯尔特人队 4 | | |
| | 圣路易斯老鹰队 3 | | 洛杉矶湖人队 2 | 波士顿凯尔特人队 4 | | 辛辛那提皇家队 3 | |
| 底特律活塞队 1 | | | | | 辛辛那提皇家队 3 | | 锡拉丘兹民族队 2 |

在度过了一个没有NBA球队的赛季后，费城球迷在这个赛季盼来了新的寄托：锡拉丘兹民族队入主费城，更名为费城76人队——取此名的缘由在于，1776年《独立宣言》正是在费城问世。

颇有趣味的是，民族队常年和勇士队对峙，是费城球迷最为痛恨的球队之一，如今却摇身一变，成为这座城市的新宠。芝加哥西风队也于本赛季入主巴尔的摩，成为新版巴尔的摩子弹队，也就是后来的华盛顿子弹队和现在的华盛顿奇才队（历史上还曾有一支巴尔的摩子弹队，他们于1947年加入NBA，并夺得该季总冠军，于1955年宣告解散）。

该赛季NBA迎来几位重量级新人，最重要的一位当属联盟前公关部主管J.沃尔特·肯尼迪，他接任退休的莫瑞斯·波多洛夫成为新任总裁。

哈弗里切克的大学队友杰里·卢卡斯和内特·瑟蒙德登上NBA舞台，他们分别加盟了辛辛那提皇家队和旧金山勇士队。

杰里·卢卡斯是俄亥俄州立大学的头牌，1960年曾代表美国国家队获得奥运会金牌。菜鸟赛季，卢卡斯场均能抢下17.7个篮板，投篮命中率高达52.7%，荣膺年度最佳新秀。

瑟蒙德大学期间场均能贡献17.8分、17个篮板，被勇士队在首轮第3顺位签下后，成了张伯伦的内线臂膀。

## 1963-1964 联盟的无解时代 "绿衫军" 8年7冠

总冠军：**波士顿凯尔特人队**

得分王：**维尔特·张伯伦**（勇士队/2948分）

篮板王：**比尔·拉塞尔**（凯尔特人队/1930个）

助攻王：**奥斯卡·罗伯特森**（皇家队/868次）

最有价值球员：**奥斯卡·罗伯特森**（皇家队）

最佳新秀：**杰里·卢卡斯**（皇家队）

最佳教练：**亚历克斯·汉纳姆**（勇士队）

该赛季张伯伦以场均36.9分连续第五个赛季霸占得分王宝座，不过场均22.3个篮板不足以保证他连续第5次成为篮板王，这一头衔被他的老对手比尔·拉塞尔抢走。在"大北斗"的庇护下，瑟蒙德在场均25.9分钟的出场时间里贡献7分、10.4个篮板。

值得注意的是，阿历克斯·汉纳姆此时成了勇士队的新教头，他给这支球队注入了全新的防守理念。常规赛勇士队的场均失分下降到102.6分，以48胜32负的战绩登上了西部榜首。季后赛中勇士队过关斩将，4∶3淘汰佩蒂特带领的老鹰队后，飙进了最后的总决赛。这一次张伯伦收获了帮手，也收获了些许底气，他暗自发誓要教训教训拉塞尔和凯尔特人队。

连续两季闯入总决赛却都被凯尔特人队击败后，湖人队的士气受到沉重打击，在这个赛季交出了常规赛西部老大的王冠。杰里·韦斯特场均砍下28.7分，埃尔金·贝勒场均25.4分紧随其后，两人的得分高居联盟第五和第六。可锋卫线的强大愈发凸显出内线的羸弱，湖人队的首发中锋吉恩·韦利场均只能得到可怜兮兮的4.3分。湖人队的常规赛战绩是42胜38负，在西部赛区只能排在第三位。季后赛首轮，湖人队被老鹰队淘汰出局，再进总决赛的美梦被击了个粉碎。

凯尔特人队依然磐石般岿然不动。鲍勃·库西的退役并未引起慌乱，萨姆·琼斯和K.C.琼斯成为凯尔特人队的后场新搭档，拉塞尔镇守篮下，海因索恩和桑德斯担任箭头，哈弗里切克场均贡献19.9分，以第六人的身份成为球队得分王。另外，曾经辅佐过乔治·麦肯的"情书"克莱德·拉弗莱特也在这个赛季归顺，凯尔特人队的整体实力并未受到多大影响，常规赛轻而易举拿下59胜，至此，"库西和拉塞尔谁才是球队基石"的争论画上句号。东部决赛中凯尔特人队只用了5场比赛，就解决掉奥斯卡·罗伯特森和杰里·卢卡斯领衔的皇家队，习惯性杀入总决赛。

凯尔特人队VS勇士队，拉塞尔PK张伯伦，此前在东部不断上演的戏码在总决赛舞台上重现。令张伯伦始料不及的是，尽管他等来了瑟蒙德和汉纳姆，尽管勇士队常规赛时风光无限，可他来到西部后依然难以逃出拉塞尔和"绿衫军"的"魔爪"。4∶1，凯尔特人队轻松卫冕。

六连冠，八年内七夺冠，凯尔特人队俨然强大到了无解的地步。联盟其他球队似乎是陷入了末世恐慌，他们都在想着同一个问题：凯尔特人队的连冠何年何月才能结束？此时，有人已经把凯尔特人队喻为MLB的纽约扬基队——1949-1953年，扬基队五连冠。

## 1963-1964赛季排名

| 东部联盟 | | | |
|---|---|---|---|
| 排名 | 球队 | 胜 | 负 |
| 1 | 波士顿凯尔特人队 | 59 | 21 |
| 2 | 辛辛那提皇家队 | 55 | 25 |
| 3 | 费城76人队 | 34 | 46 |
| 4 | 纽约尼克斯队 | 22 | 58 |

| 西部联盟 | | | |
|---|---|---|---|
| 排名 | 球队 | 胜 | 负 |
| 1 | 旧金山勇士队 | 48 | 32 |
| 2 | 圣路易斯老鹰队 | 46 | 34 |
| 3 | 洛杉矶湖人队 | 42 | 38 |
| 4 | 巴尔的摩子弹队 | 31 | 49 |
| 5 | 底特律活塞队 | 23 | 57 |

## NBA PLAYOFFS
### NBA季后赛 对阵表
#### 1963—1964赛季

West　　　　　　　　　　　　　　　　　　　　East

**The Finals**

**波士顿凯尔特人队**

- 圣路易斯老鹰队 3
- 洛杉矶湖人队 2
- 旧金山勇士队 4
- 圣路易斯老鹰队 3
- 旧金山勇士队 1
- 波士顿凯尔特人队 4
- 波士顿凯尔特人队 4
- 辛辛那提皇家队 1
- 辛辛那提皇家队 3
- 费城76人队 2

任谁也不会想到，上赛季打进总决赛的旧金山勇士队以光速沉沦，这个赛季开始后仿佛换了一支球队，人见人欺，一蹶不振。遭遇尴尬的17连败后，勇士队穷则思变，决定进行大交易，而他们大刀砍向的竟然是"数据怪物"、正值巅峰期的维尔特·张伯伦——三名球员加一笔现金，张伯伦被交易到了费城76人队。

实际上，勇士队进行交易的最大动力是瑟蒙德的飞速成长，这个二年级生让他们看到了球队内线的未来。世事就是这么奇妙，在外漂泊两年后，张伯伦又回到了费城。不过，在旧金山的两年里，张伯伦至少尝过总决赛的味道，而此番重回东部，他不得不再次面对拉塞尔和凯尔特人队。斗转星移，张伯伦有机会撼动"绿巨人"吗？

失去张伯伦后勇士队成了17胜63负的鱼腩，76人队则战力大增，战绩由上赛季的34胜46负提升到40胜40负，宿命般地在季后赛中遭遇凯尔特人队。

赛季开始前，凯尔特人队老板同时也是NBA奠基人之一的沃尔特·布朗辞世，奥尔巴赫承担起了更多的管理工作。拉姆西和卢斯卡特奥夫两员老将也已经离队，但诸多不利因素并未影响到"绿衫将士"的士气，他们决定用出色的战绩来缅怀布朗这个现代职业篮球创始人。常规赛，凯尔特人队势如破竹，

## 瞬间！东部决赛惊世一断 76人队失意

**1964—1965**

**总冠军：** 波士顿凯尔特人队

**得分王：** 维尔特·张伯伦（勇士队、76人队/2534分）

**篮板王：** 比尔·拉塞尔（凯尔特人队/1878个）

**助攻王：** 奥斯卡·罗伯特森（皇家队/861次）

**最有价值球员：** 比尔·拉塞尔（凯尔特人队）

**最佳新秀：** 威利斯·里德（尼克斯队）

**最佳教练：** 阿诺德·奥尔巴赫（凯尔特人队）

一度取得11连胜，最终以62胜18负、领先皇家队14场的傲人战绩锁定东部老大。随后就是历史倒带，张伯伦PK拉塞尔，费城的球队PK"绿衫军"。

76人队和凯尔特人队的东部决赛堪称经典，双方在前6战中各自在主场获胜，于是有了抢七局中哈弗里切克那销魂一断——

比赛还剩最后1分钟，比分为103∶110，76人队落后7分，到了"死亡"的边缘。然而，"绿衫军"忽略了张伯伦这个史上最恐怖的刷分狂。张伯伦连下6分，76人队只落后1分，死灰复燃。轮到凯尔特人队发球，由身高2.08米、据说臂展达到2.20米的比尔·拉塞尔来执行。"指环王"后来回忆道："我认为自己是球队最好的传球手，所以在维尔特将比分迫近至1分时，我应该去开那次球。"

此时意外发生了。张伯伦和查特·沃克在拉塞尔眼前四爪乱舞，干扰视线。拉塞尔想把球扔给K.C.琼斯，他的视线有点模糊，下意识抬高了出球点——简直太高了，太令人难以置信了，球咣当一声打在了篮板后沿上。场边"红衣主教"奥尔巴赫吐出了"F字诀"，凯尔特人队名嘴评论员约翰尼·莫斯特变得语无伦次，"No……拉塞尔他……天呐……波士顿失去了球权……oh，my……"

"情况似乎变得有点不妙了。"波士顿花园的球迷们都这么想，但当他们还没搞懂拉塞尔是如何把球权让出去的时候，一串近乎歇斯底里的音符蹿进了他们的耳朵，"哈弗里切克断球了，球来到了萨姆·琼斯手上，一切都结束了！一切都结束了！"莫斯特疯叫道。

故事的发生是这样的：76人队哈尔·格瑞尔发球，他的第一目标当然是张伯伦，因为"我们拥有5秒钟的时间，球只要到了张伯伦手里就有希望了。"就像张伯伦和查特·沃克夹击拉塞尔一样，拉塞尔携K.C.琼斯在格瑞尔脸前变换着角度挥手，很可能嘴里还嘟囔着"出来混，迟早要还的"之类的咒语。哈瑞尔心里立马就乱了，仓促间竟然跳了起来，接球目标也换成了查特·沃克。但是，跳起传球的结果是"哈弗里切克断球了，GAME OVER了"。

"这是我职业生涯最不堪回首的一幕……我太大意了，让球队整季的努力付之一炬。"倒霉蛋沃克如是说。沃克的感受是："太突然了，我的眼睛只顾来球，没注意到身边的哈弗里切克。有一半的责任在我。"

沉沦一季后，湖人队强力反弹。赛季伊始湖人队就打出14胜6负的战绩，最终以49胜31负四年来第三次夺取西部常规赛冠军。这当然得归功于杰里·韦斯特和埃尔金·贝勒的骇人火力，两人分别砍下高居联盟第二和第五的31分和27.1分。西部决赛湖人队遭遇巴尔的摩子弹队的顽强抵抗，但终究还是以4：2的大比分重返总决赛。这个系列赛的6场比赛中，韦斯特俨然无解男，场均劈落46.3分，此纪录时至今日亦无人能破。

在那袭绿色身影的笼罩下，张伯伦是难以冲出东部的，而湖人队则是连续失意总决赛。四年来的第三次，湖人队又遇老对手，又输了。实际上，总决赛尚未打响，胜负已经基本确定，因为"洛杉矶双杰"之一的贝勒膝部受伤，不得不缺席整个总决赛。

首战凯尔特人队142：110狂屠湖人队，第五战再次胜出34分，最终以4：1的总比分毫无悬念地获得七连冠。这轮系列赛，韦斯特场均取下40.6分，但终究是双拳难敌多手，败倒在那个强大的整体球队手下。

## 1964-1965赛季排名

| 东部联盟 | | | |
|---|---|---|---|
| 排名 | 球队 | 胜 | 负 |
| 1 | 波士顿凯尔特人队 | 62 | 18 |
| 2 | 辛辛那提皇家队 | 48 | 32 |
| 3 | 费城76人队 | 40 | 40 |
| 4 | 纽约尼克斯队 | 31 | 49 |
| 西部联盟 | | | |
| 排名 | 球队 | 胜 | 负 |
| 1 | 洛杉矶湖人队 | 49 | 31 |
| 2 | 圣路易斯老鹰队 | 45 | 35 |
| 3 | 巴尔的摩子弹队 | 37 | 43 |
| 4 | 底特律活塞队 | 31 | 49 |
| 5 | 旧金山勇士队 | 17 | 63 |

# NBA PLAYOFFS

## NBA季后赛 对阵表
### 1964—1965赛季

West East

*The Finals*

**波士顿凯尔特人队**

| West | | | | | East | | |
|---|---|---|---|---|---|---|---|
| | 洛杉矶湖人队 [4] | | | | 波士顿凯尔特人队 [4] | | |
| 巴尔的摩子弹队 [3] | | 洛杉矶湖人队 [1] | 波士顿凯尔特人队 [4] | | | 费城76人队 [3] | |
| | 巴尔的摩子弹队 [2] | | 费城76人队 [3] | | | | |
| 圣路易斯老鹰队 [1] | | | | | | 辛辛那提皇家队 [1] | |

被哈弗里切克"断"送前程后，76人队继续补强阵容，北卡大学的前锋比尔·康宁汉姆入队。

76人队的阵容变得空前强大，前场有维尔特·张伯伦、查特·沃克、杰里·卢卡斯三巨头，康宁汉姆本赛季场均也能贡献14.3分，后场则有哈尔·格瑞尔和二年级新星琼斯。张伯伦场均攻下33.5分，赛季2649分，继续垄断得分王，常规赛总得分还超越鲍勃·佩蒂特成为历史第一人。顺便提一下，皇家队的奥斯卡·罗伯特森完成助攻王三连庄。

这个赛季76人队和凯尔特人队交手10次，前者6次胜出占了上风。76人队赛季末发力迅猛，21场比赛中取得18胜，最终以55胜25负的战绩终结了凯尔特人队的东部常规赛十连冠，成为新科东部常规赛冠军。

凯尔特人队确实遭遇了前所未有的麻烦，大前锋汤姆·海因索恩宣布退役，而"首发五虎"中的汤姆·琼斯、K.C.琼斯以及比尔·拉塞尔都已年逾三十，面临退役。其实不仅仅是常规赛，季后赛开始后凯尔特人队也是举步维艰。首轮对皇家队，三战过后凯尔特人队以1:2落后，再输一场就会回家钓鱼。但瘦死的骆驼比马大，坚韧的意志再次拯救了凯尔特人队，他们一鼓作气连下两城迈过了皇家队。渡过难关后"绿衫军"再也无法阻挡，而以逸待劳的76人队则突然卡壳。凯尔特人队面对抢走常规赛东部冠军的张伯伦和76人队，仅耗时5场就完美复仇，

## 1965—1966 难有后来者 "绿衫军"迎旷世八连冠

**总冠军：** 波士顿凯尔特人队

**得分王：** 维尔特·张伯伦（76人队/2649分）

**篮板王：** 维尔特·张伯伦（76人队/1943个）

**助攻王：** 奥斯卡·罗伯特森（皇家队/847次）

**最有价值球员：** 维尔特·张伯伦（76人队）

**最佳新秀：** 里克·巴里（勇士队）

**最佳教练：** 多尔夫·谢伊斯（76人队）

再次杀进总决赛。在雄心万丈的76人队速败后，主教练多尔夫·谢伊斯黯然下课。

在总决赛等待"绿衫军"的是老对手湖人队。赛季开始前湖人队再度易主，老板鲍勃·肖特将俱乐部转给了杰克·肯特·库克。库克为此支付了500万美金，这在当时可是一个天文数字。这笔交易真正让人知道，此时一支NBA强队在价值上已经可以媲美美国职业棒球大联盟的球队了。

赛季开打后，替补中锋达尔·伊摩霍夫和后卫沃特·哈查德一起进入湖人队首发阵容，尼克斯队的鲍勃·布泽尔也加盟球队，在埃尔金·贝勒因伤缺阵期间很好地起到了"备胎"的作用。湖人队另有一个极具潜质的新秀加盟，他就是后来赫赫有名的盖尔·古德里奇。

这个赛季对贝勒来说颇为艰难，在膝伤困扰下，他只打了65场比赛。职业生涯前七个赛季，贝勒场均得分从未少于24分，但这个赛季只得了16.6分。好消息是韦斯特延续强大火力，场均砍下31.3分，仅次于张伯伦。

常规赛时湖人队并未打出惊人的连胜战绩，成绩最好的11月份不过10胜7负，此后三个月的胜率甚至达不到50%。不过由于其他球队不太争气，湖人队还是以45胜35负的战绩成为西部常规赛冠军。西部决赛与老鹰队缠斗七场后，湖人队如约与凯尔特人队相遇在总决赛。

总决赛首战，湖人队历经加时以133：129占得先机。看上去凯尔特人队很难延续传奇了，但老到的奥尔巴赫总是能想到办法鼓舞弟子们的士气，此时他宣布下赛季比尔·拉塞尔将接过他的权杖，这意味着后者将成为NBA历史上第一个黑人教练，会以球员和教练的双重身份出现在赛场上。此决定宣布后，球员们受到精神鼓舞，为了能以圆满的结局给"红衣主教"送行，他们所向披靡连胜三场，赢回主动权。

可能是因为之前连续在总决赛中饮恨，湖人队也练就了坚韧的意志，退无可退后他们连扳两场，两队进入到残酷的抢七局。

总决赛第七场又是一场拉锯战，从战局发展看，湖人队很有机会终结凯尔特人队的独霸时代。但遗憾的是，他们仅差那么一点点，还是未能冲破"总决赛逢'绿衫军'不胜"的魔咒——自1959年以来，湖人队和凯尔特人队五次相遇总决赛，无一胜绩。更为糟糕的是，这种魔咒后来还在继续。而在奥尔巴赫告别战中，凯尔特人队演绎了"老兵不死，只会慢慢凋谢"，他们以95：93险胜，完成惊世骇俗的八连冠伟业。

## 1965-1966赛季排名

| 东部联盟 | | | |
|---|---|---|---|
| 排名 | 球队 | 胜 | 负 |
| 1 | 费城76人队 | 55 | 25 |
| 2 | 波士顿凯尔特人队 | 54 | 26 |
| 3 | 辛辛那提皇家队 | 45 | 35 |
| 4 | 纽约尼克斯队 | 30 | 50 |

| 西部联盟 | | | |
|---|---|---|---|
| 排名 | 球队 | 胜 | 负 |
| 1 | 洛杉矶湖人队 | 45 | 35 |
| 2 | 巴尔的摩子弹队 | 38 | 42 |
| 3 | 圣路易斯老鹰队 | 36 | 44 |
| 4 | 旧金山勇士队 | 35 | 45 |
| 5 | 底特律活塞队 | 22 | 58 |

# NBA PLAYOFFS

## NBA季后赛对阵表
### 1965—1966赛季

West — East

**The Finals**

冠军：波士顿凯尔特人队

西部：
- 圣路易斯老鹰队 3 / 巴尔的摩子弹队 0
- 洛杉矶湖人队 4 / 圣路易斯老鹰队 3
- 洛杉矶湖人队 3 / 波士顿凯尔特人队 4

东部：
- 波士顿凯尔特人队 3 / 辛辛那提皇家队 2
- 波士顿凯尔特人队 4 / 费城76人队 1

两支总决赛球队在这个赛季都显露出疲态。

湖人队饱受非战斗性减员之苦，杰里·韦斯特和埃尔金·贝勒都为膝伤所累，分别缺席了15场和11场比赛。常规赛阶段湖人队排在西部第三，不过36胜45负是1960-1961赛季以来胜率首次低于50%。季后赛首轮，湖人队被旧金山勇士队横扫出局。

而凯尔特人队那边，比尔·拉塞尔执教的首个赛季，就举步维艰，主力年龄偏大是个大问题。不过即便是困难重重，拉塞尔还是率队取得了60胜21负的不俗战绩。季后赛轻松淘汰尼克斯队后，凯尔特人队在第二轮输给了如日中天的76人队，过去10个赛季以来第一次被拒于总决赛的大门之外，八连冠神话就此画上了句点。赛季结束后，K.C.琼斯退役。

本赛季风光最盛的，无疑是张伯伦和他所在的费城76人队。

上赛季76人队速败后，主教练多尔夫·谢伊斯黯然下课，顶替他的是阿历克斯·汉纳姆。这个脾气火爆的小个子教练来到费城后的第一件事情就是"整治"张伯伦，第一堂训练课上，他就严词勒令张伯伦停止单干。作为联盟头号球星，张伯伦当然不服，但汉纳姆也不是好惹的，他甚至威胁"大帅""不服就门外单挑"。对峙最终以张伯伦的妥协告终，他在球风上完成华

## 1966-1967 世纪对决"大帅"胜 76人队上演复仇

**总冠军：** 费城76人队

**得分王：** 里克·巴里（勇士队/2775分）

**篮板王：** 维尔特·张伯伦（76人队/1957个）

**助攻王：** 盖伊·罗杰斯（公牛队/908次）

**最有价值球员：** 维尔特·张伯伦（76人队）

**最佳新秀：** 戴夫·宾（活塞队）

**最佳教练：** 约翰·克尔（公牛队）

丽的转身。本赛季张伯伦只得到排联盟第三的1956分，八年来得分王首次旁落，但他以赛季1957个篮板蝉联篮板王之余，还能送出630次助攻，赛季总助攻数联盟第三。

张伯伦的改变——减少个人攻击戏份，融入整体调动队友——效果卓著，这虽然让他丢了得分王，却换来了76人队的鼎盛。截至1966年夏天，NBA历史上的单赛季最佳战绩是1964-1965赛季凯尔特人队缔造的62胜18负。这一纪录被张伯伦和76人队改写。该赛季76人队从开局就见佛杀佛，15胜1负后，又来了两拨11连胜，战绩一度达到45胜4负。以9连胜收官后，76人队的常规赛战绩停留在68胜13负，成为史上首支胜率超过80%的球队，也是首支单赛季取得过两次10场以上连胜的球队。1982年NBA35周年庆典上，这个赛季的76人队被评为最强球队。

但上个赛季的教训足够惨痛，76人队豪取常规赛东部冠军，却在季后赛遭凯尔特人队屠杀。该赛季的东部决赛，张伯伦终于等来复仇的绝佳机会，凯尔特人队这次未能延续传奇，最终以1∶4败下阵来，连冠步伐被终结。

冲出东部后，张伯伦在总决赛中遇到了老东家旧金山勇士队，结果他又报了当年被扫地出门的一箭之仇，率队以4∶2的总比分捧取总冠军奖杯。汉纳姆成为NBA历史上第一位在两支不同的球队夺冠的主教练，第一次还要追溯到1958年率领老鹰队夺冠。有趣的是，凯尔特人队十一冠历程中被中断的那两年，汉纳姆都充当了终结者的角色。

"绿衫军"的连冠和张伯伦的反抗掩盖了一些东西，比如里克·巴里的成长。实际上在菜鸟赛季巴里就峥嵘展露，场均得到联盟第四的25.7分，当选年度最佳新人，并入选了最佳阵容。到了这个赛季，适逢张伯伦不再迷恋刷分，巴里当仁不让地接过得分王权杖。巴里该赛季总得分2775分为生涯最高，场均35.6分比排名第二的奥斯卡·罗伯特森足足高出5分。1966年12月6日对阵尼克斯队的比赛中，巴里创纪录地单节罚中14个球，后来他参加了全明星赛，以38分的惊艳表现荣膺MVP。

另外，芝加哥公牛队于该赛季加入NBA。初入联盟时公牛队隶属西部，为此联盟把巴尔的摩子弹队划到了东部，这样一来东西部各五支球队，达到了平衡。

公牛队首个赛季只有33胜48负，仅强于活塞队，排在西部倒数第二，不过盖伊·罗杰斯成为新科助攻王，令人眼前一亮。

## 1966-1967赛季排名

| 东部联盟 | | | |
|---|---|---|---|
| 排名 | 球队 | 胜 | 负 |
| 1 | 费城76人队 | 68 | 13 |
| 2 | 波士顿凯尔特人队 | 60 | 21 |
| 3 | 辛辛那提皇家队 | 39 | 42 |
| 4 | 纽约尼克斯队 | 36 | 45 |
| 5 | 巴尔的摩子弹队 | 20 | 61 |
| 西部联盟 | | | |
| 排名 | 球队 | 胜 | 负 |
| 1 | 旧金山勇士队 | 44 | 37 |
| 2 | 圣路易斯老鹰队 | 39 | 42 |
| 3 | 洛杉矶湖人队 | 36 | 45 |
| 4 | 芝加哥公牛队 | 33 | 48 |
| 5 | 底特律活塞队 | 30 | 51 |

## NBA季后赛 对阵表
### 1966—1967赛季

**West** — **East**

**The Finals: 费城76人队**

West:
- 旧金山勇士队 3 / 洛杉矶湖人队 0 → 旧金山勇士队 4
- 圣路易斯老鹰队 3 / 芝加哥公牛队 0 → 圣路易斯老鹰队 2
- 旧金山勇士队 2 — 费城76人队 4

East:
- 费城76人队 3 / 辛辛那提皇家队 1 → 费城76人队 4
- 波士顿凯尔特人队 3 / 纽约尼克斯队 1 → 波士顿凯尔特人队 1
- 费城76人队 4 — 波士顿凯尔特人队 1

NBA继续扩大版图，西雅图超音速队和圣迭戈火箭队宣布加入。

由于这两支新军被划到西部，出于平衡方面的考虑，底特律活塞队去了东部。由于球队数量增至12支，NBA常规赛也增加到了82场。超音速队处子赛季仅仅取胜23场，火箭队更惨，战绩只有15胜67负，两支新军西部垫底。

NBA的空前繁荣加速了ABA（American Basketball Association）联盟的诞生。ABA成立之初有11支球队，每队各打78场常规赛，一些没有NBA球队的大城市诸如达拉斯、丹佛、休斯敦和奥克兰等都在ABA有了职业篮球队。NBA第一个超级中锋乔治·麦肯成为ABA首任总裁，NBA新科得分王里克·巴里也从旧金山勇士队跳槽到ABA的奥克兰橡树队，大大增加了新生联盟的知名度。

回到NBA。上赛季取得巨大成功后，汉纳姆和张伯伦都尝到了"转身"的甜头，本赛季他们再接再厉。张伯伦刻意减少了出手次数，把精力更多地放在防守和组织策应中去。张伯伦以赛季1952个篮板球继续垄断篮板王，最为神奇的是，他竟然以赛季702次助攻成为史上身高最高的助攻王，同时也是迄今为止唯一以中锋身份当选助攻王的球员。

里克·巴里跳槽至ABA，活塞队的戴夫·宾趁机抢下得分王头衔，他也是

## 1967—1968

### 王朝还没有坍塌 "绿衫军"卷土重来

**总冠军：** 波士顿凯尔特人队
**得分王：** 戴夫·宾（活塞队/2142分）
**篮板王：** 维尔特·张伯伦（76人队/1952个）
**助攻王：** 维尔特·张伯伦（76人队/702次）
**最有价值球员：** 维尔特·张伯伦（76人队）
**最佳新秀：** 厄尔·门罗（子弹队）
**最佳教练：** 里奇·盖伦（老鹰队）

自1948年以来第一个获此殊荣的后卫球员。常规赛几乎是上个赛季的翻版，76人队继续打压凯尔特人队，以62胜20负的战绩领先后者8个胜场，蝉联常规赛东部冠军。而张伯伦也携篮板王和助攻王连续第三季加冕常规赛MVP，成为继比尔·拉塞尔后第二位常规赛MVP三连庄的球员。此外，张伯伦职业生涯第七次——同时也是最后一次——入选了常规赛最佳阵容。

常规赛被76人队掀翻后，凯尔特人队露出了老迈的迹象，尤其是K.C.琼斯的退役对球队影响颇大。不过比尔·拉塞尔的执教能力在困难时期得到展现，他最大限度地延缓了"绿衫军"衰退的速度。

常规赛凯尔特人队54胜28负，列在76人队之后排名东部第二。几乎所有人都认为，从此东部将成为76人队的天下，盛极一时的凯尔特人队将慢慢退出中心舞台。

但现实是，凯尔特人队在东部决赛中狠狠教育了76人队。这是两队连续第四年在东部决赛相遇。前四场的战局符合坊间预期：76人队轻松取得3：1领先，凯尔特人队似乎没有多少还手之力。接下来意外发生了，打不死的"绿衫军"连追两局，总比分打成3：3。抢七局双方拼得异常惨烈，比分始终没有拉开，最后1分钟拉塞尔接管了比赛，他先是命中罚球，继而盖掉了对手的投篮并抓下篮板，随后用一记助攻结果了76人队，重返总决赛。

另外一支总决赛球队是湖人队。上个赛季结束后，弗雷德·斯卡斯——湖人队搬到洛杉矶后，他就一直担任主教练，七年来四次将湖人队带入总决赛——黯然下课，有着"硬汉比尔"之称的范·布雷德·考尔夫继任，同时球队主场也迁至新建的能容纳17500名观众的论坛球馆。

伤病魔咒继续笼罩洛杉矶，杰里·韦斯特因伤缺席了31场比赛，好在二年级新秀后卫阿奇依·克拉克在该赛季流露出了进攻天赋，场均得到19.9分。埃尔金·贝勒场均得到26分、12.2个篮板，两项数据都为球队最高。52胜30负，湖人队比上个赛季多赢了16场球，排在老鹰队之后列西部第二。淘汰公牛队后，湖人队又在西部决赛中复仇成功，淘汰掉勇士队重返总决赛。

低谷过后湖人队终于杀出西部，然而可悲的是，他们面前横亘着总决赛克星凯尔特人队。还是老掉牙的桥段，凯尔特人队以4：2战胜湖人队，夺得10年来的第九座总冠军奖杯，而湖人队还是没能打破"总决赛逢'绿衫军'不胜"的魔咒。

## 1967-1968赛季排名

| 东部联盟 | | | |
|---|---|---|---|
| 排名 | 球队 | 胜 | 负 |
| 1 | 费城76人队 | 62 | 20 |
| 2 | 波士顿凯尔特人队 | 54 | 28 |
| 3 | 纽约尼克斯队 | 43 | 39 |
| 4 | 底特律活塞队 | 40 | 42 |
| 5 | 辛辛那提皇家队 | 39 | 43 |
| 6 | 巴尔的摩子弹队 | 36 | 46 |

| 西部联盟 | | | |
|---|---|---|---|
| 排名 | 球队 | 胜 | 负 |
| 1 | 圣路易斯老鹰队 | 56 | 26 |
| 2 | 洛杉矶湖人队 | 52 | 30 |
| 3 | 旧金山勇士队 | 43 | 39 |
| 4 | 芝加哥公牛队 | 29 | 53 |
| 5 | 西雅图超音速队 | 23 | 59 |
| 6 | 圣迭戈火箭队 | 15 | 67 |

## NBA PLAYOFFS

### NBA季后赛 对阵表
#### 1967—1968赛季

**West** — **East**

**The Finals: 波士顿凯尔特人队**

西部:
- 洛杉矶湖人队 4 — 芝加哥公牛队 1 → 洛杉矶湖人队 4
- 旧金山勇士队 4 — 圣路易斯老鹰队 2 → 旧金山勇士队 0
- 洛杉矶湖人队 2 — 波士顿凯尔特人队 4

东部:
- 波士顿凯尔特人队 4 — 底特律活塞队 2 → 波士顿凯尔特人队 4
- 费城76人队 4 — 纽约尼克斯队 2 → 费城76人队 3

NBA的扩军行动仍在继续，菲尼克斯太阳队和密尔沃基雄鹿队加入联盟。太阳队被划在西部，处子赛季只取得16场胜利，联盟垫底，而划为东部球队的雄鹿队27胜55负，东部垫底。与此同时，圣路易斯老鹰队搬迁到了亚特兰大，正式更名为亚特兰大老鹰队，彼时他们还隶属于西部赛区。

该赛季颇有趣味的事情还有：就像张伯伦曾经单季场均出战48.5分钟一样，有人竟一个赛季打了88场常规赛——沃尔特·贝拉米在尼克斯队打了35场比赛之后被交易至活塞队，由于两队的赛程并不同步，他又打了53场比赛。

上述这些不过是开胃甜点，本赛季最具爆炸性的事件当属张伯伦转会湖人队。

屡屡在总决赛中被凯尔特人队击溃，湖人队终于意识到了症结所在，那就是尽管他们坐拥攻击力骇人的锋卫王牌组合，但得中锋者得天下，他们缺少能抗衡比尔·拉塞尔的内线球员。

此时埃尔金·贝勒已是拖着一条伤腿的34岁老将，杰里·韦斯特也即将步入而立之年，时日无多，若再不招揽强力中锋，湖人队要想重现昔日荣光就不知道等到什么时候了。

## 1968-1969 载入史册的绿衫时代 韦斯特败方MVP

**总冠军：波士顿凯尔特人队**
**总决赛MVP：杰里·韦斯特**（湖人队）
**得分王：埃尔文·海耶斯**（火箭队/2327分）
**篮板王：维尔特·张伯伦**（湖人队/1712个）
**助攻王：奥斯卡·罗伯特森**（皇家队/772次）
**最有价值球员：维斯·昂塞尔德**（子弹队）
**最佳新秀：维斯·昂塞尔德**（子弹队）
**最佳教练：吉恩·舒**（子弹队）

库克老板痛定思痛，用克拉克、达里尔·拉姆霍夫、杰里·查伯斯作为筹码，从76人队换来了超级中锋维尔特·张伯伦。张伯伦的到来并没有如业界预测的那样，立马让湖人队变成独孤求败的巨无霸。不过，该赛季韦斯特和贝勒场均都能轰下20+，张伯伦则以赛季1712个篮板蝉联篮板王，湖人队内外趋于平衡却是不争的事实，他们以西部最好的55胜27负收官常规赛。

季后赛时，勇士队给湖人队带来了大麻烦，但后者在0：2落后的不利局面下连赢四场（其中第六场以118：78狂胜40分），涉险闯进西部决赛。西部决赛中湖人队乘胜追击，以4：1干掉刚刚迁址的亚特兰大老鹰队，强势挺进总决赛。

张伯伦西游，凯尔特人队成为最大的受益者。这一年萨姆·琼斯和比尔·拉塞尔分别35岁和34岁，凯尔特人队的老龄化现象愈发凸显，他们在常规赛只收获自1956-1957赛季以来最少的48场胜利（1956-1957赛季之前常规赛只有72场），排在东部第四。凯尔特人队似乎已经没有兴趣争一时之长短，杀进季后赛后他们战力大增，先后淘汰掉少了张伯伦的76人队以及尼克斯队，与湖人队再次会师。

最有趣的故事终于上演了：拉塞尔VS张伯伦。不管张伯伦走到哪里，是西游旧金山，还是重回费城，还是来到洛杉矶，这对超级中锋总避免不了"兵戎相见"。

眼见凯尔特人队逐步衰落，大幅补强的湖人队决心一雪前耻。前两战湖人队取胜，局面相当有利。但凯尔特人队已经无数次告诉大家，不管遇到什么困难，他们就是打不死的小强。回到波士顿，凯尔特人队连扳两局，萨姆·琼斯立下大功，他在第四战用终场绝杀帮球队89：88艰难获胜。随后两队各胜一场，又来到了惊心动魄的第七场决战。

抢七局在洛杉矶的论坛球馆进行，湖人队高管信心爆棚，他们认为凯尔特人队已是强弩之末，在球馆布置了数不清的气球，准备庆祝翻身做主人。

湖人队为盲目自大付出了惨痛的代价，比赛一开始就被低调的凯尔特人队猛踹屁股，第四节一度落后了17分之多。直到此时湖人队才如梦方醒，掀起了如潮大反扑，但幸运女神还是站到了凯尔特人队一边，关键时刻张伯伦和主帅发生冲突，被禁止出场。论坛球馆中的那些气球没能放飞，唐·尼尔森最后时刻跳投得手，108：106，"绿衫军"以2分的微弱优势抢七成功，如愿卫冕。

13年内11次夺冠，这是北美体育史上的神话。赛季结束后，比尔·拉塞尔和萨姆·琼斯宣布退役，"绿衫王朝"落幕。值得一提的是，该赛季首次设立了总决赛MVP，湖人队的杰里·韦斯特抢下史上首个总决赛MVP。总决赛MVP获得者出自落败一方，此种怪现象在NBA历史上只发生过这一次。

拉塞尔和张伯伦都已是老面孔，本赛季有两名内线新秀——火箭队的埃尔文·海耶斯和子弹队的维斯·昂塞尔德——登陆NBA，中锋香火得以传承。

状元郎海耶斯拥有健壮的体魄和超强的得分能力，新秀赛季就以总得分2327分成为得分王，同时场均还能抢下17.1个篮板。

昂塞尔德是榜眼，该赛季场均能贡献13.8分、18.2个篮板，其中篮板数仅次于维尔特·张伯伦高居联盟第二，成为历史上继张伯伦后包揽最佳新秀和常规赛MVP的第二人。在昂塞尔德的率领下，子弹队本赛季异军突起，取得了联盟最好的57胜25负。

## 1968-1969赛季排名

| 东部联盟 | | | |
| --- | --- | --- | --- |
| 排名 | 球队 | 胜 | 负 |
| 1 | 巴尔的摩子弹队 | 57 | 25 |
| 2 | 费城76人队 | 55 | 27 |
| 3 | 纽约尼克斯队 | 54 | 28 |
| 4 | 波士顿凯尔特人队 | 48 | 34 |
| 5 | 辛辛那提皇家队 | 41 | 41 |
| 6 | 底特律活塞队 | 32 | 50 |
| 7 | 密尔沃基雄鹿队 | 27 | 55 |

| 西部联盟 | | | |
| --- | --- | --- | --- |
| 排名 | 球队 | 胜 | 负 |
| 1 | 洛杉矶湖人队 | 55 | 27 |
| 2 | 亚特兰大老鹰队 | 48 | 34 |
| 3 | 旧金山勇士队 | 41 | 41 |
| 4 | 圣迭戈火箭队 | 37 | 45 |
| 5 | 芝加哥公牛队 | 33 | 49 |
| 6 | 西雅图超音速队 | 30 | 52 |
| 7 | 菲尼克斯太阳队 | 16 | 66 |

# NBA季后赛 对阵表
## 1968—1969赛季

**West**          **East**

### The Finals
**波士顿凯尔特人队**

- 洛杉矶湖人队 4
- 旧金山勇士队 2
- → 洛杉矶湖人队 4
- 亚特兰大老鹰队 4
- 圣迭戈火箭队 2
- → 亚特兰大老鹰队 1

- 洛杉矶湖人队 3 vs 波士顿凯尔特人队 4

- 波士顿凯尔特人队 4
- 费城76人队 1
- → 波士顿凯尔特人队 4
- 纽约尼克斯队 4
- 巴尔的摩子弹队 0
- → 纽约尼克斯队 2

## 双面埃尔金·贝勒

大学时代，埃尔金·贝勒就是一台威震全美的得分机器，三年场均砍下31.3分。1958年，贝勒以状元身份进入名门湖人队，新秀赛季便风头出尽：场均24.9分排联盟第四；场均15个篮板高居第三；单场砍下55分；成为NBA历史上第三个以新秀身份入选年度最佳阵容的球员。

贝勒司职小前锋，身高1.96米有些略矮，但他弹跳惊人，球风劲爆华丽，被公认为"飞人系"球员的鼻祖。整个NBA生涯，贝勒10次入选最佳阵容第一阵容，11次入选全明星阵容。1962年，湖人队与凯尔特人队的总决赛第五战，贝勒狂砍61分，创造当时的季后赛单场得分纪录。

但作为篮球名人堂和NBA50大巨星成员，贝勒的职业生涯也有巨大遗憾，那就是从未真正夺得NBA总冠军。1958-1959赛季，贝勒的新秀赛季，湖人队在总决赛里被凯尔特人队横扫，"绿衫军"就此拉开八连冠序幕，而湖人队自此之后，8次杀入总决赛，竟无一冠在手。

1971-1972赛季，伤病缠身的贝勒只打了9场比赛，就再也无法坚持，遗憾宣布退役。令人唏嘘的是，就是在这个赛季，湖人队打破总决赛魔咒，收获了搬到洛杉矶之后的第一个总冠军，贝勒象征性地得到了一枚总冠军戒指。

贝勒身上也有争议性：退役后曾在湖人队的同城死敌快船队长期任职，还以快船队有年龄和种族歧视为由将其告上法庭。

## 张伯伦的得分神迹

学生时代,张伯伦就是得分怪物。高中时代,他曾在一场比赛里狂砍90分。教练甚至为了他发明了一个怪招:让球员专门练习罚球不进,以便让张伯伦抢进攻篮板得分。进入堪萨斯大学后,张伯伦在NCAA处子秀里轰下52分,打破校史纪录。

1959年,张伯伦加盟费城勇士队,第一场NBA比赛就轰下43分,菜鸟赛季以总得分2707分问鼎得分王,自此之后连续七个赛季,这一头衔就没旁落过。

1961-1962赛季,张伯伦的个人得分表演达到"变态"的地步:这个赛季,他有4场比赛至少得到70分,场均得到50.4分,以4029分成为NBA历史上唯一单季总得分突破4000分大关的球员。

1962年3月2日,勇士队VS尼克斯队,张伯伦贡献100分神迹。

上半场,张伯伦得到41分,第三节单节28分,累计得到69分,第四节得分势头不减,破掉一个又一个他自己的单场得分纪录。勇士队大比分领先,张伯伦向主教练弗兰克·麦克奎尔示意,是否将其换下。麦克奎尔不为所动,反而让队友不停给张伯伦喂球——他之前曾经说过,张伯伦完全有可能在一场比赛里得到100分。

最后关头,为了阻止张伯伦继续砍分,尼克斯队球员刻意控球消磨时间,或者对张伯伦之外的球员犯规。勇士队的一次暂停,替补后卫乔·拉克里克说:"维尔特,你想得到100分的时候,让我在场上行吗?"张伯伦和主教练沟通后,满足了拉克里克的要求,而他的第100分,恰好就是来自后者的助攻。当张伯伦接到拉克里克传球,圆满拿到百分时,现场播报员喊道:"这是张伯伦的第100分!"

赛后更衣室里,张伯伦的好友、比赛数据统计人员哈维·波拉克和美联社摄影记者瓦西斯商量,要为张伯伦拍张纪念照片。波拉克从笔记本上撕下一张纸,在上面写上"100"字样,递给了张伯伦,瓦西斯摁下快门,一张经典的照片诞生。

## "红衣主教"的"胜利雪茄"

从1958-1959年赛季开始,"红衣主教"阿诺德·雅各布·奥尔巴赫率领凯尔特人队创造了震古烁今的八连冠奇迹,作为主教练和管理层人员,他见证了这支荣耀之师的16座总冠军奖杯。

说到奥尔巴赫,就不得不提"胜利雪茄"。每当比赛胜局已定时,奥尔巴赫就会在场边悠然地点燃雪茄。后来由此衍生出一个新词——人肉胜利雪茄,指球队大比分领先、胜局已定时被换上场的球员。

据奥尔巴赫自己解释,抽胜利雪茄纯属偶然:"有一天,我拿出一支雪茄,很快比赛就结束了。当时有很多教练在板凳席上抽烟,我只是碰巧拿出一支雪茄放松一下。而就是在那一瞬间,胜利雪茄有了无穷魅力。从那之后,就没有理由停下来了。人人都想点燃胜利雪茄。"

有一次,比赛结束后,奥尔巴赫习惯性地点燃"胜利雪茄",突然一双大手从后面拍到了肩膀上,他回头一看,原来是时任NBA总裁莫里斯·普多洛夫。"你不可以在板凳席上抽雪茄。"普多洛夫说。奥尔巴赫微笑着反问:"这里是哪儿?难道是飞机上?允许有人抽香烟,却不让抽雪茄?"

时至今日,波士顿北站月台上还有一座奥尔巴赫的雕像,他手里捏着一根雪茄。波士顿一家餐厅的菜单上甚至有这样的标注:"禁止抽雪茄或者烟斗,除非你是奥尔巴赫(No cigar or pipe smoking, except for Red Auerbach)。"

## 1967年选秀知多少

当下的NBA，位置逐渐变得模糊，尤其是后场，控球后卫（组织后卫）和得分后卫不再有明显的界限，双能卫"大行其道"。

但从选秀的角度说，1967年堪称"双能卫年"。状元吉米·沃克、榜眼厄尔·门罗、探花克雷姆·哈斯金斯、5号秀沃尔特·弗雷泽都是双能卫。说起门罗和弗雷泽，球迷们了如指掌，其实沃克和哈斯金斯的职业生涯也有高光时刻，最好的赛季场均分别能贡献21.3分、3个篮板、4次助攻和20.3分、4.6个篮板、7.6次助攻。

那年的7号秀是帕特·莱利，17号秀是菲尔·杰克逊，都司职小前锋，两人退役后都成了NBA名帅，一个"神算子"，一个"禅师"，各有千秋，名载史册。

图1　比尔·拉塞尔（右）于1956年12月19日在波士顿与凯尔特人队签订合同。

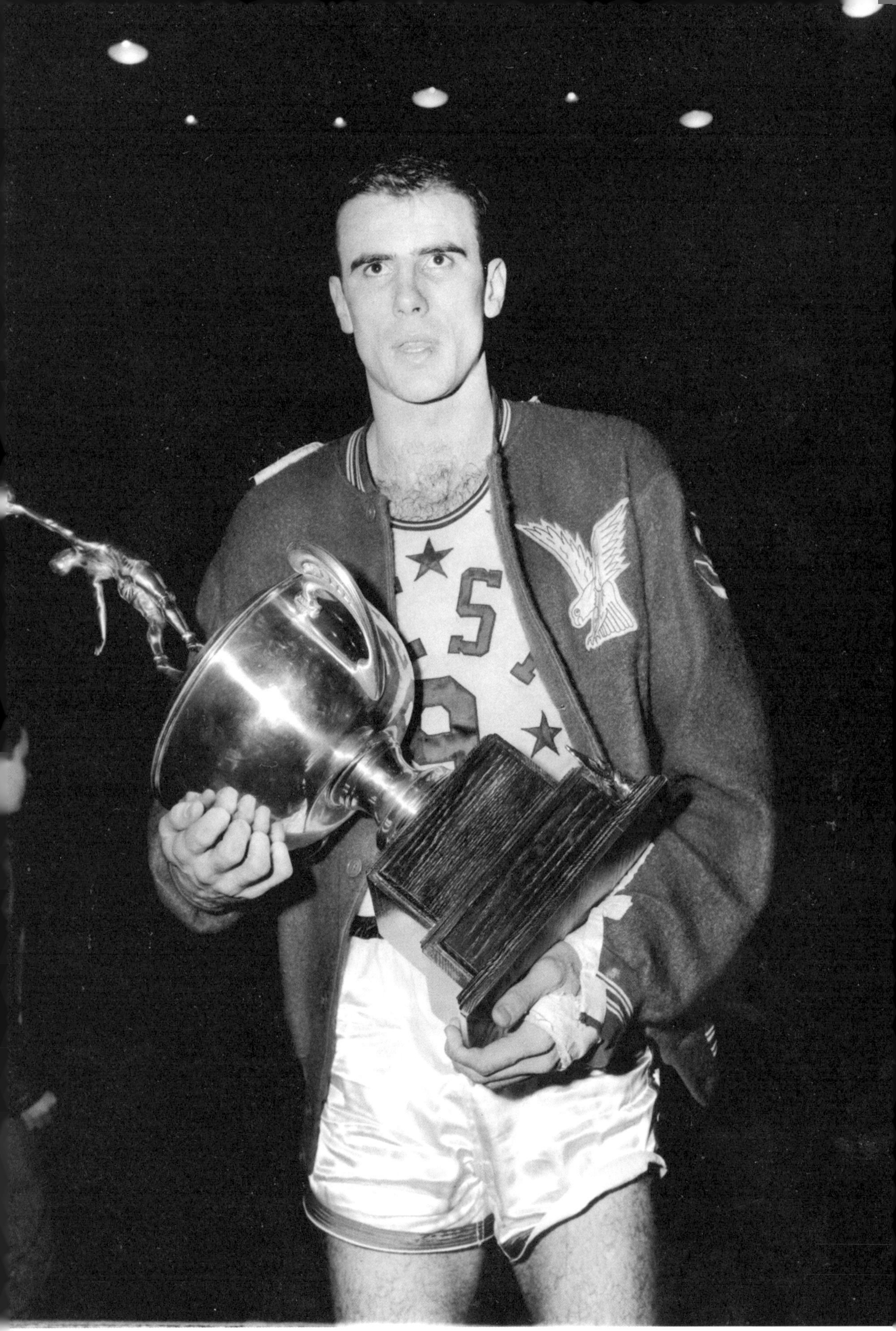

图2　佩蒂特获得1958年全明星赛MVP。
图3　埃尔金·贝勒（右）1959年加盟明尼阿波利斯湖人队，成为湖人队历史上的救世主。

图4　1959年，张伯伦身穿哈林环球旅行者队球衣。
图5　奥斯卡·罗伯特森：1960年以状元秀的身份加盟辛辛那提皇家队，在职业生涯前10年一直效力于皇家队。1961–1962赛季创下了赛季场均三双的壮举（30.8分、12.5个篮板、11.4次助攻）。1970–1971赛季转投雄鹿队。

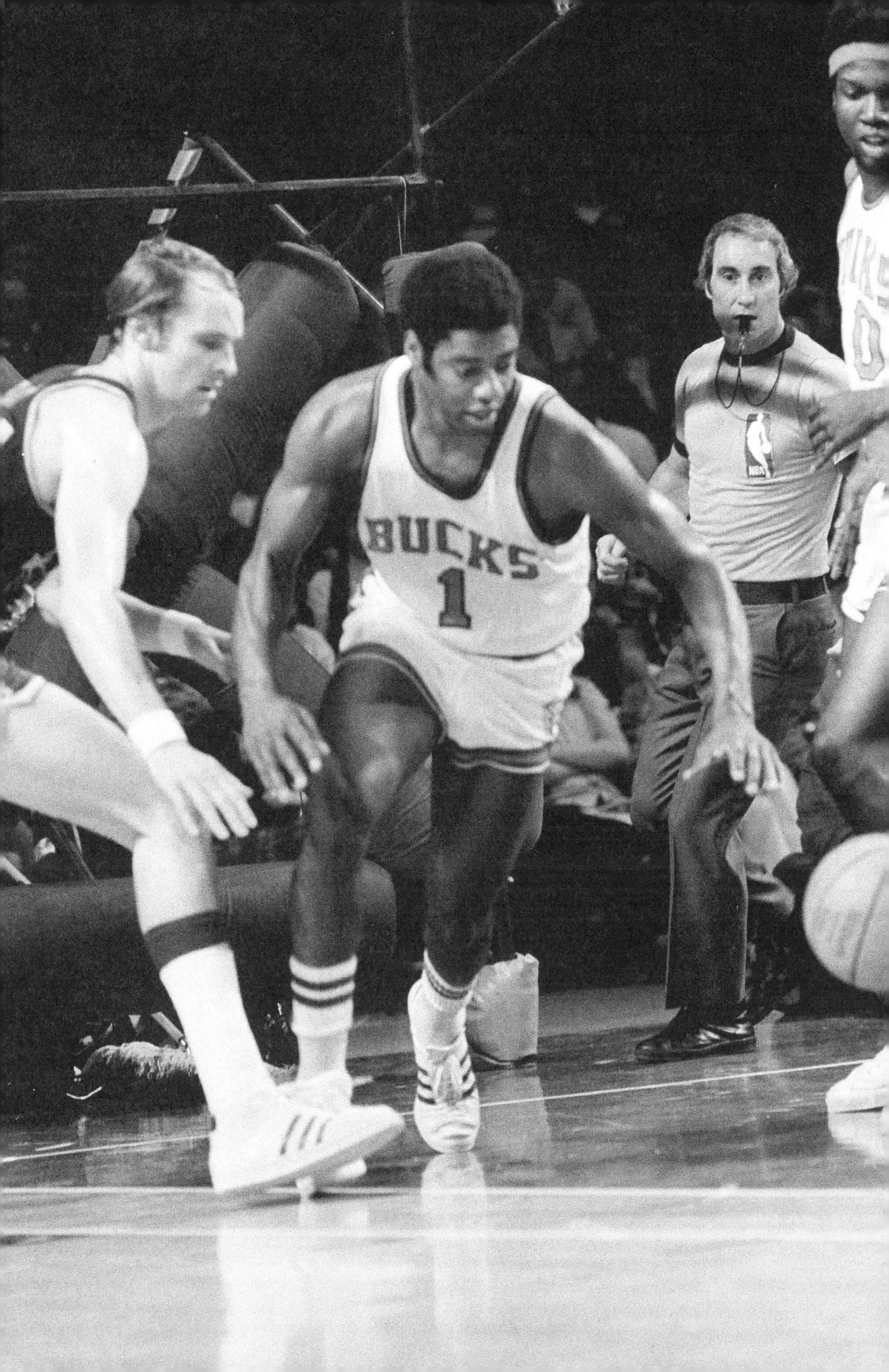
BUCKS
1

图6　1962年，张伯伦NBA单场100分留影。
图7　1962年，凯尔特人队老板沃尔特·布朗（左）和教练奥尔巴赫（右）看着约翰·哈弗里切克与球队签下他的第一份合同。
图8　哈弗里切克：凯尔特人队队史得分王（26395分）。生涯16个赛季一直效力于凯尔特人队，并帮助球队8夺NBA总冠军。

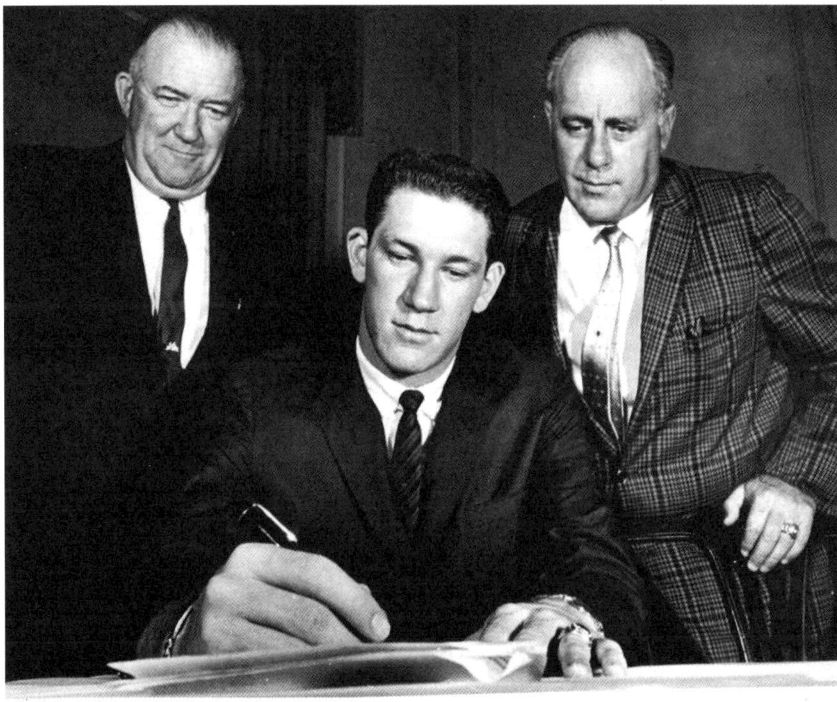

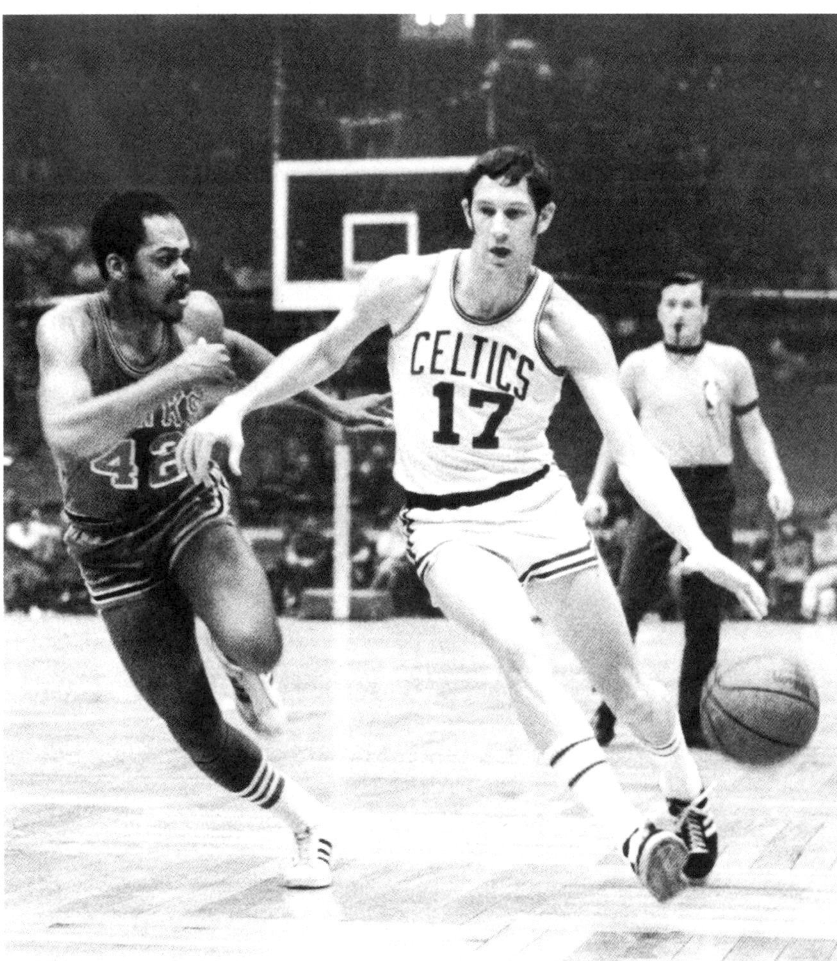
CELTICS
17

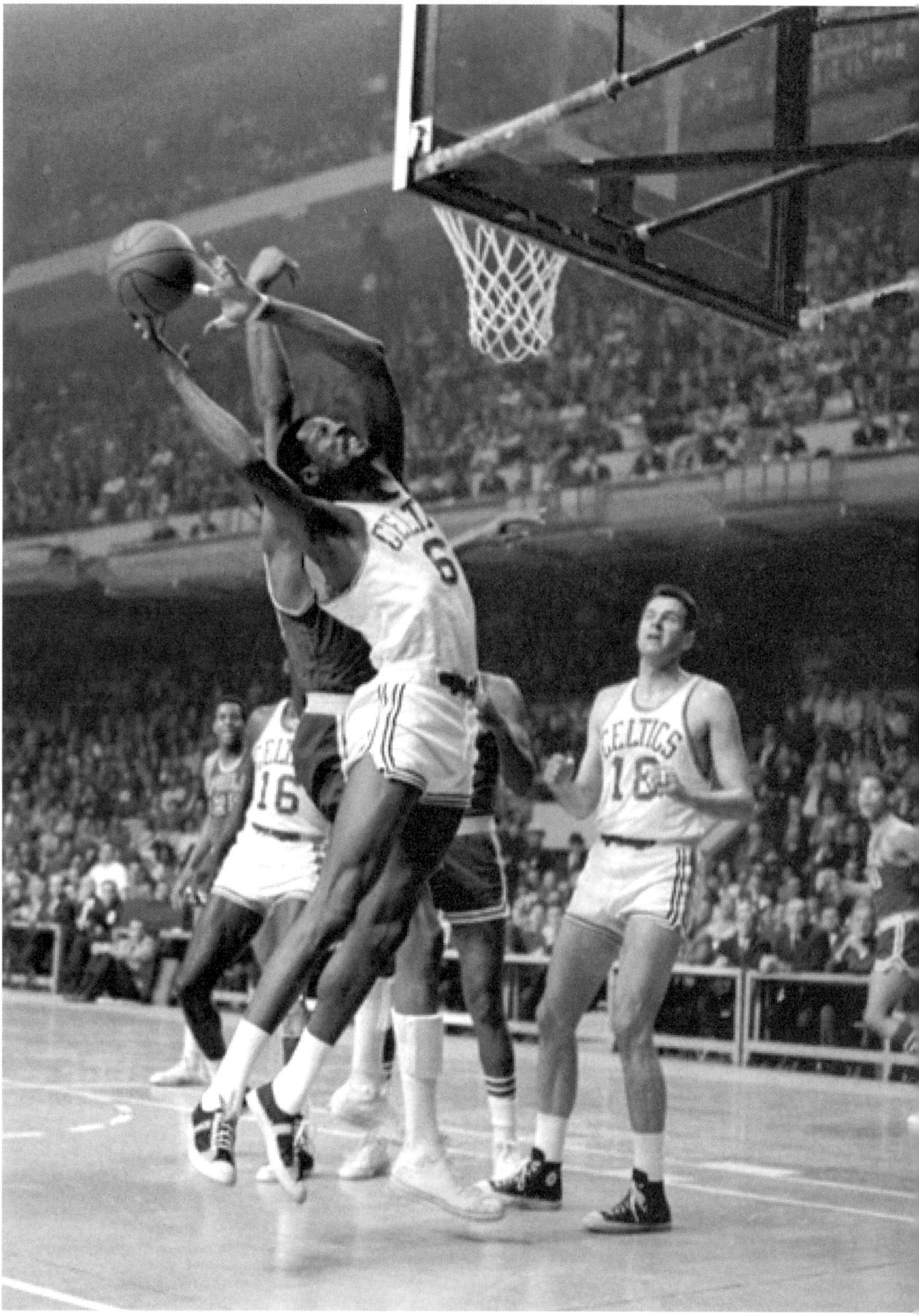
CELTICS
18
16
6

图9　1965年，凯尔特人队的比尔·拉塞尔（身穿6号球衣）与76人队的维尔特·张伯伦争抢篮板球。

图10　1966年4月29日，凯尔特人队以95∶93战胜湖人队，豪取八连冠。比尔·拉塞尔与主教练奥尔巴赫庆祝胜利。

图11　1965-1966赛季，76人队以4∶2战胜勇士队夺得总冠军。

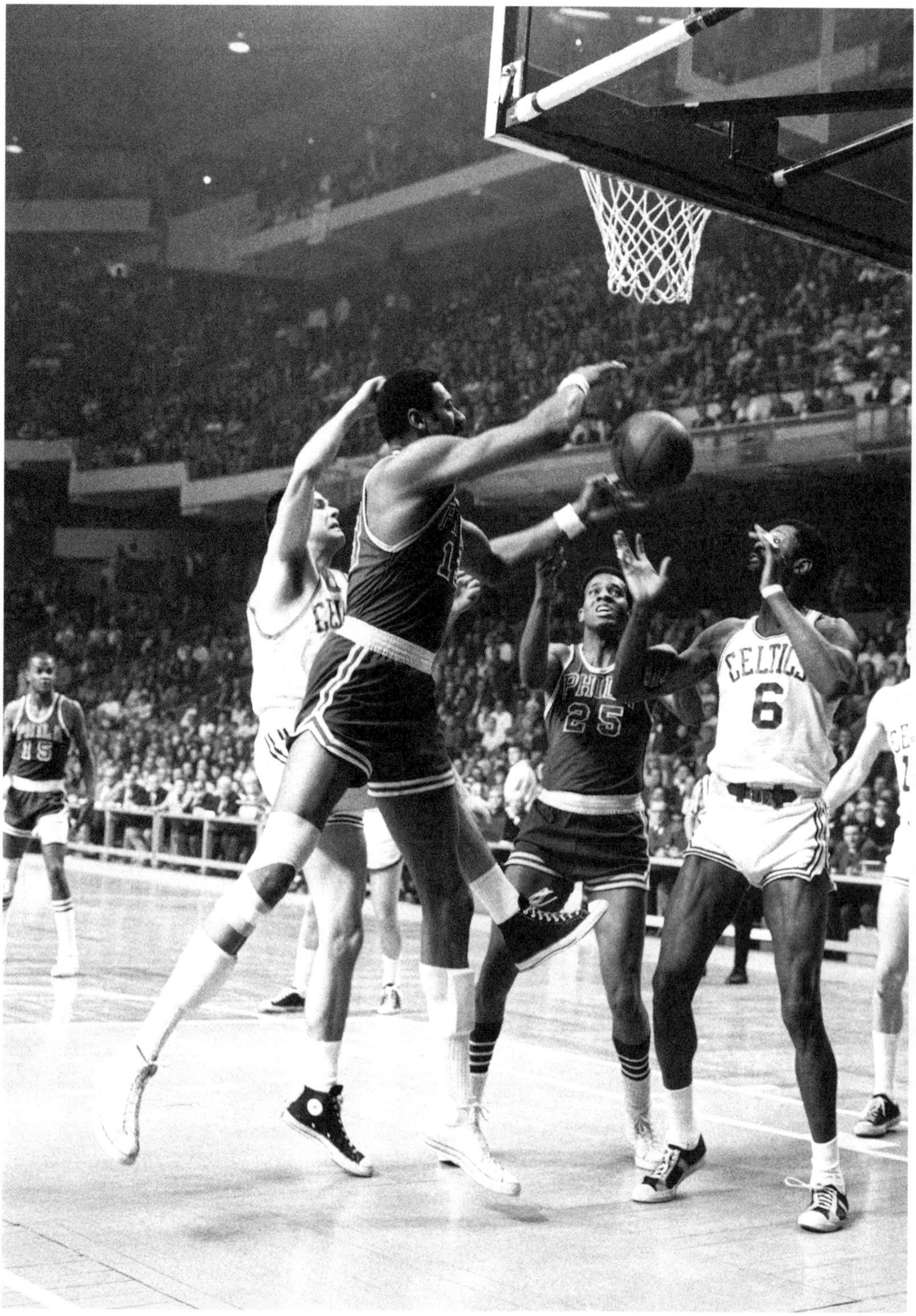
PHILA
15
CELTICS
6
PHILA
25

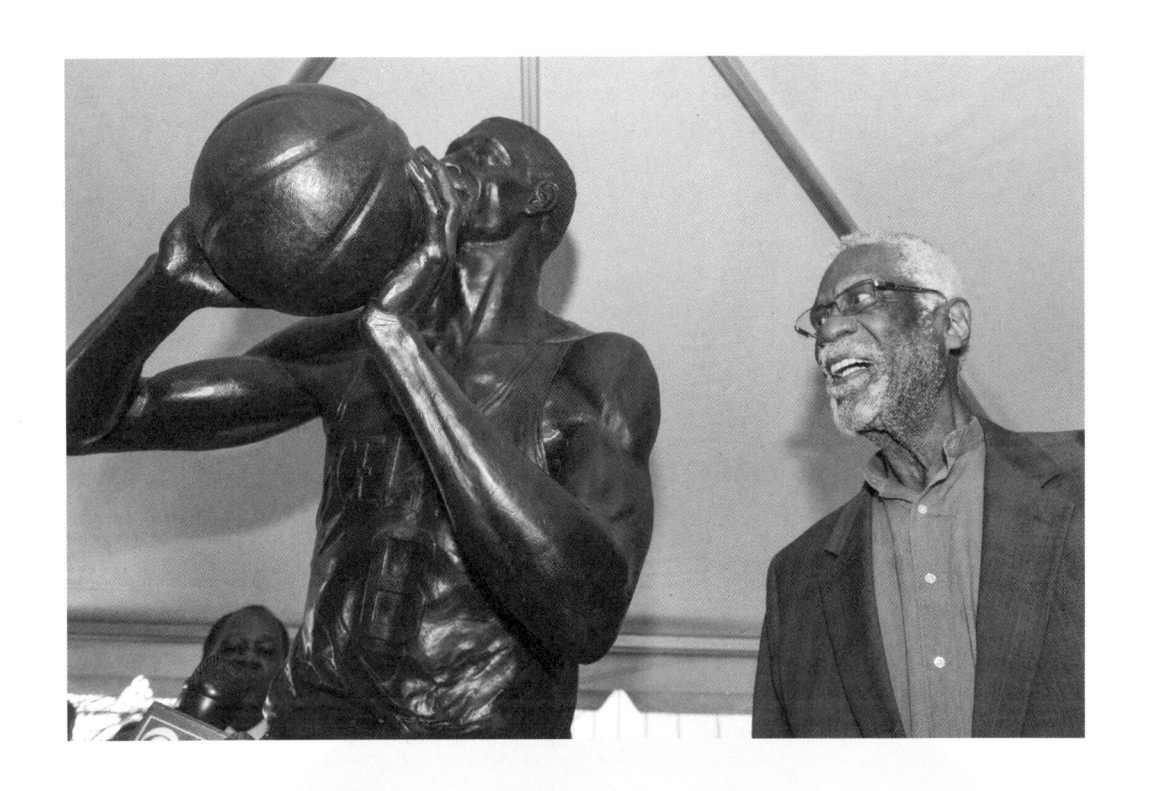

图12 1968年东部决赛被称为比尔·拉塞尔与张伯伦的巅峰对决，76人队在3∶1领先的情况下，被凯尔特人队连扳三场，凯尔特人队成为历史上首支在1∶3落后情况下大逆转的球队。

图13 2013年11月1日，凯尔特人队传奇巨星比尔·拉塞尔参加自己的雕像揭幕仪式。

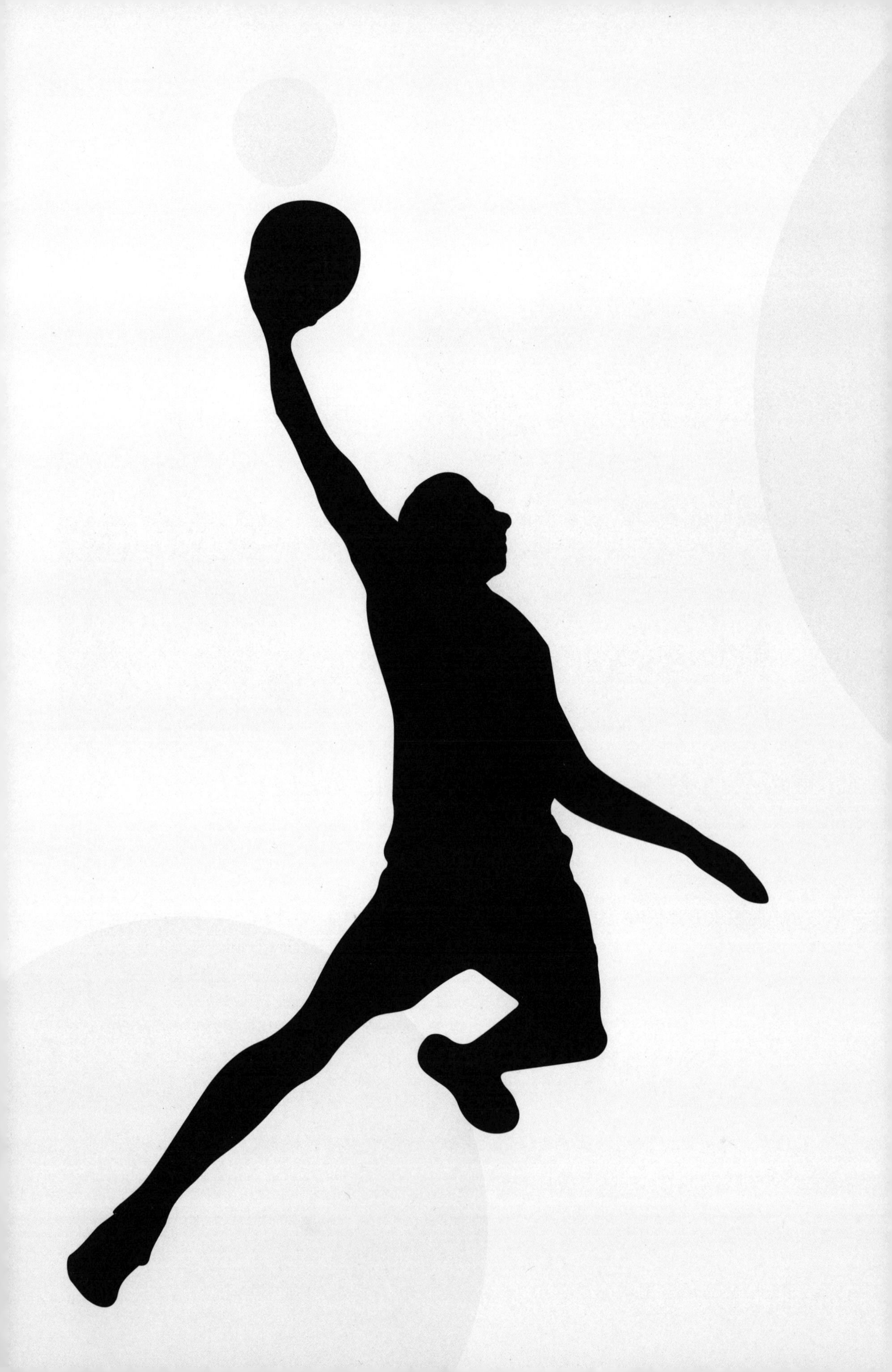

# 第三章 翻天覆地，诸神混战

仿佛上帝刻意安排好了一般，比尔·拉塞尔退役之时，另一名超级中锋加入联盟，他就是"天勾"卡里姆·阿卜杜尔·贾巴尔——那时候他叫卢·阿尔辛多。

效力UCLA（加州大学洛杉矶分校）期间，阿尔辛多就被视为洪水猛兽。除了一年级因联盟相关规定无法代表校队出战外，1967年至1969年的三年间，阿尔辛多垄断了MOP（最杰出球员）奖项以及全美大学第一阵容中的中锋位置。在阿尔辛多的带领下，UCLA连续三年将NCAA冠军奖杯收入囊中。

1969年，这个大个子引发了NBA和ABA的哄抢，阿尔辛多最终选择了NBA。此前一个赛季中，雄鹿队和太阳队分别在东西部垫底，他们要通过猜硬币的方式决出谁拥有状元签。雄鹿队的运气更好一些，他们用状元签签下了阿尔辛多。阿尔辛多根本无须适应，即插即用霸占了球场，场均砍下联盟第二的28.8分和联盟第三的14.5个篮板球，轻松成为年度最佳新秀。雄鹿队也凭此一飞冲天，以56胜26负的战绩飙升至东部第二。

尽管如此，最令人惊讶的球队并非雄鹿队，而是尼克斯队。

尼克斯队的人员在上个赛季发生了很大变化，前老鹰队主教练霍尔兹

## 1969-1970
## 上帝安排！"天勾"驾到
## 铁血尼克斯

**总冠军**：纽约尼克斯队

**总决赛MVP**：威利斯·里德（尼克斯队）

**得分王**：杰里·韦斯特（湖人队/31.2分）

**篮板王**：埃尔文·海耶斯（火箭队/16.9个）

**助攻王**：兰尼·威尔肯斯（超音速队/9.1次）

**最有价值球员**：威利斯·里德（尼克斯队）

**最佳新秀**：卢·阿尔辛多（雄鹿队）

**最佳教练**：瑞德·霍尔兹曼（尼克斯队）

曼取代麦克圭尔成为新任主教练，三个资质出众的新秀——普林斯顿大学的罗德奖获得者比尔·布拉德利、南伊利诺斯大学的沃尔特·弗雷泽和北达科他大学的菲尔·杰克逊——加入球队，活塞队球星德布什切尔也通过交易来到球队。

1956年至1966年的10个赛季，尼克斯队只有1次打进过季后赛，是实实在在的鱼腩球队。拼装完毕后，尼克斯队在威利斯·里德的带领下，终于在这个赛季井喷般爆发。打出一波创纪录的18连胜后，尼克斯队在常规赛取得了联盟第一的60胜22负，并一路过关斩将，以4∶3淘汰子弹队，以4∶1干掉拥有卢·阿尔辛多的雄鹿队，杀进了总决赛。

西部的湖人队再次杀进总决赛。

上赛季总决赛失利后，湖人队再次换帅，乔·穆兰尼取代范·布雷德·考尔夫。新帅面临严峻考验，因为此时洛杉矶成了一座"伤城"，张伯伦只打了9场比赛就膝盖韧带撕裂，缺席了随后的全部常规赛，埃尔金·贝勒也因伤只出战54场常规赛。如此一来，湖人队的重担几乎落在了杰里·韦斯特一个人肩上。

该赛季韦斯特场均劈下联盟最高的31.2分，但他终究是势单力孤，没能确保湖人队成为常规赛西部冠军——46胜36负，湖人队落后老鹰队两个胜场排在西部第二。好消息是季后赛开打时，张伯伦和贝勒都伤愈归队。西部半决赛，湖人队一度以1∶3落后于太阳队，到了被淘汰的边缘。危难之际湖人队迸发出强大的自救能力，连赢三场上演惊天大逆转，并在西部决赛中以4∶0横扫老鹰队晋级总决赛。

更令湖人队欣喜的是，这次他们的总决赛对手不再是讨厌的凯尔特人队。不过尼克斯队也不好对付，双方战成1∶1后，战事移师洛杉矶。

第三战，韦斯特上演了NBA总决赛历史上的经典片段：终场哨响前他18米外远投得手，由于当时NBA还没有三分球规则，这个两分球帮助湖人队扳平比分，把尼克斯队拖进加时。尽管最终尼克斯队111∶108拿下了这场比赛，但韦斯特凭借这一球收获了"关键先生"的美名。

第四战湖人队以牙还牙，同样是历经加时取胜。第五战回到纽约进行，尼克斯队遭遇重创，头号球星威利斯·里德上半场拉伤大腿肌肉退出了比赛。不过这反而激发了尼克斯队的斗志，他们在半场落后13分的绝境下奋起反击，以107∶100后来居上拿下了天王山战役。

第六战里德作壁上观，张伯伦狂砍45分、27个篮板，韦斯特也取下31

分、13次助攻，湖人队135∶113大胜，将总比分扳成3∶3平。

接下来，NBA总决赛历史上最不可思议的一幕上演了。第七战，当尼克斯队队员从更衣室里走出来的时候，没有人认为里德会出场比赛。双方跳球前，里德犹如天外来客，一瘸一拐地从甬道中走到了麦迪逊花园广场！球迷们简直不敢相信自己的眼睛，短暂的沉默过后球馆沸腾了。在与张伯伦的跳球中，里德竟然占据了上风，并命中了尼克斯队的第一个球。

虽然里德全场比赛只得了4分，但他的不屈斗志感染了全队，并彻底打乱了湖人队的既定部署，此时无招胜有招，这些已经足够了。抢七局中弗雷泽如入无人之境，砍下36分、19次助攻，尼克斯队113∶99取胜，捧起了总冠军奖杯。而湖人队再一次错过登顶良机，9年间第7次在总决赛中饮恨。

这个赛季尼克斯队全面丰收，弗雷泽入选了第一阵容，霍尔兹曼当选年度最佳主教练，而威利斯·里德则将常规赛MVP、全明星赛MVP和总决赛MVP一网打尽，成为NBA历史上首位包揽三个MVP头衔的球员。里德在总决赛第七战中神奇归来后，尼克斯队铁血军团的声名不胫而走。

## 1969-1970赛季排名

| 东部联盟 | | | |
| --- | --- | --- | --- |
| 排名 | 球队 | 胜 | 负 |
| 1 | 纽约尼克斯队 | 60 | 22 |
| 2 | 密尔沃基雄鹿队 | 56 | 26 |
| 3 | 巴尔的摩子弹队 | 50 | 32 |
| 4 | 费城76人队 | 42 | 40 |
| 5 | 辛辛那提皇家队 | 36 | 46 |
| 6 | 波士顿凯尔特人队 | 34 | 48 |
| 7 | 底特律活塞队 | 31 | 51 |
| 西部联盟 | | | |
| 排名 | 球队 | 胜 | 负 |
| 1 | 亚特兰大老鹰队 | 48 | 34 |
| 2 | 洛杉矶湖人队 | 46 | 36 |
| 3 | 芝加哥公牛队 | 39 | 43 |
| 4 | 菲尼克斯太阳队 | 39 | 43 |
| 5 | 西雅图超音速队 | 36 | 46 |
| 6 | 旧金山勇士队 | 30 | 52 |
| 7 | 圣迭戈火箭队 | 27 | 55 |

# NBA PLAYOFFS

## NBA季后赛 对阵表
### 1969—1970赛季

West — East

**The Finals: 纽约尼克斯队**

**West:**
- 洛杉矶湖人队 4 / 菲尼克斯太阳队 3 → 洛杉矶湖人队 4
- 亚特兰大老鹰队 4 / 芝加哥公牛队 1 → 亚特兰大老鹰队 0
- → 洛杉矶湖人队 3

**East:**
- 纽约尼克斯队 4 / 巴尔的摩子弹队 3 → 纽约尼克斯队 4
- 密尔沃基雄鹿队 4 / 费城76人队 1 → 密尔沃基雄鹿队 1
- → 纽约尼克斯队 4

NBA继续着扩张壮大的脚步，该赛季布法罗勇敢者队、克利夫兰骑士队、波特兰开拓者队加入联盟。勇敢者队和骑士队被划到东部，开拓者队则被分在了西部。这样一来，NBA的球队数量增至17支，联盟首次划分四个分区，分属于东、西两大联盟。东部联盟包括大西洋赛区和中部赛区，西部联盟包括中西赛区和太平洋赛区。

1965-1966赛季，NBA只有9支球队、108名球员，一年只打360场常规赛。五年过后，NBA有了17支球队、204名球员，一年一共要打697场常规赛。尽管三支新军的战绩分别只有22胜60负、15胜67负和29胜53负，在各自赛区垫底，但他们加入联盟的意义却颇为深远，这标志着NBA的扩军取得了实质性进展，当时的分区格局也画就了今日NBA的雏形。

总决赛的两个常客凯尔特人队和湖人队该赛季冰火两重天。凯尔特人新秀中锋戴夫·考恩斯入队，约翰·哈弗里切克和有9年NBA经验的"老戏骨"唐·尼尔森成为锋线首发。人员发生了大的变动后，凯尔特人队风光不再，该赛季只取得了44胜38负的战绩，被拒于

## 1970-1971 无敌之师！"大O""天勾"珠联璧合

**总冠军：** 密尔沃基雄鹿队
**总决赛MVP：** 卢·阿尔辛多（雄鹿队）
**得分王：** 卢·阿尔辛多（雄鹿队/31.7分）
**篮板王：** 维尔特·张伯伦（湖人队/18.2个）
**助攻王：** 诺姆·范·莱尔（皇家队/10.2次）
**最有价值球员：** 卢·阿尔辛多（雄鹿队）
**最佳新秀：** 戴夫·考恩斯（凯尔特人队）吉奥夫·佩特里（开拓者队）
**最佳教练：** 迪克·莫塔（公牛队）

季后赛的大门外。凯尔特人队的唯一收获是考恩斯和开拓者队的吉奥夫·佩特里分享了年度最佳新秀,这是历史上第一次有两人同时当选最佳新秀。

湖人队与勇士队、火箭队、超音速队和开拓者队同属太平洋赛区。该赛季张伯伦完全康复,贝勒却因伤只打了两场比赛。幸好海洛德·海皮·海尔斯顿和古德里奇(在太阳队效力两个赛季后又回到了洛杉矶)适时顶了上来,后来成为名帅的帕特·莱利也从开拓者队转投湖人队。

尽管缺了贝勒,湖人队的攻击力依旧强大,韦斯特场均贡献26.9分,张伯伦20.7分,海尔斯顿18.6分,古德里奇17.5分。另外,张伯伦继续霸占篮板榜首位,场均抢下18.2个篮板。湖人队以48胜34负夺得常规赛太平洋赛区冠军,比排名第二的勇士队多赢了7场球。季后赛艰难战胜公牛队后,湖人队止步于西部决赛,输给了阿尔辛多带领的雄鹿队。

得到阿尔辛多后雄鹿队并不满足,该赛季他们又通过交易得到了最后一块拼图:辛辛那提皇家队31岁的超级控卫奥斯卡·罗伯特森。有了"天勾"和"大O"的内外组合,加上格雷格·史密斯、卢卡斯·阿伦和麦克洛克林等精兵强将,雄鹿队的实力空前强大。

阿尔辛多该赛季以场均31.7分加冕得分王,场均16个篮板高居联盟第四,夺得了职业生涯第一座常规赛MVP奖杯。雄鹿队常规赛无人可敌,豪取66胜16负,成为联盟老大,期间还打出过创纪录的20连胜,同时还是NBA历史上第一支单季投篮命中率超过50%的球队。季后赛中雄鹿队风头不减,先后以两个4∶1淘汰掉勇士队和湖人队,晋级总决赛。

上赛季的总冠军尼克斯队成绩有所下滑,但仍然取得了52场比赛的胜利,以大西洋赛区头名的身份进入季后赛。赛季开始后尼克斯队风光无限,取得了31胜11负的成绩,但常规赛最后三个月,球队的胜率为50%。2月2日尼克斯队对阵皇家队的比赛中,里德曾抢下追平队史纪录的33个篮板球。里德和弗雷泽还以首发身份参加了当年的全明星赛。

季后赛中,尼克斯队遭遇子弹队的顽强阻击。双方战成3∶3后,子弹队在麦迪逊广场花园以2分优势拿下抢七局,将上届冠军淘汰出局。子弹队杀进总决赛令人意外,但他们也为此付出了惨重代价,昂塞尔德、埃尔·马龙和约翰逊先后受伤。

在前期职业生涯中，奥斯卡·罗伯特森拿过年度最佳新秀、数次助攻王以及常规赛MVP，就是没能拿到总冠军，他知道这一次机会来了。面对主力中锋昂塞尔德缺阵的子弹队，雄鹿队自然不会错过机会，以4∶0砍瓜切菜般登上巅峰，阿尔辛多当选总决赛MVP。

整个季后赛，雄鹿队只输了两场球就完成夺冠。雄鹿队成军仅三年就夺得总冠军，创造了NBA历史上从建队到夺冠用时最短的纪录，同时这也是继1959年后NBA历史上第二次出现总决赛横扫的场景。

## 1970-1971赛季排名

| 东部联盟 | | | |
| --- | --- | --- | --- |
| 排名 | 球队 | 胜 | 负 |
| 1 | 纽约尼克斯队 | 52 | 30 |
| 2 | 巴尔的摩子弹队 | 42 | 40 |
| 3 | 费城76人队 | 47 | 35 |
| 4 | 亚特兰大老鹰队 | 36 | 46 |
| 5 | 波士顿凯尔特人队 | 44 | 38 |
| 6 | 辛辛那提皇家队 | 33 | 49 |
| 7 | 布法罗勇敢者队 | 22 | 60 |
| 8 | 克利夫兰骑士队 | 15 | 67 |
| 西部联盟 | | | |
| 排名 | 球队 | 胜 | 负 |
| 1 | 密尔沃基雄鹿队 | 66 | 16 |
| 2 | 洛杉矶湖人队 | 48 | 34 |
| 3 | 芝加哥公牛队 | 51 | 31 |
| 4 | 旧金山勇士队 | 41 | 41 |
| 5 | 菲尼克斯太阳队 | 48 | 34 |
| 6 | 底特律活塞队 | 45 | 37 |
| 7 | 圣迭戈火箭队 | 40 | 42 |
| 8 | 西雅图超音速队 | 38 | 44 |
| 9 | 波特兰开拓者队 | 29 | 53 |

注：此为球队进入季后赛的排名，并非单纯按照战绩。（后同）

# NBA PLAYOFFS

## NBA季后赛 对阵表
### 1970—1971赛季

**W**est　　　　　　　　　　　　　　　　　　　　　　　　　　　　　　　　**E**ast

*The Finals*

| West | | | | | | East |
|---|---|---|---|---|---|---|
| 密尔沃基雄鹿队 | 4 | | | | 4 | 巴尔的摩子弹队 |
| | | 密尔沃基雄鹿队 | 4 | 巴尔的摩子弹队 | | |
| 旧金山勇士队 | 1 | | | | 3 | 费城76人队 |
| | | | 密尔沃基雄鹿队 **4** — **0** 巴尔的摩子弹队 | | | |
| 洛杉矶湖人队 | 4 | | | | 4 | 纽约尼克斯队 |
| | | 洛杉矶湖人队 | 1 | 纽约尼克斯队 | 3 | |
| 芝加哥公牛队 | 3 | | | | 1 | 亚特兰大老鹰队 |

**冠军:密尔沃基雄鹿队**

本赛季有两支球队迁址。火箭队从圣迭戈搬迁到休斯敦，这个城市是美国知名的航天城，队名和城市名无形中结合在了一起。勇士队历史上第二次迁址，从旧金山移往一河之隔的奥克兰，正式更名为金州勇士队。

"金州"是加利福尼亚州的别称，勇士队认为自己是当之无愧的加利福尼亚州之王，于是便以金州——而非奥克兰命名。雄鹿队超级中锋阿尔辛多半赛季前皈依伊斯兰教，因此改名为卡里姆·阿卜杜尔·贾巴尔，意思是"真主伟大而谦卑的仆人"。改名后的贾巴尔蝉联了得分王。

这个赛季成了一代巨星埃尔金·贝勒的告别赛季。在他的鼎盛时期，湖人队始终无法在总决赛中迈过凯尔特人队这一关，尽管他曾10次入选年度最佳阵容，却从来不知总冠军是什么滋味。好不容易等到"绿色王朝"曲终人散，贝勒却被伤病折磨得痛苦不堪。本赛季开打后不久，贝勒再次遭遇严重伤病侵袭，只打了9场比赛后，他觉得再也无法坚持，于是满怀落寞结束了自己的职业生涯，令人扼腕长叹。命运总是喜欢捉弄人，就是在贝勒离

## 1971-1972 33连胜的窒息感！湖人队终破魔咒

**总冠军：洛杉矶湖人队**

**总决赛MVP：维尔特·张伯伦**（湖人队）

**得分王：卡里姆·阿卜杜尔·贾巴尔**（雄鹿队/34.8分）

**篮板王：维尔特·张伯伦**（湖人队/19.2个）

**助攻王：杰里·韦斯特**（湖人队/9.7次）

**最有价值球员：卡里姆·阿卜杜尔·贾巴尔**（雄鹿队）

**最佳新秀：西德尼·威克斯**（开拓者队）

**最佳教练：比尔·沙曼**（湖人队）

开的这个赛季，湖人队获得了梦寐以求的总冠军。

湖人队再次更换主教练，曾效力凯尔特人队的前USC（南加州大学）球星比尔·沙曼取代了乔·穆兰尼。尽管贝勒选择退役，但湖人队的首发阵容仍然堪称豪华：海尔斯顿和二年级生吉姆·麦克米兰组成锋线，张伯伦坐镇篮下，后场则有韦斯特和古德里奇搭档。

湖人队以6胜3负开局。1971年11月5日，湖人队以110∶106击败了子弹队，这是11月份14连胜的开始。湖人队在12月份更为疯狂：16战全胜。新年过后湖人队再接再厉，连赢三场后以104∶120输给了雄鹿队。33连胜，湖人队就这样于不经意间创造了美国职业运动史上最长的连胜纪录。有趣的是，NBA中上一个连胜场次纪录（20连胜）的保持者正好是终结湖人队33连胜的雄鹿队。

常规赛结束时，湖人队的成绩单上赫然写着69胜13负，这又是联盟的一项新纪录，此前的最高胜率是1966-1967赛季76人队创造的68胜13负。湖人队这个纪录一直保持到了1995-1996赛季，才由公牛队的72胜10负刷新。

本赛季张伯伦的场均得分只有职业生涯新低的14.8分，但他仍以场均19.2个篮板球蝉联篮板王，64.9%的投篮命中率也是联盟最高，另外韦斯特场均得到25.8分，以场均9.7次助攻加冕助攻王，他的后卫搭档古德里奇场均也有超过25分的进账。整个常规赛，湖人队在得分、篮板和助攻三项技术统计上都领先全联盟，比尔·沙曼被评为年度最佳教练。

季后赛开打后，湖人队延续了常规赛中的强劲势头，先是横扫了公牛队，又在西部决赛中以4∶2淘汰了贾巴尔率领的雄鹿队，昂首挺进总决赛。

湖人队的总决赛对手是尼克斯队。本赛季尼克斯队又有强手加盟，他就是在子弹队打了四年、转身运球的发明人，有着"黑珍珠"之称的厄尔·门罗。门罗加弗雷泽，尼克斯队的后场异常豪华。然而一开始，门罗与球队的磨合并不好，没有发生计划中的化学反应，他很难改掉自己固有的比赛习惯，队友们不得不去慢慢适应他。尽管如此，尼克斯队在1972年2月的17场比赛中赢下了12场，让人看到了前总冠军的实力。以48胜34负结束常规赛后，尼克斯队在季后赛先后淘汰子弹队和凯尔特人队，挺进总决赛。

这是尼克斯队1970年首度夺冠后再次和湖人队会师，然而主力中锋韦斯利·里德宿命般地再次受伤，让冲冠蒙上了一层阴影。令人大跌眼镜的是，尼克斯队在总决赛首战中以114∶92取胜，这不由地让人怀疑,来到洛杉矶的湖人队根本就不会打总决赛。

此后，"伤病"成为本次总决赛的主旋律，第二战尼克斯队损失了迪巴斯切尔，第四战张伯伦受伤，但他轻伤不下火线。这一次湖人队终究是没重蹈覆辙，连赢四场，从而以4∶1的总比分终于收获总冠军奖杯。这是湖人队自明尼阿波利斯搬到洛杉矶后夺得的第一个总冠军，也是自1953–1954赛季以来首次在总决赛中获胜。张伯伦被评为总决赛MVP。

## 1971–1972赛季排名

**东部联盟**

| 排名 | 球队 | 胜 | 负 |
|---|---|---|---|
| 1 | 波士顿凯尔特人队 | 56 | 26 |
| 2 | 巴尔的摩子弹队 | 38 | 44 |
| 3 | 纽约尼克斯队 | 48 | 34 |
| 4 | 亚特兰大老鹰队 | 36 | 46 |
| 5 | 费城76人队 | 30 | 52 |
| 6 | 辛辛那提皇家队 | 30 | 52 |
| 7 | 克利夫兰骑士队 | 23 | 59 |
| 8 | 布法罗勇敢者队 | 22 | 60 |

**西部联盟**

| 排名 | 球队 | 胜 | 负 |
|---|---|---|---|
| 1 | 洛杉矶湖人队 | 69 | 13 |
| 2 | 密尔沃基雄鹿队 | 63 | 19 |
| 3 | 芝加哥公牛队 | 57 | 25 |
| 4 | 旧金山勇士队 | 51 | 31 |
| 5 | 菲尼克斯太阳队 | 49 | 33 |
| 6 | 西雅图超音速队 | 47 | 35 |
| 7 | 休斯敦火箭队 | 34 | 48 |
| 8 | 底特律活塞队 | 26 | 56 |
| 9 | 波特兰开拓者队 | 18 | 64 |

# NBA PLAYOFFS

## NBA季后赛 对阵表
### 1971—1972赛季

**W**est　　　　　　　　　　　　　　　　　　　　　　　　　　　**E**ast

*The Finals*

**洛杉矶湖人队**

| West | | | | | East |
|---|---|---|---|---|---|
| 洛杉矶湖人队 4 | | | | | 纽约尼克斯队 4 |
| 芝加哥公牛队 0 | 洛杉矶湖人队 4 | | | 纽约尼克斯队 4 | 巴尔的摩子弹队 2 |
| | | 洛杉矶湖人队 4 | 纽约尼克斯队 1 | | |
| 密尔沃基雄鹿队 4 | 密尔沃基雄鹿队 2 | | | 波士顿凯尔特人队 1 | 波士顿凯尔特人队 4 |
| 金州勇士队 1 | | | | | 亚特兰大老鹰队 2 |

皇家队在该赛季从辛辛那提迁出，同时在堪萨斯和奥马哈设立主场，球队从此更名为堪萨斯城-奥马哈国王队，并被划到西部，为了平衡起见，火箭队被划到东部。

更换城市后，国王队的"精灵"内特·阿奇巴尔德立马创造奇迹。1970年的选秀大会上，阿奇巴尔德在第二轮第二顺位被皇家队选中。本赛季阿奇巴尔德化为神人，场均轰下34分，还能送出11.4次助攻，两项数据都是联盟最高，"精灵"成为联盟历史上唯一能在同一赛季包揽得分王和助攻王的球员。

另外，阿奇巴尔德场均46分钟的出场时间也是联盟第一。作为控卫，阿奇巴尔德完成这一成就的难度丝毫不低于奥斯卡·罗伯特森的赛季场均三双。

该赛季还发生了一件永载史册的糗事：张伯伦被交易至湖人队后，76人队就逐渐淡出了强队的行列，该赛季核心比利·康宁汉跳槽至ABA的卡罗来纳美洲狮队，球队彻底散架，最终只收获9场胜利。9胜73负，这是迄今为止NBA历史上的最差战绩，76人队同时还是第一支单赛季胜场低于10场的球队。

## 1972-1973 留无数经典！里德与张伯伦的告别

**总冠军**：纽约尼克斯队
**总决赛MVP**：威利斯·里德（尼克斯队）
**得分王**：内特·阿奇巴尔德（国王队/34.0分）
**篮板王**：维尔特·张伯伦（湖人队/18.6个）
**助攻王**：内特·阿奇巴尔德（国王队/11.4次）
**最有价值球员**：戴夫·考恩斯（凯尔特人队）
**最佳新秀**：鲍勃·麦卡杜（勇敢者队）
**最佳教练**：汤姆·海因索恩（凯尔特人队）

出人意料的是，该赛季常规赛表现最好的球队是凯尔特人队。这支老牌劲旅以约翰·哈弗里切克为核心，辅之以年轻新星J.J.怀特和戴夫·考恩斯以及老将保罗·塞拉斯、1969年总冠军成员唐·尼尔森和桑德斯，开始了后王朝时代的重建旅程。深厚的王朝底蕴保证了凯尔特人队的崛起速度，但当他们以联盟第一的68胜14负——这个战绩仅比湖人上赛季创造的NBA纪录少一个胜场——结束常规赛时，还是引得业界投来惊讶的目光。可惜的是，凯尔特人队并未将神奇保持到最后，他们在东部决赛中被淘汰出局，无缘总决赛。

尼克斯队继续补强阵容，杰里·卢卡斯在一笔交易中来到大苹果城，上赛季因伤只打了11场比赛的威利斯·里德也适时回归。这样一来，尼克斯队的阵容空前鼎盛：厄尔·门罗和弗雷泽担纲后场，贝尔·布拉德利和德布什切尔司职锋线尖刀，里德和卢卡斯则坐镇禁区，另外还有菲尔·杰克逊这样的得力替补。

该赛季的前四个月，尼克斯队所向披靡，取得了43胜3负的傲人战绩，但在赛季末端势头有所减缓，最终以57胜25负、大西洋赛区第二名的成绩结束常规赛。尼克斯队的法宝是防守。在弗雷泽的领导下，尼克斯队场均只让对手得到98.2分，为联盟最低，布拉德利的罚球命中率还创下了队史新高。季后赛中尼克斯队先是以4∶1轻取子弹队，随后又以4∶3艰难淘汰常规赛老大凯尔特人队，四年来第三次杀入总决赛。

本赛季有三支球队获得了60+的胜场，分别是凯尔特人队（68胜14负）、雄鹿队（60胜22负）和湖人队（60胜22负）。

这三支球队中，湖人队最为坚挺，一路挺进了总决赛。湖人队曾在11月份12场比赛全胜，最终以60胜笑傲太平洋赛区。这是张伯伦职业生涯的最后一个赛季，"大帅"临走之前也不肯让出篮板王宝座——这是他13年职业生涯的第11次，另外两次分别被比尔·拉塞尔和埃尔文·海耶斯获得，他还于该赛季成为NBA历史上第一个投篮命中率超过70%（72.7%）的球员。

与上赛季的季后赛相比，湖人队本赛季通往总决赛的道路并不顺畅：西部半决赛苦战七场淘汰公牛队，西部决赛以4∶1干掉了勇士队。就这样，湖人队四年来第三次杀进总决赛，巧合的是，三次都是面对尼克斯队。

这届总决赛的进程与前一年完全相反，湖人队以3分优势取得开门红，随后尼克斯队的防守威力彻底显现：接下来四场比赛，湖人队场均送出19次失误，每场比赛的得分都未能过百。尼克斯队连赢四场，以4∶1的总比分完美复仇，为大苹果城带来第二座总冠军奖杯。

威利斯·里德第二度荣膺总决赛MVP后，光荣隐退，一代传奇中锋张伯伦也带着31418分和23924个篮板的天文数字离开了球场。

## 1972-1973赛季排名

### 东部联盟

| 排名 | 球队 | 胜 | 负 |
|---|---|---|---|
| 1 | 波士顿凯尔特人队 | 68 | 14 |
| 2 | 巴尔的摩子弹队 | 52 | 30 |
| 3 | 纽约尼克斯队 | 57 | 25 |
| 4 | 亚特兰大老鹰队 | 46 | 36 |
| 5 | 休斯敦火箭队 | 33 | 49 |
| 6 | 克利夫兰骑士队 | 32 | 50 |
| 7 | 布法罗勇敢者队 | 21 | 61 |
| 8 | 费城76人队 | 9 | 73 |

### 西部联盟

| 排名 | 球队 | 胜 | 负 |
|---|---|---|---|
| 1 | 密尔沃基雄鹿队 | 60 | 22 |
| 2 | 洛杉矶湖人队 | 60 | 22 |
| 3 | 芝加哥公牛队 | 51 | 31 |
| 4 | 金州勇士队 | 47 | 35 |
| 5 | 底特律活塞队 | 40 | 42 |
| 6 | 菲尼克斯太阳队 | 38 | 44 |
| 7 | 堪萨斯城-奥马哈国王队 | 36 | 46 |
| 8 | 西雅图超音速队 | 26 | 56 |
| 9 | 波特兰开拓者队 | 21 | 61 |

# NBA PLAYOFFS

## NBA季后赛 对阵表
### 1972—1973赛季

**West**                                                                                                                   **East**

**The Finals**

**纽约尼克斯队**

### West
- 洛杉矶湖人队 4
- 芝加哥公牛队 3
  - 洛杉矶湖人队 4
- 金州勇士队 4
- 密尔沃基雄鹿队 2
  - 金州勇士队 1

洛杉矶湖人队 1 — 纽约尼克斯队 4

### East
- 纽约尼克斯队 4
  - 纽约尼克斯队 4
  - 巴尔的摩子弹队 1
- 波士顿凯尔特人队 3
  - 波士顿凯尔特人队 4
  - 亚特兰大老鹰队 2

127

这个赛季继续有球队迁徙，子弹队挪往华盛顿，从此更名为首都子弹队。

随着NBA影响力的日渐扩大，电视转播开始介入，美国哥伦比亚广播公司（CBS）以2700万美元的价格买下了三年比赛的转播权，NBA从此走入寻常百姓家。

从这个赛季开始，各项技术统计渐趋完善。NBA参照ABA的规则，开始统计扣篮数。湖人队的埃尔莫·史密斯以场均4.85次扣篮成为史上第一届扣篮（次数）王，其中他在1973年10月28日对阵开拓者队的比赛中完成了17次扣篮，这个纪录至今无人能破。抢断和盖帽次数也从这个赛季开始被纳入技术统计，计算"四双"成为可能。

张伯伦的退役给湖人队造成了很大影响。为了弥补"大帅"留下的空白，湖人队在选秀大会上签下了颇具潜力的防守型中锋埃尔莫·史密斯——就是上文提到的那个扣篮狂人，同时还换来了康尼·霍金斯，希望能以此加强进攻火力。

湖人队还是未能摆脱伤病问题。咬牙坚持了31场比赛后，35岁的杰

## 1973—1974

### 两大后卫退役！"绿衫军"再夺冠

**总冠军**：波士顿凯尔特人队

**总决赛MVP**：约翰·哈弗里切克（凯尔特人队）

**得分王**：鲍勃·麦卡杜（勇敢者队/30.6分）

**篮板王**：埃尔文·海耶斯（子弹队/18.1个）

**助攻王**：埃尔尼·迪格利高里奥（勇敢者队/8.2次）

**最有价值球员**：卡里姆·阿卜杜尔·贾巴尔（雄鹿队）

**最佳新秀**：埃尔尼·迪格利高里奥（勇敢者队）

**最佳教练**：雷·斯科特（活塞队）

里·韦斯特终于吃不消,因为腿伤不得不退出了赛季余下的比赛。危难之际古德里奇成了湖人队的头号球星,他场均轰下25.3分,避免了球队过早陷入泥沼。常规赛还剩下7场比赛时,湖人队还比勇士队少赢三场。但常规赛落下帷幕时,湖人队反而多出三个胜场,以47胜35负成为太平洋赛区冠军。遗憾的是,季后赛首轮湖人队只在贾巴尔坐镇的雄鹿队身上赢了一场球就被淘汰出局。

张伯伦和威利斯·里德退役,杰里·卢卡斯、奥斯卡·罗伯特森等球星也行将归隐,20世纪70年代本来就是NBA的乱世,加之大多球星风光不再,重建速度奇快的凯尔特人队趁机浮出水面。

"绿衫军"的阵容没有大的变化,约翰·哈弗里切克和戴夫·考恩斯带领强大的前场,前者场均砍下22.6分,后者则有15.7个篮板入账,更重要的是,他能在内线有效地牵制对方中锋。

该赛季常规赛凯尔特人队取胜56场,比上赛季少了足足12场,但仍然是大西洋赛区的冠军。季后赛阶段,凯尔特人队轻松淘汰新军勇敢者队和阵容老化的尼克斯队,自1969年夺冠后首次回到总决赛。1969年夺得队史上第11个总冠军后,凯尔特人队只在1969-1970赛季胜率低于50%,从1972年开始他们重新夺回大西洋赛区的老大宝座,并且连霸三年,其强大的再生能力令人惊叹。

西部是雄鹿队的天下。贾巴尔场均贡献27分、14.5个篮板,第三次当选常规赛MVP,率领雄鹿队以59胜23负排名全联盟第一。季后赛中雄鹿队未遇到多少实质性抵抗,先后以4∶1和4∶0轻取湖人队和公牛队,继1971年夺冠后再度杀入总决赛。

凯尔特人队VS雄鹿队,这是历史上最伟大的总决赛对决之一,其中贾巴尔和考恩斯的对决尤为引人瞩目。

前四场比赛双方战成2∶2,第五战凯尔特人队取胜,他们原本有机会第六战在主场称雄,但伟大的贾巴尔把总决赛的悬念带回了密尔沃基。

第六战,双方开始了你追我赶的赛跑游戏。就在双方都累得快要吐血而亡时,却憋屈地发现,直到第2个加时的读秒阶段,还是谁也摆脱不掉谁。看来必须用绝招了:哈弗里切克命中一球让"绿衫军"领先1分,孰料贾巴尔在还剩3秒时祭出了夺命勾射,雄鹿队1分胜出。

抢七大战,凯尔特人队转变防守

策略，不惜用双人甚至三人去包夹贾巴尔，同时让考恩斯加强火力，攻城拔寨的同时也消耗"天勾"的精力。此举收到奇效，考恩斯不负众望砍下28分，凯尔特人队得到队史第12座总冠军奖杯，34岁的哈弗里切克当选总决赛MVP。

本赛季又有两名超级球星退出历史舞台，杰里·韦斯特和奥斯卡·罗伯特森，这两名超级后卫同一年进入NBA，又在同一年离去，他们留下了一大堆惊艳的数据和无数的经典镜头，这对"黑白双煞"的传奇故事将永远被球迷、被NBA历史铭记。

## 1973-1974赛季排名

| 东部联盟 | | | |
| --- | --- | --- | --- |
| 排名 | 球队 | 胜 | 负 |
| 1 | 波士顿凯尔特人队 | 56 | 26 |
| 2 | 首都子弹队 | 47 | 35 |
| 3 | 纽约尼克斯队 | 49 | 33 |
| 4 | 布法罗勇敢者队 | 42 | 40 |
| 5 | 亚特兰大老鹰队 | 35 | 47 |
| 6 | 休斯敦火箭队 | 32 | 50 |
| 7 | 克利夫兰骑士队 | 29 | 53 |
| 8 | 费城76人队 | 25 | 57 |
| 西部联盟 | | | |
| 排名 | 球队 | 胜 | 负 |
| 1 | 密尔沃基雄鹿队 | 59 | 23 |
| 2 | 洛杉矶湖人队 | 47 | 35 |
| 3 | 芝加哥公牛队 | 54 | 28 |
| 4 | 底特律活塞队 | 52 | 30 |
| 5 | 金州勇士队 | 44 | 38 |
| 6 | 西雅图超音速队 | 36 | 46 |
| 7 | 堪萨斯城-奥马哈国王队 | 33 | 49 |
| 8 | 菲尼克斯太阳队 | 30 | 52 |
| 9 | 波特兰开拓者队 | 27 | 55 |

# NBA PLAYOFFS

## NBA季后赛 对阵表
### 1973—1974赛季

**W**est　　　　　　　　　　　　　　　　　　　　　　　　　　　　　　　　　　**E**ast

*The Finals*

**波士顿凯尔特人队**

西部：
- 密尔沃基雄鹿队 4
- 洛杉矶湖人队 1
- 密尔沃基雄鹿队 4
- 芝加哥公牛队 4
- 底特律活塞队 3
- 芝加哥公牛队 0

总决赛：密尔沃基雄鹿队 3 — 波士顿凯尔特人队 4

东部：
- 波士顿凯尔特人队 4
- 波士顿凯尔特人队 4
- 布法罗勇敢者队 2
- 纽约尼克斯队 1
- 纽约尼克斯队 4
- 首都子弹队 3

前面说过，抢断和盖帽被纳入技术统计的最直接意义就是使统计"四双"成为可能。本赛季史上第一个"四双"问世，它的主人是刚被勇士队交易至公牛队的中锋内特·瑟蒙德。1974年10月18日，瑟蒙德在对阵老鹰队的比赛中，疯狂地砍下22分、14个篮板、13次助攻和12次盖帽，完成了NBA历史上官方统计的第一次"四双"。

杰里·韦斯特和奥斯卡·罗伯特森退役后，湖人队和雄鹿队双双跌入谷底。该赛季湖人队签下了凯兹尔·拉塞尔，但他只打了40场比赛就因为膝伤结束了整个赛季。尽管新加盟的卢修斯·阿伦和古德里奇都有不俗发挥，两人场均分别拿下19.5分和22.6分，湖人队还是创下了自1966-1967赛季以来的最差战绩：30胜52负，并且自1957-1958赛季以来首次无缘季后赛。雄鹿队更惨，贾巴尔开局即伤，全队松散如细沙，"天勾"回归也无力挽回颓势。堂堂的上赛季总决赛球队，好歹凑了38胜，屈尊当起了中西区副班长。

子弹队在该赛季迎来队史上第四次改名：华盛顿子弹队。似乎是更名带来了好运，子弹队在这个赛季风头出尽，常规赛阶段取得了联盟最高的60胜。季后赛首轮，子弹队遭遇得分王鲍

## 1974-1975

### 巴里，一个人的表演！勇士队称王

**总冠军**：金州勇士队

**总决赛MVP**：**里克·巴里**（勇士队）

**得分王**：**鲍勃·麦卡杜**（勇敢者队/34.5分）

**篮板王**：**维斯·昂塞尔德**（子弹队/14.8个）

**助攻王**：**凯文·波特**（子弹队/8.0次）

**最有价值球员**：**鲍勃·麦卡杜**（勇敢者队）

**最佳新秀**：**贾马尔·威克斯**（勇士队）

**最佳教练**：**菲尔·约翰逊**（国王队）

勃·麦卡杜率领的勇敢者队,缠斗七场后涉险过关。

卫冕冠军凯尔特人队同样取得了60胜,他们在季后赛首轮以4:1轻松淘汰火箭队后,与子弹队在东部决赛中遭遇。子弹队凭借埃尔文·海耶斯(1972年由火箭队交易至子弹队)和菲尔·彻内尔的内外开花,以4:2的总比分气走凯尔特人队,杀进了总决赛。

本赛季属于里克·巴里和勇士队。

不妨先说一下巴里在ABA的经历。1967年,巴里在老丈人黑勒——他的大学教练,同时也是ABA橡树队的主教练的鼓动下从NBA来到ABA,心有不甘的NBA一纸诉状告到了法院。由于法院一时难以决断,官司未了的巴里来到ABA后的第一个赛季无球可打,只能坐在场边给老丈人当起了啦啦队员。这次跳槽造成了很大的负面影响,有人指责巴里太过贪钱,不过据他本人说,跳槽与美元无关,勇士队其实开出了同样的薪金,他只是因为岳父的关系才决定投奔。让人哭笑不得的是,第二年巴里可以名正言顺地打ABA的时候,老丈人却被橡树队解雇了。那一年巴里在MVP评选中落后于印第安纳的丹尼尔斯屈居次席,但仍以场均34分成为史上第一个先后在两个联盟拿到得分王的球员。

在ABA混得不爽后,巴里于1972年重返NBA,加盟了金州勇士队。

这个赛季,也就是1974-1975赛季,里克·巴里的职业生涯达到巅峰,他场均得到联盟第二高的30.6分,90.4%的罚球命中率和2.85次抢断都是联盟第一。

联盟陷入乱世,新生力量看到了改变命运的曙光,最为饥渴的无疑就是这支勇士队。主教练阿特里斯从1960年起就在勇士队效力,退役后又继续留在队中担任主教练,他以年届三十岁、攻击力骇人的里克·巴里为核心,再配备一帮实力不俗、功能各异、协作紧密的角色球员,搭建起了一套具备可观战斗力的球队——用老将内特·瑟蒙德从公牛队换来的年轻中锋克利福、作风勇猛的后卫博尔德、来自UCLA的新秀前锋贾玛尔·威尔肯斯以及来自加州大学的后卫查尔斯·约翰逊,这些人都能为巴里分担忧愁。水到渠成般,勇士队在常规赛中场均得到联盟最高的108.5分,48胜34负排名西部第一。季后赛中,勇士队先后以4:2和4:3淘汰比尔·拉塞尔执教的超音速队和才华横溢的公牛队,跻身总决赛舞台。

事实上,连奥克兰人也没料到勇士队能一路飙进总决赛,以至于主场球馆早就预定给另一项大型活动了。无奈之下，勇士队主场的比赛只得在旧金山的球馆进行。从实力对比看，这并不奇怪，子弹队拥有海耶斯和彻内尔的内外配，还有篮板王昂塞尔德和助攻王凯文·波特等精兵环伺。然而很少有人能料到，"弱者"勇士队在总决赛中势如破竹，以4∶0横扫强敌登顶，这是有史以来第三次在总决赛中出现横扫的情况。

## 1974-1975赛季排名

| 东部联盟 | | | |
| --- | --- | --- | --- |
| 排名 | 球队 | 胜 | 负 |
| 1 | 波士顿凯尔特人队 | 60 | 22 |
| 2 | 华盛顿子弹队 | 60 | 22 |
| 3 | 布法罗勇敢者队 | 49 | 33 |
| 4 | 休斯敦火箭队 | 41 | 41 |
| 5 | 纽约尼克斯队 | 40 | 42 |
| 6 | 克利夫兰骑士队 | 40 | 42 |
| 7 | 费城76人队 | 34 | 48 |
| 8 | 亚特兰大老鹰队 | 31 | 51 |
| 9 | 新奥尔良爵士队 | 23 | 59 |
| 西部联盟 | | | |
| 排名 | 球队 | 胜 | 负 |
| 1 | 金州勇士队 | 48 | 34 |
| 2 | 芝加哥公牛队 | 47 | 35 |
| 3 | 堪萨斯城-奥马哈国王队 | 44 | 38 |
| 4 | 西雅图超音速队 | 43 | 39 |
| 5 | 底特律活塞队 | 40 | 42 |
| 6 | 波特兰开拓者队 | 38 | 44 |
| 7 | 密尔沃基雄鹿队 | 38 | 44 |
| 8 | 菲尼克斯太阳队 | 32 | 50 |
| 9 | 洛杉矶湖人队 | 30 | 52 |

# NBA PLAYOFFS

## NBA季后赛 对阵表
### 1974—1975赛季

**W**est            **E**ast

**The Finals: 金州勇士队**

West:
- 金州勇士队 4 / 西雅图超音速队 2 → 金州勇士队 4
- 芝加哥公牛队 4 / 堪萨斯城-奥马哈国王队 2 → 芝加哥公牛队 3
- 金州勇士队 4

East:
- 华盛顿子弹队 4 / 布法罗勇敢者队 3 → 华盛顿子弹队 4
- 波士顿凯尔特人队 4 / 休斯敦火箭队 1 → 波士顿凯尔特人队 2
- 华盛顿子弹队 4

Finals: 金州勇士队 4 — 华盛顿子弹队 0

NBA高层发生重要人事变动，拉里·奥布莱恩接替沃尔特·肯尼迪，成为联盟第三任总裁。

奥布莱恩上任后的第一件事情就是策反ABA，最终纽约篮网队和丹佛掘金队同意弃ABA投奔NBA，尽管他们本赛季未能成行，但已从根基上动摇了ABA，这也可看作ABA归顺NBA的前奏。该赛季国王队取消了设在奥马哈的主场，将队名确定为堪萨斯城国王队。

在很多人看来，勇士队夺冠纯属侥幸，他们在本赛季对此做出了强有力的回应：59胜23负，胜率高居联盟第一。尽管如此，这个赛季最引人瞩目的球队却是湖人队和凯尔特人队，两支历史王朝球队都有重磅交易。

以今天的眼光看，湖人队有窃取长人的传统，他们总能培养出血统纯正的超级外线，但那些在队史甚至是NBA历史留名的超级中锋，一般都是通过交易获得。

张伯伦退役后，湖人队又将目光瞄准了"一手遮天"的贾巴尔。1974-1975赛季结束后，贾巴尔明确表示不会再回到雄鹿队，他主动要求交易到正在崛起的纽约或者他读大学的洛杉矶。湖人队高管得知后窃喜，正所谓"踏破铁鞋无觅处，得来全不费工夫"，于是用

## 1975-1976
## 一个非法的暂停！
## 一场马拉松战役

**总冠军：波士顿凯尔特人队**

**总决赛MVP：J. J. 怀特**（凯尔特人队）

**得分王：鲍勃·麦卡杜**（勇敢者队/31.1分）

**篮板王：卡里姆·阿卜杜尔·贾巴尔**（湖人队/16.9个）

**助攻王：唐纳德·沃斯**（超音速队/8.1次）

**最有价值球员：卡里姆·阿卜杜尔·贾巴尔**（湖人队）

**最佳新秀：阿尔万·亚当斯**（太阳队）

**最佳教练：比尔·菲奇**（骑士队）

史密斯、B.温特斯、布莱德格曼以及迈耶斯四名球员做筹码，忙不迭地换来了这个镇队之宝。

来到洛杉矶后，贾巴尔继续着帝王级表演，这个赛季他在篮板、盖帽和上场时间三项数据统计上高居联盟第一，得分和投篮命中率同列第二，被评为常规赛MVP。但篮球终究是五个人的，贾巴尔的风生水起救不了湖人队。1976年1月份，湖人队竟然只有可怜的3胜10负，最终以40胜42负结束常规赛，无缘季后赛。雄鹿队反而成为交易的最大受益者，他们从上一年的老末跃升至赛区冠军。

赛季开始前，唐·钱尼离开凯尔特人队，加盟了ABA。为了填补因此而留下的后场空缺，凯尔特人队用保罗·韦斯特法尔换来了太阳队的查理·斯科特。斯科特是个值得信赖的家伙，之前三个赛季，他的场均得分都超过了20分。虽然凯尔特人队的替补与之前几个赛季难以相提并论，但他们依然以联盟第二好的54胜28负成为分区冠军。季后赛中"绿衫军"势不可当，先后淘汰了拥有得分王麦卡杜的勇敢者队和骑士队，挺进了总决赛。

巧合的是，凯尔特人队的总决赛对手正是休赛期的交易对象太阳队。尽管太阳队拥有年度最佳新秀艾伦·亚当斯，但他们的常规赛战绩只有42胜40负，没人能猜到他们会成为该赛季的黑马。NBA历史上以弱克强的案例数不胜数，该季的太阳队就是典型代表，他们连胜超音速队和勇士队，跻身总决赛。

总决赛凯尔特人队先声夺人，连胜两场，太阳队接下来还以颜色，将总比分扳成2：2。

第五战是总决赛历史上的名局。常规时间还剩不到1分钟，太阳队落后5分，天王山眼看就要失守，凯尔特人队旧将韦斯特法尔站了出来，他以一人之力力挽狂澜，帮助新东家追平比分，把比赛拖进加时。加时赛两队还是未分胜负，于是比赛来到第二个加时。第二个加时的最后时刻，约翰·哈弗里切克投篮命中，110：109，凯尔特人队反超1分。胜利似乎是板上钉钉，激动的波士顿球迷纷纷跳进球场准备狂欢，但官方规则规定需要将时间倒拨回1秒钟。清理完球场后，比赛继续，总决赛历史上最令人意外的一幕发生了：太阳队的韦斯特法尔叫了一个非法暂停，J.J.怀特罚中技术罚球，凯尔特人队领先2分。几乎所有人都以为韦斯特法尔此举是紧张所致，但殊不知里面另有深意——太阳队获得了在半场发界外球的权利。球发出后,盖尔·赫德接长传直捣黄龙,太阳队神奇将比分扳平,比赛进入第三个加时。遗憾的是,太阳队在第三个加时中疲态尽显,"绿衫军"的替补前锋麦克唐纳独取6分,128∶126,鏖战终于结束。

太阳队输掉了这场"马拉松式"战役,也输掉了斗志和元气,凯尔特人队最终以4∶2的总比分捧起了队史上第13座总冠军奖杯,J.J.怀特当选为总决赛MVP。

## 1975-1976赛季排名

| 东部联盟 | | | |
|---|---|---|---|
| 排名 | 球队 | 胜 | 负 |
| 1 | 波士顿凯尔特人队 | 54 | 28 |
| 2 | 克利夫兰骑士队 | 49 | 33 |
| 3 | 华盛顿子弹队 | 48 | 34 |
| 4 | 布法罗勇敢者队 | 46 | 36 |
| 5 | 费城76人队 | 46 | 36 |
| 6 | 休斯敦火箭队 | 40 | 42 |
| 7 | 新奥尔良爵士队 | 38 | 44 |
| 8 | 纽约尼克斯队 | 38 | 44 |
| 9 | 亚特兰大老鹰队 | 29 | 53 |
| 西部联盟 | | | |
| 排名 | 球队 | 胜 | 负 |
| 1 | 金州勇士队 | 59 | 23 |
| 2 | 密尔沃基雄鹿队 | 38 | 44 |
| 3 | 西雅图超音速队 | 43 | 39 |
| 4 | 菲尼克斯太阳队 | 42 | 40 |
| 5 | 底特律活塞队 | 36 | 46 |
| 6 | 洛杉矶湖人队 | 40 | 42 |
| 7 | 波特兰开拓者队 | 37 | 45 |
| 8 | 堪萨斯城国王队 | 31 | 51 |
| 9 | 芝加哥公牛队 | 24 | 58 |

# NBA PLAYOFFS

## NBA季后赛 对阵表
### 1975—1976赛季

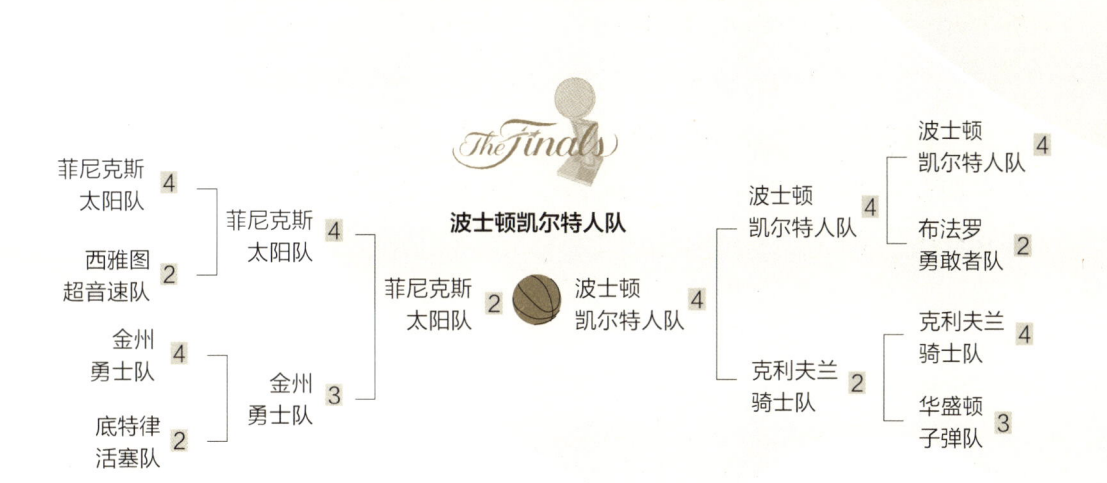

**West**                              **East**

**The Finals**

**波士顿凯尔特人队**

西部：
- 菲尼克斯太阳队 4 — 西雅图超音速队 2
- 菲尼克斯太阳队 4 — 金州勇士队 3
- 金州勇士队 4 — 底特律活塞队 2
- 菲尼克斯太阳队 2 — 波士顿凯尔特人队 4

东部：
- 波士顿凯尔特人队 4 — 布法罗勇敢者队 2
- 波士顿凯尔特人队 4 — 克利夫兰骑士队 2
- 克利夫兰骑士队 4 — 华盛顿子弹队 3

旷日持久的拉锯战后，NBA终于在1976年吞并ABA，完成大一统。四支原ABA球队纽约篮网队、印第安纳步行者队、圣安东尼奥马刺队和丹佛掘金队在交了320万美元的会费后，正式被批准加入NBA。

篮网队和马刺队被划归东部，步行者队和掘金队被分在了西部。这四支球队处子赛季的战绩分别为22胜60负（篮网队）、43胜39负（马刺队）、50胜32负（掘金队）和30胜46负（步行者队）。另外新奥尔良爵士队也于1974-1975赛季加入NBA，这样一来NBA有了22支球队，成为独霸全美的职业篮球联盟。季后赛赛制做出相应调整，共有12支球队可以进入季后赛，四个赛区的头名首轮轮空。

NBA吞并ABA后的最直观后果是大量球星涌入。较之NBA，前ABA的球星更多，打法更为花哨，给人的感官刺激更强。ABA不复存在，这些球星被NBA通过"疏散选秀"充实进了各支球队，其中"火车"阿蒂斯·吉尔摩、"J博士"朱利叶斯·欧文和莫里斯·卢卡斯等人都是其中的佼佼者，后两人还帮助76人队和开拓者队打进了总决赛。

## 1976-1977

## NBA迎大一统！开拓者队惊天泣鬼

**总冠军**：波特兰开拓者队
**总决赛MVP**：比尔·沃顿（开拓者队）
**得分王**：皮特·马拉维奇（爵士队/31.1分）
**篮板王**：比尔·沃顿（开拓者队/14.4个）
**助攻王**：唐·布斯（步行者队/8.5次）
**最有价值球员**：卡里姆·阿卜杜尔·贾巴尔（湖人队）
**最佳新秀**：阿德里安·丹特利（勇敢者队）
**最佳教练**：汤姆·尼索克（火箭队）

身高2.01米的朱利叶斯·欧文是公认的篮球天才，他是典型的"在篮筐上面打球"的球员，最大的贡献是将滞空和飞翔的动作引入赛场，开创了艺术篮球的先河。大学期间，欧文场场都能砍下20+20（场均得分超过20分，篮板数超过20个），这样的球星在美国篮球史上仅有6人。1974年和1976年，欧文两次率领纽约篮网队夺得ABA总冠军。NBA吞并ABA后，欧文来到了费城76人队。在欧文的率领下，76人队豪取东部最好的50胜32负，一路杀进了该赛季的总决赛。

莫里斯·卢卡斯的助推作用更大，他来到开拓者队后极大地解放了伤病缠身的比尔·沃顿。

沃顿是1974年的选秀状元，他来到开拓者队后也确实征服了波特兰球迷。菜鸟赛季的前七场比赛，沃顿场均砍下16分、19个篮板、4.4次助攻和4次盖帽，俨然是天王巨星。然而病魔从此缠上了沃顿，新秀赛季他只打了35场比赛。第二个赛季，沃顿场均贡献16.1分、13.4个篮板，但因伤只打了51场比赛。

到了这个赛季，有了靠谱帮手的沃顿终于井喷般爆发，这个不善言辞、留着胡须和马尾辫的男人场均攻下18.6分之余，还以场均14.4个篮板和3.25次盖帽包揽两项王冠，并入选了最佳阵容第二队和最佳防守阵容。

赛季开始前，99%的球迷都认为开拓者队是一支从来没准备好要打NBA的球队，过去六年他们平均每个赛季只能赢28场球。但实际情况是，沃顿和卢卡斯构架起恐怖前场，开拓者队的进攻能力堪称恐怖，常规赛结束时人们猛然发现，这支前一赛季还是太平洋赛区倒数第一名的球队，竟一下子攀爬到了赛区第二名的位置。

更神奇的事情还在后面，季后赛开拓者队连克天资卓越的掘金队和贾巴尔带领的湖人队，破天荒地跻身总决赛。开拓者队所到之处，兴奋的球迷无不谈论这个神奇的赛季和他们亲爱的比尔·沃顿，这就是历史上著名的"开拓者热（Blazermania）"。

"神奇！"面对开拓者队的表现，你只能用这个词来形容。总决赛开打后，开拓者队先输两场，随后惊天地泣鬼神地连赢四场——在总决赛历史上，仅有波士顿凯尔特人队在1969年对阵洛杉矶湖人队时完成过这一逆转伟业。

关键的第六战中，76人队曾有机会把比赛拖进加时，但朱利叶斯·欧文和队友接连中投不中，眼睁睁看着开拓者队登上王座。这是开拓者队史上唯一的总冠军，沃顿当之无愧地被评选为总决赛MVP，令第六战独劈40分的"J博士"相形黯然。

值得一提的是，"手枪"皮特·马拉维奇打出了职业生涯最好的一季。该赛季马拉维奇出战73场，以场均31.1分成为得分王，他总共有13场比赛得到40+，在总得分（2273分）、总出手次数（2047次）以及罚球命中数（501个）上都排名联盟第一。尤其是1977年2月5日这天，面对防守高手弗雷泽的防守，马拉维奇砍下68分。该赛季，马拉维奇重回全明星赛，并连续第二年入选了最佳阵容第二队。

## 1976-1977赛季排名

| 东部联盟 | | | |
|---|---|---|---|
| 排名 | 球队 | 胜 | 负 |
| 1 | 费城76人队 | 50 | 32 |
| 2 | 休斯敦火箭队 | 49 | 33 |
| 3 | 华盛顿子弹队 | 48 | 34 |
| 4 | 波士顿凯尔特人队 | 44 | 38 |
| 5 | 圣安东尼奥马刺队 | 44 | 38 |
| 6 | 克利夫兰骑士队 | 43 | 39 |
| 7 | 纽约尼克斯队 | 40 | 42 |
| 8 | 新奥尔良爵士队 | 35 | 47 |
| 9 | 亚特兰大老鹰队 | 31 | 51 |
| 10 | 布法罗勇敢者队 | 30 | 52 |
| 11 | 纽约篮网队 | 22 | 60 |
| 西部联盟 | | | |
| 排名 | 球队 | 胜 | 负 |
| 1 | 洛杉矶湖人队 | 53 | 29 |
| 2 | 丹佛掘金队 | 50 | 32 |
| 3 | 波特兰开拓者队 | 49 | 33 |
| 4 | 金州勇士队 | 46 | 36 |
| 5 | 底特律活塞队 | 44 | 38 |
| 6 | 芝加哥公牛队 | 44 | 38 |
| 7 | 西雅图超音速队 | 40 | 42 |
| 8 | 堪萨斯城国王队 | 40 | 42 |
| 9 | 印第安纳步行者队 | 36 | 46 |
| 10 | 菲尼克斯太阳队 | 34 | 48 |
| 11 | 密尔沃基雄鹿队 | 30 | 52 |

# NBA PLAYOFFS

## NBA季后赛 对阵表
### 1976—1977赛季

**W**est          **E**ast

*The Finals*

**波特兰开拓者队**

| West | | | | East |
|---|---|---|---|---|
| 波特兰开拓者队 4 | | | | 费城76人队 4 |
| | 波特兰开拓者队 4 | | 费城76人队 4 | |
| 丹佛掘金队 2 | | | | 波士顿凯尔特人队 3 |
| | | 波特兰开拓者队 4   费城76人队 2 | | |
| 洛杉矶湖人队 4 | | | | 休斯敦火箭队 4 |
| | 洛杉矶湖人队 0 | | 休斯敦火箭队 2 | |
| 金州勇士队 3 | | | | 华盛顿子弹队 2 |

本赛季纽约篮网队迁往与纽约一河之隔的新泽西州，更名为新泽西篮网队。这只是一个小小插曲，本赛季的三大主题是得分王之争、球场暴力和黑马对决。

本赛季的得分王争夺在马刺队的"冰人"乔治·格文和掘金队的"天行者"大卫·汤普森之间展开。直到赛季末的时候，两人的场均得分还是毫厘之差，即使在两人都还剩一场常规赛要打的时候，也没人敢拍着胸脯预测谁是最终的得分王。巧合的是，马刺队和掘金队的最后一场常规赛并不是同时进行，这也给两人的飙分好戏埋下了伏笔。

1978年4月9日，掘金队对阵活塞队，背负着抢分压力的汤普森全速开启飚分模式，比赛结束，他的统计单上赫然写着"73分"。凭借着这73分，汤普森本赛季的场均得分达到了27.15分，这同时也意味着：格文只有在接下来开打的比赛中拿到58分以上，才能成为得分王。

1978年4月9日，马刺队对阵爵士队，格文登场了。面对唾手可得的荣誉，格文当然不想轻易放过，比赛一开始就极具攻击欲望。要命的是，格文那

## 1977-1978

### 黑马神奇夺冠！
### 最惨烈得分王之争

**总冠军：** 华盛顿子弹队

**总决赛MVP：** 韦斯·昂塞尔德（子弹队）

**得分王：** 乔治·格文（马刺队/27.2分）

**篮板王：** 特拉克·罗宾逊（爵士队/15.7个）

**助攻王：** 凯文·波特（活塞队、篮网队/10.2次）

**最有价值球员：** 比尔·沃顿（开拓者队）

**最佳新秀：** 沃尔特·戴维斯（太阳队）

**最佳教练：** 胡比·布朗（老鹰队）

一天的手感似乎很凉，前6次投篮竟然无一命中。照这种势头下去，想要得到58分根本不可能，于是格文主动示意队友他已经放弃了追赶汤普森的努力。孰料队友们置若罔闻，仍然源源不断地把球传给他。好的苗头是，随着比赛的深入，格文逐渐找回了手感，第二节竟然单节劈下了前无古人的33分。

单节33分，这项纪录直到2015年1月4日才被金州勇士队的克莱·汤普森以单节37分打破。

有趣的是，原先的单节得分纪录正是前一天大卫·汤普森缔造的32分。最终格文在这场比赛中砍下了63分，场均得分达到27.22分，以微弱优势加冕得分王。27.22VS27.15，这是NBA历史上最为惨烈的得分王之争。同时，格文在这个赛季的MVP评选中排在第二。

本赛季发生了两件严重的赛场暴力事件，都与湖人队有关。

第一件是湖人队中锋贾巴尔因为无法忍受雄鹿队新秀中锋科特·本森的挑逗而挥起了老拳，这位仁兄不太会掐架，自己弄了个手骨骨折不说，还被奥布莱恩总裁罚了5000美金以儆效尤。贾巴尔"光荣"负伤后缺席了20场比赛，给球队造成了巨大损失。

更臭名昭著的一幕发生在1977年12月10日，这一天湖人队VS火箭队，又是贾巴尔，他和凯文·昆内特大打出手，引发两队大规模暴乱。火箭队的明星前锋鲁迪·汤姆贾诺维奇眼见要发生大事，赶忙上去劝架。但此时场面乱作一团，湖人队科米特·华盛顿见有人上前，以为是来干架的，挥出一记力道十足的摆拳，狠狠击中鲁迪面门。倒霉的鲁迪根本毫无防备，被打得头盖骨变形，当场休克，医生后来说："当时鲁迪的脑浆都渗出来了。"他最终经过五个月的治疗后方才脱离生命危险，职业生涯几乎因此报废，令人扼腕。肇事者华盛顿被禁赛两个月，从此背上一生骂名。

两次暴力事件都与湖人队有关并不是偶然的。湖人队在赛季前半段一直处于挣扎状态，心态失衡之下难免会肾上腺素飙升。到了赛季后半段，湖人队的状态有所回升，一度打出28胜13负的战绩。常规赛以45胜37负收官后，湖人队在季后赛首轮负于超音速队，草草收场。

本赛季开拓者队以58胜24负排名联盟第一，但在季后赛中有多名球员受伤，战斗力大为削减，尤其是核心比尔·沃顿的伤情直接导致他们被超音速队以4：2淘汰。

这年的总决赛在两匹黑马——超音速队和子弹队之间展开。超音速队的常规赛战绩是47胜35负,而子弹队更是只有44胜38负,谁也不会想到,两支在常规赛中规中矩的球队竟所向披靡,会师总决赛。因此可以说,这届总决赛是黑马之间的角逐,是看哪匹马更黑一些。

事实证明,子弹队才是最黑的那匹马,他们苦战七场,以4∶3的总比分登顶,赢得了队史上唯一的总冠军。其中第四战创造了当时NBA总决赛史上的球迷观战纪录,共有39457名球迷到场看球。韦斯·昂塞尔德当选总决赛MVP。

在此之前,子弹队曾经两次闯进总决赛,但均以被横扫的结局而告终,这一次他们是在大比分2∶3落后的情况下逆转夺冠。时隔多年之后,美国著名网站"体育2008"曾评选出NBA历史上最神奇的5支总冠军球队,这一年的子弹队赫然在列。

## 1977-1978赛季排名

| 东部联盟 | | | |
|---|---|---|---|
| 排名 | 球队 | 胜 | 负 |
| 1 | 费城76人队 | 55 | 27 |
| 2 | 圣安东尼奥马刺队 | 52 | 30 |
| 3 | 华盛顿子弹队 | 44 | 38 |
| 4 | 克利夫兰骑士队 | 43 | 39 |
| 5 | 纽约尼克斯队 | 43 | 39 |
| 6 | 亚特兰大老鹰队 | 41 | 41 |
| 7 | 新奥尔良爵士队 | 39 | 43 |
| 8 | 波士顿凯尔特人队 | 32 | 50 |
| 9 | 休斯敦火箭队 | 28 | 54 |
| 10 | 布法罗勇敢者队 | 27 | 55 |
| 11 | 新泽西篮网队 | 24 | 58 |
| 西部联盟 | | | |
| 排名 | 球队 | 胜 | 负 |
| 1 | 波特兰开拓者队 | 58 | 24 |
| 2 | 丹佛掘金队 | 48 | 34 |
| 3 | 菲尼克斯太阳队 | 49 | 33 |
| 4 | 西雅图超音速队 | 47 | 35 |
| 5 | 洛杉矶湖人队 | 45 | 37 |

| 6 | 密尔沃基雄鹿队 | 44 | 38 |
| 7 | 金州勇士队 | 43 | 39 |
| 8 | 芝加哥公牛队 | 40 | 42 |
| 9 | 底特律活塞队 | 38 | 44 |
| 10 | 印第安纳步行者队 | 31 | 51 |
| 11 | 堪萨斯城国王队 | 31 | 51 |

# NBA PLAYOFFS

## NBA季后赛 对阵表
### 1977—1978赛季

**West** / **East**

*The Finals*

**华盛顿子弹队**

West:
- 西雅图超音速队 4 — 波特兰开拓者队 2 → 西雅图超音速队 4
- 丹佛掘金队 4 — 密尔沃基雄鹿队 3 → 丹佛掘金队 2
- → 西雅图超音速队 3

East:
- 华盛顿子弹队 4 — 圣安东尼奥马刺队 2 → 华盛顿子弹队 4
- 费城76人队 4 — 纽约尼克斯队 0 → 费城76人队 2
- → 华盛顿子弹队 4

NBA版图又发生了变化。布法罗勇敢者队搬迁至圣迭戈，更名为圣迭戈快船队，从此成为西部球队。为了平衡起见，底特律活塞队被划到东部，成为中部赛区球队，华盛顿子弹队被分到大西洋赛区。

火箭队的摩西·马龙井喷般爆发，打出职业生涯最炫的一个赛季。

马龙加盟火箭队其实很偶然。1976年，NBA吞并ABA，开拓者队利用"驱散条例"在第5顺位选中了马龙。然而马龙还没来得及为开拓者队打比赛，就被送到了布法罗勇敢者队。折腾还没有结束，仅仅两场比赛过后，火箭队用两个未来首轮选秀权将马龙换到了休斯敦。

来到火箭队的首个赛季，马龙就锋芒初露，场均斩下13.2分、联盟第三的13.1个篮板和2.21次盖帽，赛季437个进攻篮板还创造了联盟的新纪录。次年马龙因伤错过了最后23场比赛，不过他场均仍然抢下了联盟第二的15个篮板。到了这个赛季，也就是1978-1979赛季，马龙进一步爆发，凭借场均24.8分、17.6个篮板收获了第一座常规赛MVP奖杯。他的场均得分排在第五位，

## 1978-1979

## 刺激的半决赛！超音速队华丽夺冠

总冠军：**西雅图超音速队**

总决赛MVP：**丹尼斯·约翰逊**（超音速队）

得分王：**乔治·格文**（马刺队/29.6分）

篮板王：**摩西·马龙**（火箭队/17.6个）

助攻王：**凯文·波特**（活塞队/13.4次）

最有价值球员：**摩西·马龙**（火箭队）

最佳新秀：**菲尔·福特**（国王队）

最佳教练：**科顿·菲茨西蒙斯**（国王队）

54%的投篮命中率是职业生涯新高，场均篮板更是位居联盟首席，赛季进攻篮板总数达到了587个。1979年2月9日，火箭队对阵爵士队，马龙成为篮板超人，独抓职业生涯最高的37个篮板。

该季得分王仍然属于马刺队的乔治·格文，他场均能得到29.6分，并在MVP评选中仅逊于火箭队的摩西·马龙。在格文的带领下，马刺队常规赛称雄中部赛区，并在分区半决赛中淘汰了76人队。这一次格文和他的马刺队离总决赛无限近，东部决赛中曾以3∶1领先子弹队。然而出人意料的是，子弹队随后展开绝地大反击，连赢3场实现惊天大逆转。后三场比赛打得惨烈异常，子弹队三战总共才赢了14分。

西部的最终冠军是超音速队。常规赛阶段，堪萨斯城国王队称雄中西赛区，上赛季杀入总决赛的超音速队以52胜30负成为太平洋赛区老大。到了季后赛，国王队遭遇由韦斯特法尔带领的太阳队，以1∶4惨败。超音速队如愿过关后，在西部决赛中碰到了太阳队。两队杀得地动山摇，超音速队先赢两局，太阳队又连扳三场。最终超音速队技高一筹，再赢两场后以4∶3胜出，连续两年与子弹队会师总决赛。

总决赛第一场，子弹队凭借拉里·莱特最后时刻的两记罚球以99∶97险胜，取得1∶0领先。但一腔复仇怒火的超音速队也不是吃素的，他们拥有得分手威廉姆斯、篮板手杰克·斯卡玛、远投手弗莱德·布朗、主帅伦尼·威尔肯斯极为欣赏的前凯尔特人队前锋保罗·塞拉斯……也算是兵强马壮，配置豪华。出师不利后，超音速队连赢四场，以4∶1实现完美复仇，领袖丹尼斯·约翰逊荣膺总决赛MVP。

但下面这件事或许更为重要，因为这为20世纪80年代的"黑白争雄"埋下了伏笔：总能发现牛人挽球队于既倒的凯尔特人队在1978年选秀大会上又有惊人之笔，在首轮第6顺位签下了印第安纳州立大学的拉里·伯德，而后者却并不能马上兑现战力，要到一个赛季之后才能披上绿袍。

看看伯德在大学期间的表现，你就明白凯尔特人队为什么这么心急火燎地签下他了。

高中时代伯德就是家喻户晓的篮球明星，他毕业那年创造了新的得分纪录，最后一次参加学校的主场比赛时，竟有4000多名球迷到现场观战。换了两所大学后，伯德最后选择了印第安纳州立大学。伯德在州大的主场处子秀就吸引了3100名球迷，而他也没令大家失望，几乎凭借一己之力助球队反败为胜。在代表无花果队（印第安纳州立大学校队队名）参加的第一项赛事里，伯德就有场均30+10（30分、10个篮板球）的惊人数据。正因有了伯德，球队整个赛季的球票销售翻了三倍，电视台用他的精彩片段取代了广告，学生们也纷纷翘课去排队买票。

当然，伯德最为曼妙的演出发生在他被凯尔特人队选中后的那一赛季，他和那个一生的对手、身高2.06米的黑人控卫携手上演了NCAA决赛历史上少有的名局之一。

## 1978-1979赛季排名

| 东部联盟 | | | |
|---|---|---|---|
| 排名 | 球队 | 胜 | 负 |
| 1 | 华盛顿子弹队 | 54 | 28 |
| 2 | 圣安东尼奥马刺队 | 48 | 34 |
| 3 | 休斯敦火箭队 | 47 | 35 |
| 4 | 费城76人队 | 47 | 35 |
| 5 | 亚特兰大老鹰队 | 46 | 36 |
| 6 | 新泽西篮网队 | 37 | 45 |
| 7 | 纽约尼克斯队 | 31 | 51 |
| 8 | 克利夫兰骑士队 | 30 | 52 |
| 9 | 底特律活塞队 | 30 | 52 |
| 10 | 波士顿凯尔特人队 | 29 | 53 |
| 11 | 新奥尔良爵士队 | 26 | 56 |
| 西部联盟 | | | |
| 排名 | 球队 | 胜 | 负 |
| 1 | 西雅图超音速队 | 52 | 30 |
| 2 | 堪萨斯城国王队 | 48 | 34 |
| 3 | 菲尼克斯太阳队 | 50 | 32 |
| 4 | 丹佛掘金队 | 47 | 35 |
| 5 | 洛杉矶湖人队 | 47 | 35 |

| 6 | 波特兰开拓者队 | 45 | 37 |
| 7 | 圣迭戈快船队 | 43 | 39 |
| 8 | 印第安纳步行者队 | 38 | 44 |
| 9 | 密尔沃基雄鹿队 | 38 | 44 |
| 10 | 金州勇士队 | 38 | 44 |
| 11 | 芝加哥公牛队 | 31 | 51 |

# NBA PLAYOFFS

## NBA季后赛 对阵表
### 1978—1979赛季

**W**est        **E**ast

*The Finals*

西雅图超音速队

| West | | | | | East |
|---|---|---|---|---|---|
| 西雅图超音速队 | 4 | | | | 华盛顿子弹队 4 |
| | | 西雅图超音速队 4 | | 华盛顿子弹队 4 | 亚特兰大老鹰队 3 |
| 洛杉矶湖人队 | 1 | | 西雅图超音速队 4 — 华盛顿子弹队 1 | | |
| 菲尼克斯太阳队 | 4 | | | 圣安东尼奥马刺队 3 | 圣安东尼奥马刺队 4 |
| | | 菲尼克斯太阳队 3 | | | 费城76人队 3 |
| 堪萨斯城国王队 | 1 | | | | |

## 里克·巴里，得分狂人

打破维尔特·张伯伦对得分王的垄断的是里克·巴里。1966–1967赛季，二年级生巴里整个赛季得到2775分，以场均35.6分加封得分王，比排名第二的奥斯卡·罗伯特森高出5分。

巴里似乎为得分而生，大四那年，他以场均37.4分成为NCAA得分王。1965年，巴里在第1轮第2顺位被旧金山勇士队选中，菜鸟赛季场均就能砍下25.7分，高居联盟第四，NBA生涯第二季就将得分王收入囊中。得分王赛季，他还在对阵尼克斯队的比赛里，单节罚进了14个球，创造了当时的NBA纪录。那个赛季，巴里率领勇士队打进了总决赛，其中在第三场比赛里得到的55分，是NBA总决赛历史上的第二高分，仅次于湖人队埃尔金·贝勒在1962年总决赛上得到的61分。

1968–1969赛季，巴里转投ABA联盟的奥克兰橡树队，以场均34分成为得分王，就此成为篮球史上唯一在NCAA、NBA和ABA三个联盟都斩获得分王头衔的球员。

1972–1973赛季再回NBA后，巴里依然延续着旺盛的进攻火力，1974年3月26日对阵开拓者队的比赛里，他砍下了职业生涯最高的64分，1975年荣膺总决赛MVP。

更为人津津乐道的是，巴里的"端尿盆"式罚篮准度超高，命中率常年维持在90%左右，其中1978–1979赛季只罚丢了9次。

## 乔治·格文是谁？

乔治·格文绰号"冰人"，1974年加入彼时还在ABA的圣安东尼奥马刺队。1974年NBA选秀大会上，太阳队在第3轮第40顺位将格文签下，但他选择留守圣安东尼奥马刺队。直到1976年，格文才随马刺队登陆NBA。

1977-1978赛季，进入NBA的第二个赛季，格文就以场均27.2分问鼎得分王，接下来两个赛季，他场均分别得到26.9分和33.1分，实现得分王三连霸，成为NBA历史上第一个达此成就的后卫。1981-1982赛季，格文场均砍下32.3分，第四次在NBA得分称王。

格文的四个得分王里，第一个最为刺激。

1977-1978赛季，格文和掘金队的大卫·汤普森角逐得分王。直到常规赛最后一战，两人的场均得分还是毫厘之差。两队的最后一场常规赛，并不是同时进行，汤普森率先出战，在对阵活塞队的比赛里轰下73分，场均得分达到27.15分，格文至少要再得58分，才能加冕得分王。

马刺队最后一战对阵爵士队，格文开场后手感冰凉，前6投全失，但在第二节井喷，单节劈落33分，最终收获63分，以场均27.22分、0.07分的微弱优势拿到职业生涯第一个得分王头衔。

1985-1986赛季，格文被交易到了公牛队，与迈克尔·乔丹成为队友。那个赛季乔丹脚腕严重扭伤，格文得以首发75场。赛季结束，格文退役。

## "四双"那点事儿

NBA历史上,一共有4名球员拿过四双数据,分别是内特·瑟蒙德、埃尔文·罗伯特森、哈基姆·奥拉朱旺和大卫·罗宾逊。

1974年10月18日,瑟蒙德在对阵老鹰队的比赛中,疯狂地砍下22分、14个篮板、13次助攻、12次盖帽,完成了NBA历史上官方统计的第一次"四双"。其他三次分别为:1986年2月18日,罗伯特森20分、11个篮板、10次助攻、10次抢断;1990年3月29日,奥拉朱旺18分、16个篮板、10次助攻、11次盖帽;1994年2月17日,大卫·罗宾逊34分、10个篮板、10次助攻、10次盖帽。

1990年3月4日,火箭队129∶109大胜勇士队,奥拉朱旺贡献29分、18个篮板、10次助攻、11次盖帽,但联盟技术代表看过比赛录像后,取消了1次助攻。但仅仅25天之后,"大梦"就弥补了四双遗憾。

拉里·伯德曾经在一场比赛里得到30分、12个篮板、10次助攻、9次抢断。那场比赛,伯德打了三节比赛就"打卡"下场,记录席发现四双近在咫尺,便善意提醒,主教练也征询他的意见,孰料伯德淡定地说:"谢谢,我想休息了。"

据说张伯伦曾经在1968年对阵活塞队的比赛里砍下22分、25个篮板、21次助攻、22次盖帽,但当时并没有完善的盖帽统计。1973-1974赛季,抢断和盖帽才被纳入正式技术统计,而张伯伦1973年5月10日已经退役,如果盖帽统计提前几年,他肯定是四双达人。

图1 杰里·韦斯特曾效力于洛杉矶湖人队。个人荣誉包括1次总决赛MVP，14次入选全明星，12次入选最佳阵容，5次入选最佳防守阵容。他获得过1次总冠军，生涯数据为27分、2.6次抢断和6.7次助攻，命中率47.4%。

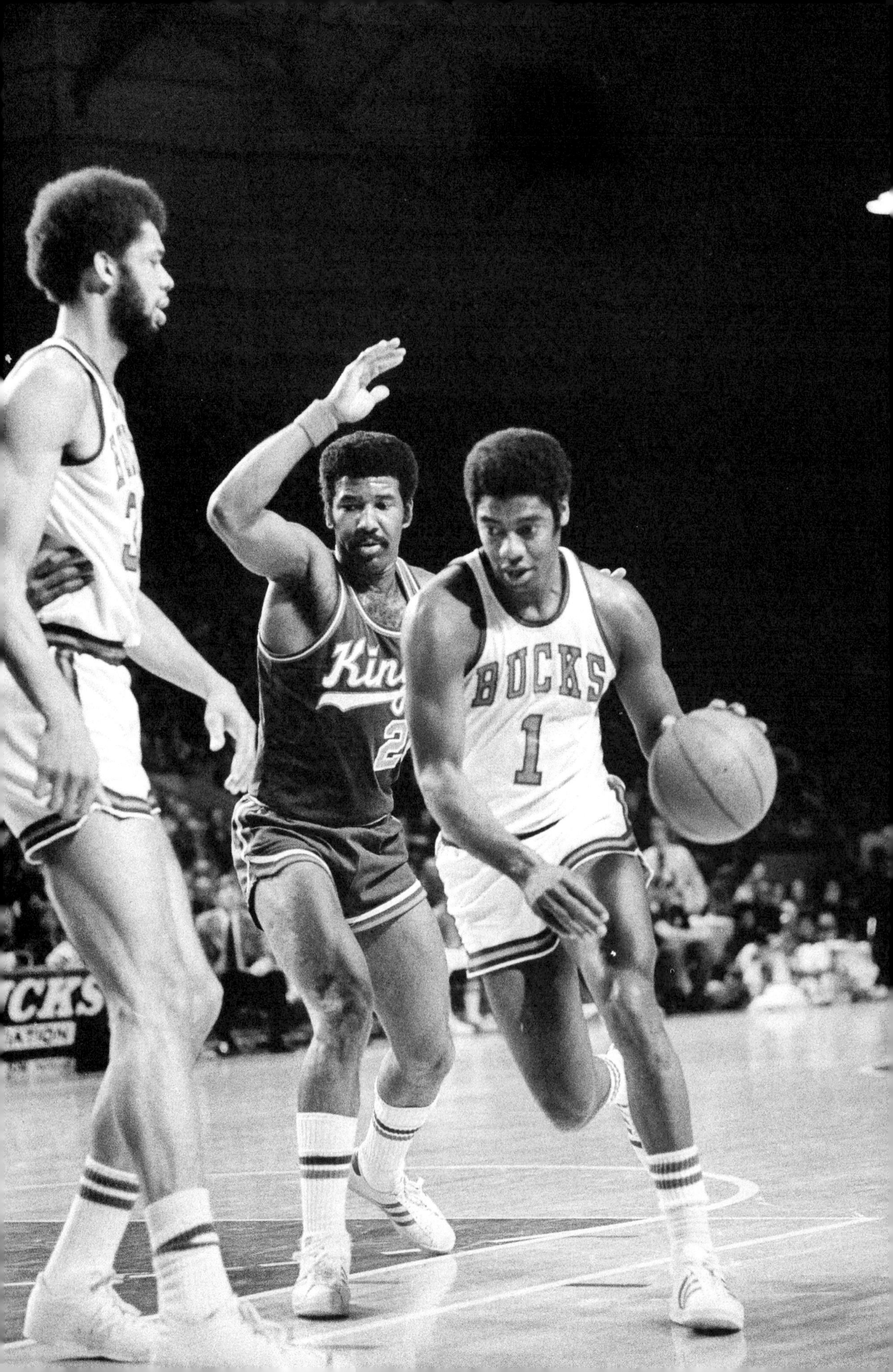
BUCKS
1

图2 奥斯卡·罗伯特森（右）曾12次入选全明星、9次入选最佳一阵，获得最佳新秀、1次总冠军、1次MVP、3次全明星赛MVP等荣誉。

图3 内特·瑟蒙德（左），勇士队传奇球星，曾在NBA征战过13个赛季（11个赛季效力勇士队）。瑟蒙德7次入选全明星，至今仍是勇士队队史篮板王。2016年7月17日，瑟蒙德因白血病辞世，享年74岁。瑟蒙德，NBA历史上第一个四双球员。1974-1975赛季，公牛队VS老鹰队的比赛中，瑟蒙德砍下22分、14个篮板、13次助攻、12次盖帽。

图4　韦斯·昂塞尔德（身穿41号球衣）在1968年进入联盟，1981年退役，期间他为华盛顿子弹队（奇才队前身）出战984场，场均10.8分、14个篮板。他在新秀赛季便荣膺常规赛MVP，并获得1977-1978赛季的FMVP，于1988年入选篮球名人堂。

图5　1970-1971赛季总决赛MVP贾巴尔。

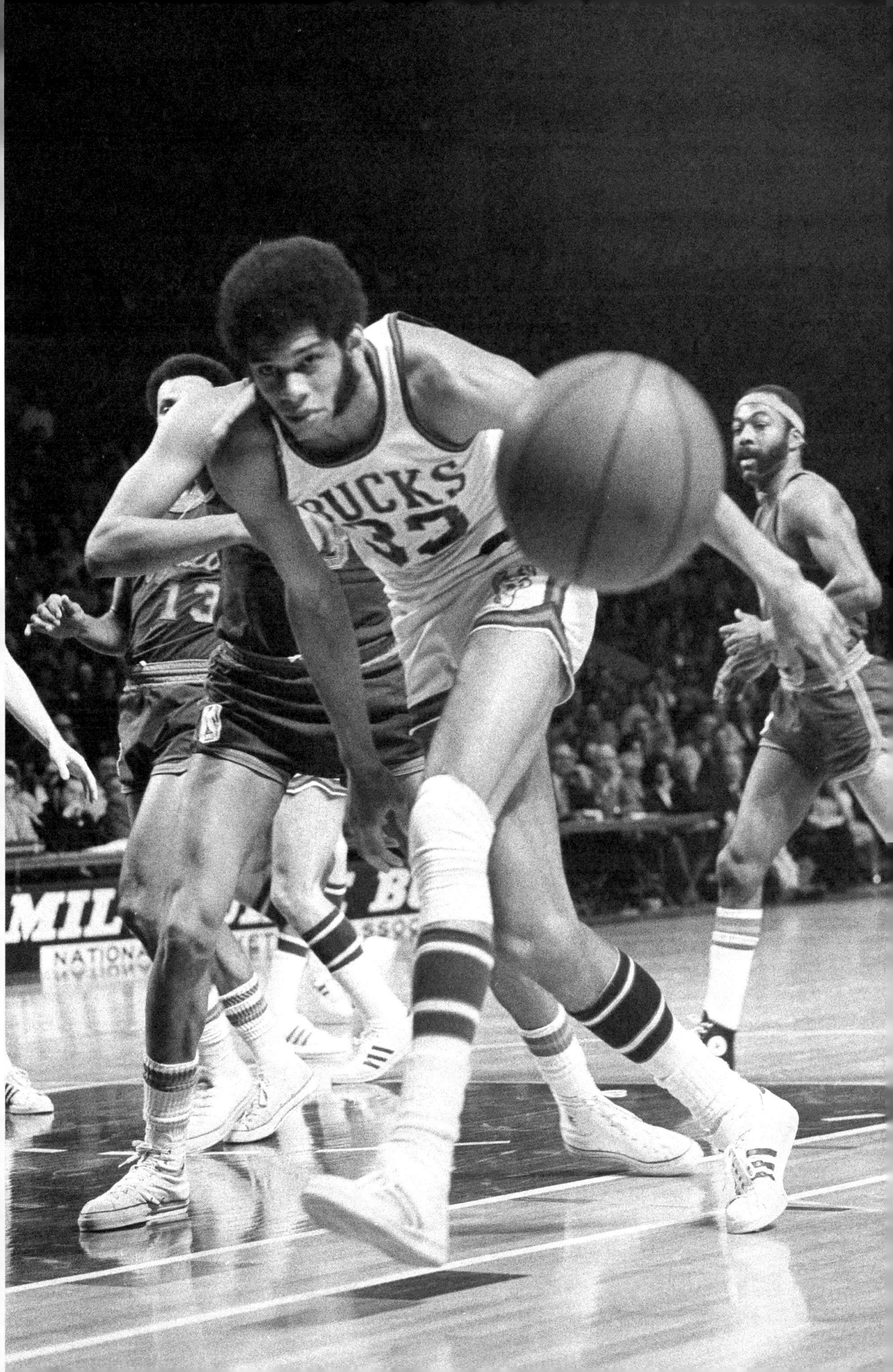
BUCKS

图6-7　1971-1972赛季NBA总决赛，洛杉矶湖人队以4：1战胜尼克斯队，张伯伦当选总决赛MVP。

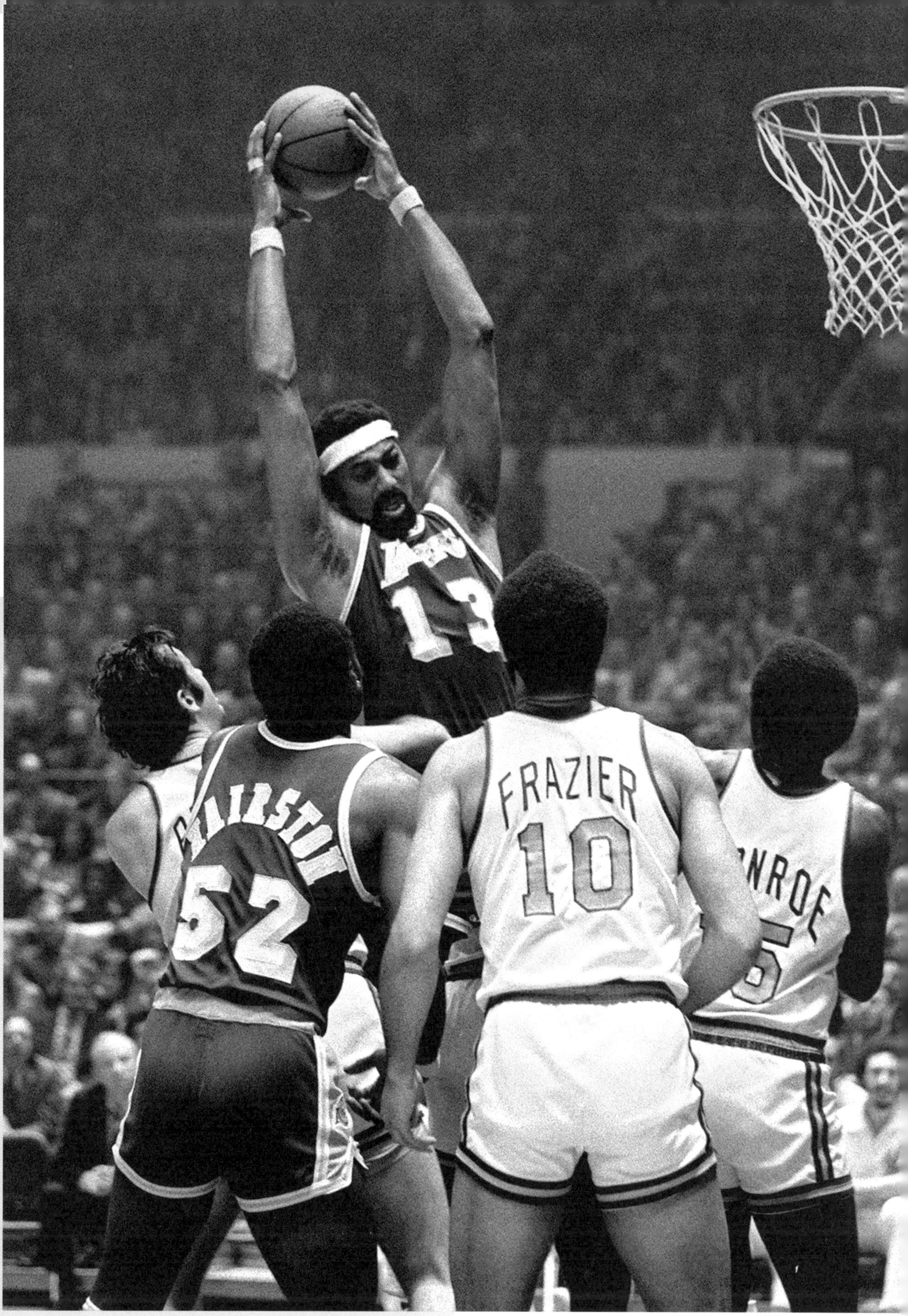
FRAZIER
10
52

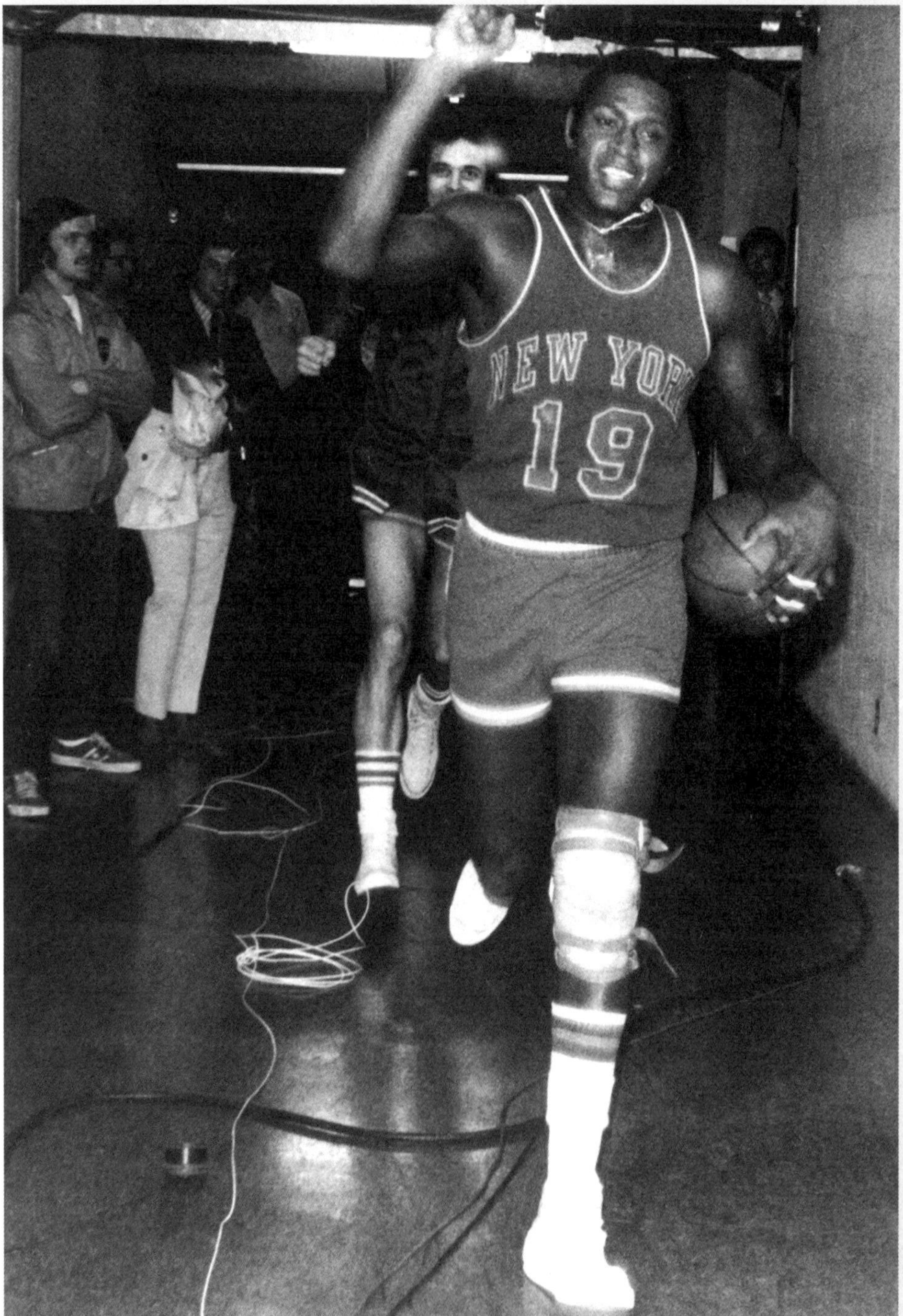
NEW YORK
19

图8　1972-1973赛季NBA总决赛，纽约尼克斯队以4：1战胜洛杉矶湖人队获得总冠军，威利斯·里德当选总决赛MVP。

图9　1974年3月26日，金州勇士队球员里克·巴里在面对波特兰开拓者队的比赛中拿下64分。

163

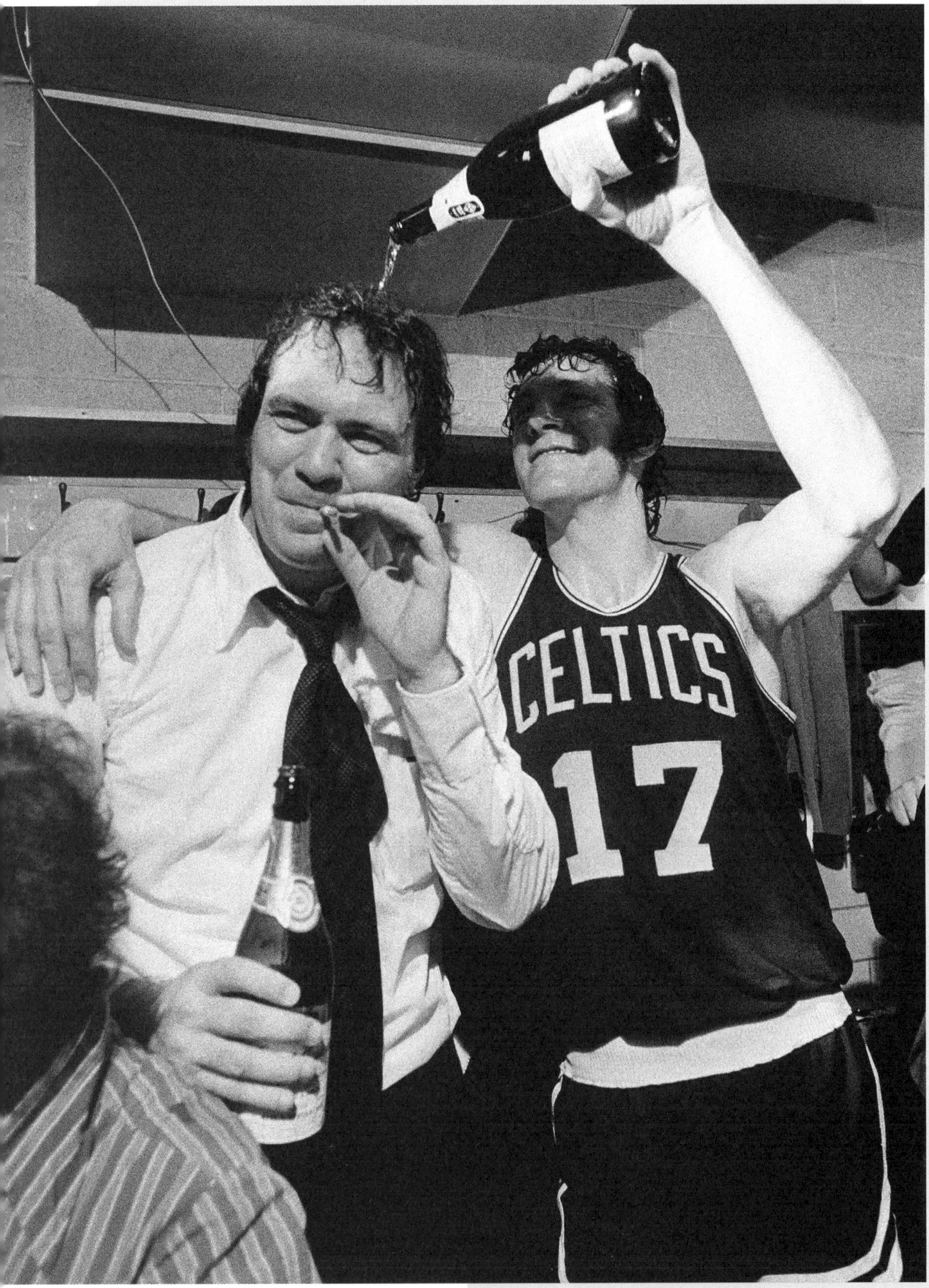
CELTICS
17

| 10 | 11 |

图10　1974年凯尔特人队夺冠后，哈弗里切克让老队友、时任凯尔特人队主教练汤姆·海因索恩享受了一次香槟浴。

图11　比尔·沃顿（左）在1974年NBA选秀中，以状元的身份被波特兰开拓者队选中，并在1976—1977赛季帮助开拓者队获得总冠军。

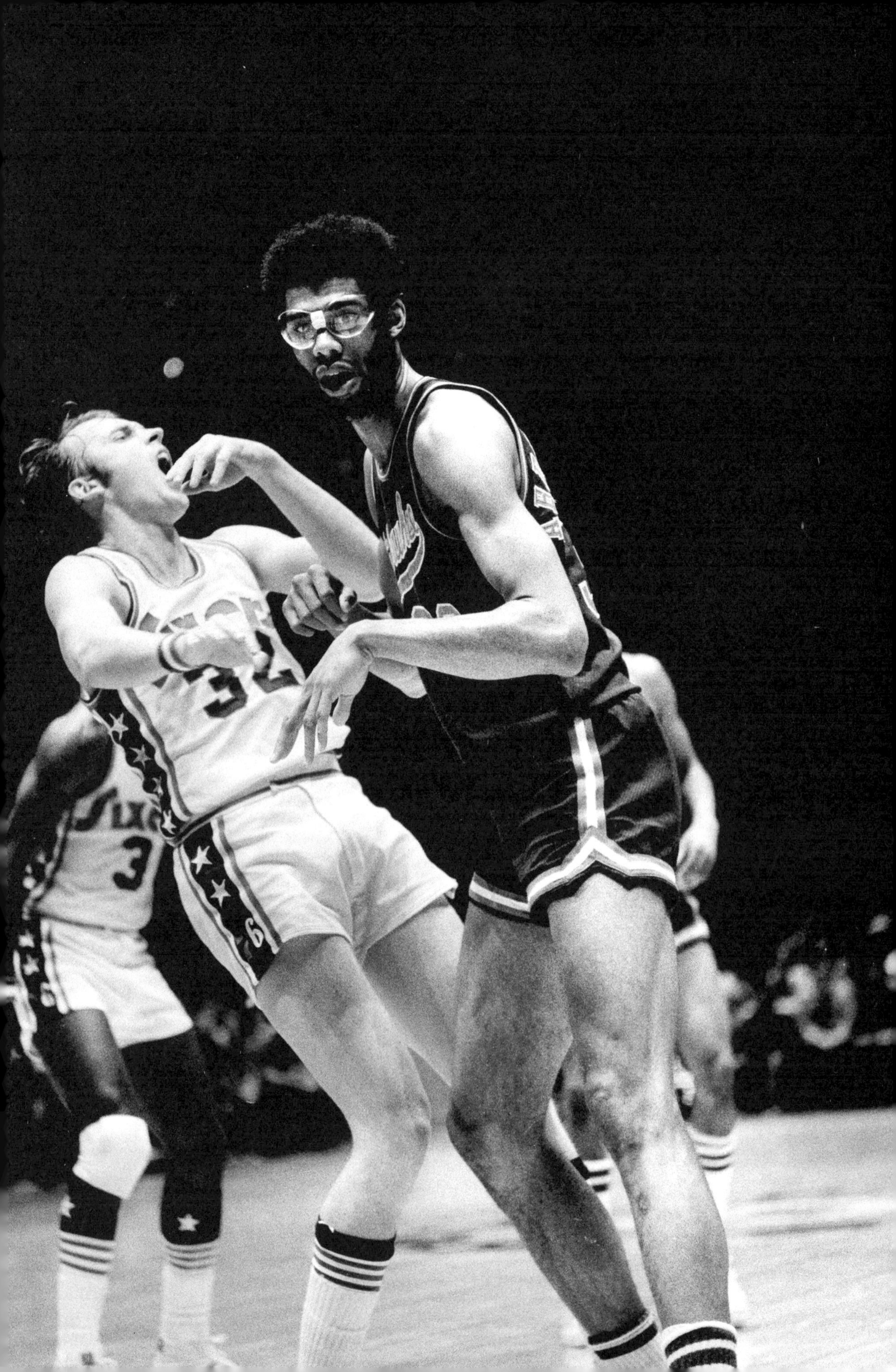

图12　1975年2月1日，贾巴尔（右）得到28分，雄鹿队以107∶97战胜费城76人队。

图13　1976-1977赛季NBA季后赛，洛杉矶湖人队贾巴尔（左）防守金州勇士队的格斯·威廉姆斯（右）。

图14　比尔·拉塞尔、朱利叶斯·欧文、伊赛亚·托马斯、阿隆佐·莫宁（从左至右）出席2016年NBA名人堂典礼。

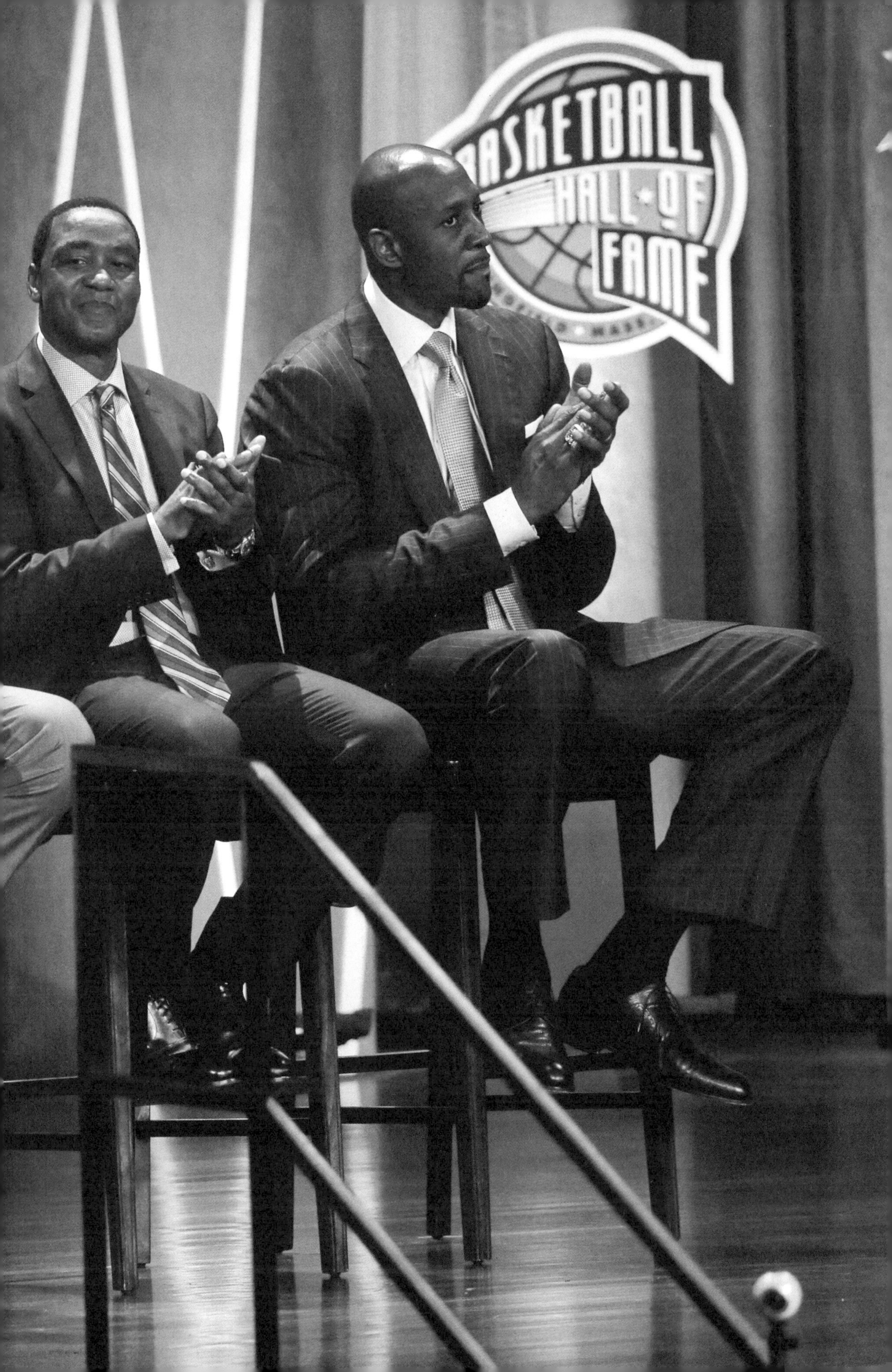
BASKETBALL
HALL OF
FAME

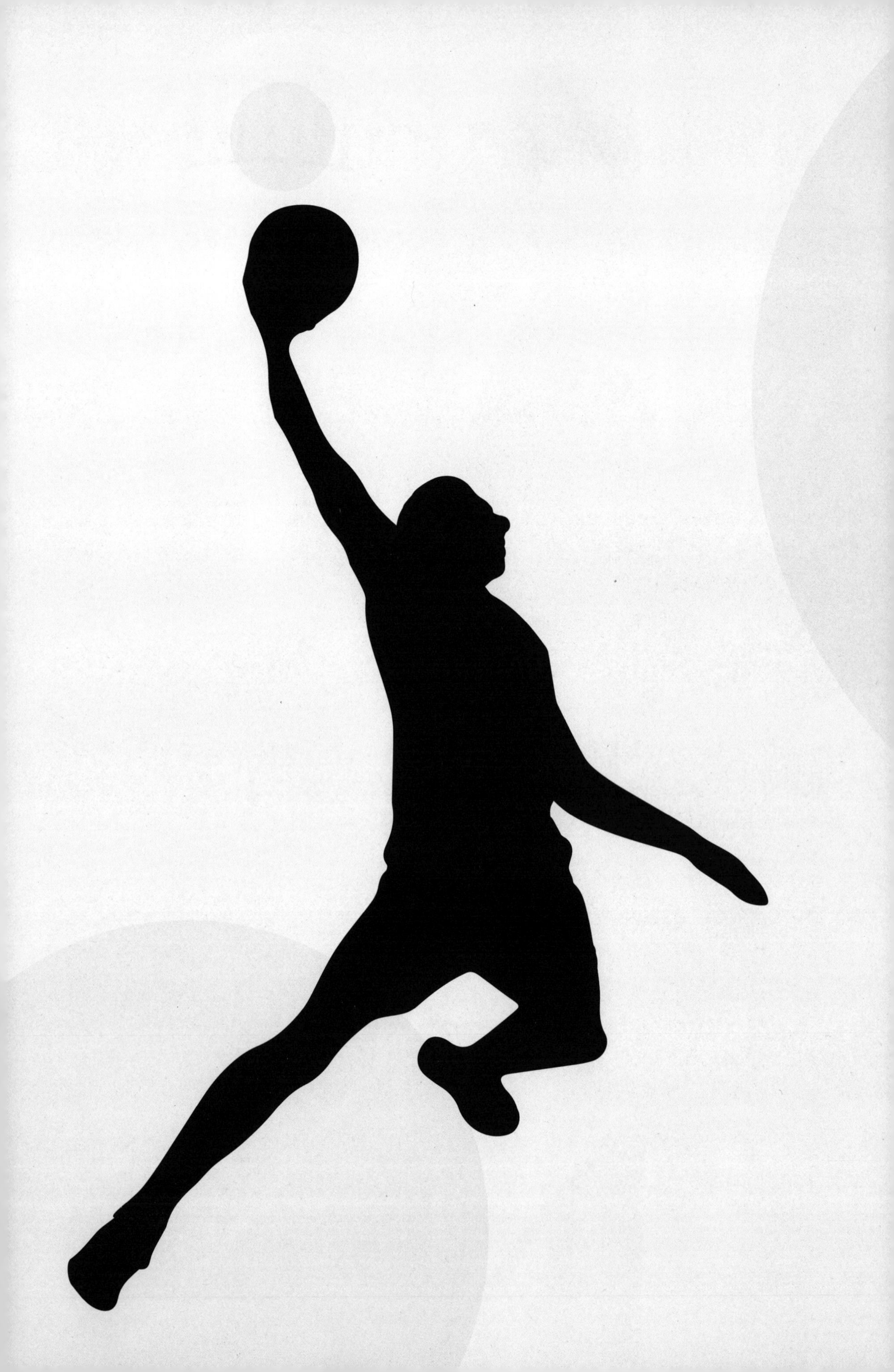

## 第四章 极致PK,『黑白』争霸

1978-1979赛季，已被凯尔特人队选中的拉里·伯德率领印第安纳州立大学无花果队在NCAA所向披靡，取得了33连胜的骄人战绩，并在决赛中遇到了埃尔文·约翰逊和他的密歇根州立大学。

约翰逊此前的篮球生涯也不遑多让。还在高中的时候，约翰逊曾在一场比赛中劈下36分、16个篮板、16次助攻，那时候他不过是个15岁的小屁孩。一个专栏作家看了这场表演后，给他取了个绰号："魔术师"。有趣的是，约翰逊的妈妈并不喜欢这个称谓，因为她是一个虔诚的基督教徒，觉得这是对神的大不敬。高中三年级时，"魔术师"约翰逊带领球队以27胜1负的傲人战绩获得了州冠军，他的场均数据是28.8分、16.8个篮板。进入密歇根州立大学后，约翰逊的风头更劲，最经典的当然是1979年NCAA决赛他和伯德的巅峰对决。

根据尼尔森公司的统计，那场比赛的电视观众达到了3511万人。伯德当年的队友汤姆·克劳德回忆道："现在人们还在谈论几十年前那场比赛，但他们中的许多人甚至记不清去年的NCAA总冠军是谁。"

## 1979-1980 天之骄子！"魔术师""大鸟"对决

总冠军：**洛杉矶湖人队**

总决赛MVP：**埃尔文·约翰逊**（湖人队）

得分王：**乔治·格文**（马刺队/33.1分）

篮板王：**斯万·内特**（快船队/15.0个）

助攻王：**迈克尔·雷·理查德森**（尼克斯队/10.2次）

最有价值球员：**卡里姆·阿卜杜尔·贾巴尔**（湖人队）

最佳新秀：**拉里·伯德**（凯尔特人队）

最佳教练：**比尔·菲奇**（凯尔特人队）

那场比赛，"魔术师"约翰逊最终战胜了伯德，后者坐在替补席上用毛巾捂着脸流泪的影像成为永世经典。尽管如此，伯德还是获得了当年的奈史密斯奖和约翰·伍登奖。伯德还是NCAA历史上得分第五多的球员，在他的率领下，无花果队获得了81胜13负的傲人战绩。

"魔术师"约翰逊和"大鸟"伯德，他们在NCAA的恩怨结束了，在NBA中的恩怨才刚刚开始。

1978-1979赛季，凯尔特人队跌入历史低谷，仅仅取得了29场比赛的胜利。"大鸟"伯德加盟后，凯尔特人队的战绩陡升，加上考恩斯、马克斯维尔、阿奇巴尔德和福德等一帮悍将的辅佐，他们在这个赛季豪取61胜21负，比上个赛季足足多赢了32场球——这是当时NBA的最快进步纪录，直到1989-1990赛季才被马刺队打破。

阿奇巴尔德摆脱伤病困扰，场均送出联盟第二高的8.4次助攻。伯德也"复仇"约翰逊，以场均21.3分、10.4个篮板、4.5次助攻荣膺年度最佳新秀。不过，凯尔特人队在季后赛中横扫火箭队后，被"J博士"欧文率领的76人队以4∶1淘汰。

被伯德夺走最佳新秀，"魔术师"约翰逊却收获了总冠军以及总决赛MVP。

湖人队的开局颇富戏剧性。10胜4负开局后，主帅麦金尼在一次自行车事故中严重受伤，韦斯特海德仓促上任。这无伤大雅，因为湖人队的阵容相当强大。贾马尔·威尔克斯、琼恩斯和贾巴尔构架起的前场极具侵略性，约翰逊和尼克森组成的后场也不逊联盟其他任何后卫组合，更何况板凳席上还坐着迈克尔·库珀和海伍德这样的实力派选手。

华丽得一塌糊涂的约翰逊在新秀赛季扮演了鲶鱼的角色，贾巴尔精神为之一振，打出了职业生涯最全面的数据，得到了第六座也是最后一座常规赛MVP奖杯。常规赛结束，湖人队60胜22负位列太平洋赛区第一。季后赛中湖人队先后淘汰掉太阳队和超音速队，在总决赛中与"J博士"欧文率领的76人队遭遇。顺便说一句，约翰逊在自己的首场季后赛中就砍下了"三双"。

总决赛前四战，双方势均力敌，打成2∶2平。自从1971年带领雄鹿队登顶后，贾巴尔就再也没能品尝过夺冠的甜蜜，所以他打得格外起劲。第五战贾巴尔狂砍40分，湖人队108∶103取得3∶2的领先，不过他也因此付出了惨重的代价：脚踝扭伤，第六战不能出场。

于是，NBA总决赛历史上最不可思

议的一幕发生了，第六战中20岁的控卫"魔术师"约翰逊竟然以首发中锋的身份出场，并将比赛变成了秀场，劈下42分、15个篮板、7次助攻和3次抢断，简直就是无懈可击。湖人队最终以4∶2加冕总冠军，"客串"取得巨大成功的"魔术师"约翰逊成为总决赛MVP。

其实，第六战中贾马尔·威尔克斯也很猛，揽下37分，但在约翰逊面前他只是配角——第二天报纸的体育头条写道："It's Magic！"

另外该赛季爵士队从新奥尔良搬迁到犹他州盐湖城，更名为犹他爵士队，被划到了西部，为了平衡起见，印第安纳步行者队成了东部联盟的球队。

从本赛季开始，NBA引入三分球规则。三分球是ABA的特色，进入NBA后使得比赛变得更富看点，战术也多变了起来，一大批恐怖的三分射手开始登上历史舞台。第一个在NBA正式比赛中投进三分球的，是凯尔特人队的后卫克里斯·福特。

## 1979-1980赛季排名

| 东部联盟 | | | |
|---|---|---|---|
| 排名 | 球队 | 胜 | 负 |
| 1 | 波士顿凯尔特人队 | 61 | 21 |
| 2 | 亚特兰大老鹰队 | 50 | 32 |
| 3 | 费城76人队 | 59 | 23 |
| 4 | 圣安东尼奥马刺队 | 41 | 41 |
| 5 | 休斯敦火箭队 | 41 | 41 |
| 6 | 华盛顿子弹队 | 39 | 43 |
| 7 | 纽约尼克斯队 | 39 | 43 |
| 8 | 印第安纳步行者队 | 37 | 45 |
| 9 | 克利夫兰骑士队 | 37 | 45 |
| 10 | 新泽西篮网队 | 34 | 48 |
| 11 | 底特律活塞队 | 16 | 66 |
| 西部联盟 | | | |
| 排名 | 球队 | 胜 | 负 |
| 1 | 洛杉矶湖人队 | 60 | 22 |
| 2 | 密尔沃基雄鹿队 | 49 | 33 |
| 3 | 西雅图超音速队 | 56 | 26 |
| 4 | 菲尼克斯太阳队 | 55 | 27 |
| 5 | 堪萨斯城国王队 | 47 | 35 |

| 6 | 波特兰开拓者队 | 38 | 44 |
| 7 | 圣迭戈快船队 | 35 | 47 |
| 8 | 丹佛掘金队 | 30 | 52 |
| 9 | 芝加哥公牛队 | 30 | 52 |
| 10 | 金州勇士队 | 24 | 58 |
| 11 | 犹他爵士队 | 24 | 58 |

# NBA PLAYOFFS
## NBA季后赛 对阵表
### 1979—1980赛季

**West**          **East**

**The Finals**

冠军：洛杉矶湖人队

西部：
- 菲尼克斯太阳队 2 — 堪萨斯城国王队 1
- 菲尼克斯太阳队 1 — 洛杉矶湖人队 4
- 西雅图超音速队 2 — 波特兰开拓者队 1
- 西雅图超音速队 4 — 密尔沃基雄鹿队 3
- 洛杉矶湖人队 4 — 西雅图超音速队 1

东部：
- 费城76人队 2 — 华盛顿子弹队 0
- 费城76人队 4 — 亚特兰大老鹰队 1
- 波士顿凯尔特人队 4 — 休斯敦火箭队 0
- 休斯敦火箭队 2 — 圣安东尼奥马刺队 1
- 费城76人队 4 — 波士顿凯尔特人队 1

总决赛：洛杉矶湖人队 4 — 费城76人队 2

达拉斯独行侠队于该赛季加入联盟,被划到西部,他们处子赛季的战绩只有15胜67负。马刺队和火箭队被划到西部联盟,雄鹿队和公牛队被分到了东部联盟。

凯尔特人队不但是NBA历史上获得总冠军次数最多的球队,同时也是最善于在选秀大会上淘宝以走出低谷的球队。凯尔特人队此前签下海因索恩和拉里·伯德等人的举措已经让人见识了他们的独到眼光,然而这一年"红衣主教"奥尔巴赫更为过分。

当时凯尔特人队拥有从活塞队交易来的状元签,但出乎所有人预料的是,他们将状元签送给了勇士队。再搭上一个13号签,凯尔特人队得到了四年级中锋罗伯特·帕里什和3号签,并用3号签选中了来自明尼苏达大学的强力前锋凯文·麦克海尔——正是这笔交易,凯尔特人队从此背上了"强盗"的名声。

帕里什在1976年选秀大会上被勇士队用首轮第8顺位签下,场均数据从菜鸟赛季的9.1分、7.1个篮板,逐步升到了17.2分、12.1个篮板,成为联盟一流中锋。由于凯尔特人队的首发中锋戴夫·考恩斯在季前训练营中突然宣布退役,帕里什被推上先发位置。帕里什在

## 1980-1981 陷入癫狂!"大鸟"伯德的伟大投篮

**总冠军:波士顿凯尔特人队**
**总决赛MVP:塞德里克·马克斯维尔**(凯尔特人队)
**得分王:阿德里安·丹特利**(爵士队/30.7分)
**篮板王:摩西·马龙**(火箭队/14.8个)
**助攻王:凯文·波特**(子弹队/9.1次)
**最有价值球员:朱利叶斯·欧文**(76人队)
**最佳新秀:达瑞尔·格里菲斯**(爵士队)
**最佳教练:杰克·麦金尼**(步行者队)

常规赛中场均可以交出18.9分、9.5个篮板，职业生涯首次入选全明星赛。

凯尔特人队的其他四位先发是伯德、马克斯维尔、阿奇巴尔德和福德，同时替补席上还坐着麦克海尔等悍将。常规赛阶段，凯尔特人队取得62场胜利，登上大西洋赛区榜首的位置。

不是冤家不聚头，凯尔特人队和76人队又在东部决赛中遭遇。76人队率先发力，取得3：1领先，凯尔特人队被逼到了悬崖边上。"绿衫军"的韧性此时发挥作用，第五战和第六战均以2分的优势险胜，关键的第七战，伯德最后时刻投出绝杀球，帮助球队以91：90取胜，有惊无险地杀入总决赛。

凯尔特人队强势回归，卫冕冠军湖人队却陷入泥沼。"魔术师"约翰逊因为膝伤缺席了大部分比赛，湖人队后场遭遇重创。贾巴尔宝刀未老，场均贡献26.2分、10.3个篮板，但毕竟独力难支，湖人队以54胜28负结束常规赛，在太平洋赛区排在太阳队之后，位列第二，并在季后赛首轮输给了摩西·马龙率领的火箭队。

摩西·马龙，火箭队。没错，杀入总决赛的西部球队正是他们，这是很多人无论如何也不会想到的。

马龙在80场常规赛中场均摘下14.8个篮板球，再次荣膺篮板王，这也开启了他连续5个赛季霸占篮板王的光辉序幕。值得一提的是，马龙的进攻能力也被全面开发出来，他本赛季的场均得分上升到了27.8分，仅次于爵士队阿德里安·丹特利的30.7分。其中1981年3月11日对阵勇士队的比赛中，马龙28投20中，12罚11中，掠下了惊人的51分，这在火箭队队史上排在第三位，排在他前面的是凯文·墨菲的57分和埃尔文·海耶斯的54分。

不过火箭队的常规赛战绩并不突出，只有40胜42负，与国王队并列中西部赛区第二。到了季后赛，火箭队的表现震惊全美。马龙稳定地交出场均26.8分、14.5个篮板，率领火箭队一鼓作气打进总决赛。

总决赛首战的第四节，拉里·伯德贡献了一次极其经典的投篮，被数不清的影像资料收录。当时伯德在右侧5.5米处投篮，当他出手时就感觉到了此球可能会投丢，于是高速冲到篮下抢到了篮板，在身体由于惯性即将飞出底线的刹那间，"大鸟"犹如插上了飞翔的翅膀，在半空中将球换到了左手，3.6米外低手投篮命中。伯德的曼妙表演让整个波士顿花园陷入癫狂，奥尔巴赫事后评价："这是我见过的最伟大的投篮。"

火箭队的传奇到此结束，在阵容豪华强大的凯尔特人队面前，他们以2∶4败下阵来。塞德里克·马克斯维尔荣膺总决赛MVP。至此，"魔术师"约翰逊和"大鸟"伯德这对"黑白双煞"包揽了20世纪80年代初的两届总冠军。

## 1980—1981赛季排名

### 东部联盟

| 排名 | 球队 | 胜 | 负 |
| --- | --- | --- | --- |
| 1 | 波士顿凯尔特人队 | 62 | 20 |
| 2 | 密尔沃基雄鹿队 | 60 | 22 |
| 3 | 费城76人队 | 62 | 20 |
| 4 | 纽约尼克斯队 | 50 | 32 |
| 5 | 芝加哥公牛队 | 45 | 37 |
| 6 | 印第安纳步行者队 | 44 | 38 |
| 7 | 华盛顿子弹队 | 39 | 43 |
| 8 | 亚特兰大老鹰队 | 31 | 51 |
| 9 | 克利夫兰骑士队 | 28 | 54 |
| 10 | 新泽西篮网队 | 24 | 58 |
| 11 | 底特律活塞队 | 21 | 61 |

### 西部联盟

| 排名 | 球队 | 胜 | 负 |
| --- | --- | --- | --- |
| 1 | 菲尼克斯太阳队 | 57 | 25 |
| 2 | 圣安东尼奥马刺队 | 52 | 30 |
| 3 | 洛杉矶湖人队 | 54 | 28 |
| 4 | 波特兰开拓者队 | 45 | 37 |
| 5 | 堪萨斯城国王队 | 40 | 42 |
| 6 | 休斯敦火箭队 | 40 | 42 |
| 7 | 金州勇士队 | 39 | 43 |
| 8 | 丹佛掘金队 | 37 | 45 |
| 9 | 圣迭戈快船队 | 36 | 46 |
| 10 | 西雅图超音速队 | 34 | 48 |
| 11 | 犹他爵士队 | 28 | 54 |
| 12 | 达拉斯独行侠队 | 15 | 67 |

# NBA PLAYOFFS

## NBA季后赛 对阵表
### 1980—1981赛季

**West**      **East**

### 西部

- 休斯敦火箭队 2 ┐
- 洛杉矶湖人队 1 ┘ 休斯敦火箭队 4 ┐
- 圣安东尼奥马刺队 3 ┘ 休斯敦火箭队 4 ┐
- 堪萨斯城国王队 2 ┐
- 波特兰开拓者队 1 ┘ 堪萨斯城国王队 4 ┐
- 菲尼克斯太阳队 3 ┘ 堪萨斯城国王队 1 ┘

### The Finals
**波士顿凯尔特人队**

休斯敦火箭队 2 — 波士顿凯尔特人队 4

### 东部

- 费城76人队 4 ┐ 费城76人队 2
- 印第安纳步行者队 0 ┘ 费城76人队 3 ┐
- 密尔沃基雄鹿队 3 ┘ 波士顿凯尔特人队 4 ┐
- 波士顿凯尔特人队 4 ┐
- 芝加哥公牛队 0 ┘ 芝加哥公牛队 2
- 纽约尼克斯队 0

马刺队的乔治·格文再次成为得分王，但远不如摩西·马龙蝉联篮板王令人印象深刻，因为这是他在火箭队的最后一个赛季。

马龙本赛季场均抢得14.7个篮板卫冕篮板王，而且场均能得到联盟第二的31.3分。凭借近乎完美的表现，马龙赢得了第二座常规赛MVP奖杯。另外，马龙该赛季出场3398分钟，场均42分钟，总共抢下558个进攻篮板，三项数据都是联盟第一，他在六年内第二次尝到了入选最佳阵容的喜悦。

经过1980-1981赛季的蛰伏后，湖人队在休赛期厉兵秣马，想要在新赛季重新证明自己。但一个不太好的信号是，新赛季开打后，球队内部却传出不和谐的音符，主教练韦斯特海德和大脑"魔术师"约翰逊之间出现了裂痕。约翰逊出道以来，一直保持着谦谦君子的形象，但这次他却向管理层逼宫，扬言若不解雇韦斯特海德，就得将他交易出去。无可奈何之下，老板杰里·巴斯挥起大刀砍向了主教练，韦斯特海德该赛季只执教了11场比赛就被炒了鱿鱼。

韦斯特海德执教的两个赛季，湖人队均取得了50胜以上的佳绩，还夺取

## 1981-1982

## 美妙的宫斗大戏！"魔术师"的救赎

**总冠军**：洛杉矶湖人队

**总决赛MVP**：埃尔文·约翰逊（湖人队）

**得分王**：乔治·格文（马刺队/32.3分）

**篮板王**：摩西·马龙（火箭队/14.7个）

**助攻王**：约翰尼·摩尔（马刺队/9.7次）

**最有价值球员**：摩西·马龙（火箭队）

**最佳新秀**：巴克·威廉姆斯（篮网队）

**最佳教练**：吉恩·舒（子弹队）

了一次总冠军，他的执教水平有目共睹。正因如此，约翰逊的逼宫引起了球迷们的不满，以至于韦斯特海德下课后的第一个主场比赛，众人爱戴的"魔术师"第一次听到了如潮的嘘声。

接过湖人队帅印的是助理教练帕特·莱利。莱利是1972年湖人冠军队成员，退役后当过解说员，1979年受韦斯特海德之邀成为助理教练。实际上，韦斯特海德下课后，湖人队先是力邀杰里·韦斯特出山，韦斯特拒绝后莱利才得以递补。

好消息是，换帅风波没击垮湖人队，反而成了一针强心剂。莱利上任后为球队量身定制了一整套全新的战术，在进攻端赋予球员更大的自由度，同时在防守端要求大家要更积极、更具侵略性。莱利的战术立竿见影，他上任后的20场比赛，湖人队豪取17胜3负。

最终湖人队以太平洋赛区最好的57胜25负结束常规赛，并开启了如梦如幻的季后赛之旅——前两轮零封太阳队和马刺队，场均净胜对手11分之多，强势杀进总决赛。湖人队早早完事，另一边还在火拼，于是莱利特意安排球队一天两练，为的就是别闲得发慌，没了状态。

东部涛声依旧。

卫冕冠军凯尔特人队继续保持强势，常规赛豪取联盟第一的63胜，与76人队连续第三年在东部决赛中遭遇。仿佛是时光回流般，东部决赛的前6场比赛与上赛季如出一辙。76人队开局生猛，以3：1拿到直通总决赛的赛点。凯尔特人队后程发力，连赢两场后把76人队拖进抢七大战。唯一不同之处在于，这次笑到最后的是76人队，卫冕冠军106：120惨遭淘汰。

总决赛湖人队VS76人队，其实这也是"魔术师"约翰逊的救赎之战，倘若不能夺冠，逼走韦斯特海德的旧账很可能会被球迷们翻出来。

后续事实证明，无故撒泼不是英雄好汉，约翰逊的逼宫并不是毫无缘由，而他也用自己的表现完成了自我救赎：总决赛第六战，约翰逊交出13分、13个篮板、13次助攻的"三双"答卷，力助湖人队以4：2登顶，"魔术师"第二次当选总决赛MVP。这届总决赛是大开大合式的，除了首战湖人队以124：117取胜，另外5场比赛的分差都不小于7分。

值得一提的是，中途来投的鲍勃·麦卡杜也为湖人队夺冠立下了汗马功劳。效力于布法罗勇敢者队时，麦卡杜拿过3届得分王和1次MVP，可球队始终未能突破东部半决赛。随后麦卡杜伤病逐渐增多,被人诟病为高分低能的典型代表。

1981年圣诞节前一天,已到而立的麦卡杜终于逃离苦海,在一笔交易中来到了湖人队。在星光璀璨的湖人队,麦卡杜不再是瞩目焦点,但他季后赛场均能砍下16.7分,成为不可或缺的夺冠拼图。

## 1981-1982赛季排名

| 东部联盟 | | | |
| --- | --- | --- | --- |
| 排名 | 球队 | 胜 | 负 |
| 1 | 波士顿凯尔特人队 | 63 | 19 |
| 2 | 密尔沃基雄鹿队 | 55 | 27 |
| 3 | 费城76人队 | 58 | 24 |
| 4 | 新泽西篮网队 | 44 | 38 |
| 5 | 华盛顿子弹队 | 43 | 39 |
| 6 | 亚特兰大老鹰队 | 42 | 40 |
| 7 | 底特律活塞队 | 39 | 43 |
| 8 | 印第安纳步行者队 | 35 | 47 |
| 9 | 芝加哥公牛队 | 34 | 48 |
| 10 | 纽约尼克斯队 | 33 | 49 |
| 11 | 克利夫兰骑士队 | 15 | 67 |
| 西部联盟 | | | |
| 排名 | 球队 | 胜 | 负 |
| 1 | 洛杉矶湖人队 | 57 | 25 |
| 2 | 圣安东尼奥马刺队 | 48 | 34 |
| 3 | 西雅图超音速队 | 52 | 30 |
| 4 | 菲尼克斯太阳队 | 46 | 36 |
| 5 | 丹佛掘金队 | 46 | 36 |
| 6 | 休斯敦火箭队 | 46 | 36 |
| 7 | 金州勇士队 | 45 | 37 |
| 8 | 波特兰开拓者队 | 42 | 40 |
| 9 | 堪萨斯城国王队 | 30 | 52 |
| 10 | 达拉斯独行侠队 | 28 | 54 |
| 11 | 犹他爵士队 | 25 | 57 |
| 12 | 圣迭戈快船队 | 17 | 65 |

# NBA PLAYOFFS

## NBA季后赛 对阵表
### 1981—1982赛季

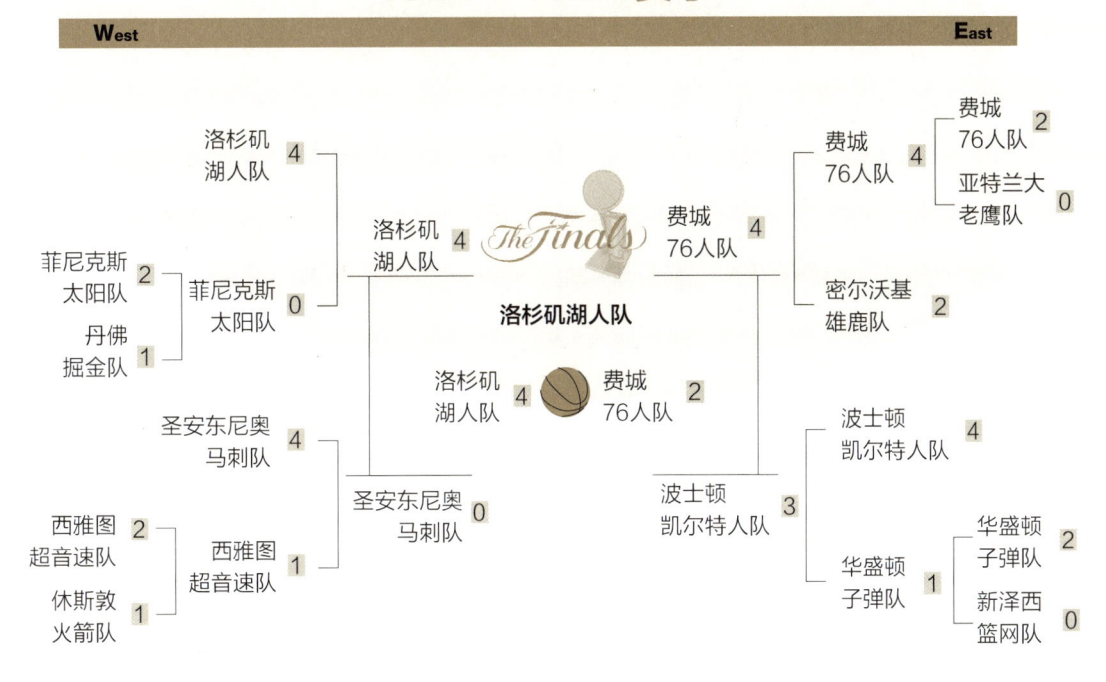

**W**est　　　　　　　　　　　　　　　　　　　　　　　　　　　**E**ast

**The Finals：洛杉矶湖人队**

西部：
- 菲尼克斯太阳队 2 / 丹佛掘金队 1 → 菲尼克斯太阳队 0
- 洛杉矶湖人队 4 vs 菲尼克斯太阳队 0 → 洛杉矶湖人队 4
- 圣安东尼奥马刺队 4 vs 西雅图超音速队 1 → 圣安东尼奥马刺队 0
- 西雅图超音速队 2 / 休斯敦火箭队 1
- 洛杉矶湖人队 4 vs 圣安东尼奥马刺队 0

东部：
- 费城76人队 2 / 亚特兰大老鹰队 0
- 费城76人队 4 vs 密尔沃基雄鹿队 2
- 波士顿凯尔特人队 4 vs 华盛顿子弹队 1
- 华盛顿子弹队 2 / 新泽西篮网队 0
- 费城76人队 4 vs 波士顿凯尔特人队 3

总决赛：洛杉矶湖人队 4 vs 费城76人队 2

本赛季NBA设立了两个重要奖项。一个是"最佳第六人"奖项，用来表彰那些在替补席上为球队做出重大贡献的球员。76人队的鲍比·琼斯成为NBA历史上首个"最佳第六人"。另外一个是"最佳防守球员"奖项，用来表彰那些在防守端有突出作为的球员。史上首个"最佳防守球员"是来自雄鹿队的西德尼·蒙克利夫。

本赛季的两支总决赛球队是湖人队和76人队，他们在赛季之前都有强援加入。

倒霉了喝凉水都塞牙，走运了摔跤都捡钱。湖人队夺得总冠军后竟突然发现，他们手里还握有状元签。

故事是这样的：1979-1980赛季中期，湖人队和骑士队做了一笔交易，前者送出福德和1980年的一个首轮选秀权，换来了李和1982年的一个首轮选秀权。没想到骑士队在1981-1982赛季战绩联盟垫底，就这样，湖人队天上掉馅饼般得到了状元签。总冠军球队拥有状

## 1982-1983
## 马龙霸气"FO"！76人队创纪录夺冠

**总冠军：费城76人队**

**总决赛MVP：摩西·马龙**（76人队）

**得分王：阿莱克斯·英格利什**（掘金队/28.4分）

**篮板王：摩西·马龙**（76人队/15.3个）

**助攻王：埃尔文·约翰逊**（湖人队/10.5次）

**最有价值球员：摩西·马龙**（76人队）

**最佳新秀：特里·坎明斯**（快船队）

**最佳防守球员：西德尼·蒙克利夫**（雄鹿队）

**最佳第六人：鲍比·琼斯**（76人队）

**最佳教练：唐·尼尔森**（雄鹿队）

元签,这在NBA历史上还是第一次。

湖人队最终用状元签签下了1982年NCAA冠军队成员、来自北卡大学的詹姆斯·沃西。沃西、"魔术师"约翰逊和贾巴尔,构成了湖人队20世纪80年代最为倚重的力量。

单就该赛季而言,沃西是约翰逊和贾巴尔的完美补充,他和前者构成了风靡一时的快攻二人组,而在"天勾"内线强攻需要拉开空间时,他还能拉到外线弯弓搭箭。美中不足的是,常规赛最后一周沃西在补篮时摔断了腿骨,提前告别了菜鸟赛季。

湖人队常规赛收获58胜,蝉联西部第一。季后赛湖人队遭遇严重伤病困扰,除了沃西,麦卡杜和尼克森也相继受伤。然而,湖人队仍然凭借约翰逊和贾巴尔的内外组合在前两轮淘汰开拓者队和马刺队,在十分不利的情况下闯进总决赛。

较之湖人队,76人队从新援那里得到的助推力更大,他们得到了伟大的摩西·马龙。

与当初湖人队内线乏力,屡屡倒在凯尔特人队手下,从而下狠心挖来张伯伦一样,此时的76人也达到了一个高度,但内线无人是他们的硬伤。就像饿到极致的猛兽般,76人队终于盼来了心仪的猎物。1981-1982赛季结束后,效力火箭队的中锋马龙成为受限制球员。1982年9月2日,求贤若渴的76人队忙不迭给他开出了价格不菲的合同。火箭队成人之美,并未行使他们的优先权来匹配合同。9月15日,马龙正式成为76队的一员。

这是马龙的第8个NBA赛季,本赛季他以场均15.3个篮板连续第三年称霸篮板王,另外场均还能得到24.5分,高居联盟第五。表现如此生猛,马龙连续第六年入选了全明星赛,并入选年度最佳阵容和最佳防守阵容,毫无悬念地夺取常规赛MVP奖杯,成为史上唯一连续两年在不同的球队荣膺MVP的球员。

至此,76人队组建起了空前强大的阵容:除了马龙,"J博士"欧文场均砍下21.4分,托尼场均19.7分,奇克斯统帅后场,板凳上还坐着联盟中最好的替补鲍比·琼斯。在马龙和欧文的带领下,76人队常规赛豪取联盟最好的65胜17负。

季后赛开始前,马龙贡献了那个流传千古的段子:"对于即将开打的季后赛,你怎么看?"记者问道。马龙:"Fo,Fo,Fo。"Fo即Four。马龙的回答很霸道:横扫所有对手。

在当时,几乎所有人都觉得马龙

这个牛皮吹得有点大。可结果表明，马龙和76人队确实有这个底气。季后赛前两轮，76人队分别以4∶0和4∶1的比分淘汰尼克斯队和雄鹿队。

作为20世纪70年代的首席飞人，"J博士"曾经在ABA叱咤风云，助篮网队夺得了1974年和1976年的总冠军。因此1976-1977赛季欧文加盟76人队后，球迷们就相信他能率队登上联盟之巅。但遗憾的是，"J博士"来到费城后先后3次带队杀入总决赛，最终都功亏一篑。

这一次，是欧文、马龙和76人队的绝佳机会。果不其然，总决赛面对伤病施咒的湖人队，76人队毫不客气，干净利索地给他们剃了光头，马龙当仁不让荣膺总决赛MVP。

12胜1负，76人队只输了1场便问鼎总冠军，这创造了NBA的纪录。颁奖仪式颇具传奇色彩，马龙接过总冠军戒指，赫然发现上书3个单词：Fo，Five（5），Fo。

## 1982-1983赛季排名

| 东部联盟 | | | |
|---|---|---|---|
| 排名 | 球队 | 胜 | 负 |
| 1 | 费城76人队 | 65 | 17 |
| 2 | 密尔沃基雄鹿队 | 51 | 31 |
| 3 | 波士顿凯尔特人队 | 56 | 26 |
| 4 | 新泽西篮网队 | 49 | 33 |
| 5 | 纽约尼克斯队 | 44 | 38 |
| 6 | 亚特兰大老鹰队 | 43 | 39 |
| 7 | 华盛顿子弹队 | 42 | 40 |
| 8 | 底特律活塞队 | 37 | 45 |
| 9 | 芝加哥公牛队 | 28 | 54 |
| 10 | 克利夫兰骑士队 | 23 | 59 |
| 11 | 印第安纳步行者队 | 20 | 62 |
| 西部联盟 | | | |
| 排名 | 球队 | 胜 | 负 |
| 1 | 洛杉矶湖人队 | 58 | 24 |
| 2 | 圣安东尼奥马刺队 | 53 | 29 |
| 3 | 菲尼克斯太阳队 | 53 | 29 |

| 4 | 西雅图超音速队 | 48 | 34 |
| 5 | 波特兰开拓者队 | 46 | 36 |
| 6 | 丹佛掘金队 | 45 | 37 |
| 7 | 堪萨斯城国王队 | 45 | 37 |
| 8 | 达拉斯独行侠队 | 38 | 44 |
| 9 | 金州勇士队 | 30 | 52 |
| 10 | 犹他爵士队 | 30 | 52 |
| 11 | 圣迭戈快船队 | 25 | 57 |
| 12 | 休斯敦火箭队 | 14 | 68 |

# NBA PLAYOFFS

## NBA季后赛 对阵表
### 1982—1983赛季

**West** — **East**

**The Finals: 费城76人队**

决赛：洛杉矶湖人队 0 — 费城76人队 4

**West**
- 洛杉矶湖人队 4 — 波特兰开拓者队 1
  - 波特兰开拓者队 2 — 西雅图超音速队 0
- 圣安东尼奥马刺队 2 — 洛杉矶湖人队 4
- 圣安东尼奥马刺队 4 — 丹佛掘金队 1
  - 丹佛掘金队 2 — 菲尼克斯太阳队 1

**East**
- 费城76人队 4 — 纽约尼克斯队 0
  - 纽约尼克斯队 2 — 新泽西篮网队 0
- 费城76人队 4 — 密尔沃基雄鹿队 1
- 密尔沃基雄鹿队 4 — 波士顿凯尔特人队 0
  - 波士顿凯尔特人队 2 — 亚特兰大老鹰队 1

本赛季在NBA发展史上具有里程碑意义。拉里·奥布莱恩急流勇退，大卫·斯特恩成为总裁。

大卫·斯特恩，这位思维清晰、精力充沛、办事果敢的律师，是NBA第四任总裁，他上台后大力发展电视转播，展开广告宣传攻势，并积极进行造星运动，运用球星的磁吸效应来扩大联盟影响，此外还加快了NBA全球化的步伐，用铁腕手法推行禁毒政策，极大地净化了联盟空气。毫不夸张地说，若没有大卫·斯特恩，便没有NBA当下这般繁荣昌盛的局面。

季后赛赛制也在该赛季有了重大变化，季后赛球队由12支扩充到16支，赛区头名首轮轮空的现象从此一去不复返。全明星周末的扣篮大赛也于这个赛季登上历史舞台，太阳队的拉里·南斯成为史上首个扣篮王。

20世纪80年代的前三个冠军被湖人队和凯尔特人队瓜分，但两队并未在总决赛中相遇，换句话说，自从拉

## 1983—1984

## 扣篮大赛问世！
## 贾巴尔总得分破纪录

**总冠军：** 波士顿凯尔特人队

**总决赛MVP：** 拉里·伯德（凯尔特人队）

**得分王：** 阿德里安·丹特利（爵士队/30.6分）

**篮板王：** 摩西·马龙（76人队/13.4个）

**助攻王：** 埃尔文·约翰逊（湖人队/13.1次）

**最有价值球员：** 拉里·伯德（凯尔特人队）

**最佳新秀：** 拉尔夫·汤普森（火箭队）

**最佳防守球员：** 西尼·蒙克利夫（雄鹿队）

**最佳第六人：** 凯文·麦克海尔（凯尔特人队）

**最佳教练：** 弗兰克·雷登（爵士队）

里·伯德和"魔术师"约翰逊在1979年NCAA决赛中话别后，就再也没在决战场上重聚。这个赛季，"黑白争锋"终于得以上演。

湖人队继续补强阵容，用尼克森换来了拜伦·斯科特，至此"Show Time"的骨干基本聚齐。湖人队以12胜4负开局，不过在1983年12月2日，"魔术师"约翰逊因为右手食指脱臼休息了一个月。

此次受伤的直接后果是，约翰逊没能成为历史上单季助攻次数最多的球员——该赛季他场均13.1次助攻领跑联盟。不过湖人队依然有人创造NBA纪录，他就是"天勾"贾巴尔。1984年4月5日，湖人队VS勇士队，贾巴尔得到了他职业生涯的第31420分，从而超越前辈张伯伦，成为NBA历史上得分最多的球员。

湖人队在常规赛阶段以54胜28负位列西部第一，并在季后赛中轻松淘汰国王队、独行侠队和太阳队，闯入总决赛。

东部联盟是凯尔特人队的天下。

连续无缘总决赛后，"红衣主教"痛定思痛扶K.C.琼斯上位。琼斯主教练对后场配置进行了调整，从太阳队换来的丹尼斯·约翰逊成为先发，与杰拉德·亨德森搭档后场，而凯文·麦克海尔则继续在板凳上提供延续性战力。

本赛季凯尔特人队豪取62胜，"大鸟"伯德得到职业生涯第一座常规赛MVP奖杯，麦克海尔则荣膺"最佳第六人"称号。

季后赛中东部第二的76人队显现颓势，首轮即被篮网队以3∶2淘汰出局。而凯尔特人队则势如破竹，先是以3∶1轻松击败子弹队，随后又历经7场大战，以微弱优势淘汰了尼克斯队，在东部决赛中4∶1大胜雄鹿队后闯入总决赛。

凯尔特人队VS湖人队，伯德PK约翰逊，最令人血脉偾张的戏码上演了。

总决赛首战，湖人队客场115∶109掀翻对手取得开门红。第二战还剩最后18秒时，湖人队以115∶113领先2分，同时还握有球权，胜利似乎是手到擒来。由于随后两场比赛要在洛杉矶进行，湖人队看到了零封对手，打破"总决赛逢'绿衫军'不胜"魔咒的曙光。

然而意外发生了，詹姆斯·沃西试图将球传给拜伦·斯科特时，杰拉德·亨德森斜刺里杀出，神奇地断球并上篮成功，将凯尔特人队从死亡线上拉了回来。加时赛中，又是亨德森的一次关键助攻，凯尔特人队以124∶121险胜湖人队。可以说，亨德森的抢断在意义上绝不逊色于当年哈弗里切克的销魂一断。

回到主场后湖人队拿下第三战，可韧性十足的凯尔特人队再次通过加时扳平大比分。

至此，"绿衫军"的两场胜利都靠加时得来，不得不说他们的运气简直好到家了，伯德多年之后也曾回忆说："说实话，他们原本有机会横扫我们。"

第五战和第六战，两队又是各胜一场，总比分打成了3∶3平。

比赛打到这个份上，湖人队的取胜概率已经很小了，因为"凯尔特人队从来不会输掉第七场"——这和后来的"乔丹不打第七场"异曲同工。后续事实也印证了这一点，凯尔特人队以111∶102拿下抢七局，以4∶3的总比分登顶，夺得队史上第15个总冠军，拉里·伯德当选为总决赛MVP。

湖人队的悲情还在继续，他们原本有大把机会笑到最后，却一一挥霍掉了。至此湖人队8次在总决赛中与凯尔特人队过招，全部败北。

本赛季还上演了一场震古烁今的飙分大战。1983年12月13日，活塞队历经三个加时，最终以186∶184险胜掘金队，186分是NBA历史上的球队单场得分纪录，370分也是单场得分总数的历史纪录。

那场比赛，"微笑刺客"伊赛亚·托马斯砍下47分、17次助攻，约翰·朗得到41分，掘金队的英格利什和范德维奇分别劈下47分和51分，两队共投中了142个球，助攻总数高达93次。"那场比赛双方的投篮都准得要命，谁也防不住谁。"活塞队的托马斯回忆说。

## 1983-1984赛季排名

| | 东部联盟 | | |
|---|---|---|---|
| 排名 | 球队 | 胜 | 负 |
| 1 | 波士顿凯尔特人队 | 62 | 20 |
| 2 | 密尔沃基雄鹿队 | 50 | 32 |
| 3 | 费城76人队 | 52 | 30 |
| 4 | 底特律活塞队 | 49 | 33 |
| 5 | 纽约尼克斯队 | 47 | 35 |
| 6 | 新泽西篮网队 | 45 | 37 |
| 7 | 亚特兰大老鹰队 | 40 | 42 |
| 8 | 华盛顿子弹队 | 35 | 47 |
| 9 | 克利夫兰骑士队 | 28 | 54 |
| 10 | 芝加哥公牛队 | 27 | 55 |
| 11 | 印第安纳步行者队 | 26 | 56 |

| 西部联盟 | | | |
|---|---|---|---|
| 排名 | 球队 | 胜 | 负 |
| 1 | 洛杉矶湖人队 | 54 | 28 |
| 2 | 犹他爵士队 | 45 | 37 |
| 3 | 波特兰开拓者队 | 48 | 34 |
| 4 | 达拉斯独行侠队 | 43 | 39 |
| 5 | 西雅图超音速队 | 42 | 40 |
| 6 | 菲尼克斯太阳队 | 41 | 41 |
| 7 | 丹佛掘金队 | 38 | 44 |
| 8 | 堪萨斯城国王队 | 38 | 44 |
| 9 | 金州勇士队 | 37 | 45 |
| 10 | 圣安东尼奥马刺队 | 37 | 45 |
| 11 | 圣迭戈快船队 | 30 | 52 |
| 12 | 休斯敦火箭队 | 29 | 53 |

# NBA PLAYOFFS

## NBA季后赛 对阵表
### 1983—1984赛季

**West**

- 洛杉矶湖人队 3
- 堪萨斯城国王队 0
  - 洛杉矶湖人队 4
- 达拉斯独行侠队 3
- 西雅图超音速队 2
  - 达拉斯独行侠队 1
    - 洛杉矶湖人队 4
- 菲尼克斯太阳队 3
- 波特兰开拓者队 2
  - 菲尼克斯太阳队 4
- 犹他爵士队 3
- 丹佛掘金队 2
  - 犹他爵士队 2
    - 菲尼克斯太阳队 2

**The Finals**

**波士顿凯尔特人队**

洛杉矶湖人队 3 — 波士顿凯尔特人队 4

**East**

- 波士顿凯尔特人队 3
- 华盛顿子弹队 1
  - 波士顿凯尔特人队 4
- 纽约尼克斯队 3
- 底特律活塞队 2
  - 纽约尼克斯队 3
    - 波士顿凯尔特人队 4
- 密尔沃基雄鹿队 4
- 亚特兰大老鹰队 2
  - 密尔沃基雄鹿队 4
- 新泽西篮网队 3
- 费城76人队 2
  - 新泽西篮网队 1

圣迭戈快船队在这个赛季搬迁到了洛杉矶，更名为洛杉矶快船队。这样一来，洛杉矶同时有了两支球队——快船队和湖人队，成为唯一有两支NBA球队的城市。

有些故事注定要成为传奇，比如1984年NBA选秀。

1984年6月19日，这是大卫·斯特恩第一次以总裁的身份出现在选秀大会上，估计连他自己也没有料到，经由他嘴念出来的名字，有三人成为常规赛MVP，还有一个历史总助攻王和总抢断王。

以今天的眼光看，迈克尔·乔丹毫无疑问有资格成为状元郎——事实上，他应该是NBA历史上的状元郎。问题的关键在于，手握状元签的火箭队选择了奥拉朱旺。这也无可厚非，1994年和1995年的两个冠军足以证明这一点。

奥拉朱旺曾在一场比赛中劈下60分、15个篮板球，美国球探庞德发现了这个身体素质出色、潜力无穷的家伙，

## 1984—1985

### 乔丹亮相了！湖人队终赢"绿衫军"

总冠军：**洛杉矶湖人队**

总决赛MVP：**卡里姆·阿卜杜尔·贾巴尔**（湖人队）

得分王：**伯纳德·金**（尼克斯队/32.9分）

篮板王：**摩西·马龙**（76人队/13.1个）

助攻王：**伊赛亚·托马斯**（活塞队/13.9次）

最有价值球员：**拉里·伯德**（凯尔特人队）

最佳新秀：**迈克尔·乔丹**（公牛队）

最佳防守球员：**马克·伊顿**（爵士队）

最佳第六人：**凯文·麦克海尔**（凯尔特人队）

最佳教练：**唐·尼尔森**（雄鹿队）

把他推荐给了休斯敦大学的著名教练刘易斯。从此奥拉朱旺成为"美国梦"的典范，他在17岁那年只身来到美国，开始编织心中的篮球之梦。

在刘易斯的训导下，奥拉朱旺进步飞速，尤其是他那如梦如幻的篮下脚步和形象逼真的假动作，很快为他赢得了"大梦"的雅号。

大学最后一个赛季，奥拉朱旺场均抓下13.4个篮板，送出5.6次盖帽，投篮命中率高达67.5%，入选了全美大学生最佳阵容。那年选秀大会前，火箭队也很中意早就红得发紫的迈克尔·乔丹，多次和北卡大学主教练迪恩·史密斯套近乎。

可能是大个子具备天然优势，很多人都预测奥拉朱旺会成为状元，这其中包括火箭队，所以他们的策略是：万一得不到状元签，在第2顺位必选乔丹。火箭队最终在猜硬币游戏中取胜，喜获状元签，于是历史拐了个弯：火箭队队中已经有了拉夫·汤普森，他们很想尝试一下"双塔"战术，毫不犹豫地签下了奥拉朱旺。

运气最衰的无疑是开拓者队，他们在猜硬币中落败，还脑袋发热放跑了乔丹，选择了萨姆·鲍维。

1981年，鲍维还在读大一时就名扬四海，如果那时候参加选秀，76人队会在第6顺位选他。但鲍维的母亲希望看到儿子大学毕业，他不得不推迟进入NBA的时间。殊不知这是鲍维噩运的开始，先是左腿受伤被医生误诊为骨裂，后来做了手术歇了一年。

鲍维够倒霉，开拓者队比他还倒霉。当斯特恩在选秀大会上第二个念出"萨姆·鲍维"的名字时，全世界哗然。开拓者队的理由是：伤总会好的，鲍维早就没事了。"开拓者队给我做了7个小时的检查，没有遗漏任何一项，我不认为自己和比尔·沃顿是同样的情况，他的伤比我严重多了。"鲍维这样回忆。

所有人都以为开拓者队会在第2顺位摘走乔丹，包括拥有探花签的公牛。公牛以为将和乔丹擦肩而过，准备保留选秀权期待来年选尤因，没想到开拓者队如此"大方"，于是忙不迭将"篮球之神"拿下。遗憾的是，此时乔丹并不在现场，他和第4位被选中的帕金斯正在参加奥运集训。

除了奥拉朱旺和乔丹，这年选秀还贡献了查尔斯·巴克利和约翰·斯托克顿等巨星。其实看走眼的不只是开拓者队，伟大的斯托克顿竟然到了第16顺位才被摘走，爵士队捡了个大漏。

伯德和"魔术师"约翰逊的"黑白争霸"在今年上演续集。

第八次在总决赛中负于凯尔特人队后，湖人队卷土重来。

威尔克斯在1985年2月份膝盖韧带撕裂缺席了之后的比赛，尽管如此，湖人队依然以62胜20负连续第四年成为太平洋赛区冠军，领先第二名20个胜场还创造了NBA的一项纪录。励精图治的湖人队进入"Show Time"的巅峰期，单季54.5%的投篮命中率和2575次助攻前无古人。

射落太阳队，杀死开拓者队，挖掉掘金队，湖人队在季后赛中铁蹄所到，一片狼藉，以11胜2负的战绩杀入总决赛。

62胜20负并不是当季的最佳战绩，比湖人队更好的是东部的凯尔特人队，他们取得了63场胜利。休赛期凯尔特人队做出调整，将杰拉德·亨德森送到了超音速队，把丹尼·安吉推上首发位置。"大鸟"伯德继续曼妙表演，场均砍下28.7分，蝉联常规赛MVP，而凯文·麦克海尔则以场均19.8分蝉联年度"最佳第六人"。

在季后赛中，凯尔特人队也是势不可挡，一路奏凯，和湖人队相约总决赛。

凯尔特人队似乎生来克湖人队，此前8次总决赛相遇，前者无一失手。这一年首战，历史有重演之势，湖人队以114∶148被凯尔特人队揍得七荤八素，这场溃败成为紫金王朝史上挥之不去的梦魇，被称为"阵亡纪念日的大屠杀"。

好在38岁高龄的贾巴尔铁树开花，随后率领湖人队5战4胜问鼎冠军，他自己也当之无愧地成为总决赛MVP。

总决赛湖人队VS凯尔特人队第9集，老天终于学会了拐弯。

## 1984-1985赛季排名

### 东部联盟

| 排名 | 球队 | 胜 | 负 |
|---|---|---|---|
| 1 | 波士顿凯尔特人队 | 63 | 19 |
| 2 | 密尔沃基雄鹿队 | 59 | 23 |
| 3 | 费城76人队 | 58 | 24 |
| 4 | 底特律活塞队 | 46 | 36 |
| 5 | 新泽西篮网队 | 42 | 40 |
| 6 | 华盛顿子弹队 | 40 | 42 |
| 7 | 芝加哥公牛队 | 38 | 44 |
| 8 | 克利夫兰骑士队 | 36 | 46 |
| 9 | 亚特兰大老鹰队 | 34 | 48 |
| 10 | 纽约尼克斯队 | 24 | 58 |
| 11 | 印第安纳步行者队 | 22 | 60 |

### 西部联盟

| 排名 | 球队 | 胜 | 负 |
|---|---|---|---|
| 1 | 洛杉矶湖人队 | 62 | 20 |
| 2 | 丹佛掘金队 | 52 | 30 |
| 3 | 休斯敦火箭队 | 48 | 34 |
| 4 | 达拉斯独行侠队 | 44 | 38 |
| 5 | 波特兰开拓者队 | 42 | 40 |
| 6 | 犹他爵士队 | 41 | 41 |
| 7 | 圣安东尼奥马刺队 | 41 | 41 |
| 8 | 菲尼克斯太阳队 | 36 | 46 |
| 9 | 洛杉矶快船队 | 31 | 51 |
| 10 | 堪萨斯城国王队 | 31 | 51 |
| 11 | 西雅图超音速队 | 31 | 51 |
| 12 | 金州勇士队 | 22 | 60 |

# NBA PLAYOFFS

## NBA季后赛 对阵表
### 1984—1985赛季

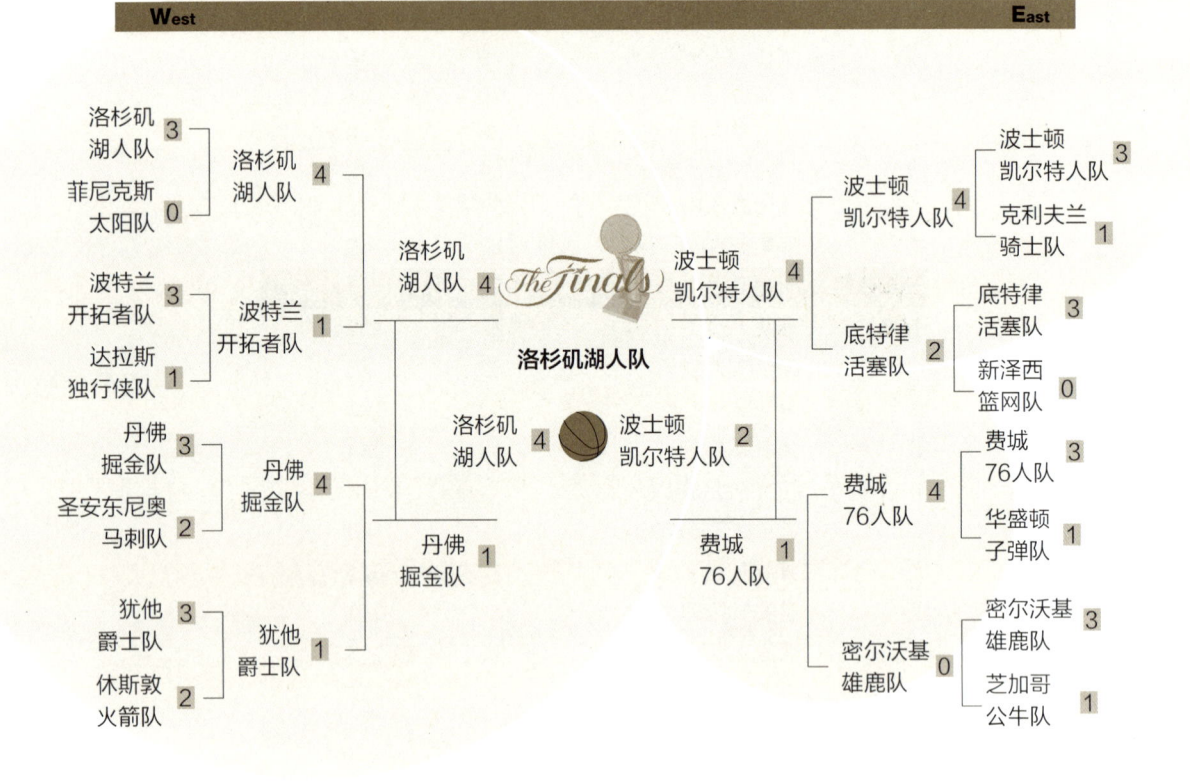

**W**est　　　　　　　　　　　　　　　　　　　　　　　　　　**E**ast

| 西部 | | | | | | 东部 | |
|---|---|---|---|---|---|---|---|
| 洛杉矶湖人队 3 | | | | | | | 波士顿凯尔特人队 3 |
| | 洛杉矶湖人队 4 | | | | | 波士顿凯尔特人队 4 | |
| 菲尼克斯太阳队 0 | | | | | | | 克利夫兰骑士队 1 |
| | | 洛杉矶湖人队 4 | | | 波士顿凯尔特人队 4 | | |
| 波特兰开拓者队 3 | | | | The Finals | | | 底特律活塞队 3 |
| | 波特兰开拓者队 1 | | | | | 底特律活塞队 2 | |
| 达拉斯独行侠队 1 | | | **洛杉矶湖人队** | | | | 新泽西篮网队 0 |
| | | | 洛杉矶湖人队 4　波士顿凯尔特人队 2 | | | | |
| 丹佛掘金队 3 | | | | | | | 费城76人队 3 |
| | 丹佛掘金队 4 | | | | | 费城76人队 4 | |
| 圣安东尼奥马刺队 2 | | | | | | | 华盛顿子弹队 1 |
| | | 丹佛掘金队 1 | | | 费城76人队 1 | | |
| 犹他爵士队 3 | | | | | | | 密尔沃基雄鹿队 3 |
| | 犹他爵士队 1 | | | | | 密尔沃基雄鹿队 0 | |
| 休斯敦火箭队 2 | | | | | | | 芝加哥公牛队 1 |

流浪的国王队从此结束了流浪——从堪萨斯城搬到了加利福尼亚州首府萨克拉门托，更名为萨克拉门托国王队，一直到今天。

1986年全明星大赛引入了三分球大赛，拉里·伯德成为首届三分球大赛冠军，并于1987年和1988年蝉联，成为NBA历史第一人。

伯德在三分球的推广中起到了重要作用。关于伯德的三分球，有两个著名的野史段子：1.和菜鸟第一次打比赛时，伯德总会在对方头上射三分，得手后轻蔑地来一句："嗨，欢迎来到NBA。"2.三分球大赛时，伯德会故作深沉地和对手打招呼："你好，请问你是来争第二的吗？"不过有趣的是，伯德平时训练很少练三分，"是的，人人都把我当成是一个三分投手，其实我练

## 1985—1986

## "大鸟"又赢了！
## 上帝穿上乔丹球衣

**总冠军：** 波士顿凯尔特人队

**总决赛MVP：** 拉里·伯德（凯尔特人队）

**得分王：** 多米尼克·威尔金斯（老鹰队/30.3分）

**篮板王：** 比尔·兰比尔（活塞队/13.1个）

**助攻王：** 埃尔文·约翰逊（湖人队/12.6次）

**最有价值球员：** 拉里·伯德（凯尔特人队）

**最佳新秀：** 帕特里克·尤因（尼克斯队）

**最佳防守球员：** 阿尔文·罗伯特森（马刺队）

**最佳第六人：** 比尔·沃顿（凯尔特人队）

**进步最快球员：** 埃尔文·罗伯特森（马刺队）

**最佳教练：** 迈克·费拉特诺（老鹰队）

三分球的时候并不多。"

这一年的扣篮大赛爆出冷门。1985年的扣篮王,"人类电影精华"多米尼克·威尔金斯赛前被人寄予厚望——他还在该赛季以场均30.3分加冕得分王,但令人大跌眼镜的是,同样来自老鹰队的、身高仅有1.70米的安东尼·杰罗姆·韦伯抢尽风头,爆冷夺冠。

韦伯和队友威尔金斯以相同的分数杀入决赛。与前两届扣篮大赛不同,这次决赛仅进行两轮。结果"小土豆"韦伯用变态的弹跳彻底虏获了评委,谁也想不到,1.70米的小个子居然能够上演反身双手灌篮。韦伯两扣都得到了满分,虽然威尔金斯只被扣了2分,也只能无奈地将"扣篮王"桂冠拱手让出。1.70米,扣篮王,韦伯演绎了一段佳话。

伯德本赛季成长为超级巨星,他在球场上无所不能,场均砍下联盟第四的25.8分,场均9.8个篮板和2.02次抢断分列第七和第九。此外伯德的罚球和三分球命中率分别是联盟最高的89.6%和第四高的42.3%,场均6.8次助攻还是队内最高的。如此全面的贡献,确保伯德成为继比尔·拉塞尔和维尔特·张伯伦后第三名常规赛MVP三连庄的球员。

凯尔特人队的其他球员亦有出色发挥,凯文·麦克海尔场均贡献21.3分,从快船队转会而来的比尔·沃顿走出伤病魔咒,常规赛出战80场,以场均7.6分、6.8个篮板荣膺年度"最佳第六人"。以联盟最牛的67胜结束常规赛后,凯尔特人队在季后赛延续强势,前三轮系列赛只输了一场便挺进总决赛。

总决赛凯尔特人队VS湖人队,这是球迷们无比期待的戏码,然而火箭队不解风情,毁了这个事先写好的剧本。

湖人队继续重组,威尔克斯在休赛期离开球队(在快船队只打了13场比赛就宣布退役),新秀A.C.格林和33岁的卢卡斯补充进来。

11胜1负,19胜2负,24胜3负,湖人队的常规赛之旅顺风顺水,最终连续第二个赛季收获62胜的佳绩。这一回更狠,他们竟领先太平洋赛区第二名开拓者队22个胜场。

这是贾巴尔的第17个赛季,他刷新了总上场时间和参赛场次纪录,而"魔术师"约翰逊则在他的第6个赛季里以场均12.6次助攻第三次成为助攻王。

看上去,湖人队眼里只有冤家凯尔特人队了。一切都在按原计划进行,湖人队在前两轮没怎么费周折,先后淘汰了马刺队和独行侠队。设计好的剧情至此被打断，出来捣乱的是拥有奥拉朱旺和汤普森的火箭队。

西部决赛中，火箭队出人意料地取得了3∶1的领先，但即使到了这份上，也没人料到他们能杀进总决赛，"不过是湖人队老虎打盹而已。"

第五场比赛回到洛杉矶进行，这是湖人队触底反弹的绝佳时机。是役双方打得异常惨烈，读秒阶段打成了112平。此时汤普森成为大英雄，他的致命一击让湖人队魂断家门口，火箭队逆势而行杀进总决赛。

火箭队的神奇至此打住，尽管他们拥有奥拉朱旺和汤普森构架起的双塔，但和伯德率领的凯尔特人队相比，他们还是稚嫩了不少。最终火箭队抵抗6场，以2∶4目送"绿衫军"登基。

加冕战伯德彻底征服世界，他完全进入无解状态，交出了29分、11个篮板、12次助攻的"三双"答卷，帮助凯尔特人队赢得了队史上第16座总冠军奖杯，他本人也当之无愧地成为总决赛MVP。

不过令人遗憾的是，这是凯尔特人队多年辉煌的句点，此后直到2008年，他们再也没拿过一次总冠军。

该赛季凯尔特人队的主场堪称人间魔窟，常规赛和季后赛50个主场，他们只输了1场。不过，"绿衫军"在驶达总冠军的过程中，有些手下败将也值得铭记，比如迈克尔·乔丹。

职业生涯第二季，乔丹遭遇严重伤病，只打了3场比赛就因左脚骨折高挂免战牌，尽管被票选成全明星，也无法出席。赛季末乔丹终于伤愈回归，并在季后赛首轮出尽风头。首轮第二战，在恐怖的波士顿花园球馆，乔丹在伯德眼皮底下狂砍63分，创下季后赛纪录。尽管最终凯尔特人队历经两个加时以132∶131胜出，"大鸟"还是不由自主地感慨："我想，一定是上帝穿上了乔丹的球衣。"那个系列赛，乔丹场均劈下43.7分，虽败犹荣。

## 1985-1986赛季排名

| 东部联盟 | | | |
|---|---|---|---|
| 排名 | 球队 | 胜 | 负 |
| 1 | 波士顿凯尔特人队 | 67 | 15 |
| 2 | 密尔沃基雄鹿队 | 57 | 25 |
| 3 | 费城76人队 | 54 | 28 |
| 4 | 亚特兰大老鹰队 | 50 | 32 |
| 5 | 底特律活塞队 | 46 | 36 |
| 6 | 华盛顿子弹队 | 39 | 43 |
| 7 | 新泽西篮网队 | 39 | 43 |
| 8 | 芝加哥公牛队 | 30 | 52 |
| 9 | 克利夫兰骑士队 | 29 | 53 |
| 10 | 印第安纳步行者队 | 26 | 56 |
| 11 | 纽约尼克斯队 | 23 | 59 |
| 西部联盟 | | | |
| 排名 | 球队 | 胜 | 负 |
| 1 | 洛杉矶湖人队 | 62 | 20 |
| 2 | 休斯敦火箭队 | 51 | 31 |
| 3 | 丹佛掘金队 | 47 | 35 |
| 4 | 达拉斯独行侠队 | 44 | 38 |
| 5 | 犹他爵士队 | 42 | 40 |
| 6 | 波特兰开拓者队 | 40 | 42 |
| 7 | 萨克拉门托国王队 | 37 | 45 |
| 8 | 圣安东尼奥马刺队 | 35 | 47 |
| 9 | 洛杉矶快船队 | 32 | 50 |
| 10 | 菲尼克斯太阳队 | 32 | 50 |
| 11 | 西雅图超音速队 | 31 | 51 |
| 12 | 金州勇士队 | 30 | 52 |

# NBA PLAYOFFS

## NBA季后赛 对阵表
### 1985—1986赛季

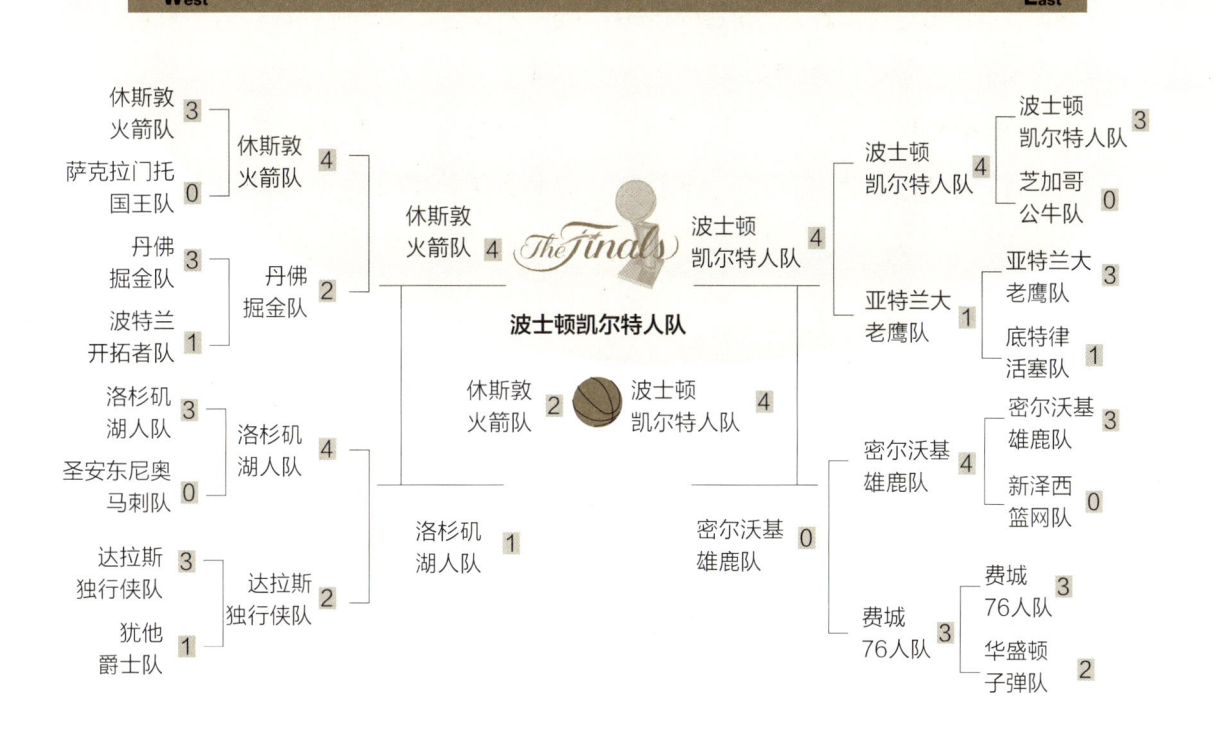

**W**est             **E**ast

**The Finals: 波士顿凯尔特人队**

休斯敦火箭队 2 — 波士顿凯尔特人队 4

### 西部

- 休斯敦火箭队 3 / 萨克拉门托国王队 0 → 休斯敦火箭队 4 / 丹佛掘金队 2 → 休斯敦火箭队 4
- 丹佛掘金队 3 / 波特兰开拓者队 1
- 洛杉矶湖人队 3 / 圣安东尼奥马刺队 0 → 洛杉矶湖人队 4 / 达拉斯独行侠队 2 → 洛杉矶湖人队 1
- 达拉斯独行侠队 3 / 犹他爵士队 1

### 东部

- 波士顿凯尔特人队 3 / 芝加哥公牛队 0 → 波士顿凯尔特人队 4 / 亚特兰大老鹰队 1 → 波士顿凯尔特人队 4
- 亚特兰大老鹰队 3 / 底特律活塞队 1
- 密尔沃基雄鹿队 3 / 新泽西篮网队 0 → 密尔沃基雄鹿队 4 / 费城76人队 3 → 密尔沃基雄鹿队 0
- 费城76人队 3 / 华盛顿子弹队 2

迈克尔·乔丹是公认的宇宙头号飞人，但直到职业生涯第三季，"飞人陛下"才真正将飞翔绝技淋漓尽致地展现。

1987年扣篮大赛，多米尼克·威尔金斯有伤在身，杰罗姆·克西顶班参赛，其他参与"扣篮王"角逐的还有"滑翔机"德雷克斯勒和第二次参赛的乔丹等6名球员。

首轮预赛，斯坦斯贝里、德雷克斯勒和克西率先进入半决赛，而乔丹由于第一扣难度不大，仅仅得到41分。第二扣，乔丹祭出高难度动作，可惜未果。好在还有两次机会，这一次乔丹将球砸向地板，双手抓住弹起的球将其灌入篮筐。尽管这一扣力道稍嫌不足，乔丹还是幸运地搭上了半决赛的末班车。

半决赛中，乔丹终显飞人本色，他拷贝了"J博士"朱利叶斯·欧文扣

## 1986-1987 乔丹加冕扣篮王 "魔术师"惊世一勾

**总冠军：** 洛杉矶湖人队
**总决赛MVP：** 埃尔文·约翰逊（湖人队）
**得分王：** 迈克尔·乔丹（公牛队／37.1分）
**篮板王：** 查尔斯·巴克利（76人队／14.6个）
**助攻王：** 埃尔文·约翰逊（湖人队／12.2次）
**最有价值球员：** 埃尔文·约翰逊（湖人队）
**最佳新秀：** 查克·珀森（步行者队）
**最佳防守球员：** 迈克尔·库珀（湖人队）
**最佳第六人：** 里奇·皮尔斯（雄鹿队）
**进步最快球员：** 戴尔·埃利斯（超音速队）
**最佳教练：** 迈克·舒勒（开拓者队）

篮大赛上从罚球线起跳后滑翔扣篮的经典动作。稍有不同的是，乔丹是从另一侧篮下开始助跑，从罚球线起跳后单手扣篮，一举博得49分的高分。第二扣，乔丹从右侧篮下起跳，右手持球在空中转体180度，来了一个风车式灌篮，又一个49分。第三扣，乔丹改从左侧起跳，双手持球，身体几乎与地面平行，用右手将球大力灌进篮筐，这记被命名为"亲吻篮筐"的重扣为他赢得了满分。三扣过后，乔丹携手克西进入决赛。

决赛中前两扣乔丹均得到48分，第三扣他打算在空中做一个类似超人飞行的动作，无奈难度太大没有成功。"补扣"时乔丹重现"亲吻篮筐"，这一扣无论是从飞行姿势还是从扣篮力道上来说都堪称完美。146分，乔丹首次加冕"扣篮王"。

这是乔丹井喷式爆发的一个年份，除了加冕"扣篮王"，他在常规赛中总共得到3041分，场均37.1分——继1963年的维尔特·张伯伦后，NBA第一次有球员单季突破3000分大关。遗憾的是，公牛队在季后赛首轮再次遭遇横扫，"肇事者"依然是凯尔特人队。

1986年选秀大会上，凯尔特人队用2号签选中了马里兰大学的伦·拜亚斯，然而仅仅两天后，他就因为过度服用可卡因离开了人间，球队的补血计划无奈宣告流产。

开季后比尔·沃顿和斯科特·韦德曼先后受伤，板凳成色大打折扣，主教练K.C.琼斯不得不把重任完全交给首发球员，伯德、帕里什、麦克海尔和丹尼斯·约翰逊该赛季的场均出场时间都在37分钟以上。

常规赛凯尔特人队取得了东部第一、联盟第二的59胜23负，可到了季后赛，主将太过劳累的弊病逐步显现。首轮以3：0横扫公牛队后，凯尔特人队打满14场比赛才艰难淘汰雄鹿队和活塞队。

尤其是对活塞队的第五战，若没有伯德的个人表演，"绿衫军"恐怕早就一命呜呼了。全场比赛还剩最后5秒，活塞队领先1分且掌控球权，令人喷血的一幕上演了：伊赛亚·托马斯发界外球，伯德抢断成功，助攻丹尼斯·约翰逊上篮得分，凯尔特人队起死回生。抢七局中凯尔特人队117：114惊险淘汰活塞队，晋级总决赛。

上一赛季被火箭队爆冷阻击的湖人队卷土重来，他们在休赛期做出两个重要调整，把卢卡斯交易出去，让A.C.格林司职首发大前锋，还笼络来了马刺队的汤普森。

贾巴尔年事渐大，主教练帕特·莱利因势利导，把进攻核心从"天勾"转移到了"魔术师"约翰逊身上。这一转变收到效果，约翰逊以场均12.2次助攻蝉联助攻王，还能得到职业生涯最高的场均23.9分，将常规赛MVP收入囊中。减负后的贾巴尔场均也有17.5分入账，库珀成了该赛季的最佳防守球员。

全民皆兵，人尽其用，湖人队在常规赛豪取联盟最好的、同时也是队史第二好的65胜。季后赛中湖人队愈发不可遏止，横扫掘金队，以4∶1淘汰勇士队，横扫超音速队后，挺进总决赛。

湖人队VS凯尔特人队，无比熟悉的戏码。

总决赛前两战，伤病累累、替补羸弱的凯尔特人队无计可施，吞下0∶2的苦果。第四战堪称经典。面对求生欲超强的凯尔特人队，湖人队整场比赛都在苦苦追赶，直到最后时刻还以104∶106落后。此时贾巴尔得球后造成犯规博得两次罚球，第一罚命中，但第二罚弹筐而出，幸运的是，凯尔特人队将球碰出界外，湖人队再次得到控球权。暂停回来，"魔术师"约翰逊左翼接球，意欲跳投，但瘦长的麦克海尔拼命挡住球路。于是约翰逊转而运球切入，麦克海尔如影随形，伯德和帕里什也迅速包夹过来，可在三人合围圈形成之前，"魔术师"竟出人意料地在罚球线上来了一记勾手，球划出一条美妙的弧线稳稳进筐，湖人队反超。伯德绝望地投失压哨球，湖人队以107∶106上岸，并最终以4∶2捧杯，"魔术师"约翰逊荣膺总决赛MVP。

"你可以想到会败于湖人队的勾手，但你无论如何也想不到，使出这招的居然是约翰逊。"伯德后来回忆起那一勾，悻悻然。

各路豪强杀得天昏地暗，大卫·斯特恩也没闲着，1987年4月，总裁先生宣布了新的扩军计划：夏洛特黄蜂队和迈阿密热火队将于1988年加入联盟，而奥兰多魔术队和明尼苏达森林狼队1989年来投。

## 1986-1987赛季排名

### 东部联盟

| 排名 | 球队 | 胜 | 负 |
| --- | --- | --- | --- |
| 1 | 波士顿凯尔特人队 | 59 | 23 |
| 2 | 亚特兰大老鹰队 | 57 | 25 |
| 3 | 底特律活塞队 | 52 | 30 |
| 4 | 密尔沃基雄鹿队 | 50 | 32 |
| 5 | 费城76人队 | 45 | 37 |
| 6 | 华盛顿子弹队 | 42 | 40 |
| 7 | 印第安纳步行者队 | 41 | 41 |
| 8 | 芝加哥公牛队 | 40 | 42 |
| 9 | 克利夫兰骑士队 | 31 | 51 |
| 10 | 新泽西篮网队 | 24 | 58 |
| 11 | 纽约尼克斯队 | 24 | 58 |

### 西部联盟

| 排名 | 球队 | 胜 | 负 |
| --- | --- | --- | --- |
| 1 | 洛杉矶湖人队 | 65 | 17 |
| 2 | 达拉斯独行侠队 | 55 | 27 |
| 3 | 波特兰开拓者队 | 49 | 33 |
| 4 | 犹他爵士队 | 44 | 38 |
| 5 | 金州勇士队 | 42 | 40 |
| 6 | 休斯敦火箭队 | 42 | 40 |
| 7 | 西雅图超音速队 | 39 | 43 |
| 8 | 丹佛掘金队 | 37 | 45 |
| 9 | 菲尼克斯太阳队 | 36 | 46 |
| 10 | 萨克拉门托国王队 | 29 | 53 |
| 11 | 圣安东尼奥马刺队 | 28 | 54 |
| 12 | 洛杉矶快船队 | 12 | 70 |

# NBA PLAYOFFS

## NBA季后赛 对阵表
### 1986—1987赛季

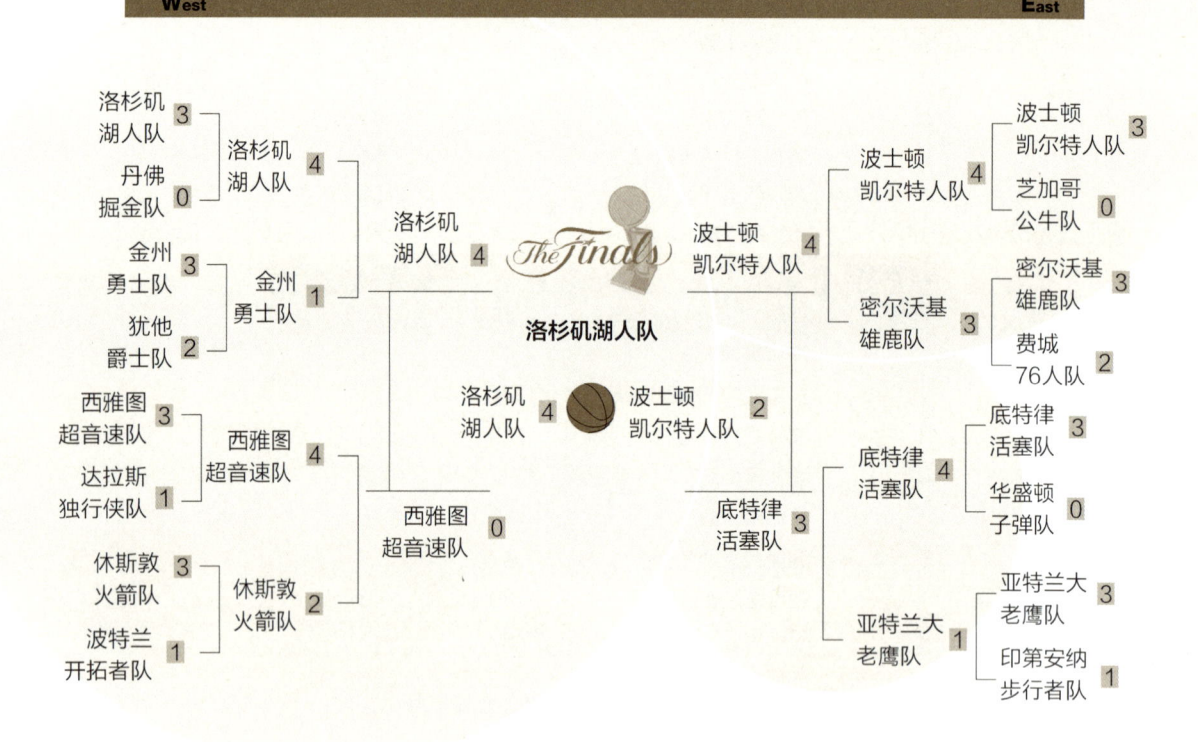

**W**est     **E**ast

**西部**

- 洛杉矶湖人队 3 / 丹佛掘金队 0 → 洛杉矶湖人队 4
- 金州勇士队 3 / 犹他爵士队 2 → 金州勇士队 1
- 洛杉矶湖人队 4 / 金州勇士队（胜）→ 洛杉矶湖人队 4
- 西雅图超音速队 3 / 达拉斯独行侠队 1 → 西雅图超音速队 4
- 休斯敦火箭队 3 / 波特兰开拓者队 1 → 休斯敦火箭队 2
- 西雅图超音速队 0

**总决赛**
洛杉矶湖人队 4 — 波士顿凯尔特人队 2

**冠军：洛杉矶湖人队**

**东部**

- 波士顿凯尔特人队 3 / 芝加哥公牛队 0 → 波士顿凯尔特人队 4
- 密尔沃基雄鹿队 3 / 费城76人队 2 → 密尔沃基雄鹿队 3
- 波士顿凯尔特人队 4
- 底特律活塞队 3 / 华盛顿子弹队 0 → 底特律活塞队 4
- 亚特兰大老鹰队 3 / 印第安纳步行者队 1 → 亚特兰大老鹰队 1
- 底特律活塞队 3

单以个人论,本赛季属于迈克尔·乔丹。继上个赛季揽获得分王和扣篮王后,乔丹在该赛季的演出更为惊艳,他几乎垄断了所有个人奖项:得分王、常规赛MVP、最佳防守球员、扣篮王、全明星赛MVP。

不过乔丹的公牛队依然处于崛起期,季后赛首轮斩落骑士队后,第二轮以1:4被"坏孩子军团"活塞队淘汰。换句话说,这也是公牛队在为雄起积累经验,或者说缴纳学费,他们一直在默默地招兵买马,为"陛下"遴选帮手。

1987年选秀大会上,公牛队选中了霍勒斯·格兰特,最重要的是,拿不上桌面的线下交易后,史上最伟大的"二当家"斯科特·皮蓬入主芝加哥。大学最后一年,皮蓬场均砍下23.6分、

## 1987—1988

### 乔丹惊天表演难救主
### 湖人队成功卫冕

**总冠军:** 洛杉矶湖人队

**总决赛MVP:** 詹姆斯·沃西(湖人队)

**得分王:** 迈克尔·乔丹(公牛队/35.0分)

**篮板王:** 迈克尔·凯奇(快船队/13.0个)

**助攻王:** 约翰·斯托克顿(爵士队/13.8次)

**最有价值球员:** 迈克尔·乔丹(公牛队)

**最佳新秀:** 马克·杰克逊(尼克斯队)

**最佳防守球员:** 迈克尔·乔丹(公牛队)

**最佳第六人:** 罗伊·坦普利(独行侠队)

**进步最快球员:** 凯文·达克沃斯(开拓者)

**最佳教练:** 道格·莫(掘金队)

10个篮板，吸引了大帮球探的注意。这自然也包括公牛队。

为了得到梦寐以求的皮蓬，公牛队在选秀大会前夜与超音速队达成一笔内幕交易，如果后者能在第5顺位选到皮蓬，他们将在第8顺位选择中锋奥尔登·波利尼斯，然后再搭上第二轮选秀权以及1988年或者1989年的首轮选秀权，二者进行交换。就这样，乔丹和皮蓬走到了一起，后来成为红得发紫的黄金拍档。

公牛队之外，活塞队的崛起更为令人侧目。伊赛亚·托马斯、比尔·兰比尔、里克·马洪、阿德利·丹特利、乔·杜马斯、维尼·约翰逊、丹尼斯·罗德曼、约翰·塞里……功勋主帅查克·戴利以"微笑刺客"为核心，构架起了强硬、铁血、默契甚至有些肮脏的"坏孩子军团"。

常规赛阶段，活塞队取得了中部赛区第一的54胜，季后赛前两轮顺利淘汰子弹队和公牛队，在东部决赛中和凯尔特人队遭遇。

之前那个赛季，活塞队在东部决赛中以3∶4惜败给凯尔特人队，毫无疑问，这是他们复仇的绝佳机会。

常规赛中的凯尔特人队依旧强势，伯德和麦克海尔场均分别贡献29.9分和22.6分，57胜25负的战绩领先同区第二19个胜场。但"绿衫军"的老龄化问题上个赛季就开始显露，这个赛季他们并未做大调整。果不其然，老龄化纵队遇到峥嵘初显的活塞队，打得异常吃力，三个主场竟然只获一胜。最终，"坏孩子军团"以4∶2复仇成功，时隔32年后再次来到总决赛。

另一支总决赛球队依然是湖人队。

1969年凯尔特人队之后，联盟中就再也没有球队能完成卫冕大业。在很多人看来，联盟疯狂扩军，导致了各队之间实力异常接近，卫冕逐渐成为一项不可能完成的任务。但有一个人觉得这个理论有些扯淡，他就是湖人队主教练帕特·莱利。

20世纪80年代至今，湖人队已经收获四个总冠军，"神算子"仍然不够满意，他的目标是率队卫冕——王朝球队的一个最基本前提即"卫冕"。1987年夏天，湖人队登顶后的第二天，莱利就在庆功会上放出话来，一定要带队卫冕。

湖人队开季强势，豪取8连胜。不过在随后的9场比赛里，湖人队一下子输掉6场。以115∶114战胜凯尔特人队后，湖人队止住颓势，一鼓作气拿下当时队史第二长的15连胜。

在常规赛中，拜伦·斯科特场均砍下21.7分，詹姆斯·沃西也有19.7分入账，米切尔·汤普森辅弼贾巴尔，三年级大前锋A.C.格林也愈发成熟，湖人队最终摘下联盟最好的62胜，连续第七年成为太平洋赛区冠军。

季后赛中，首轮横扫马刺队晋级后，湖人队遇到爵士队和独行侠队的强力阻击，缠斗14场后方得以晋级总决赛。莱利离兑现卫冕誓言越来越近了。

湖人队奉行"Show Time"深入人心，而活塞队则依仗身体和防守，这届总决赛是两种篮球风格的较量。

前5场比赛过后，湖人队以2∶3落后，已然被逼上了断崖。第六战是传世经典：第三节比赛中，"微笑刺客"伊赛亚·托马斯脚踝严重扭伤，但他在关键时刻重伤不下火线，这一节狂取创总决赛历史单节得分纪录的25分，全场砍落43分。托马斯单脚起跳投篮，疼得龇牙咧嘴，跟跄地跛出场外的那一幕已成历史经典影像。悲怆的是，那场比赛的胜者是湖人队，103∶102，大比分3∶3。

抢七局两队仍旧激烈互殴，比分一直紧咬，此时詹姆斯·沃西站了出来，用"三双"数据助推湖人队以108∶105成功卫冕，莱利的豪言成为现实。詹姆斯·沃西当选总决赛MVP。

值得一提的是，这个赛季的助攻王是爵士队的约翰·斯托克顿。这个身高1.85米的家伙接过"魔术师"权杖的同时，拉开了连续9个赛季垄断助攻王的大幕。

## 1987-1988赛季排名

| 东部联盟 | | | |
|---|---|---|---|
| 排名 | 球队 | 胜 | 负 |
| 1 | 波士顿凯尔特人队 | 57 | 25 |
| 2 | 底特律活塞队 | 54 | 28 |
| 3 | 芝加哥公牛队 | 50 | 32 |
| 4 | 亚特兰大老鹰队 | 50 | 32 |
| 5 | 密尔沃基雄鹿队 | 42 | 40 |
| 6 | 克利夫兰骑士队 | 42 | 40 |
| 7 | 华盛顿子弹队 | 38 | 44 |
| 8 | 纽约尼克斯队 | 38 | 44 |
| 9 | 印第安纳步行者队 | 38 | 44 |
| 10 | 费城76人队 | 36 | 46 |
| 11 | 新泽西篮网队 | 19 | 63 |

| 西部联盟 | | | |
|---|---|---|---|
| 排名 | 球队 | 胜 | 负 |
| 1 | 洛杉矶湖人队 | 62 | 20 |
| 2 | 丹佛掘金队 | 54 | 28 |
| 3 | 达拉斯独行侠队 | 53 | 29 |
| 4 | 犹他爵士队 | 47 | 35 |
| 5 | 波特兰开拓者队 | 53 | 29 |
| 6 | 休斯敦火箭队 | 46 | 36 |
| 7 | 西雅图超音速队 | 44 | 38 |
| 8 | 圣安东尼奥马刺队 | 31 | 51 |
| 9 | 菲尼克斯太阳队 | 28 | 54 |
| 10 | 萨克拉门托国王队 | 24 | 58 |
| 11 | 金州勇士队 | 20 | 62 |
| 12 | 洛杉矶快船队 | 17 | 65 |

# NBA PLAYOFFS

## NBA季后赛 对阵表
### 1987—1988赛季

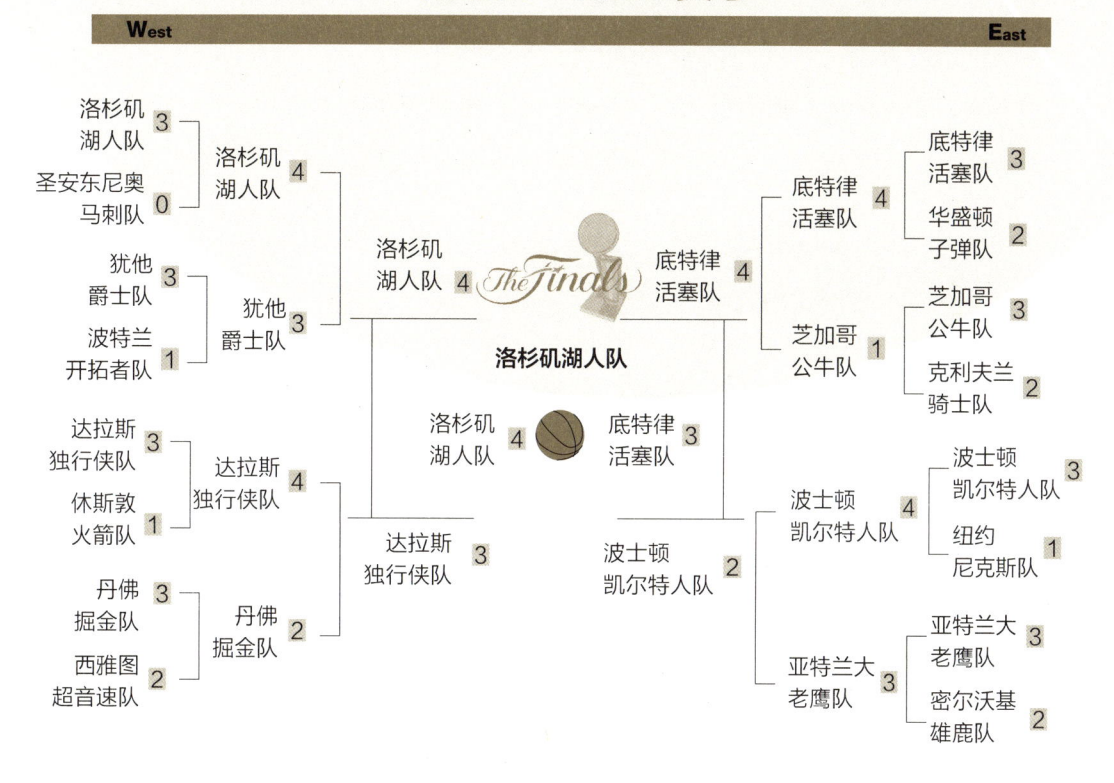

**West**                                                            **East**

**First Round (West):**
- 洛杉矶湖人队 3 — 圣安东尼奥马刺队 0
- 犹他爵士队 3 — 波特兰开拓者队 1
- 达拉斯独行侠队 3 — 休斯敦火箭队 1
- 丹佛掘金队 3 — 西雅图超音速队 2

**Conference Semifinals (West):**
- 洛杉矶湖人队 4 — 犹他爵士队 3
- 达拉斯独行侠队 4 — 丹佛掘金队 2

**Conference Finals (West):**
- 洛杉矶湖人队 4 — 达拉斯独行侠队 3

**First Round (East):**
- 底特律活塞队 3 — 华盛顿子弹队 2
- 芝加哥公牛队 3 — 克利夫兰骑士队 2
- 波士顿凯尔特人队 3 — 纽约尼克斯队 1
- 亚特兰大老鹰队 3 — 密尔沃基雄鹿队 2

**Conference Semifinals (East):**
- 底特律活塞队 4 — 芝加哥公牛队 1
- 波士顿凯尔特人队 4 — 亚特兰大老鹰队 3

**Conference Finals (East):**
- 底特律活塞队 4 — 波士顿凯尔特人队 2

**The Finals:**
- 洛杉矶湖人队 4 — 底特律活塞队 3

**Champion: 洛杉矶湖人队**

迈克尔·乔丹继续大杀四方，该赛季场均砍下联盟最高的32.5分，场均送出职业生涯最高、联盟第十的8次助攻，场均摘下职业生涯最高的8个篮板，此外每场还能贡献联盟第三的2.89次抢断。不过，乔丹本赛季最脱俗的演出并不是这些，而是被无数影像记录下来，并被不厌其烦地重放的"The Shot"。

尽管乔丹已是联盟头号无解男，但当季后赛开打时，没有多少人认为47胜35负的公牛队能制造多大动静，尤其是他们面对的是常规赛57胜25负的克星骑士队。就连芝加哥当地媒体也不看好他们的主队，有媒体甚至预测公牛队会被0：3横扫。

这触痛了胜利偏执狂乔丹，他发誓率领公牛队在4场之内搞定骑士队。

## 1988-1989

## "The Shot"诞生
## "坏孩子军团登基"

**总冠军：底特律活塞队**

**总决赛MVP：乔·杜马斯**（活塞队）

**得分王：迈克尔·乔丹**（公牛队/32.5分）

**篮板王：哈基姆·奥拉朱旺**（火箭队/13.5个）

**助攻王：约翰·斯托克顿**（爵士队/13.6次）

**最有价值球员：埃尔文·约翰逊**（湖人队）

**最佳新秀：米奇·里奇蒙德**（勇士队）

**最佳防守球员：马克·伊顿**（爵士队）

**最佳第六人：埃迪·约翰逊**（太阳队）

**进步最快球员：凯文·约翰逊**（太阳队）

**最佳教练：科顿·菲茨西蒙斯**（太阳队）

骑士队明星后卫马克·普莱斯腹股沟拉伤给了公牛队机会，公牛队在克利夫兰以95∶88赢下开门红。3战过后，公牛队2∶1领先，他们本有机会在5月5日的主场晋级。可惜乔丹在常规时间行将结束时错失一个罚球，骑士队把比赛拖进加时，最终以108∶105获胜赢得一线生机。

乔丹后来回忆说，那个该死的罚球点燃了他在生死战中自我救赎的欲火。事实也果真是这样。第五战双方陷入卓绝的拉锯战，比赛还剩最后6秒钟时，乔丹的近距离跳投让公牛队取得99∶98的领先。骑士队叫了暂停，主帅兰尼·威尔肯斯设计了一次进攻。队员们执行得很完美，埃洛发边线球给中场附近的南斯，后者再回传给埃洛，埃洛带球突入内线上篮得分，100∶99，骑士队反超1分。

美中不足的是，骑士队给公牛队，确切说是给乔丹留下了足足3秒钟的时间。埃洛此战发挥近乎完美，得到了全队最高的24分，可残酷的是，他没成为英雄，反倒成了倒霉的背景。

公牛队暂停，主帅道格·科林斯指定塞勒斯中线发界外球。威尔肯斯选择放塞勒斯发球，用埃洛和南斯去包夹乔丹。乔丹迅速摆脱了南斯，这一瞬间，斯科特·皮蓬从旁边飘过，埃洛下意识地移动了一步。正是这一步，给了乔丹空间，他在右边线附近接到了球，运了两下，比埃洛提前一步游弋到了罚球线附近。然后就是那征服世界的一球：乔丹跳起，仿佛停滞在空中，出手，蜂鸣器响起，球进，44分，乔丹率队上岸。

尽管如此，乔丹和他的公牛队仍然迈不过活塞队这座大山。上赛季总决赛失利后，比尔·兰比尔和伊赛亚·托马斯在更衣室里抱头痛哭，心有罅隙的他们化干戈为玉帛。从这种意义上来说，这次刻骨铭心的失利使得活塞队的更衣室氛围更加和睦，他们决定卷土重来，一定要把总冠军搞到手。

休赛期，活塞队用头号得分手丹特利加一个首轮选秀权从独行侠队换来全明星前锋马克·阿圭尔。事实证明，这次豪赌是正确的。常规赛阶段，活塞队63胜19负笑傲联盟，这也是队史最好战绩。到了季后赛，活塞队更加势不可当，先后淘汰凯尔特人队、雄鹿队和公牛队，再次杀进总决赛。

所谓冤家路窄，湖人队也如约来到总决赛。

此时贾巴尔已经41岁高龄，这是"天勾"的最后一个赛季，湖人队决心要用总冠军来给这个功勋老将送行。

一切都看上去很美,"魔术师"约翰逊得到了第二个常规赛MVP,湖人队常规赛轻松取下57胜,这是他们第十次取得50胜以上的战绩,以2个胜场的优势压倒太阳队成为太平洋赛区的冠军。进入季后赛,湖人队同样马踏连营,前三轮的对手开拓者队、超音速队和太阳队,纷纷吃了鸭蛋。湖人队以不可思议的11连胜闯入总决赛。

物极必反。湖人队高调狂奔后,噩运不期而至。总决赛开打前,拜伦·斯科特腿部拉伤,总决赛第二战,"魔术师"约翰逊腿部也受伤。还没等对手出招,湖人队已被伤病折磨得够呛。

处于鼎盛期的活塞队当然不会错过这个绝佳机会,连出四招,以4∶0横扫湖人队,酣畅复仇,轻松登顶。

总决赛中发挥最好的球员不是"微笑刺客"托马斯,不是兰比尔,也不是交易来的阿圭尔,而是一直默默无闻的乔·杜马斯,他在攻防两端的表现无可挑剔,4战场均得到27.3分,作为一名后卫,投篮命中率竟是恐怖的58%。乔·杜马斯当之无愧地当选总决赛MVP,而老贾巴尔则带着遗憾离开了球场。

## 1988-1989赛季排名

| 东部联盟 | | | |
|---|---|---|---|
| 排名 | 球队 | 胜 | 负 |
| 1 | 底特律活塞队 | 63 | 19 |
| 2 | 纽约尼克斯队 | 52 | 30 |
| 3 | 克利夫兰骑士队 | 57 | 25 |
| 4 | 亚特兰大老鹰队 | 52 | 30 |
| 5 | 密尔沃基雄鹿队 | 49 | 33 |
| 6 | 芝加哥公牛队 | 47 | 35 |
| 7 | 费城76人队 | 46 | 36 |
| 8 | 波士顿凯尔特人队 | 42 | 40 |
| 9 | 华盛顿子弹队 | 40 | 42 |
| 10 | 印第安纳步行者队 | 28 | 54 |
| 11 | 新泽西篮网队 | 26 | 56 |
| 12 | 夏洛特黄蜂队 | 20 | 62 |

| 西部联盟 | | | |
|---|---|---|---|
| 排名 | 球队 | 胜 | 负 |
| 1 | 洛杉矶湖人队 | 57 | 25 |
| 2 | 犹他爵士队 | 51 | 31 |
| 3 | 菲尼克斯太阳队 | 55 | 27 |
| 4 | 西雅图超音速队 | 47 | 35 |
| 5 | 休斯敦火箭队 | 45 | 37 |
| 6 | 丹佛掘金队 | 44 | 38 |
| 7 | 金州勇士队 | 43 | 39 |
| 8 | 波特兰开拓者队 | 39 | 43 |
| 9 | 达拉斯独行侠队 | 38 | 44 |
| 10 | 萨克拉门托国王队 | 27 | 55 |
| 11 | 圣安东尼奥马刺队 | 21 | 61 |
| 12 | 洛杉矶快船队 | 21 | 61 |
| 13 | 迈阿密热火队 | 15 | 67 |

# NBA PLAYOFFS

## NBA季后赛 对阵表
### 1988—1989赛季

**West**                      **East**

- 洛杉矶湖人队 3 — 波特兰开拓者队 0 → 洛杉矶湖人队 4
- 西雅图超音速队 3 — 休斯敦火箭队 1 → 西雅图超音速队 0
  - 洛杉矶湖人队 4
- 菲尼克斯太阳队 3 — 丹佛掘金队 1 → 菲尼克斯太阳队 4
- 金州勇士队 3 — 犹他爵士队 0 → 金州勇士队 1
  - 菲尼克斯太阳队 0

**The Finals: 底特律活塞队**

- 洛杉矶湖人队 0 — 底特律活塞队 4

- 底特律活塞队 3 — 波士顿凯尔特人队 0 → 底特律活塞队 4
- 密尔沃基雄鹿队 3 — 亚特兰大老鹰队 2 → 密尔沃基雄鹿队 0
  - 底特律活塞队 4
- 芝加哥公牛队 3 — 克利夫兰骑士队 2 → 芝加哥公牛队 4
- 纽约尼克斯队 3 — 费城76人队 0 → 纽约尼克斯队 2
  - 芝加哥公牛队 2

216

对于公牛队而言,乔丹加盟后的几个赛季可谓失望与希望并存,一次次令人失望,却又能让人看到曙光。

痛定思痛,公牛队在1989年夏天解雇了道格·科林斯,请来了"禅师"菲尔·杰克逊。杰克逊带来了更为先进的战术理念:三角进攻!这是一种讲求快速传导、穿插切入,灵活调动场上5人的战术系统。由于坐拥乔丹这样的超级巨星,杰克逊也留了一手,那就是当既定战术不灵时,乔丹拥有无线开火权。

乔丹继续霸占得分榜,三分球命中率也提高到了37.6%,在公牛队对阵骑士队的比赛中,他砍下了职业生涯最高的69分。在常规赛中,公牛队取得了自1971-1972赛季以来最好的55胜27负。

似乎是天意弄人,公牛队闯入东部决赛后,又一次碰到了克星活塞队,结果不变,他们又被"坏孩子军团"淘

## 1989-1990 "禅师"联手乔丹 "刺客"笑到最后

**总冠军:** 底特律活塞队

**总决赛MVP:** 伊赛亚·托马斯(活塞队)

**得分王:** 迈克尔·乔丹(公牛队/33.6分)

**篮板王:** 哈基姆·奥拉朱旺(火箭队/14.0个)

**助攻王:** 约翰·斯托克顿(爵士队/14.5次)

**最有价值球员:** 埃尔文·约翰逊(湖人队)

**最佳新秀:** 大卫·罗宾逊(马刺队)

**最佳防守球员:** 丹尼斯·罗德曼(活塞队)

**最佳第六人:** 里奇·皮尔斯(雄鹿队)

**进步最快球员:** 罗尼·塞卡利(热火队)

**最佳教练:** 帕特·莱利(湖人队)

汰了。就和乔丹后来成为所有强队的噩梦一样，这三年活塞队就是乔丹的噩梦。哪年哪月，乔丹才会从梦中醒来？

夺取总冠军后，活塞队的阵容有所变化。由于明尼苏达森林狼队和奥兰多魔术队的加入，里克·马洪在扩军选秀中被挑走，顶替他位置的是老将詹姆斯·爱德华兹。较之马洪，爱德华兹的身体不够彪悍，但他在低位的杀伤力更强，可以有效地替阿圭尔分担得分压力。

在常规赛中，活塞队59胜23负，领跑东部。季后赛前两轮轻松淘汰步行者队和尼克斯队后，活塞连续第三年遇到公牛队。恶战7场后，活塞队连续第三年闯入总决赛。

令人稍感意外的是，在总决赛里等待他们的并不是湖人队。

贾巴尔退役后，汤普森成了湖人队的先发中锋，此外他们通过选秀签下了来自南斯拉夫的迪瓦茨。贾巴尔不在，"魔术师"约翰逊勇挑重担，常规赛场均贡献22.3分、11.5次助攻、6.6个篮板和1.7次抢断，四年来第三次荣膺常规赛MVP，湖人队则六年来第五次收获60+胜场，连续第9季成为太平洋赛区第一。其中，湖人队的主场战绩是恐怖的37胜4负。

季后赛首轮对上拥有当季篮板王哈基姆·奥拉朱旺的火箭队，湖人队没费多大周折就晋级。看上去一切都和原来一样。任谁也没有料到，季后赛第二轮，太阳队充当阻击者——这支球队阵中有凯文·约翰逊、汤姆·钱伯斯和霍纳塞克等精兵。最终，太阳队以4∶1的大比分把湖人队拉下马来。

出现在西部决赛中的另外一支球队是由"滑翔机"德雷克斯勒率领的开拓者队。开拓者队此前已经连续四年止步季后赛首轮，所以尽管他们常规赛取得了59胜23负的佳绩，仍然不被大多数人看好。直到开拓者队在季后赛第二轮中以4∶3淘汰马刺队后，球迷和对手们才对他们刮目相看。最终，开拓者队在西部决赛中以4∶2射落太阳队，杀进总决赛。

总决赛首战，活塞队以105∶99胜出，开拓者队立马还以颜色，历经加时以106∶105客场险胜，将总比分扳平。

世事就是这么奇妙，就当大家以为这届总决赛又会成为拉锯战时，开拓者队却一下子被活塞队击垮。在伊赛亚·托马斯的率领下，活塞队此后连下三城，以4∶1的总比分成功卫冕。

托马斯5战场均砍下27.6分，还能送出8次助攻，摘下5.2个篮板，毫无疑问地当选总决赛MVP。

## 1989-1990赛季排名

| 东部联盟 | | | |
|---|---|---|---|
| 排名 | 球队 | 胜 | 负 |
| 1 | 底特律活塞队 | 59 | 23 |
| 2 | 费城76人队 | 53 | 29 |
| 3 | 芝加哥公牛队 | 55 | 27 |
| 4 | 波士顿凯尔特人队 | 52 | 30 |
| 5 | 纽约尼克斯队 | 45 | 37 |
| 6 | 密尔沃基雄鹿队 | 44 | 38 |
| 7 | 克利夫兰骑士队 | 42 | 40 |
| 8 | 印第安纳步行者队 | 42 | 40 |
| 9 | 亚特兰大老鹰队 | 41 | 41 |
| 10 | 华盛顿子弹队 | 31 | 51 |
| 11 | 奥兰多魔术队 | 18 | 64 |
| 12 | 迈阿密热火队 | 18 | 64 |
| 13 | 新泽西篮网队 | 17 | 65 |
| 西部联盟 | | | |
| 排名 | 球队 | 胜 | 负 |
| 1 | 洛杉矶湖人队 | 63 | 19 |
| 2 | 圣安东尼奥马刺队 | 56 | 26 |
| 3 | 波特兰开拓者队 | 59 | 23 |
| 4 | 犹他爵士队 | 55 | 27 |
| 5 | 菲尼克斯太阳队 | 54 | 28 |
| 6 | 达拉斯独行侠队 | 47 | 35 |
| 7 | 丹佛掘金队 | 43 | 39 |
| 8 | 休斯敦火箭队 | 41 | 41 |
| 9 | 西雅图超音速队 | 41 | 41 |
| 10 | 金州勇士队 | 37 | 45 |
| 11 | 洛杉矶快船队 | 30 | 52 |
| 12 | 萨克拉门托国王队 | 23 | 59 |
| 13 | 明尼苏达森林狼队 | 22 | 60 |
| 14 | 夏洛特黄蜂队 | 19 | 63 |

# NBA PLAYOFFS
## NBA季后赛 对阵表
### 1989—1990赛季

**West** | **East**

西部：
- 波特兰开拓者队 3 / 达拉斯独行侠队 0 → 波特兰开拓者队 4
- 圣安东尼奥马刺队 3 / 丹佛掘金队 0 → 圣安东尼奥马刺队 3
- 波特兰开拓者队 4
- 菲尼克斯太阳队 3 / 犹他爵士队 2 → 菲尼克斯太阳队 4
- 洛杉矶湖人队 3 / 休斯敦火箭队 1 → 洛杉矶湖人队 1
- 菲尼克斯太阳队 2

东部：
- 底特律活塞队 3 / 印第安纳步行者队 0 → 底特律活塞队 4
- 纽约尼克斯队 3 / 波士顿凯尔特人队 2 → 纽约尼克斯队 1
- 底特律活塞队 4
- 芝加哥公牛队 4 / 密尔沃基雄鹿队 1 → 芝加哥公牛队 3
- 费城76人队 3 / 克利夫兰骑士队 2 → 费城76人队 1

The Finals: 波特兰开拓者队 1 — 底特律活塞队 4

**总冠军：底特律活塞队**

## 伯德趣事

拉里·伯德高中时就是明星球员，但大学之路却一波三折。

1974年，伯德进入印第安纳大学打球，但因为性格问题，入学不到一个月就选择了退学。随后他又去了北伍德大学，很快就经历了第二次退学，只能一边打零工，一边打业余联赛。好在他最终做出了正确的选择，进入印第安纳州立大学，并在这里成为现象级大学生球员，将这支名不见经传的球队带进了NCAA总决赛。

伯德1979年登陆NBA后，迅速带领凯尔特人队走上复兴之路，留下了常规赛MVP三连庄、三个NBA总冠军等一系列荣誉，同时也留下了一个又一个为人津津乐道的段子。

1985-1986赛季季后赛首轮，凯尔特人队和公牛队相遇。第二战，乔丹大发神威轰下63分，伯德不由感慨："我想，一定是上帝穿上了乔丹的球衣。"但鲜为人知的是，伯德的原话里还有一句："可我打败了上帝！"那场比赛，凯尔特人队以132∶131战胜了公牛队。

乔丹曾经这样说过："拉里·伯德是史上最伟大的垃圾话高手以及心理战术大师。他教会了我关于如何击溃对手心理的所有办法。"

在一场凯尔特人队与超音速队比赛的最后时刻，暂停时间，伯德指着底角区域，对防守他的超音速队球员泽维尔·麦克丹尼尔说："记住，待会儿我就在这儿绝杀你。"伯德说到做到后，还不依不饶："我真没想到还给你们留下了两秒钟时间。"

伯德最为经典的垃圾话发生在全明星三分球大赛上，他不屑一顾地问其他参赛球员："你们是来争夺第二名的吗？"随后的比赛里，伯德果然轻松夺冠，而他居然连训练服都没脱下来。

## 盘点1984年选秀大会

1984年6月19日，当大卫·斯特恩第一次以总裁的身份出现在NBA选秀大会上时，他也不曾料到，在他念出的名字里，有3名球员一共拿过7次常规赛MVP，有8个全明星球员。

这一届新秀星光熠熠，迈克尔·乔丹是公认的NBA历史上最伟大的球员，哈基姆·奥拉朱旺和约翰·斯托克顿是各自位置里最伟大的球员之一，查尔斯·巴克利是名人堂成员，而凯文·威斯利和奥蒂斯·索普也都是职业生涯超长的明星球员。

回顾1984年选秀大会，要说最诡异的选择，当是开拓者在第2顺位签下了萨姆·鲍维。

事实证明，火箭队用状元签签下奥拉朱旺其实无可厚非，他们本来也想选乔丹，为此还和北卡大学主教练迪恩·史密斯联系过，承诺一旦不能获得状元签，将在第2顺位将乔丹带走。但在猜硬币游戏里，火箭猜中了状元签，当时他们已经有了中锋拉夫·桑普森，觉得可以尝试双塔战术，所以挑走了奥拉朱旺。"大梦"奥拉朱旺后来为火箭队带来了两个NBA总冠军。

但接下来开拓者队签下鲍维令世界哗然。鲍维身高2.16米，大一时就声名在外，后来因为左腿受伤，被误诊为骨裂，只能静养恢复，一年之后他才发觉情况不对，不得不做了手术，为此歇了一个赛季。到了1984年，他已经大学毕业开始读研，但奇缺大个子的开拓者队还是将其签下。

公牛队以为会和乔丹擦肩而过，准备好了保留选秀权，来年再选帕特里克·尤因。开拓者队的选择一出，公牛队捡到了天上掉下来的馅饼。遗憾的是，乔丹并不在选秀现场，他正和第4顺位被选中的萨姆·帕金斯参加奥运集训。

不过，时任公牛队总经理罗德·索恩后来承认，当时他们想选一名中锋，但轮到他们时，已经没有可选的中锋了。就是这位索恩，1984年选秀大会上还选中了田径巨星卡尔·刘易斯，但他没有为公牛队打过任何一场球。

## 历史上的"黑七"和"黑八"

NBA在1983-1984赛季对季后赛进行大刀阔斧的改制，首次将参赛球队定为16支（此前7、8号种子不具备参加季后赛的资格），此后，除了2003年将首轮由5局3胜改为7局4胜，以及一些分区排名规则变动以外，基本上与现在的季后赛模式相同。

在改制以来，共出现78组8号种子对阵1号种子、7号种子对阵2号种子的对决，这其中7、8号种子仅仅分别赢下5场系列赛，晋级希望非常渺茫，可见想要上演"黑七"或者"黑八"的神迹还是很难的。

在这10支"黑七"或者"黑八"的球队中，仅有2支球队杀进分区决赛，分别是1987年的超音速队和1999年的尼克斯队，其中只有1999年的尼克斯队闯入过总决赛，不过他们最终不敌马刺队，无缘总冠军。而在2003年首轮改为7局4胜后，仅有马刺队上演过"黑七"奇迹。

历史上的"黑七"奇迹如下：

2010年西部首轮，马刺队4:2独行侠队，半决赛0:4太阳队；

1998年东部首轮，尼克斯队3:2热火队，半决赛1:4步行者队；

1991年西部首轮，勇士队3:1马刺队，半决赛1:4湖人队；

1989年西部首轮，勇士队3:0爵士队，半决赛1:4太阳队；

1987年西部首轮，超音速队3:1独行侠队，半决赛4:2火箭队，西部决赛0:4湖人队。

历史上的"黑八"奇迹如下：

2012年东部首轮，76人队4:2公牛队，半决赛3:4凯尔特人队；

2011年西部首轮，灰熊队4:2马刺队，半决赛3:4雷霆队；

2007年西部首轮，勇士队4:2独行侠队，半决赛1:4爵士队；

1999年东部首轮，尼克斯队3:2热火队，半决赛4:0老鹰队，东部决赛4:2步行者队，总决赛1:4马刺队；

1994年西部首轮，掘金队3:2超音速队，半决赛3:4爵士队。

## 进入NBA的几种途径

经过75年的发展,NBA已经成为全球水平最高的篮球联赛。年轻有天赋的篮球少年们,都渴望进入NBA。那么想要成为一名NBA球员,有几种方式呢?我们一起来看看。

### 第一种:直接参加选秀

参加选秀是目前最主要的一种成为NBA球员的方式。NBA球队一旦选中了某位球员,就得到了这名球员的优先签约权。在签订正式合同之后,该球员就能够进入NBA打球。2011年,NBA联盟进行了选秀规则的修订,有效期10年。

随着NBA工资帽的大涨,被选秀选中的球员工资基础都非常高,比如状元秀锡安,起薪已经超过1000万美元。

选秀规则分为美国球员和国际球员两项。

对于美国球员,已经完成4年大学学业的自动具备参加NBA选秀的资格,大一、大二、大三的球员若要放弃学业提前参加选秀,必须提交报名申请,而之前高中生可以参选的规则已经被取消。

国际球员年满23岁者,可以自动得到选秀资格,年满19岁但不足23岁的国际球员同样必须提前报名。

### 第二种:争取被签约

参加选秀没有被选中的球员,可以受邀参加夏季联赛、季前赛训练营和发展联盟的比赛,以获得被NBA球队青睐的机会。值得一提的是,林书豪就是选秀落选后参加夏季联赛,才得到机会进入NBA的。

### 第三种:直接签约

世界上还有很多高水平的篮球联赛,这些联赛中也会涌现出很多有实力的球员,他们在打出名堂后,可以被NBA球队直接签约,当然这时候的球员也可以拒绝加盟,主动权在自己手中。比如"欧洲魔术师"特奥多西奇,就是因为在欧洲联赛表现出色,才得以加盟快船队。

图1　1979年"魔术师"约翰逊被湖人队选中后,展示湖人队32号球衣。

| 2 | 3 |

图2　1981-1982和1982-1983两个赛季，摩西·马龙（右）分别在火箭队和76人队荣膺常规赛MVP。

图3　1983-1984赛季NBA总决赛，波士顿凯尔特人队以4∶3战胜洛杉矶湖人队，拉里·伯德荣膺FMVP。图中，拉里·伯德（右）对位贾巴尔（左）。

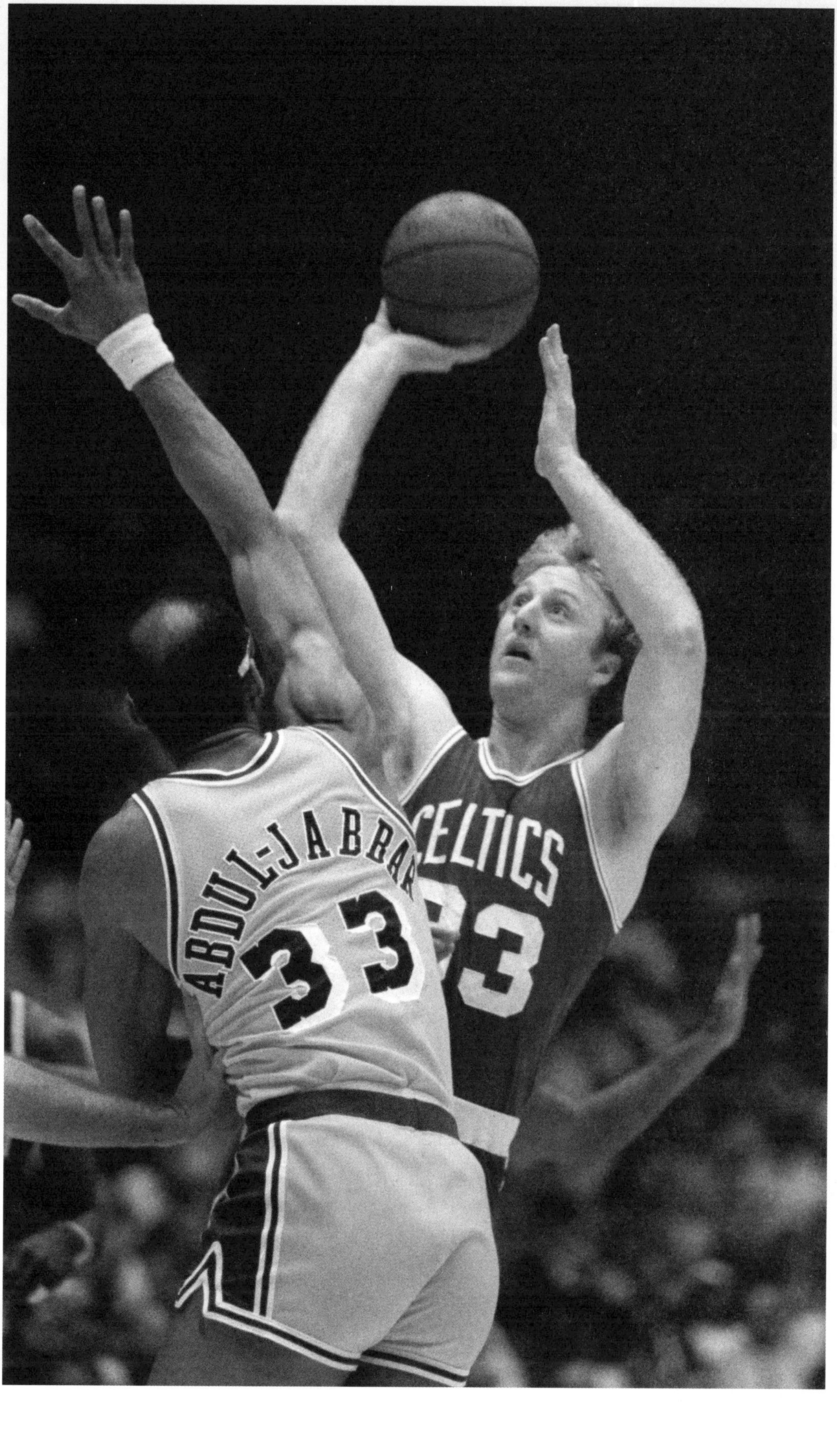
ABDUL-JABBAR
33
CELTICS
33

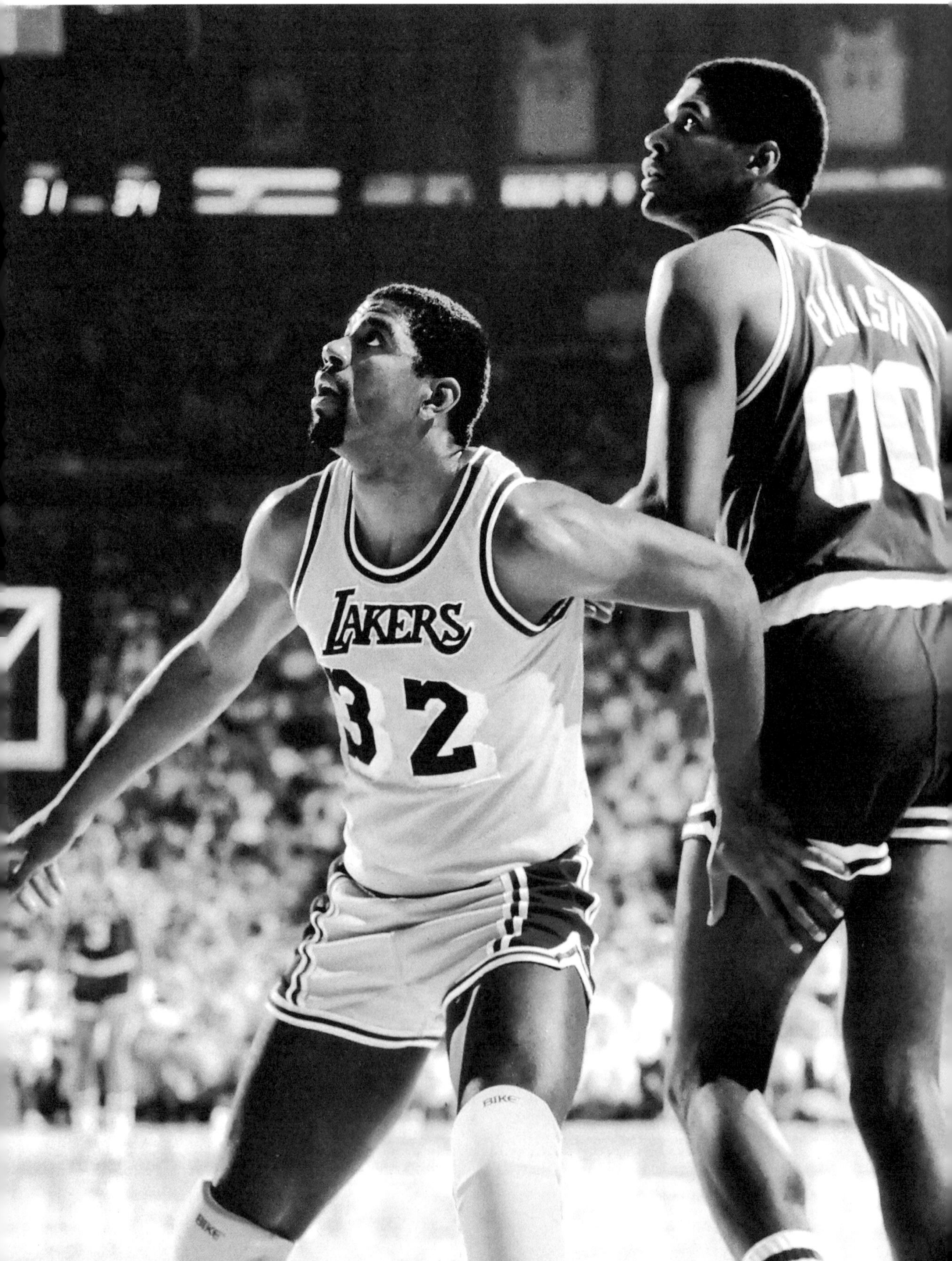
LAKERS
32
00

图4 1984-1985赛季NBA总决赛，洛杉矶湖人队VS波士顿凯尔特人队，"魔术师"约翰逊（左）与罗伯特·帕里什（右）对位。

图5 1985-1986赛季NBA总决赛第六场，拉里·伯德（左）面对奥拉朱旺（右）的防守突破上篮。

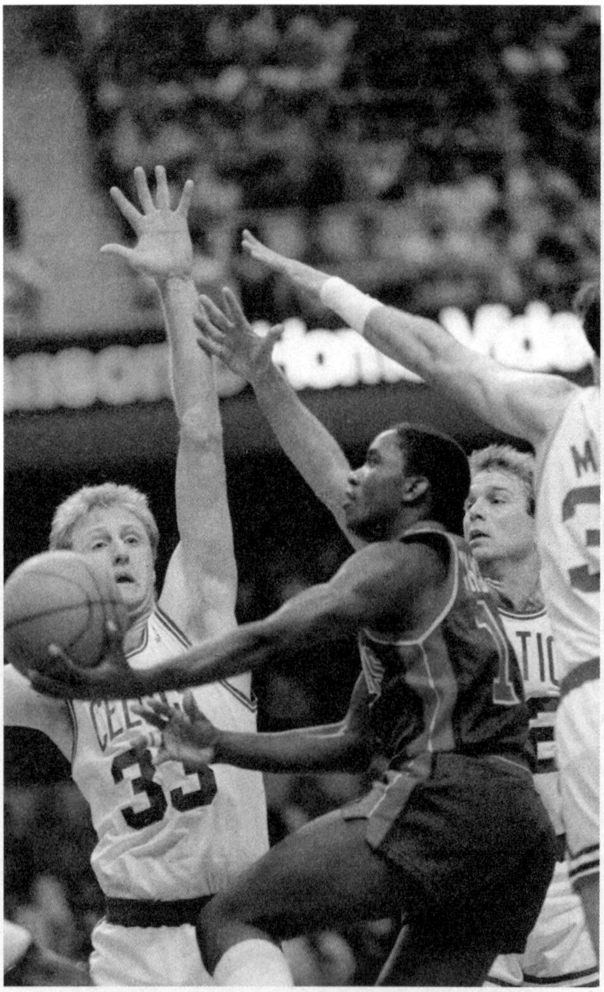
33

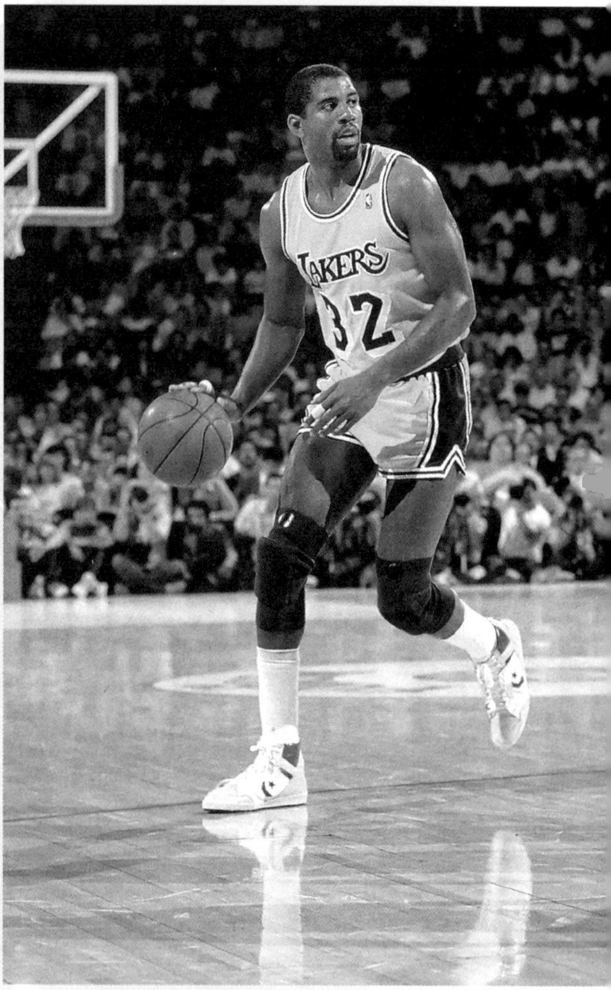
LAKERS
32

图6　1986-1987赛季NBA东部决赛第一场，活塞队VS凯尔特人队，伊塞亚·托马斯面对拉里·伯德、麦克海尔的防守突破上篮。

图7　1986-1987赛季NBA总决赛，洛杉矶湖人队VS波士顿凯尔特人队，比赛中"魔术师"约翰逊运球。

图8　1986-1987赛季NBA总决赛，波士顿凯尔特人队VS洛杉矶湖人队，拉里·伯德突破上篮。

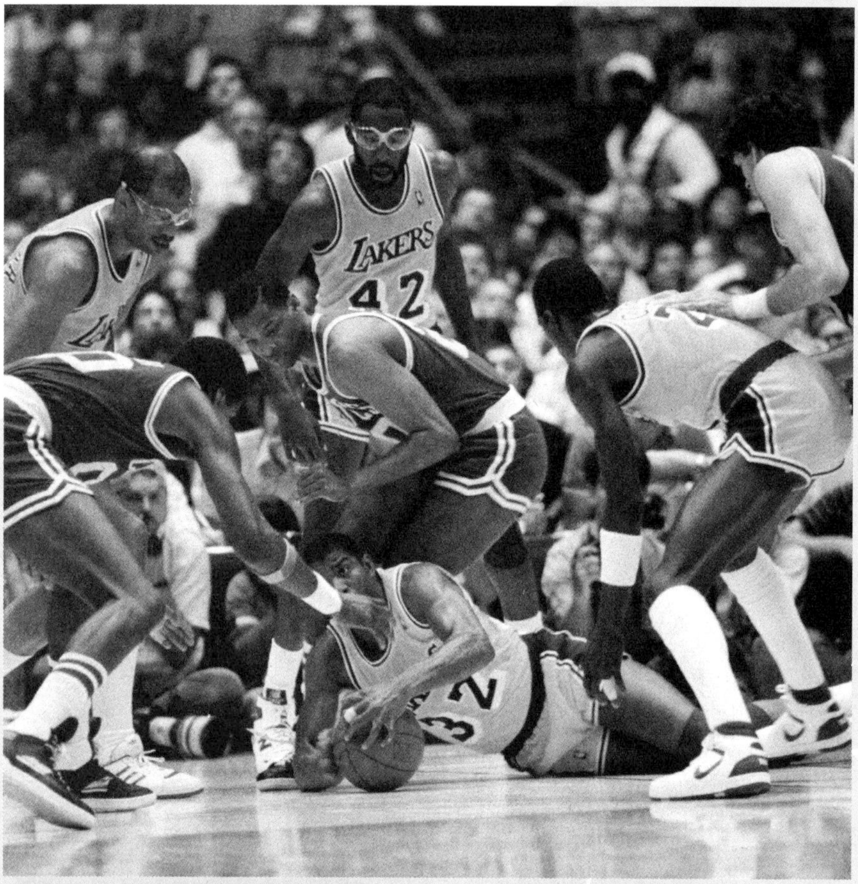
LAKERS
42

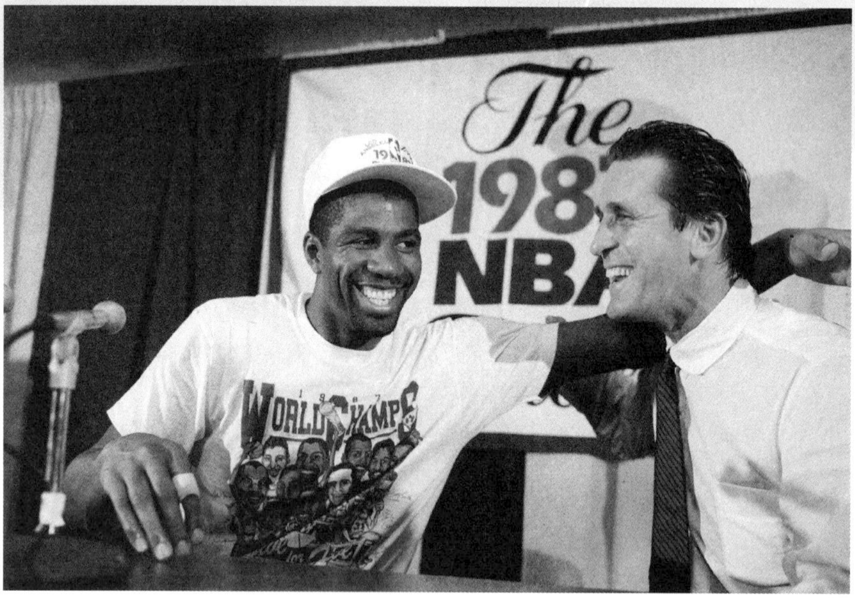
The
198
NB
WORLD

图9　1986-1987赛季NBA总决赛，洛杉矶湖人队VS波士顿凯尔特人队，"魔术师"约翰逊倒在地板上护球。

图10　1987年，"魔术师"约翰逊与主教练帕特·莱利庆祝洛杉矶湖人队夺得NBA总冠军。

图11　1987-1988赛季NBA全明星扣篮大赛中，迈克尔·乔丹标志性的"罚球线"扣篮。

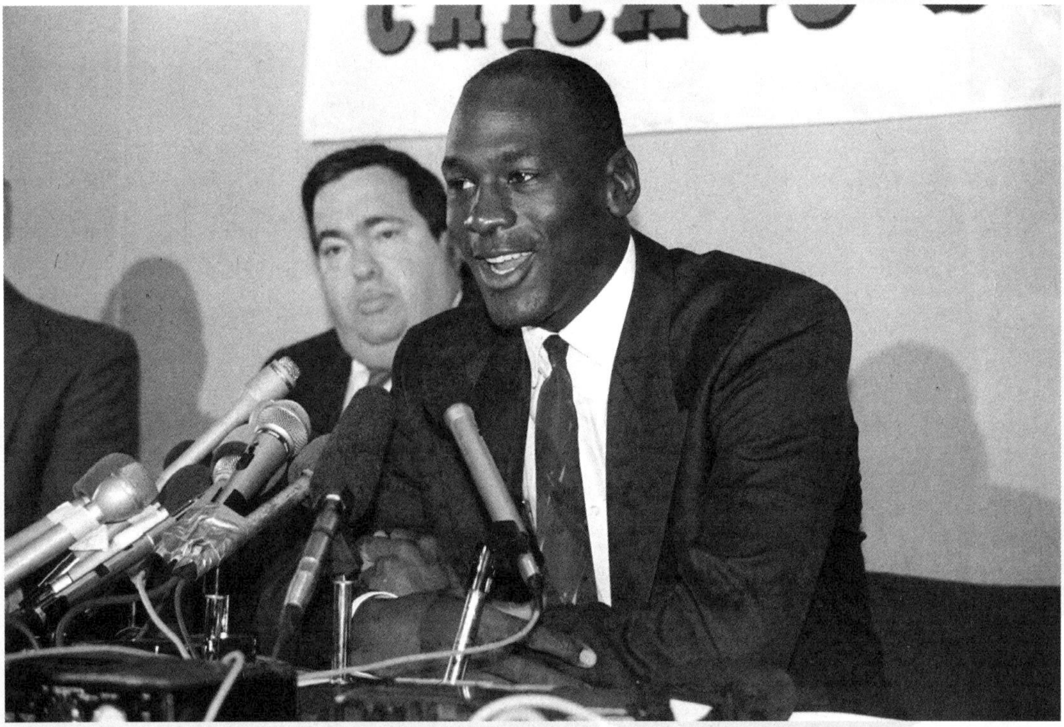

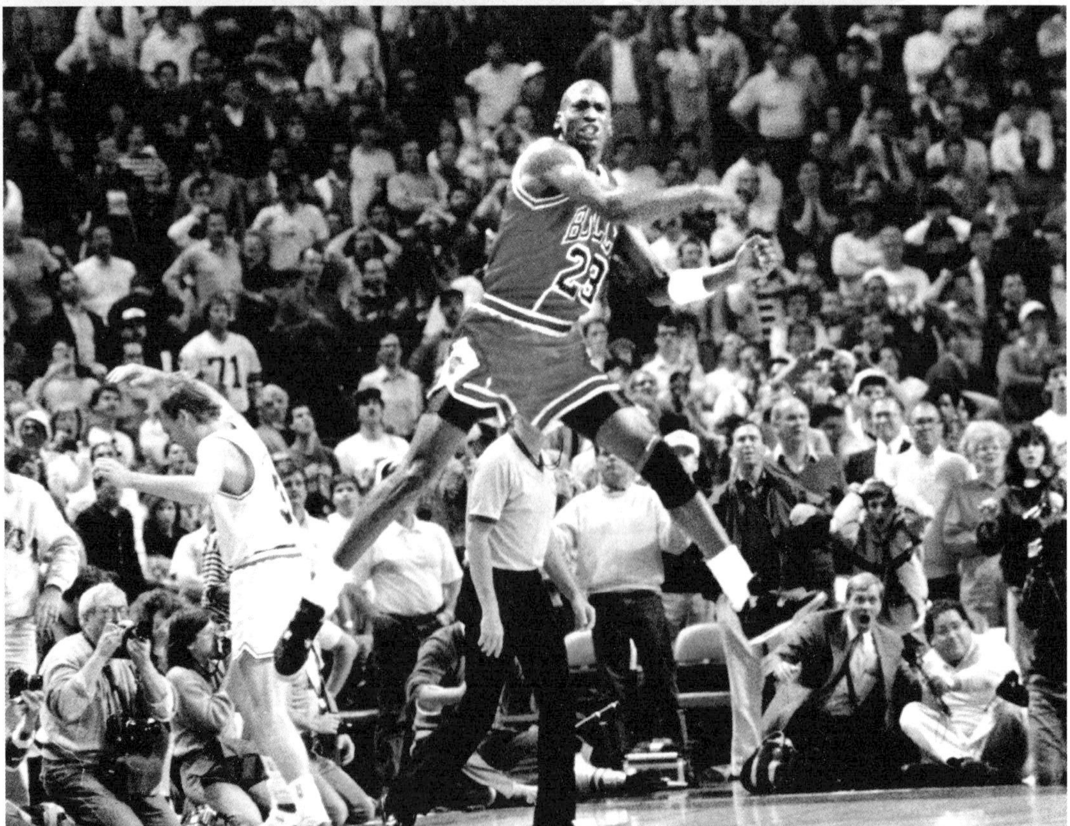

图12　1987-1988赛季，乔丹场均35分、5.5个篮板、5.8次助攻、3.2次抢断、1.6次盖帽，首次荣膺常规赛MVP和最佳防守球员。

图13　1988-1989赛季NBA季后赛首轮采用五局三胜的赛制，乔丹所在的公牛队与骑士队鏖战至第五场生死战。比赛结束前7秒，公牛队落后一分，乔丹通过一记高难度的滞空投篮压哨绝杀骑士队，这记绝杀让公牛队以3∶2的总比分淘汰了骑士队，同时也成为乔丹职业生涯关键投篮的代表作，被称为"The Shot"。

图14　1988-1989赛季NBA总决赛，活塞队击败湖人队夺得冠军。

图15　1990年NBA全明星赛，"魔术师"约翰逊（左）与拉里·伯德（右）握手致意。

死亡五小
公牛王朝
黑八奇迹
火箭22连胜
勇士单赛季73胜
火箭两连冠
骑士3∶1史诗级逆转
森林狼三头怪
两队合砍370分
BOX-1战术
紫金王朝
绿军十年九冠
六加时大战
活塞五虎夺冠
湖人F4
爵士黑白双煞
雷霆三少
96黄金一代
GDP组合
奥本山宫殿事件
湖人33连胜
跑轰战术
凯尔特人八连冠
太阳半场狂砍107分

热火27连胜
电梯门战术
砍鲨战术
牛角战术
OK组合
停摆
篮网三剑客
勇士四年三冠
公牛单赛季72胜　03白金一代
水花兄弟
普林斯顿体系
马刺连续22年进季后赛
天王山之战　姚鲨对决
三角进攻
三个火枪手
劳资纠纷　抢七大战
绝地七武士
空接之城　汉普顿五小
小牛三驾马车　挡拆战术
黑白争雄

霍华德最佳防守球员三连
死亡之扣　　韦德封神总决赛
奥尼尔扣碎篮筐　　乔丹流感之战

# 乔丹六冠王

詹姆斯连续9次总决赛
科比退役战60分
诺天王封神路

## 克莱单节37分
40岁乔丹砍43分

维斯布鲁克历史三双王

## 詹韦连线

米勒时刻　　1.6米博格斯惊世封盖

德里克·费舍尔0.4秒绝杀
拉塞尔11次总冠军

詹姆斯18次入选全明星　　状元姚明

"妖刀"
乔丹经典绝杀
"The Shot"　　第一个外籍总决赛MVP

罗斯50分巅峰之夜
"死神"　## 马龙年近37岁获MVP
利拉德"读秒时刻"

- 布克单场70分
- 奥拉朱旺超级四双
- 麦蒂35秒13分
- 君子雷载入史册三分球
- 莱昂纳德神奇绝杀
- 库里全票MVP
- 单场投丢42球
- 哈登60分三双
- 布雷克单节14次助攻
- 林疯狂
- 库里单赛季402个三分
- 单场17记盖帽
- 张伯伦单场100分
- 98.1%罚球命中率
- 纳什连获MVP
- 张伯伦35投全中
- 控卫之神
- 罗德曼连续七年篮板王
- 科比单场81分
- 斯托克顿助攻王九连庄
- 史上最年轻MVP
- "进攻万花筒"

直笔体育百科系列

# NBA
## 风云录（下）

典藏版
ZB 直笔巨献

王玉国 著

北京时代华文书局

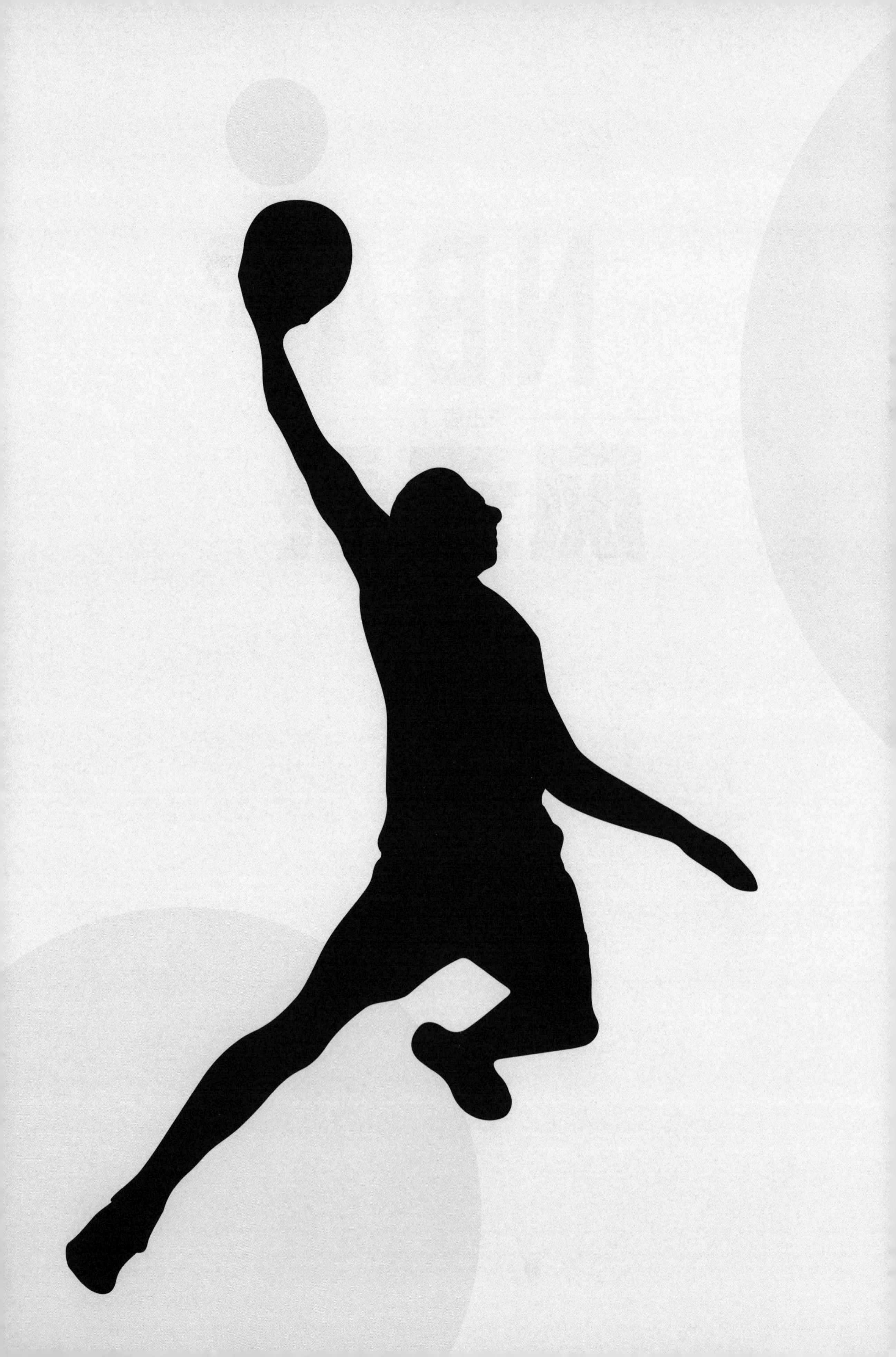

# 第五章 『GOAT』,乔丹时代

不管时空怎么转变，世界怎么改变，NBA史学家在提到这个赛季时100%会说"1990-1991赛季属于迈克尔·乔丹，属于芝加哥公牛队"。

烂俗地说，与化茧成蝶的乔丹生于一个时代是种悲哀，而这个在NBA历史上具有节点意义的赛季，恰恰是这种绵宕悲哀的发端。

从1986-1987赛季——也就是乔丹NBA生涯的第3季——开始，乔丹就垄断了得分王席位，他人休想觊觎，该赛季打响前，他已经四连庄，霸气侧漏。

然而遗憾的是，正如"禅师"菲尔·杰克逊多次提到的，乔丹始终未能领悟NBA篮球的真谛，骨子里觉得他一个人能横扫千军，从未正视一干队友的存在，所以尽管公牛队两进东部决赛，却始终处于超级巨星和其他队员脱节的尴尬状态，未能发挥出最大战斗力。因此，乔丹和公牛队始终未能站上巅峰也

## 1990-1991

## 超过巨人们的头顶！乔丹获生涯首冠

**总冠军**：芝加哥公牛队

**总决赛MVP**：迈克尔·乔丹（公牛队）

**得分王**：迈克尔·乔丹（公牛队/31.5分）

**篮板王**：大卫·罗宾逊（马刺队/13.0个）

**助攻王**：约翰·斯托克顿（爵士队/14.2次）

**最有价值球员**：迈克尔·乔丹（公牛队）

**最佳新秀**：德里克·科尔曼（篮网队）

**最佳防守球员**：丹尼斯·罗德曼（活塞队）

**最佳第六人**：德特勒夫·施拉姆夫（步行者队）

**进步最快球员**：斯科特·斯凯尔斯（魔术队）

**最佳教练**：唐·钱尼（火箭队）

就不足为奇。

1985年的约翰·帕克森、1987年的霍瑞斯·格兰特和斯科特·皮蓬、1988年的比尔·卡特莱特、1989年的B.J.阿姆斯特朗——公牛队管理层在过去几年令人沮丧的失败中，也悄然为乔丹配备了不错的帮手，组建起了一套足以冲冠的阵容。剩下的事情，要看"禅师"杰克逊如何巧施手腕，要看乔丹如何摒弃执拗，要看队友们是否足够给力，当然，也要看运气能否在需要的时候降临。

对于俯视众生的乔丹和打磨完毕的公牛队而言，常规赛早已轻车熟路。乔丹俗套地大杀四方，以场均31.5分连续第5季摘下得分王，公牛队则闲庭信步砍下创球队历史纪录的61胜，傲视东部。

谁都知道，乔丹和公牛队的赛季从季后赛开始，同样谁都知道的是，公牛队的命运系于乔丹，系于他能否继续无解，更系于他能否信任队友，让篮球回归到5个人的本初状态。

公牛队VS尼克斯队的首轮系列赛开始前，深谙公牛队命门的"禅师"杰克逊特意摘录《第二个丛林指南》里的一段话来"敲打"乔丹："下面就是丛林铁律，如苍天般古老和真实：狼只有结群才能生存，单干唯有死路一条。群的优势在于狼，反之亦然，狼的优势在于群。"

公牛队有一个炫目的季后赛开局，126：85狂屠尼克斯队，尤因发挥有点儿失常，全场出手7次只得6分。次战尼克斯队吸取教训，充分发挥尤因的支点作用，他仅在第一节就出手14次，砍下14分。遗憾的是，似乎是提前透支了额度，尤因此后11投只有1中，尼克斯队以79：89再败。拿到赛点的公牛队没给尼克斯队一点儿喘气的机会，穷追猛打以103：94横扫晋级。

第二轮遇到查尔斯·巴克利率领的76人队，乔丹看着陷入单干模式的巴克利——首战他得到34分、11个篮板，另4名首发合计才得17分——仿佛看到了过去几个赛季的自己，于是场面变得很有意思：乔丹收敛了很多，只有15次出手得到29分，公牛队却因此受益，105：92先下一城。

次战是首战的复刻，公牛队以112：100再胜。形势一片大好之际，乔丹有点儿得意忘形，第三战大包大揽，34投20中劈下46分，76人队反而凭借高出公牛队21次的40次罚球笑到最后。

公牛队赢下第四战拿下赛点后，乔丹和皮蓬在第五战双剑合璧，皮蓬上半场就得到24分，乔丹则包揽球队最后12分，全场抢下创季后赛个人纪录的19个篮板，公牛队以100∶95获胜，大比分4∶1再次杀入东部决赛。

熟悉的东部决赛，熟悉的对手活塞队。

过去两季，公牛队连续两次充当活塞队晋级的跳板，很大一个原因是面对底特律"坏孩子们"强硬、粗狂甚至有些肮脏的球风时，公牛队队员心里发毛，有些不知所措。心理按摩师菲尔·杰克逊如此鼓动弟子们："要先打出第一拳！"意思是说先下手为强，后下手遭殃，要以牙还牙、以暴制暴。

肘击乔·杜马斯，追着罗德曼大骂"我就是要踹烂你们的屁股"，乔丹充当急先锋发起强烈的反暴攻势，公牛队有惊无险地保住两个主场。

第三战移师奥本山球馆是个巨大的考验，因为公牛队在这块场地的战绩是惨不忍睹的2胜13负。这是一场考验技战术、承受力和智力的恶仗。第三节比赛中，格兰特被撞翻在地，乔丹赶紧跑过来支招："赶紧起来回到你的位置，别让他们觉得你受伤了。"

终场前两分钟左右，乔丹做出了一次被杰克逊誉为"历史上最优秀的个人防守成就之一"的防守，破坏掉活塞队的一次快攻单刀……最终乔丹和皮蓬合力砍下59分，公牛队以113∶107取胜拿到赛点。

第四战时，活塞队心气全无、形同散沙，乔丹和皮蓬携手贡献52分，公牛队以115∶94狂胜，终于赢得了总决赛门票。

公牛队的总决赛对手是湖人队，或者说，乔丹的总决赛对手是"魔术师"约翰逊。

该赛季湖人队变化很大，上赛季获得最佳教练、"Show Time"的开拓者帕特·莱利隐退，迈克·邓利维继任，另外球队还从独行侠队挖来了乔丹的北卡队友萨姆·帕金斯。

人事变动后，湖人队进入状态较慢，以2胜5负开局，随后慢慢进入正轨，16连胜甚为抢眼。尽管湖人队只取得58胜排名太平洋赛区第二，但进入季后赛后，他们不费吹灰之力"干掉"火箭队和勇士队，并在西部决赛中耗时6场"碾过"开拓者队，昂首踏入总决赛会场。

格兰特传球失误；紧接着上篮不进；卡特莱特中投打铁……总决赛首战，紧张的情绪在公牛队中蔓延。"这些家伙实在是太紧张了，我必须接管比赛。"乔丹说到做到，首节就砍下15

分，这是杰克逊最不喜欢的桥段。是役乔丹砍下36分，皮蓬拿下19分，除此二人，公牛队无人得分上双。比赛进入读秒阶段，乔丹的北卡队友帕金斯成为湖人队的关键先生，用一个神奇的三分球让湖人队取得92：91领先，乔丹本人却在大学哥们儿的防守下关键一击失手，公牛队最终以91：93吃了闭门羹。

于公牛队而言，次战是首战的反面。乔丹首节就领到两次犯规，角色球员们趁机融入比赛，光是格兰特和卡特莱特二人，首节就得到了全队28分中的18分。公牛队以107：86赢得极为轻松，最令后人难忘的是乔丹的那个惊艳进球——第四节中，乔丹在快速攻防转换中带球疾进，冲入腹地后做扣篮状，长胳膊的萨姆·帕金斯早就在空中等候，逼得乔丹做出了"这个地球上只有乔丹才能做出的动作"：悬挂在空中，将球从右手倒到左手，放低肩膀后将球送进篮筐。

第三战双方在洛杉矶展开肉搏，你揍我一拳，我踹你一脚，血肉横飞谁也无法占得上风。终场前10.9秒，迪瓦茨造成皮蓬个人第6次犯规后，用2+1让湖人队取得92：90领先。上天又给了乔丹执行关键一击的机会，尽管他在总决赛第一战失手过。后场接球、加速行进、急停、跳投，这一次乔丹没再踏进同一条河流，把比赛拖进加时。加时赛中，老迈的湖人队再也挡不住疯狂的公牛队的冲击，以96：104告负。

第四战湖人队干将沃西意外受伤，任凭"魔术师"约翰逊破口大骂也无济于事，公牛队以97：82轻松取得3：1领先。第五战，赛季最后一战，乔丹用一记致命助攻结束了比赛，帕克森投出的球将比分定格在108：101。公牛队4：1，7年磨一剑，乔丹终于赢了！

乔丹抱着总决赛奖杯，哭得一塌糊涂，世界为之动容——正如这个跌宕起伏的赛季，那帧图片也成了NBA历史长河中最值得珍藏的瞬间之一。

# 1990–1991赛季排名

| 东部联盟 | | | |
|---|---|---|---|
| 排名 | 球队 | 胜 | 负 |
| 1 | 芝加哥公牛队 | 61 | 21 |
| 2 | 波士顿凯尔特人队 | 56 | 26 |
| 3 | 底特律活塞队 | 50 | 32 |
| 4 | 密尔沃基雄鹿队 | 48 | 34 |
| 5 | 费城76人队 | 44 | 38 |
| 6 | 亚特兰大老鹰队 | 43 | 39 |
| 7 | 印第安纳步行者队 | 41 | 41 |
| 8 | 纽约尼克斯队 | 39 | 43 |
| 9 | 克利夫兰骑士队 | 33 | 49 |
| 10 | 华盛顿子弹队 | 30 | 52 |
| 11 | 夏洛特黄蜂队 | 26 | 56 |
| 12 | 新泽西篮网队 | 26 | 56 |
| 13 | 迈阿密热火队 | 24 | 58 |

| 西部联盟 | | | |
|---|---|---|---|
| 排名 | 球队 | 胜 | 负 |
| 1 | 波特兰开拓者队 | 63 | 19 |
| 2 | 圣安东尼奥马刺队 | 55 | 27 |
| 3 | 洛杉矶湖人队 | 58 | 24 |
| 4 | 菲尼克斯太阳队 | 55 | 27 |
| 5 | 犹他爵士队 | 54 | 28 |
| 6 | 休斯敦火箭队 | 52 | 30 |
| 7 | 金州勇士队 | 44 | 38 |
| 8 | 西雅图超音速队 | 41 | 41 |
| 9 | 洛杉矶快船队 | 31 | 51 |
| 10 | 奥兰多魔术队 | 31 | 51 |
| 11 | 明尼苏达森林狼队 | 29 | 53 |
| 12 | 达拉斯独行侠队 | 28 | 54 |
| 13 | 萨克拉门托国王队 | 25 | 57 |
| 14 | 丹佛掘金队 | 20 | 62 |

# NBA PLAYOFFS

## NBA季后赛 对阵表
### 1990—1991赛季

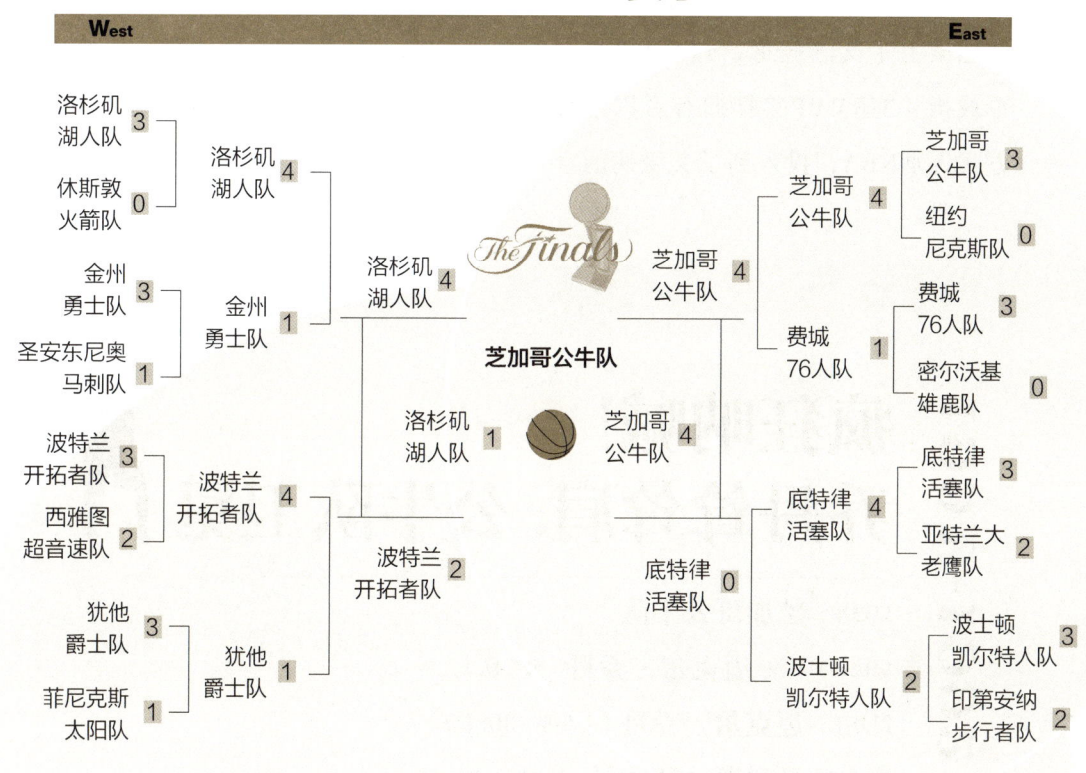

**West**      **East**

**西部**

- 洛杉矶湖人队 3 — 休斯敦火箭队 0 → 洛杉矶湖人队 4
- 金州勇士队 3 — 圣安东尼奥马刺队 1 → 金州勇士队 1
- 洛杉矶湖人队 4
- 波特兰开拓者队 3 — 西雅图超音速队 2 → 波特兰开拓者队 4
- 犹他爵士队 3 — 菲尼克斯太阳队 1 → 犹他爵士队 1
- 波特兰开拓者队 2

**The Finals**

洛杉矶湖人队 1 — 芝加哥公牛队 4

**总冠军：芝加哥公牛队**

**东部**

- 芝加哥公牛队 3 — 纽约尼克斯队 0 → 芝加哥公牛队 4
- 费城76人队 3 — 密尔沃基雄鹿队 0 → 费城76人队 1
- 芝加哥公牛队 4
- 底特律活塞队 3 — 亚特兰大老鹰队 0 → 底特律活塞队 4
- 波士顿凯尔特人队 3 — 印第安纳步行者队 2 → 波士顿凯尔特人队 2
- 底特律活塞队 0

曼妙时光总让人觉得短暂。"魔术师"约翰逊和拉里·伯德携手开启的"黑白双煞"岁月在这个赛季画上了句点。

任谁也难以想到，几个月前还在率领湖人队恶斗乔丹的"魔术师"竟然感染上了艾滋病毒，这个5枚总冠军戒指、3座MVP奖杯拥有者以这种方式告别NBA，投入到了艾滋病的宣传和预防当中。而"魔术师"的对手"大鸟"伯德在该赛季深受伤病袭扰，仅仅打了45场比赛，赛季结束后宣布退役。

然而在乔丹和公牛队面前，"伤离别"难以成为该赛季主基调。

单就个人而言，捅破那层该死的窗户纸后，乔丹变得愈发游刃有余，连续第6度登上得分王宝座，并收获了个

## 1991—1992 疯狂呐喊！乔丹耸耸肩，公牛队卫冕

**总冠军**：芝加哥公牛队
**总决赛MVP**：迈克尔·乔丹（公牛队）
**得分王**：迈克尔·乔丹（公牛队/30.1分）
**篮板王**：丹尼斯·罗德曼（活塞队/18.7个）
**助攻王**：约翰·斯托克顿（爵士队/17.7次）
**最有价值球员**：迈克尔·乔丹（公牛队）
**最佳新秀**：拉里·约翰逊（黄蜂队）
**最佳防守球员**：大卫·罗宾逊（马刺队）
**最佳第六人**：德特勒夫·施拉姆夫（步行者队）
**进步最快球员**：珀维斯·埃里森（子弹队）
**最佳教练**：唐·尼尔森（勇士队）

人第3座常规赛MVP奖杯。稍有不同的是，这个时候的乔丹已然不再执拗地认为自己能搞定一切，比任何一个赛季都更加信任队友们——30.05分，这是他6次得分王中场均得分最低的一次。而在第一次总冠军体验的激励下，公牛队在61胜的基础上再上台阶，豪取全联盟最好的67胜，一举刷新了队史最佳战绩。

常规赛成了乔丹和公牛队畅意演出的舞台：乔丹和皮蓬无数次贡献被解说员誉为"足以做成海报"的进球，公牛队用一波又一波的连胜将整个联盟渲染成芝加哥红。

对公牛队来说，连全明星周末也格外欢乐，菲尔·杰克逊是东部明星队主教练，进入职业生涯最后一季的克莱格·霍基斯则闪耀三分球大赛，成为拉里·伯德之后NBA历史上第二个完成三连冠的球员……

公牛队在常规赛的惊艳无须多表，倒是收官阶段的一桩轶闻更令人津津乐道。1992年2月3日，盐湖城，公牛队VS爵士队。若不考虑日后两队的总决赛恩怨和约翰·斯托克顿、卡尔·马龙的悲情，这本是一场稀松平常的常规赛，然而两队却愣是将其演绎成了大片。

是役乔丹和马龙各自取下34分，双方在48分钟里打成平手，殊不知这一加时竟然没完没了。第三个加时结束前5.6秒钟，乔丹用中投将比分改写为123平。高潮此时到来，爵士队后卫杰弗·马龙主导最后一攻，也许是当值裁判托米·伍德生怕两队人马累出个三长两短，在这个加时还剩0.5秒时吹了乔丹犯规。乔丹怒了，向伍德申诉时嘴里不干不净，当即被逐出赛场，并在第二天被追加罚款5000美金外加1场无薪禁赛，而全场21投只有4中的杰弗·马龙则成为当晚英雄。输球、罚款和禁赛对于乔丹来说都是小事，有趣的是，经常受到裁判照顾的乔丹这次成了牺牲品，这正是"常在河边走，哪有不湿鞋"。

公牛队的卫冕之旅从热火队身上开始。热火队建队方才4年，首次打入季后赛已令迈阿密陷入全城热恋，乔丹和公牛队自然没费多大气力就以3∶0横扫过关。这轮对决最大的亮点是，第三战乔丹仿若砍分机器，生生劈得56分。

1991年公牛队仅耗时17场比赛便问鼎首冠（东部第二轮和总决赛各输给76人队和湖人队1场），从该赛季首轮战况看，他们的卫冕之路似乎没想象中那般凶险。而且于公牛队而言，次轮碰尼克斯队是再好不过的选择，尽管尼克斯队坐拥尤因和查尔斯·巴克利等骁勇悍将以及马克·杰克逊这样的优质"发动机"，但他们在常规赛只取得了排在东部第四位的51胜。更重要的是，公牛队上赛季首轮以3∶0横扫尼克斯队轻松过关，占据强大的心理优势。

孰料意外不期而至。就当公牛队沉浸在乐观情绪当中时，"神算子"帕特·莱利执掌的尼克斯队给了他们当头一棒：首次交锋芝加哥便告失陷。公牛队如梦初醒夺回两阵，尼克斯队则用沉缓的节奏、老到的半场进攻以及强硬彪悍的球风迅速还击，很少有人料到，这轮系列赛一直绵延到了抢7局。不幸中的万幸是，乔丹和公牛队总算是没有阴沟里翻船，否则牛气冲天的卫冕宣言将成为坊间笑谈。

祸兮福所倚，东部半决赛的惊魂让公牛队对卫冕的艰难程度有了清醒认识和理性预估。到了东部决赛，虽说常规赛的东部老二克利夫兰骑士队也给公牛队制造了不小麻烦，放低身段的公牛队还是历经6场比赛再次杀入总决赛。

1991年总决赛的主题是"'飞人'VS'魔术师'"，这个总决赛则变为"'飞人'VS'滑翔机'"。

开拓者队在"滑翔机"德雷克斯勒的驱动下，连续两季成为太平洋区的王者，季后赛更是火爆得紧，连闯湖人队、太阳队和爵士队三关，继1990年之后再次杀入总决赛。

或许很多人猜对了这轮系列赛第一战的结果，却很少有人能猜中极其反常的过程，换句话说，猜中乔丹"肢解"开拓者队不难，猜中他用并不擅长的三分球"浇死"开拓者队却是难比上青天。光是上半场，乔丹就像远投机器般飙中6记三分球，虎啸生风轰落35分。

开拓者队上下显然没有料到乔丹会演这么一出，比赛进入到第三节仍未回过神来，上半场落后15分的情况下继续跌落，17∶38单节再输21分，并最终以89∶122被公牛队血洗。

乔丹一战创造两项总决赛纪录：

半场6记三分。该纪录3年后被火箭队的肯尼·史密斯追平。"第1次三分球出手时，我就觉得很爽，于是就投了更多的三分球。"乔丹倒是轻描淡写，"其实投三分和罚球没啥区别，关键看手感。"

上半场35分。湖人队传奇人物埃尔金·贝勒的33分纪录作古。

"要么绝地反击！要么乖乖回家！"首战受辱的德雷克斯勒发了狠，但这并未激起队友们的血性，至少第二战打到40分钟时,他们仍然看不到胜利的苗头。第四节结束前4分36秒,公牛队仍然握有10分领先优势,距离2∶0只有一步之遥。

对开拓者队而言更致命的是,砍下26分的德雷克斯勒已经犯满离场。不可预知性和戏剧性是NBA的魅力所在,就在此时剧情转弯,在特里·波特的率领下,开拓者队展开疯狂逆袭,一波15∶5攻势将比赛拖进加时。

加时赛是开拓者队丹尼·安吉的秀场,他在5分钟内砍下9分,追平了哈弗里切克和兰比尔保持的总决赛加时赛得分纪录,率队斩落公牛队追平大比分,让乔丹全场最高的39分成了废纸一张。

总决赛第二战,乔丹和德雷克斯勒的个人对决可以归纳为"乔丹赢了数据输了比赛",第三战恰好相反,德雷克斯勒得到全场最高的32分,比乔丹多出6分,开拓者队却输得心服口服。"我们没必要担心进攻,这场比赛我们需要做好的就是防守,要在意识上唤醒大伙儿去防守。"诚如菲尔·杰克逊所说,这场比赛是经典的防守制胜,在公牛队极具压迫性的外线防守下,开拓者队除了德雷克斯勒全线哑火,下半场只得了39分,全场只投中了28个球,命中率只有35.9%。

第四战的大部分时间里,公牛队都牢牢掌控着局面,眼看就要踏上绝境的开拓者队紧追慢赶,在终场前7分43秒时还是落后了6分。随后开拓者队的小个阵容——波特、德雷克斯勒和安吉组成三后卫——起到奇效,在这轮系列赛中第2次上演末节逆袭。最后7分钟,公牛队兵败如山倒,二当家皮蓬发挥失准,整个第四节只得到可怜兮兮的3分。

两队似乎是爱上了这种游戏,第五战几乎是第二战和第四战的复刻。公牛队第一节39∶26领先13分后,一直维系着这种不大不小的优势;开拓者队被动落后的情况下并不慌乱,像是刻意等待最后那一时刻的到来。

终场前3分32秒,开拓者队终于将分差迫近到个位数。事不过三,公牛队终究是没让相似的悲剧第3次上演,以119∶106拿下了这场天王山之战,大比分3∶2占得先机。这场比赛属于超级球星,乔丹狂刷46分,皮蓬则全面开花,收获24分、11个篮板、9次助攻的准三双,德雷克斯勒也有30分入账。

波特兰人哪肯轻易缴械,第六战开始后他们通力围剿乔丹,乔丹直到首节结束前1分钟才打破得分坚冰。第二节上半段,开拓者队一度建立起15分领先优势，好在公牛队在这节后半段奋力追击，半场结束时落后6分。

第三节开拓者队卷土重来，最牛时领先了17分。此时菲尔·杰克逊也玩奇兵战术（当然，你也可以理解成死马当活马医），让皮蓬带着4个替补出战。这就是偏方的奇异功效，公牛队的这支杂牌军竟然很快追近比分。好吧，轮到乔丹登场了，他连续两次抢断突袭，89∶87，公牛队在终场前4分钟反倒取得2分领先。

深谙逆转心得的开拓者队在这轮总决赛中还是首次遇到这等阵势，最后4分钟彻底慌乱只得到6分，最终以93∶97痛失好局，目送乔丹和公牛队第二次登基。

## 1991-1992赛季排名

| 东部联盟 | | | |
|---|---|---|---|
| 排名 | 球队 | 胜 | 负 |
| 1 | 芝加哥公牛队 | 67 | 15 |
| 2 | 波士顿凯尔特人队 | 51 | 31 |
| 3 | 纽约尼克斯队 | 51 | 31 |
| 4 | 克利夫兰骑士队 | 57 | 25 |
| 5 | 底特律活塞队 | 48 | 34 |
| 6 | 印第安纳步行者队 | 40 | 42 |
| 7 | 新泽西篮网队 | 40 | 42 |
| 8 | 迈阿密热火队 | 38 | 44 |
| 9 | 亚特兰大老鹰队 | 38 | 44 |
| 10 | 费城76人队 | 35 | 47 |
| 11 | 密尔沃基雄鹿队 | 31 | 51 |
| 12 | 夏洛特黄蜂队 | 31 | 51 |
| 13 | 华盛顿子弹队 | 25 | 57 |
| 14 | 奥兰多魔术队 | 21 | 61 |

| 西部联盟 | | | |
|---|---|---|---|
| 排名 | 球队 | 胜 | 负 |
| 1 | 波特兰开拓者队 | 57 | 25 |
| 2 | 犹他爵士队 | 55 | 27 |
| 3 | 金州勇士队 | 55 | 27 |
| 4 | 菲尼克斯太阳队 | 53 | 29 |
| 5 | 西雅图超音速队 | 47 | 35 |
| 6 | 圣安东尼奥马刺队 | 47 | 35 |
| 7 | 洛杉矶快船队 | 45 | 37 |
| 8 | 洛杉矶湖人队 | 43 | 39 |
| 9 | 休斯敦火箭队 | 42 | 40 |
| 10 | 萨克拉门托国王队 | 29 | 53 |
| 11 | 丹佛掘金队 | 24 | 58 |
| 12 | 达拉斯独行侠队 | 22 | 60 |
| 13 | 明尼苏达森林狼队 | 15 | 67 |

# NBA PLAYOFFS

## NBA季后赛 对阵表
### 1991—1992赛季

**West**                           **East**

西部：
- 波特兰开拓者队 3 / 洛杉矶湖人队 1 → 波特兰开拓者队 4
- 菲尼克斯太阳队 3 / 圣安东尼奥马刺队 0 → 菲尼克斯太阳队 1
- 波特兰开拓者队 4 / 菲尼克斯太阳队 1 → 波特兰开拓者队 4
- 犹他爵士队 3 / 洛杉矶快船队 2 → 犹他爵士队 4
- 西雅图超音速队 3 / 金州勇士队 1 → 西雅图超音速队 1
- 犹他爵士队 4 / 西雅图超音速队 1 → 犹他爵士队 2
- 波特兰开拓者队 4 / 犹他爵士队 2

东部：
- 芝加哥公牛队 3 / 迈阿密热火队 0 → 芝加哥公牛队 4
- 纽约尼克斯队 3 / 底特律活塞队 2 → 纽约尼克斯队 3
- 芝加哥公牛队 4 / 纽约尼克斯队 3 → 芝加哥公牛队 4
- 克利夫兰骑士队 3 / 新泽西篮网队 1 → 克利夫兰骑士队 4
- 波士顿凯尔特人队 3 / 印第安纳步行者队 0 → 波士顿凯尔特人队 3
- 克利夫兰骑士队 4 / 波士顿凯尔特人队 3 → 克利夫兰骑士队 2

**The Finals**
波特兰开拓者队 2 — 芝加哥公牛队 4

**总冠军：芝加哥公牛队**

1992年夏天巴塞罗那奥运会，NBA副总裁拉斯·格拉尼克组建了一支超级豪华的美国队。那支被媒体称为"Dream Team"、"梦之鼻祖"的美国队，由查克·戴利挂帅，阵容几乎囊括所有联盟一线巨星，乔丹、巴克利、伯德、德雷克斯勒、"魔术师"、"犹他双煞"……那届奥运会简直就是美国队的表演赛，"梦一"场均得分117.3分，场均净胜43.8分，最小胜差也有32分，最终8胜0负喝凉水般把金牌揣进裤兜。

1991-1992赛季，伯德伤病缠身只打了45场比赛，并于赛季结束后宣布退役，但他依然是"梦一"成员。用"魔术师"约翰逊的话说："就巴塞罗那那些个对手？伯德坐在轮椅上都能打爆他们。"虽然约翰逊的话语有轻蔑对手之

## 1992-1993 不可一世！乔丹传传球，公牛三连冠

**总冠军：** 芝加哥公牛队

**总决赛MVP：** 迈克尔·乔丹（公牛队）

**得分王：** 迈克尔·乔丹（公牛队/32.6分）

**篮板王：** 丹尼斯·罗德曼（活塞队/18.3个）

**助攻王：** 约翰·斯托克顿（爵士队/12.0次）

**最有价值球员：** 查尔斯·巴克利（太阳队）

**最佳新秀：** 沙奎尔·奥尼尔（魔术队）

**最佳防守球员：** 哈基姆·奥拉朱旺（火箭队）

**最佳第六人：** 克里夫·罗宾逊（开拓者队）

**进步最快球员：** 穆罕默德·阿卜杜尔·拉乌夫（掘金队）

**最佳教练：** 帕特·莱利（尼克斯队）

嫌，但"梦一队"的豪华指数却可见一斑。戴利教练也发出了"再难见到如此梦幻的球队"的感叹，比赛期间，有的对手竟然一把抱住"梦之队"偶像，换下场时问队友："你刚才拍到我和偶像合影没有？"

休赛期是职场变动的旺季，这个夏天最引人注目，并引起联盟格局震荡的人事更迭有二。一是来自路易斯安那州立大学（LSU）、全名唤作沙奎尔·拉沙恩·奥尼尔的那个暴力猛兽以状元郎的身份加盟奥兰多魔术队，至于此君后来在21世纪初踢烂所有对位内线球员的屁股，先后帮助科比·布莱恩特和德怀恩·韦德这两个殿堂级分卫戴上总冠军戒指，在此先按下不表，单是1992-1993赛季，奥尼尔初出茅庐便令联盟战栗，他在处子赛季场均砍下23.4分、13.9个篮板，帮助"鱼腩"魔术队多赢了20场球。当然，仅就该赛季而言，查尔斯·巴克利空降凤凰城更值得挥洒笔墨大书特书。

多年以后回溯往事，这应该是巴克利人生中最难忘的一个夏天。除了以队内得分王的身份帮助"梦一队"横扫奥运引爆全球，巴克利还因为一起酒吧打架事件卷入官司，而被宣判无罪免却牢狱之灾后不久，他被76人队交易到了太阳队。

当真是树挪死人挪活，加盟太阳队后的第一个赛季，巴克利就以场均25.6分、12.2个篮板加冕常规赛MVP，成为NBA史上第三个转会后第一个赛季就赢得MVP的球员。巴克利横扫万马，太阳队越升越高，豪取队史最佳的62胜20负。

雄心凌云的巴克利结束了激情燃烧的常规赛后，季后赛甫一开战却遭到迎头痛击，被西部老八湖人队先赢两阵。好在太阳队稍加修整后稳住阵脚，将大比分扳成2∶2后，历经加时苦战赢下第五场涉险晋级，成为NBA发端后第一支在0∶2落后的绝境下逆袭成功的球队。

次轮面对"海军上将"率领的马刺队，太阳队依然打得不轻松，5场打完勉强取得3∶2领先。第六战，巴克利扮演关键先生，终场前1.8秒用一记6米跳投结束了这轮系列赛。

西部决赛遇到加里·佩顿和肖恩·坎普领军的超音速队，局面更加胶着，争夺更加惨烈，双方只能进入"突然死亡"的抢七大战。

巴克利不愧是常规赛MVP，抢七局中狂轰44分、24个篮板，率领太阳队以123∶110成为最后的赢家，跟跟跄跄地踏进总决赛。

太阳队的总决赛对手是公牛队。

1991-1992赛季收获67胜后，两连冠的公牛队似乎已经厌倦了常规赛的数字游戏，该赛季只收获57胜，尽管仍旧是中部赛区老大，却只能排在60胜的尼克斯队之后排名东部第二。倒是乔丹并不在意剧情太过老套，以场均32.6分连续第7次收集到得分王桂冠。

比连续第7次得分称王更具历史意义的是，1993年1月8日晚上，乔丹在公牛队VS雄鹿队的比赛中成为20000分先生。全场比赛乔丹在35分钟时间里26投15中轻松砍得35分，另有8个篮板、7次助攻、4次抢断入账。终场前5分12秒，乔丹凭借一粒三分球迈入20000分俱乐部——当然，和仅用500场比赛就收获20000分的张伯伦相比，乔丹只能屈居第二了。

对于各路媒体来说，乔丹得分易如砍瓜切菜、令人厌烦地霸占得分榜并不能激起读者的肾上腺素，于是他们只能深挖边缘素材，炮制些新鲜玩意儿。乔丹也"极其配合"，被《太阳时代》抓住把柄，深陷赌博风波，成为人尽皆知的超级赌徒。

该赛季另外一件让媒体集体亢奋的事情是：乔丹和雷吉·米勒切磋武术。1993年2月10日公牛队VS步行者队，一次防守中乔丹跃起封盖步行者队进攻球员，米勒后排插上伺机补篮，两大王牌落地时，米勒使坏狠狠撞了乔丹一下，然后若无其事地回防。眼见冤家如此挑衅，乔丹怒发冲冠追上前，与挑事者扭作一团，亏得双方球员及时拉架，武斗未能向纵深发展。当值裁判当即将米勒驱逐出场，乔丹吃T后反而愈战愈勇，27投16中卷下40分，外加9个篮板、8次助攻、6次抢断，公牛队以115：104获胜。3天后NBA纪律委员会做出终审判决，追罚乔丹10000美元并禁赛1场，米勒再交6000美元罚款。

常规赛战绩由67胜跌至57胜，公牛队却收获异常轻松的季后赛开局，前两轮几乎没遇到有效抵抗，以3：0和4：0接连横扫老鹰队和骑士队杀进东部决赛。

头两轮的最大亮点发生在公牛队和骑士队的东部半决赛第四战：101平后，公牛队握有最后一攻的机会，执行人毫无疑问是乔丹。比赛还剩7秒，乔丹左翼背筐运球，眼角扫了一眼计时器，负责盯防的杰拉尔德·威尔金斯简直要紧张死了，他留下合适的空间谨防乔丹变向突破。时间差不多了，乔丹开始行动，背身运球横向移动，一点儿都没有用突破解决战斗的迹象，威尔金斯能做的只是敌动我动，紧紧贴住不敢有丝毫懈怠。突然，乔丹猛然翻身后仰跳投，威尔金斯条件反射般跳起封盖。客观地说，威尔金斯的防守已然做到了极致。无奈的是，由于他忌惮犯规送给乔丹罚球，不敢贸然将身体扑上去，就是这点儿空隙，成就了一粒堪与1989年季后赛首轮的"The Shot"相媲美的后仰绝杀——"The Shot"的背景也是骑士队。

连续两季充当公牛队夺冠跳板后，常规赛收获60胜、坐上东部老大王座的尼克斯队决意复仇。公牛队也确实遭遇了比前两轮力道更大的阻击，上来就丢掉了两个客场。可惜尼克斯队并未把握住天赐良机，0∶2落后的公牛队组织绝地反击，连扳4场后连续第3季闯入总决赛。

1991-1993年，乔丹总能遇到给力的对手，先是"魔术师"约翰逊和德雷克斯勒，这回轮到他颇为敬重的巴克利了——1989-1990赛季，乔丹力挺巴克利成为常规赛MVP。当"魔术师"约翰逊最终胜出后，乔丹阴阳怪气地说："没有拿到MVP我并不伤心，可我恨死了他（约翰逊）拿这个奖。"

公牛队吸取东部决赛慢热的教训，先声夺人取得2∶0领先。巴克利首战遭遇滑铁卢，25投仅有9中，加之凯文·约翰逊也找不到篮筐，13投只有4中，太阳队以92∶100告负。次战巴克利雄起劈下42分、13个篮板、4次助攻，然而公牛队早已修炼成踩不死的小强，在帕克森连砍5分后占得末节先机，最终以111∶108扩大战果。

太阳队在家门口吞下0∶2的恶果后已退无可退，这反而催发菲尼克斯人和公牛队携手演绎了一场NBA总决赛史上不可多得的三加时名局——NBA历史上只出现过两场三加时总决赛，1976年那次太阳队也是主角。

第三战进入到第四节，乔丹毫无征兆地短路，化身勤奋的铁匠，10次投篮9次偏出，幸有"眼镜男"格兰特生死时刻打出2+1，帮助公牛队将比赛拖进加时。

第一个加时，双方都颇为紧张，5分钟内双方都只得了区区4分。温吞的前戏结束了，激越的高潮终于到来：第二个加时结束前40秒，公牛队以114∶110领先，形势一片大好，孰料格局突然起变化，巴克利利刃出鞘中投得手，马尔利添上续命中投。114平！第三个加时。"雷公"延续拉风状态，先是贡献一记穿心三分，后用罚球断了公牛队念想，太阳队终以129∶121赢得这场"马拉松战役"。

是役乔丹揽下44分、9个篮板、5次助攻，风头却被加时赛无敌、全场得到28分的马尔利盖住，最令人叹为观止的是，后者出战59分钟，0犯规。巴克利赛后叹道："这是我参加过的最伟大的比赛。嗯，我相信公牛队也会同意我的观点的。"

第三战死里逃生后，巴克利在第四战如有神助，交出32分、12个篮板、10次助攻的华丽答卷。悲催的是，对面的乔丹比他更胜一筹——第二节12投9中单节22分、上半场33分、全场55分。无解的乔丹帮助公牛队以6分优势取胜，3：1取得赛点。

"我想，就连迈克尔自个儿也阻挡不了迈克尔。"太阳队主教练保罗·韦斯特法尔悻悻地说，"在防守迈克尔·乔丹的时候，承认现实是很重要的，你所能做的，无非是尽量让他在投篮时多费些劲罢了。"

3：1取得冠军点后，信誓旦旦的公牛队已做好了在家门口捧杯的准备，然而太阳队不是甘愿闭上眼睛受虐的怂货，以108：98赢下天王山战役，再次让战火烧回菲尼克斯。

主场加冕的美梦被搅黄，乔丹很生气，后果很严重，他在第六战首节就射中3粒三分，单节得到13分，帮助公牛队建立起9分领先优势。太阳队上下却并不慌乱，中场前填平大坑将比分追上。第三节公牛队卷土再来，手握8分领先进入到末节死磕。一番拉锯后，太阳队在终场前2分33秒，凭借凯文·约翰逊的突破取得4分领先优势。遗憾的是，这竟然是太阳队全场——确切地说，是整个赛季——最后一次得分。乔丹用一条龙突破还以颜色后，双方连续进攻未果，直到终场前14.1秒，记分牌还是96：98，公牛队落后2分，却握有最后的球权。

接下来的故事大家耳熟能详，帕克森成为那个杀死比赛的家伙——乔丹后场接球，遭遇包夹后将球传给皮蓬，太阳队中锋韦斯特疯狗般扑了过来，皮蓬只能将球传给落到低位的格兰特，真是一环扣一环，一环出错满盘皆输，盯防帕克森的安吉赶忙移向底线，格兰特抓住转瞬即逝的机会，将球传给了无人看守的帕克森，此时帕克森需要做的，只是将那个球投出去……

99：98，比赛还剩3.9秒，凯文·约翰逊绝望的三分被格兰特兜头盖下，公牛队三连冠伟业达成。

"帕克森接到那个球的时候，我就知道，一切都该结束了。"乔丹说。

# 1992-1993赛季排名

| 东部联盟 | | | |
|---|---|---|---|
| 排名 | 球队 | 胜 | 负 |
| 1 | 纽约尼克斯队 | 60 | 22 |
| 2 | 芝加哥公牛队 | 57 | 25 |
| 3 | 克利夫兰骑士队 | 54 | 28 |
| 4 | 波士顿凯尔特人队 | 48 | 34 |
| 5 | 夏洛特黄蜂队 | 44 | 38 |
| 6 | 新泽西篮网队 | 43 | 39 |
| 7 | 亚特兰大老鹰队 | 43 | 39 |
| 8 | 奥兰多魔术队 | 41 | 41 |
| 9 | 印第安纳步行者队 | 41 | 41 |
| 10 | 底特律活塞队 | 40 | 42 |
| 11 | 迈阿密热火队 | 36 | 46 |
| 12 | 密尔沃基雄鹿队 | 28 | 54 |
| 13 | 费城76人队 | 26 | 56 |
| 14 | 华盛顿子弹队 | 22 | 60 |

| 西部联盟 | | | |
|---|---|---|---|
| 排名 | 球队 | 胜 | 负 |
| 1 | 菲尼克斯太阳队 | 62 | 20 |
| 2 | 西雅图超音速队 | 55 | 27 |
| 3 | 休斯敦火箭队 | 55 | 27 |
| 4 | 波特兰开拓者队 | 51 | 31 |
| 5 | 圣安东尼奥马刺队 | 49 | 33 |
| 6 | 犹他爵士队 | 47 | 35 |
| 7 | 洛杉矶快船队 | 41 | 41 |
| 8 | 洛杉矶湖人队 | 39 | 43 |
| 9 | 丹佛掘金队 | 36 | 46 |
| 10 | 金州勇士队 | 34 | 48 |
| 11 | 萨克拉门托国王队 | 25 | 57 |
| 12 | 明尼苏达森林狼队 | 19 | 63 |
| 13 | 达拉斯独行侠队 | 11 | 71 |

# NBA PLAYOFFS

## NBA季后赛 对阵表
### 1992—1993赛季

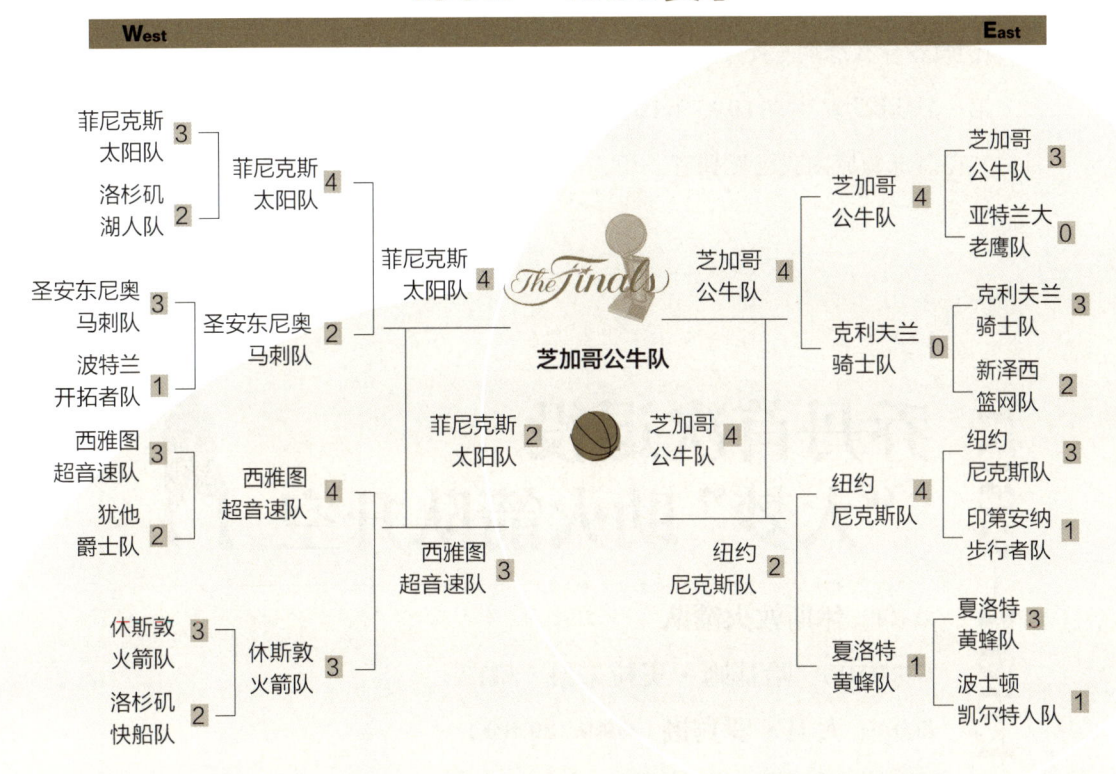

**West**                                                **East**

- 菲尼克斯太阳队 3 / 洛杉矶湖人队 2 → 菲尼克斯太阳队 4
- 圣安东尼奥马刺队 3 / 波特兰开拓者队 1 → 圣安东尼奥马刺队 2
- 菲尼克斯太阳队 4
- 西雅图超音速队 3 / 犹他爵士队 2 → 西雅图超音速队 4
- 休斯敦火箭队 3 / 洛杉矶快船队 2 → 休斯敦火箭队 3
- 西雅图超音速队 3

**The Finals —— 芝加哥公牛队**

菲尼克斯太阳队 2 / 芝加哥公牛队 4

- 芝加哥公牛队 3 / 亚特兰大老鹰队 0 → 芝加哥公牛队 4
- 克利夫兰骑士队 3 / 新泽西篮网队 2 → 克利夫兰骑士队 0
- 芝加哥公牛队 4
- 纽约尼克斯队 3 / 印第安纳步行者队 1 → 纽约尼克斯队 4
- 夏洛特黄蜂队 3 / 波士顿凯尔特人队 1 → 夏洛特黄蜂队 1
- 纽约尼克斯队 2

261

《观音山》里，胖子和丁波说："迈克尔·杰克逊都死了，还TM买什么单啊？"MJ迷的这种悬空失重感在《老男孩》等很多影像作品中都曾出现过，而另一个MJ也不止一次让喜欢他的人破口大骂："迈克尔·乔丹都退役了，还TM看什么球啊？"

第一次退役发生在1993年10月6日。"在篮球领域内我已然拥有一切，再也没有前进的动力。所以，是时候结束我的篮球岁月了。"乔丹在告别宣言中如是说。连续7季加冕得分王、连续3枚总冠军戒指——的确如此，人类已经无法阻止乔丹了，执剑茫然环顾，却找不到同一个量级的对手，独孤求败却不败，这是绝顶高手的幸福还是悲凉？

但是，父亲詹姆斯·乔丹意外遇害也刺激了乔丹，他想辟一处与篮球截

## 乔丹首次退役 "大梦"助火箭队升空

**1993-1994**

总冠军：**休斯敦火箭队**
总决赛MVP：**哈基姆·奥拉朱旺**（火箭队）
得分王：**大卫·罗宾逊**（马刺队/29.8分）
篮板王：**丹尼斯·罗德曼**（马刺队/17.3个）
助攻王：**约翰·斯托克顿**（爵士队/12.6次）
最有价值球员：**哈基姆·奥拉朱旺**（火箭队）
最佳新秀：**克里斯·韦伯**（勇士队）
最佳防守球员：**哈基姆·奥拉朱旺**（火箭队）
最佳第六人：**戴尔·库里**（黄蜂队）
进步最快球员：**唐·麦克莱恩**（子弹队）
最佳教练：**兰尼·威尔肯斯**（老鹰队）

然不同的场所,换一种角度梳理人生。乔丹选择了职棒联盟的芝加哥白袜队。"归来吧!迈克尔!"每每白袜队比赛,球迷们都会打出标语呼唤乔丹"回家",在他们的意识里,乔丹只属于篮球。当然,这些球迷都是跟随乔丹串场的篮球迷。

乔丹挥一挥衣袖,带走了很多云彩。不过对常年生活在乔丹羽翼下的皮蓬而言,这未尝不是一件好事。

皮蓬时至今日也没有摘掉"二当家"的帽子,但至少在1993-1994赛季,他可以当家做"主"了。场均22分、8.7个篮板、5.6次助攻、2.9次抢断,得分、篮板、抢断皆创职业生涯新高——客观地说,皮蓬在这个赛季的表现也确实无可挑剔。

公牛队在常规赛收获55胜(只比1992-1993赛季少赢2场),这个成绩对皮蓬的努力做出了最权威的认证。季后赛皮蓬率公牛队踏过首轮后,在东部半决赛中以3:4遗憾地输给了尼克斯队。若不以乔丹和三连冠为标杆,皮蓬和公牛队度过了令人尊敬的一季。

与灿若夏花的乔丹生在一个时代是种悲哀。公牛队三连冠期间,尼克斯队年年岁岁花相似,改不了垫脚石的厄运。如今阴云消散,尤因和尼克斯队终于看到了出人头地的希望。

常规赛尼克斯队收获57胜,并于季后赛首轮以3:1轻松撕破篮网队。不是冤家不聚首,上天仿佛安排好了复仇剧情,尼克斯队在东部半决赛中又一次遇到了公牛队。只是,当尼克斯队以4:3苦战晋级后,会不会也有一种空凉悲戚之感,因为斯人离去,公牛队已变熟悉的陌生人,这是他们想要的复仇吗?

无论如何,压抑多年后尼克斯队总算是突出东部重围,以4:3碾过步行者队后,来到了梦中的总决赛。

天下大势历来是合久必分。乔丹第一次退役后群雄并起,共有7支球队收获了55+胜场,在微妙的东部,连魔术队也趁乱收割,以50胜首次杀进季后赛。

1993年选秀大会,握有状元签的魔术队看上了鲜衣怒马的"便士"安芬尼·哈达威,但他们暗度陈仓摘下了克里斯·韦伯,后与摘下"便士"的勇士队完成互换交易,白赚了3个首轮选秀权。

哈达威果然了得,菜鸟季场均砍下16.6分、6.6次助攻、5.4个篮板和高居联盟第六的2.32次抢断。1992年状元奥尼尔继续发飙,以傲视联盟的59.9%投篮命中率场均砍下29.3分,另外13.2

个篮板和2.9次封盖分别排在联盟第二和第六。"鲨鱼"和"便士"首次配对便帮助魔术队杀进季后赛，两人短暂的"甜蜜爱情"由此开始。

当然，以现在的眼光看，乔丹退役的最大受益者不是尤因和尼克斯队，也不是"鲨鱼"、"便士"和魔术队，而是奥拉朱旺和火箭队。

奥拉朱旺常规赛场均贡献24分、10.5个篮板、3次盖帽，率领火箭队取得排名西部第二的58胜24负，将常规赛MVP和年度最佳防守球员一并收入囊中。

火箭队首轮以3∶1轻取开拓者队后，次轮遭到巴克利率领的太阳队的顽强抵抗，上来就连折两阵，尤其是第二战极为窝囊，在末节领先20分的利好局面下吞了恶果。好消息是，神奇恰恰由此开始，奥拉朱旺携火箭队上演更神奇的逆袭，4∶3后来者居上，并在西部决赛中锐不可当，以4∶1淘汰爵士队，1986年之后再次杀入总决赛。

冥冥中自有天意，1984年状元奥拉朱旺和1985年状元尤因，这对在NCAA就杀得昏天暗地的天生对手得以在NBA总决赛上再战雌雄。

尤因被乔丹连"灭"三季，憋了一肚子火要凤凰涅槃，而奥拉朱旺则不可避免地想起十年前的酸楚往事——1984年的NCAA赛场上，连续闯入决赛却连续无功而返。此时的奥拉朱旺已臻化境，场均砍下16.8分、13.5个篮板、5.6次盖帽，其中篮板和盖帽都高居NCAA榜首，休斯敦大学也一路呼啸着再次挺进决赛。结果奥拉朱旺再次梦碎，带着失意离开了大学校园。而让他的NCAA之旅充满遗憾的，正是尤因统辖的乔治城大学。

前尘往事成云烟，消散在彼此眼前。1994年总决赛，要么旧调重弹，要么故事翻版，一切都该有个了结！

第一战，火箭队主场以85∶78取得开门红。奥拉朱旺28分、10个篮板、3次抢断、2次盖帽，尤因23分、9个篮板。

第二战，尼克斯队以91∶83攻陷休斯敦。奥拉朱旺25分、7个篮板、4次助攻、4次盖帽，尤因19投7中，16分、13个篮板、6次盖帽。

第三战，火箭队客场以93∶89取得2∶1领先。奥拉朱旺一如既往，21分、11个篮板、7次助攻、7次盖帽，尤因准星不佳29投9中，18分、13个篮板、7次盖帽。

第四战，尼克斯队捍卫主场。

第五战，结局依旧，火箭队以

2∶3落后。

第六战，经典名局。读秒时刻，尼克斯队以84∶86落后却握有球权，球几经易手后到了约翰·斯塔克斯手中，他唯一的选择是投三分。若斯塔克斯得手，随后的历史将如何书写？决绝时刻，奥拉朱旺做了一个改变历史轨迹的决定：放弃对位防守尤因，黑旋风般扑向三分线外。他触碰到了篮球，拨转了命运的箭头，斯塔克斯绝杀未果，火箭队惊险穿越死亡线。

第七战，斯塔克斯经脉大乱，三分球8投0中，90∶84，火箭队以4∶3问鼎，奥拉朱旺成为集常规赛MVP、年度最佳防守球员和总决赛MVP于一身的历史第一人。

这是一轮血肉模糊、惨烈到无以复加的总决赛：7场比赛分差都在10分之内，两队无一得分过百。仅从数据上说，奥拉朱旺无疑打赢了尤因，但必须看到的是，前者场场出手20+，后者有3场出手不到20次。换句话说，尼克斯队的配置优于火箭队，尤因更多的是扮演防守中坚和精神领袖的角色，而奥拉朱旺在攻防两端都寂寥得多，他必须将球队扛在自个儿肩上——当然，唯其如此，才更能彰显奥拉朱旺的伟大。如梦如幻，果真大梦。

2008年4月，奥拉朱旺和尤因携手入选名人堂。两人戎马赛场，互为一生的对手，各自赢了一局，故事只留给后人去诉说。

## 1993-1994赛季排名

| 东部联盟 | | | |
|---|---|---|---|
| 排名 | 球队 | 胜 | 负 |
| 1 | 亚特兰大老鹰队 | 57 | 25 |
| 2 | 纽约尼克斯队 | 57 | 25 |
| 3 | 芝加哥公牛队 | 55 | 27 |
| 4 | 奥兰多魔术队 | 50 | 32 |
| 5 | 克利夫兰骑士队 | 47 | 35 |
| 6 | 印第安纳步行者队 | 47 | 35 |
| 7 | 新泽西篮网队 | 45 | 37 |
| 8 | 迈阿密热火队 | 42 | 40 |
| 9 | 夏洛特黄蜂队 | 41 | 41 |
| 10 | 波士顿凯尔特人队 | 32 | 50 |
| 11 | 费城76人队 | 25 | 57 |
| 12 | 华盛顿子弹队 | 24 | 58 |
| 13 | 密尔沃基雄鹿队 | 20 | 62 |
| 14 | 底特律活塞队 | 20 | 62 |

| 西部联盟 | | | |
|---|---|---|---|
| 排名 | 球队 | 胜 | 负 |
| 1 | 西雅图超音速队 | 63 | 19 |
| 2 | 休斯敦火箭队 | 58 | 24 |
| 3 | 菲尼克斯太阳队 | 56 | 26 |
| 4 | 圣安东尼奥马刺队 | 55 | 27 |
| 5 | 犹他爵士队 | 53 | 29 |
| 6 | 金州勇士队 | 50 | 32 |
| 7 | 波特兰开拓者队 | 47 | 35 |
| 8 | 丹佛掘金队 | 42 | 40 |
| 9 | 洛杉矶湖人队 | 33 | 49 |
| 10 | 萨克拉门托国王队 | 28 | 54 |
| 11 | 洛杉矶快船队 | 27 | 55 |
| 12 | 明尼苏达森林狼队 | 20 | 62 |
| 13 | 达拉斯独行侠队 | 13 | 69 |

# NBA PLAYOFFS

## NBA季后赛 对阵表
### 1993—1994赛季

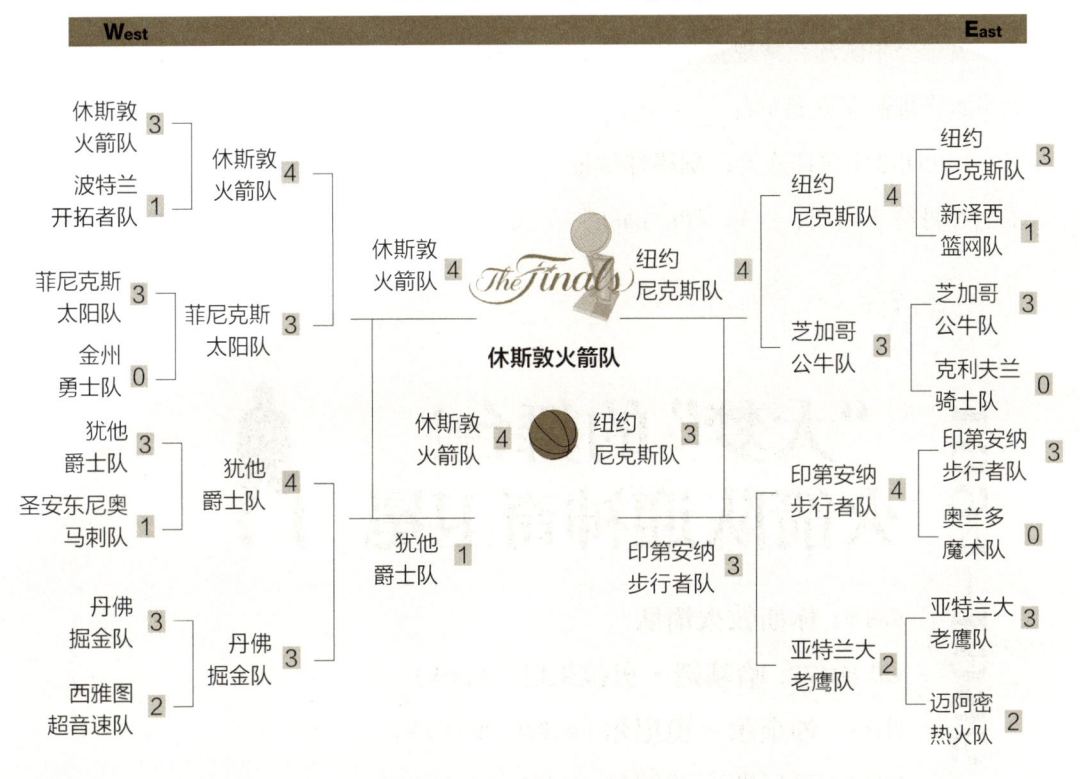

**W**est　　　　　　　　　　　　　　　　　　　　　　　　　　　　**E**ast

**西部**

- 休斯敦火箭队 3
- 波特兰开拓者队 1
  - 休斯敦火箭队 4
- 菲尼克斯太阳队 3
- 金州勇士队 0
  - 菲尼克斯太阳队 3
    - 休斯敦火箭队 4
- 犹他爵士队 3
- 圣安东尼奥马刺队 1
  - 犹他爵士队 4
- 丹佛掘金队 3
- 西雅图超音速队 2
  - 丹佛掘金队 3
    - 犹他爵士队 1

**总冠军：休斯敦火箭队**

- 休斯敦火箭队 4 — 纽约尼克斯队 3

**东部**

- 纽约尼克斯队 3
- 新泽西篮网队 1
  - 纽约尼克斯队 4
- 芝加哥公牛队 3
- 克利夫兰骑士队 0
  - 芝加哥公牛队 3
    - 纽约尼克斯队 4
- 印第安纳步行者队 3
- 奥兰多魔术队 0
  - 印第安纳步行者队 4
- 亚特兰大老鹰队 3
- 迈阿密热火队 2
  - 亚特兰大老鹰队 2
    - 印第安纳步行者队 3

没有乔丹的第二季，公牛队搬入新主场联合中心球馆。晋升大当家的皮蓬威武依然，场均砍下21.4分、8.1个篮板、5.2次助攻，并以场均2.91次抢断封王，托尼·库科奇进入首发后化茧成蝶，场均贡献15.7分、5.4个篮板、4.6次助攻，公牛队却在常规赛半死不活，胜率始终徘徊在五成左右。

1995年3月19日这天，玩棒球玩倦了的乔丹终于回归，一句"I'm back"让整座芝加哥城陷入疯狂，援引美媒体评语："迈克尔·乔丹复出的影响力堪比海湾战争。"芝加哥市长发表电视讲话说："这对芝加哥来说是个福音，这座城市又成了全世界最有魅力的旅游城市。"据说当天与乔丹有合约的公司的道琼斯指数骤然飙升，合计升值达23亿美元。

此时乔丹的23号战袍已然悬挂在联合中心上空，根据联盟相关规定，乔

## 1994-1995 "大梦"的舞台！火箭队迎神奇卫冕

**总冠军**：休斯敦火箭队

**总决赛MVP**：哈基姆·奥拉朱旺（火箭队）

**得分王**：沙奎尔·奥尼尔（魔术队/29.3分）

**篮板王**：丹尼斯·罗德曼（马刺队/16.8个）

**助攻王**：约翰·斯托克顿（爵士队/12.3次）

**最有价值球员**：大卫·罗宾逊（马刺队）

**最佳新秀**：格兰特·希尔（活塞队）杰森·基德（独行侠队）

**最佳防守球员**：迪肯贝·穆托姆博（掘金队）

**最佳第六人**：安东尼·梅森（尼克斯队）

**进步最快球员**：达纳·巴罗什（76人队）

**最佳教练**：德尔·哈里斯（湖人队）

丹只能换号，于是他选择了哥哥曾经穿过的45号。23号乔丹不见了，45号乔丹阔别赛场近两个赛季后归来。

尽管起初乔丹的发挥打了些折扣，却仍然能有场均26.9分、6.9个篮板、5.3次助攻的贡献，并在3月29日客战尼克斯队时轰出55分。乔丹复出带来的提升是显著的，公牛队17战13胜，并在4月份的10场比赛中豪取9胜。

季后赛乔丹场均砍下31.5分，公牛队首轮以3：1轻取夏洛特黄蜂队，然而公牛队终究是没能满血复活，东部半决赛以2：4被东部新贵魔术队淘汰。

内外双雄沙奎尔·奥尼尔和安芬尼·哈达威磨合一季后，迸发出更加彪悍的威力。"鲨鱼"奥尼尔场均29.3分首次加冕得分王，场均11.4个篮板排名第三，58.3%的投篮命中率排第二，场均2.43次封盖排第六，"便士"哈达威场均贡献20.9分、7.2次助攻，入选最佳阵容第一队。

加之公牛队悍将霍勒斯·格兰特来投，建队刚刚6年的魔术队一鸣惊人，以57胜25负抢下常规赛东部冠军，并在季后赛连闯凯尔特人队、公牛队和步行者队三关，以令人咋舌的蹿升速度挺进总决赛。

魔术队VS公牛队的东部半决赛首战留下了经典桥段，与45号乔丹有关。

终场前20秒，公牛队以1分领先，时任魔术队主帅的布莱恩·希尔够大胆，他并未安排犯规战术，而是让尼克·安德森单防乔丹。安德森哪里是敌手，乔丹一个稀松平常的晃动就把他甩在了身后。然而据安德森事后陈述，他只是施了一个欲擒故纵的小伎俩。在乔丹越过中圈，一边把球从右手换到左手，一边观察队友落位时，安德森下手抄截成功，哈达威接球后传给快下的格兰特，后者助球队反超1分。

乔丹的噩梦还没结束，比赛还剩6秒时他想传球给皮蓬，结果再次失误，公牛队先输一阵。赛后安德森兴奋异常，因为他当面戏耍了自己的偶像。"当我还在伊利诺伊打球时，迈克尔就是我的偶像。后来我穿着他的球鞋来到了NBA。"这个插曲还催生了一条经典语录，安德森说："45号的MJ没有23号来得厉害。"

"鲨鱼"和"便士"风华正茂，送走乔丹后又以4：3气走另一位巨星——雷吉·米勒。不过，米勒在东部半决赛步行者队VS尼克斯队的第一场比赛中上演了神乎其神的"米勒时刻"：终场前18.7秒，步行者队落后6分，米勒投中一粒三分后直接抢断尼克斯队的后场发球，继而淡定地退到三分线外再来一记三分，尼克斯队两罚不中后，米勒用两记罚球率队以107∶105完成超级逆转。

该季的神奇故事比比皆是。美国"体育2008"曾评选出NBA历史上最神奇的5支总冠军球队，分别是：1968-1969赛季的凯尔特人队、1976-1977赛季的开拓者队、1977-1978赛季的子弹队、1974-1975赛季的勇士队以及1994-1995赛季的火箭队。

奥拉朱旺的大学队友德雷克斯勒驾到，并未收到立竿见影的效果，火箭队常规赛只收获排名西部第六的45胜。想必连休斯敦球迷也没有想到，火箭队竟然连克爵士队、太阳队和马刺队三大劲敌杀出西部，并在总决赛中零封魔术队卫冕。

首轮，火箭队VS爵士队首战时，斯托克顿贡献28分、10次助攻，并用2.4秒绝杀让奥拉朱旺的45分、8个篮板、6次助攻变得毫无意义。

第二战时，首战只有8投3中7分进账的德雷克斯勒及时醒来，交出30分、7次助攻，奥拉朱旺和霍利分别添得27分和21分，不过火箭队将比分扳为1∶1的首席功臣是13投10中砍下32分的肯尼·史密斯，是役他三分球8投7中，火箭队三分球28投19中创造了新的季后赛纪录。

第三战马龙使命必达，狂飙32分、19个篮板、5次助攻；第四战奥拉朱旺和德雷克斯勒交相辉映，前者40分，后者41分，双方各胜一场后进入到生死决战。

第五战最后时刻，全场砍下33分、10个篮板的"大梦"和进账31分的"滑翔机"率队打出20∶9夺命攻击波，以95∶91涉险进入下一轮。

可怜了马龙，他拼命砍下35分、10个篮板，却只能带着不甘回家照顾即将分娩的妻子。首轮发挥亮眼的史密斯则丢下一句霸气外露的话："我们会输掉一两场比赛，但休想把我们赶回家。"

火箭队次轮又遇太阳队。故事简直就是1994年的复刻，同样是西部半决赛，同样是火箭队上来就以0∶2落后。首战德雷克斯勒只打了14分钟，便累计两次技术犯规离场，奥拉朱旺首节便吃到3次犯规，火箭队吞下22分溃败的苦果。休斯敦市长的老婆怒了，直接把电话打到NBA办公室，斥责首战的裁判太黑。

孰料火箭队第二战更衰，再输24分，丢人无极限。

命运就是喜欢捉弄人，太阳队被

一年前的自己附体。第三战巴克利10投0中，只得到5分，奥拉朱旺砍下36分、11个篮板，率队一战找回颜面，生生赢了太阳队33分。"都是我的错，我应该承担所有指责。"巴克利赛后懊恼地说："我错失了5次上篮。"

巴克利难得自我批评，太阳队众将精神为之一振，尤其是凯文·约翰逊，第四战席卷43分、9次助攻，巴克利也有26分进账。在1：3的绝境面前，奥拉朱旺的38分苍白得很。随后两战火箭队疯狂自救，挽救两个晋级点后，将比赛拖进残酷的抢七局。

1995年5月20日，终极决战打响。

上半场太阳队曾领先10分，但巴克利膝盖不争气，搅乱了太阳队步点。巴克利借助止痛药继续留在场上，但太阳队主帅韦斯特法尔没有胆量把宝押在一个伤号身上，于是他不顾巴克利的怒目而对，企图用最后一招——拉开单打，凯文·约翰逊单挑肯尼·史密斯。

赌徒战术无限接近成功，得到海量开火权的约翰逊26投12中，22罚21中，刹下46分、10次助攻，与末节劈下16分的奥拉朱旺一时瑜亮，两队杀到读秒时刻依然胶着。但马里奥·埃利毁了约翰逊的个人表演，他在比赛还剩7.1秒时射中夺命三分，太阳队最终以114：115饮恨。

巴克利尽管有高达7次的失误，但18分、23个篮板配得上"伟大"二字。"我想，我该退役去竞选阿拉巴马州长了。"一年后他投了火箭队，与奥拉朱旺化敌为友。

西部决赛火箭队遭遇"海军上将"大卫·罗宾逊率领的马刺队。

罗宾逊该季一柱擎天，场均掠下27.6分、10.8个篮板、3.23次盖帽，3项数据分别排联盟第三、第七和第四，当选常规赛MVP，马刺队在他的带领下收获创队史纪录的62胜。

不过，奥拉朱旺对罗宾逊不以为然，觉得自己才更配MVP。奥拉朱旺以场均35.3分实现另类复仇，率领火箭队以4：2淘汰马刺队进军总决赛。

罗宾逊的场均23.8分也不赖，不过较之奥拉朱旺还是相形见绌。也正是在这轮系列赛期间，曝出罗德曼斥责罗宾逊"打球软得像娘们儿"。

首战史密斯投中创总决赛纪录的7个三分球；次战卡塞尔砍下31分；埃利4战三分球14投8中；霍利的大心脏投篮；德雷克斯勒场均20+7+5；奥拉朱旺场均33+10；主教练汤姆贾诺维奇"永远不要低估一颗冠军的心"——火箭队VS魔术队的总决赛虽然以4：0

横扫结束，却不乏脍炙人口的段子，其中最离奇的莫过于魔术队安德森的四罚不中。

总决赛首战，第四节还剩23秒，火箭队落后3分，魔术队掌控球权。布莱恩·肖三分不中后，篮板又被"便士"哈达威摘下，火箭队并未在第一时间下手犯规，等到想起这茬，第四节只剩10.5秒。

看上去，火箭队出师不利几乎板上钉钉，因为此时安德森要执行两次罚球，只要罚中一球……吊诡的一幕发生了，安德森两次罚球都被篮板前沿拒绝。更诡异的是，球又到了安德森手里，他再次走上罚球线又是两罚皆失。

安德森连续两次送大礼后，史密斯三分命中扳平比分，火箭队加时胜出。

## 1994-1995赛季排名

| 排名 | 球队 | 胜 | 负 |
|---|---|---|---|
| 东部联盟 | | | |
| 1 | 奥兰多魔术队 | 57 | 25 |
| 2 | 印第安纳步行者队 | 52 | 30 |
| 3 | 纽约尼克斯队 | 55 | 27 |
| 4 | 夏洛特黄蜂队 | 50 | 32 |
| 5 | 芝加哥公牛队 | 47 | 35 |
| 6 | 克利夫兰骑士队 | 43 | 39 |
| 7 | 亚特兰大老鹰队 | 42 | 40 |
| 8 | 波士顿凯尔特人队 | 35 | 47 |
| 9 | 密尔沃基雄鹿队 | 34 | 48 |
| 10 | 迈阿密热火队 | 32 | 50 |
| 11 | 新泽西篮网队 | 30 | 52 |
| 12 | 底特律活塞队 | 28 | 54 |
| 13 | 费城76人队 | 24 | 58 |
| 14 | 华盛顿子弹队 | 21 | 61 |
| 西部联盟 | | | |
| 排名 | 球队 | 胜 | 负 |
| 1 | 圣安东尼奥马刺队 | 62 | 20 |
| 2 | 菲尼克斯太阳队 | 59 | 23 |
| 3 | 犹他爵士队 | 60 | 22 |

| 4 | 西雅图超音速队 | 57 | 25 |
| 5 | 洛杉矶湖人队 | 48 | 34 |
| 6 | 休斯敦火箭队 | 47 | 35 |
| 7 | 波特兰开拓者队 | 44 | 38 |
| 8 | 丹佛掘金队 | 41 | 41 |
| 9 | 萨克拉门托国王队 | 39 | 43 |
| 10 | 达拉斯独行侠队 | 36 | 46 |
| 11 | 金州勇士队 | 26 | 56 |
| 12 | 明尼苏达森林狼队 | 21 | 61 |
| 13 | 洛杉矶快船队 | 17 | 65 |

# NBA PLAYOFFS

## NBA季后赛 对阵表
### 1994—1995赛季

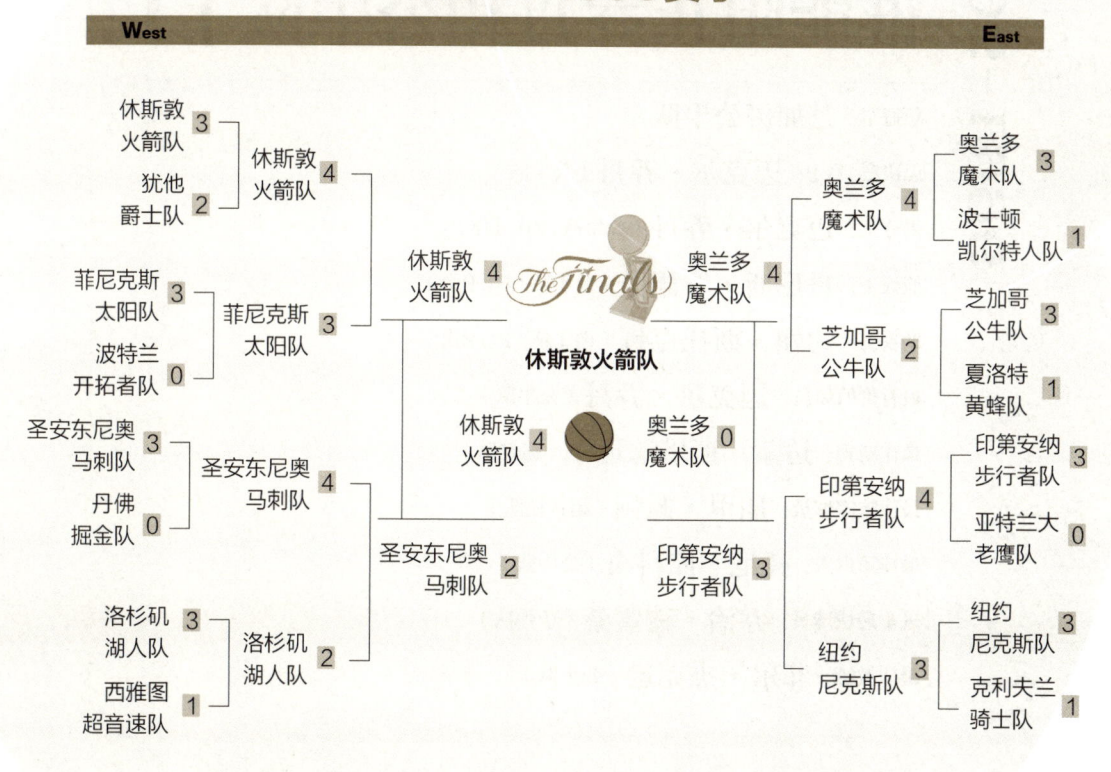

**West** — **East**

**总冠军：休斯敦火箭队**

西部赛区：
- 休斯敦火箭队 3 — 犹他爵士队 2 → 休斯敦火箭队 4
- 菲尼克斯太阳队 3 — 波特兰开拓者队 0 → 菲尼克斯太阳队 3
- 休斯敦火箭队 4 — 菲尼克斯太阳队 3
- 圣安东尼奥马刺队 3 — 丹佛掘金队 0 → 圣安东尼奥马刺队 4
- 洛杉矶湖人队 3 — 西雅图超音速队 1 → 洛杉矶湖人队 2
- 圣安东尼奥马刺队 4 — 洛杉矶湖人队 2
- 休斯敦火箭队 4 — 圣安东尼奥马刺队 2

东部赛区：
- 奥兰多魔术队 3 — 波士顿凯尔特人队 1 → 奥兰多魔术队 4
- 芝加哥公牛队 3 — 夏洛特黄蜂队 1 → 芝加哥公牛队 2
- 奥兰多魔术队 4 — 芝加哥公牛队 2
- 印第安纳步行者队 3 — 亚特兰大老鹰队 0 → 印第安纳步行者队 4
- 纽约尼克斯队 3 — 克利夫兰骑士队 1 → 纽约尼克斯队 3
- 奥兰多魔术队 4 — 印第安纳步行者队 3

总决赛：休斯敦火箭队 4 — 奥兰多魔术队 0

从1984年入行开始,奥拉朱旺的NBA人生就和乔丹捆绑在一起,被人置于放大镜下做些毫无意义的比较:谁更有资格成为那年状元?若乔丹不去玩棒球,他能在乱世中抢下两冠吗?

是的,历史既不能假设也不能倒带重演,然而必须承认的是,奥拉朱旺的确是火箭队队史上最厉害的人物,没有之一。

两连冠后奥拉朱旺依然表现出众,场均贡献26.9分、10.9个篮板、2.88次盖帽,三项数据分别排在联盟第四、第六和第二,连续第12次当选全明星,并成为NBA历史上第9个得分20000+、篮板10000+的球员,还超越贾巴尔成为历史封盖王。火箭队48胜的常规赛战绩不甚惹眼,却比之前一个赛季多赢了1场球。

## 72胜10负!谁能阻止乔丹和公牛队

**1995—1996**

总冠军:**芝加哥公牛队**

总决赛MVP:**迈克尔·乔丹**(公牛队)

得分王:**迈克尔·乔丹**(公牛队/30.4分)

篮板王:**丹尼斯·罗德曼**(公牛队/14.9个)

助攻王:**约翰·斯托克顿**(爵士队/11.2次)

最有价值球员:**迈克尔·乔丹**(公牛队)

最佳新秀:**达蒙·斯塔德迈尔**(猛龙队)

最佳防守球员:**加里·佩顿**(超音速队)

最佳第六人:**托尼·库科奇**(公牛队)

进步最快球员:**乔治·穆雷桑**(子弹队)

最佳教练:**菲尔·杰克逊**(公牛队)

火箭队季后赛首轮的对手是湖人队。

1996年1月30日，"魔术师"约翰逊复出，打了32场比赛，场均贡献15.3分、8.5个篮板、6.5次助攻，不过光灿灿的数据并未给湖人队带来提升，反倒影响了范埃克塞尔、琼斯和迪瓦茨等人业已生成的化学反应。

火箭队比湖人队（53胜）少赢了5场球，但毕竟有奥拉朱旺和德雷克斯勒两大巨星坐镇，在气场和稳定性上也占据优势，最终以3：1晋级。湖人队则迎来了不破不立的历史节点，休赛期恭迎沙奎尔·奥尼尔和科比·布莱恩特入城，为21世纪初的连冠伟业埋下伏笔。

火箭队在西部半决赛碰到克星超音速队——1982年、1987年和1993年，超音速队3次淘汰火箭队。

常规赛时，加里·佩顿以场均2.85次抢断成为抢断王，荣膺年度最佳防守球员，肖恩·坎普场均砍下19.6分，在两人的带领下，超音速队豪取64胜。

常规赛顺风顺水，季后赛却是另一番模样：超音速队首轮便遭到国王队的顽强阻击，以0：2落后又在第三场半场结束时落后10分。困境下超音速队绝地逆袭，以3：2让国王队饮恨。

首轮吓出一身冷汗后，超音速队的第二轮要轻松得多，因为对手是见一次灭一次的火箭队。果不其然，超音速队噼里啪啦一顿猛击，以4：0把卫冕冠军打得稀里哗啦。

值得一提的是，第四场火箭队一度落后20分，罗伯特·霍利用5记三分燃起反击烈火，将比赛拖进了加时。"永远不要低估一颗冠军的心。"火箭队难逃被横扫的尴尬，却不免让人想起汤帅的这句名言。一个冠军的背影，此时此景，落寞悲凉。

超音速队在西部决赛中遇到了爵士队。

约翰·斯托克顿超越8届助攻王鲍勃·库西，连续第9季助攻称王，还赶超莫里斯·奇克斯成为NBA历史抢断王。超音速队VS爵士队、佩顿和坎普VS斯托克顿和马龙，激战7场，以前者挺进总决赛收尾。然而，后者的悲情才刚刚开始，1997年和1998年总决赛，他们接连充当了乔丹的背景。

真是一代人来一代人往，太阳照常升起，多伦多猛龙队和温哥华灰熊队加入NBA、凯文·加内特入行、"魔术师"约翰逊复出和超音速队狂飙都阻止不了乔丹收拾旧河山的步伐。

当局者迷，旁观者清。乔丹离开篮球却更懂篮球，去而复归后不再痴迷暴力轰击篮筐，而是将跳投技艺修炼到了炉火纯青。跳投戏份增多引发的直接效应是，乔丹最大程度上规避了伤病和疲劳，82场常规赛加18场季后赛，整整100场比赛场场不落。

常规赛中乔丹场均30.4分，收获个人第8个得分王头衔，打破张伯伦7次称王的历史纪录，场均2.2次抢断则高居联盟第三，连"弱项"三分球命中率也排到了第11位，强势抢回常规赛MVP奖杯。

皮蓬还是一如既往的全面，场均砍下19.4分、6.4个篮板、5.9次助攻；托尼·库科奇当选最佳第六人；史蒂夫·科尔的三分球命中率高居联盟第二；卢克·朗利场均9.1分；罗恩·哈珀场均7.4分……世易时移，和第一波三连冠时比，此时的公牛队已然变了模样，好在各位都很给力，尤其是刚刚从马刺队来投的"大虫"丹尼斯·罗德曼，更是充当了鲶鱼角色，给球队带来了篮板和防守，注入了强硬和混不吝因子。

公牛第一王朝成员对罗德曼再熟悉不过，那时候他跟在比尔·兰比尔和里克·马洪屁股后面，在乔丹面前竖起一道不可逾越的恶汉屏障。罗德曼对篮板有着近乎变态的痴迷，甫一来到芝加哥就大肆吐槽："我只关心篮板球，球队输赢关我啥事？"

恰逢格兰特转投奥兰多，"禅师"杰克逊四处打捞4号位替班者，领悟能力、篮板能力和防守功夫超一流的"花大虫"进入他的视野。可罗德曼的最大毛病是管不住嘴巴，那张毫无遮拦、说哪指哪的大嘴经常搞得同事不和，影响更衣室和谐和球场战斗力，比如上一赛季在马刺队，"海军上将"罗宾逊干不过奥拉朱旺，他实在看不得大男人掉眼泪，丢下一句"罗宾逊打球像娘们儿！"不过深谙玄学、善于搞人际关系的杰克逊不怕这个，再说有乔丹压阵，罗德曼加盟后非但没带来负面影响，反而成为公牛队崛起、再敛三冠的强力第三极。

杰克逊和乔丹软硬兼施恩威并济，找到归宿的罗德曼只有卖命的份儿，场均抢下14.9个篮板加冕篮板王，并和乔丹、皮蓬一道入选最佳防守阵容第一队。罗德曼的作用，在季后赛尤其是总决赛体现得尤为显著，用超音速队主教练乔治·卡尔的话说，总决赛中至少有两场，罗德曼是公牛队赢球的根本。

诸神归位，工种明确，改装版公牛队虎啸生风，见佛杀佛。1995年11月3日，乔丹轰下42分、6个篮板、7次助攻，公牛队以105∶91大胜黄蜂队取得开门红，就此拉开激情燃烧的一季。

1996年4月16日，乔丹准度欠佳，27投9中只得到22分、9个篮板、4次助攻、2次抢断，公牛队却以86∶80击败雄鹿队。这是一场极其普通的常规赛，却承载着开天辟地的历史意义，经此一胜，公牛队拿到赛季第70场胜利，成为NBA历史上第一支达到70胜的球队。公牛队最终以72胜神迹收官，打破了湖人队在1971–1972赛季创造的69胜纪录。

人类已经无法阻止乔丹和公牛队的铁蹄了。

季后赛首轮公牛队以3∶0横扫热火队后迎来了老对手尼克斯队，乔丹第一战砍下44分，第三战劈出46分，率队以4∶1胜出。公牛队东部决赛的对手是魔术队。1994–1995赛季季后赛，正是"鲨鱼"奥尼尔和"便士"哈达威率领的魔术队让乔丹的复出季变得不那么完美，换句话说，1991–1998年乔丹率队豪夺6冠，唯一的季后赛失利正是拜这个东部新贵所赐。仇家相见分外眼红，乔丹第四战又揽45分，公牛队以4∶0剃了魔术队光头。

11胜1负，唯一的失利只输了3分，公牛队在东部刮起强劲的红色旋风，以近乎完美的表现重回总决赛，对手是超音速队。

佩顿和坎普意气风发，攒聚所有力量意欲刺破红色恐怖，哪料乔丹和公牛队已然进入无解状态，交火后他们无奈地发现，两队似乎不在一个量级上。3∶0，公牛队轻松拿到冠军点，其中第一战和第三战分别赢了17分和22分，优势之大可见一斑。

著名恶汉佩顿偏偏不信邪，哪怕陷入0∶3绝境也不嘴软："我们可以击败这支球队，我们的目标是冠军，我们需要的只是信心和稳定。"

历史的小河果然拐了弯，季后赛只输1场的公牛队连续经历西雅图不眠夜，5场打完后以3∶2领先，战火又燃回芝加哥。

有阴谋论者指出，在2-3-2的总决赛赛制下，以3∶0领先的公牛队收放自如，有能力将战局走势掌控在自己手里，故意放水以便在家门口登基。当然，不管怎么说，都必须向佩顿、坎普和超音速队致敬，从0∶3到2∶3并不是一件容易的事情。

芝加哥，第六战，乔丹首节就砍下6分、6个篮板、3次助攻，公牛队先下手为强领先6分。后三节公牛队都占据上风，稳拿总冠军。

以4∶2夺冠后乔丹当众泪流满面，

有道是"男儿有泪不轻弹，只因未到伤心处"，父亲遇害、对篮球心灰意冷、打棒球疗伤、复出季止步东部半决赛，乔丹被压抑得太久了，打开情感的大闸，尽情地哭了出来。

回到那句"我只关心篮板球，球队输赢关我啥事"，公牛队第六战的最大功臣其实是贡献9分、19个篮板、5次助攻的罗德曼，单是第二节他就拼下9个前场篮板（19个篮板中有11个是前场篮板），令超音速队内线欲哭无泪、无地自容。

在联合中心冲破顶棚的嘘声中，坎普在罗德曼身上吃到第6次犯规，灰溜溜离场，大势不可违，赛季结束了。

"很多人都在抨击我精神分裂，我就在这里，我要证明所有人都是错的。"夺冠后罗德曼发表铿锵总结，意思是说骂或不骂，我都在这里，疯抢篮板。超音速队主教练乔治·卡尔心服口服，直言罗德曼才是公牛队那把打开冠军之门的钥匙。

"1996年总决赛中的公牛队为NBA树立了一个全新的标杆，其他球队的目的只是缩小和公牛队的差距。"菲尔·杰克逊说。

## 1995-1996赛季排名

**东部联盟**

| 排名 | 球队 | 胜 | 负 |
|---|---|---|---|
| 1 | 芝加哥公牛队 | 72 | 10 |
| 2 | 奥兰多魔术队 | 60 | 22 |
| 3 | 印第安纳步行者队 | 52 | 30 |
| 4 | 克利夫兰骑士队 | 47 | 35 |
| 5 | 纽约尼克斯队 | 47 | 35 |
| 6 | 底特律活塞队 | 46 | 36 |
| 7 | 亚特兰大老鹰队 | 46 | 36 |
| 8 | 迈阿密热火队 | 42 | 40 |
| 9 | 夏洛特黄蜂队 | 41 | 41 |
| 10 | 华盛顿子弹队 | 39 | 43 |
| 11 | 波士顿凯尔特人队 | 33 | 49 |
| 12 | 新泽西篮网队 | 30 | 52 |
| 13 | 密尔沃基雄鹿队 | 25 | 57 |
| 14 | 多伦多猛龙队 | 21 | 61 |
| 15 | 费城76人队 | 18 | 64 |

**西部联盟**

| 排名 | 球队 | 胜 | 负 |
|---|---|---|---|
| 1 | 西雅图超音速队 | 64 | 18 |
| 2 | 圣安东尼奥马刺队 | 59 | 23 |
| 3 | 犹他爵士队 | 55 | 27 |
| 4 | 洛杉矶湖人队 | 53 | 29 |
| 5 | 休斯敦火箭队 | 48 | 34 |
| 6 | 波特兰开拓者队 | 44 | 38 |
| 7 | 菲尼克斯太阳队 | 41 | 41 |
| 8 | 萨克拉门托国王队 | 39 | 43 |
| 9 | 金州勇士队 | 36 | 46 |
| 10 | 丹佛掘金队 | 35 | 47 |
| 11 | 洛杉矶快船队 | 29 | 53 |
| 12 | 达拉斯独行侠队 | 26 | 56 |
| 13 | 明尼苏达森林狼队 | 26 | 56 |
| 14 | 温哥华灰熊队 | 15 | 67 |

# NBA PLAYOFFS

## NBA季后赛 对阵表
### 1995—1996赛季

**West**            **East**

- 西雅图超音速队 3
- 萨克拉门托国王队 1
- → 西雅图超音速队 4
- 休斯敦火箭队 3
- 洛杉矶湖人队 1
- → 休斯敦火箭队 0
- → → 西雅图超音速队 4
- 犹他爵士队 3
- 波特兰开拓者队 2
- → 犹他爵士队 4
- 圣安东尼奥马刺队 3
- 菲尼克斯太阳队 1
- → 圣安东尼奥马刺队 2
- → → 犹他爵士队 3

**The Finals**
西雅图超音速队 2 — 芝加哥公牛队 4

**芝加哥公牛队**（冠军）

- 芝加哥公牛队 3
- 迈阿密热火队 0
- → 芝加哥公牛队 4
- 纽约尼克斯队 3
- 克利夫兰骑士队 0
- → 纽约尼克斯队 1
- → → 芝加哥公牛队 4
- 奥兰多魔术队 3
- 底特律活塞队 0
- → 奥兰多魔术队 4
- 亚特兰大老鹰队 3
- 印第安纳步行者队 2
- → 亚特兰大老鹰队 0
- → → 奥兰多魔术队 0

当我们谈论1996年NBA休赛期时，我们在谈论以艾弗森和科比为代表的黄金一代。

一如之前的1984年和后来大家熟知的2003年，1996年选秀大会才俊泉涌、猛将云集。然而，在那个激荡的夏天，NBA职场中最令人亢奋的人事浮动不是96届新秀骄子，而是由魔术队西游湖人队的沙奎尔·奥尼尔和由太阳队转投火箭队的查尔斯·巴克利，因为他们直接改变了当季的西部战局，让西部"Final 4"变成了"血浆飞溅"的"绞杀场"。

马龙以场均27.4分、9.9个篮板、4.5次助攻从乔丹手里夺走常规赛MVP（事实上，无论个人数据还是球队战绩，乔丹都更胜一筹），爵士队媳妇熬成婆，以64胜成为西部常规赛冠军；佩

## 1996—1997 乔丹的"流感之战"！公牛队壮哉卫冕

**总冠军：** 芝加哥公牛队
**总决赛MVP：** 迈克尔·乔丹（公牛队）
**得分王：** 迈克尔·乔丹（公牛队/29.6分）
**篮板王：** 丹尼斯·罗德曼（公牛队/16.1个）
**助攻王：** 马克·杰克逊（掘金队、步行者队/11.4次）
**最有价值球员：** 卡尔·马龙（爵士队）
**最佳新秀：** 阿伦·艾弗森（76人队）
**最佳防守球员：** 迪肯贝·穆托姆博（老鹰队）
**最佳第六人：** 约翰·斯塔克斯（尼克斯队）
**进步最快球员：** 伊萨克·奥斯丁（热火队）
**最佳教练：** 帕特·莱利（热火队）

顿和坎普魂断总决赛后卷土重来，势头有所下滑依然收获57胜；挖来巴克利构架起"BIG 3"的火箭队战力激增拿下57胜；西游的"鲨鱼"帮助湖人队取下56胜排在西部第四。

西部4支种子队顺利通过首轮，在半决赛捉对厮杀：火箭队VS超音速队；爵士队VS湖人队。

超音速队是火箭队的克星，上赛季西部半决赛更是以4：0速胜。巴克利填充禁区厚度后，火箭队再也不惧超音速队。双方各胜一场后来到第三战，德雷克斯勒读秒阶段零度角跳投得手，奥拉朱旺扇掉坎普的篮下强攻，巴克利用罚球锁定胜局。三老合璧，火箭队以97：93取胜后2：1领先。

第四战"飞天神猪"巴克利越发放肆，在奥拉朱旺和德雷克斯勒合计只得27分的情况下，砍下26分、15个篮板（7个前场篮板），将超音速队两员猛将坎普和萨姆·帕金斯打得犯满离场，马洛尼则帮衬上8个三分球，火箭队以110：106取得3：1领先。

正如1996年总决赛以0：3落后公牛队时连扳两场，超音速队总是在退无可退时迸发出骇人威力。第五战，佩顿、坎普和霍金斯各自贡献20+，超音速队100：94挽救第一个晋级点。

第六战更为惨烈，奥拉朱旺砍下30分、11个篮板、4次盖帽，巴克利添上20分、12个篮板，却架不住佩顿灵魂出窍，轰出19分、13次助攻、8个篮板、5次抢断，超音速队以99：96将大比分追成3：3。

57胜火箭队和57胜超音速队，必须通过抢七决出雌雄。第七战各位都使出平生绝学，休斯敦三老合力砍下66分、35个篮板、10次助攻、7次抢断，超音速队三杰佩顿、坎普和施拉姆夫不甘示弱贡献63分。魔咒终究会被打破，火箭队以96：91将克星踩于脚下，结束了这轮血腥肉搏。

另一轮西部半决赛在爵士队和湖人队间展开。

爵士队不愧是老油条，一通急拳后取得2：0领先。第三战是大腕的滑铁卢，马龙20投2中羞煞人也，奥尼尔很是配合只得11分，湖人队的年轻人发挥火力壮的优势，以20分屠杀爵士队，出了一口闷气。

彼时马龙当然没有想过日后会和"鲨鱼"并肩作战，可两人确实心有灵犀默契十足，第三战一起歇菜后，又在第四战一起雄起，马龙18罚全中劈出42分，洛杉矶那枚胖子则砍下34分、6次盖帽，爵士队另有斯托克顿送出11次助攻，拉塞尔贡献29分，15分大胜后取得3∶1领先。

第五战爵士双煞趁热打铁，马龙使命必达抢下32分、20个篮板，斯托克顿指哪打哪贡献24分、10次助攻，23+13的奥胖双拳难敌四手，湖人队以93∶98告负，目送爵士队踏入西部决赛。

西部决赛，爵士队VS火箭队，"犹他双煞"PK休斯敦"BIG 3"——1996-1997赛季是NBA成立50周年，NBA评出了50大巨星，此五人一起当选。

爵士队主教练杰里·斯隆果然狡猾老到，祭出死掐巴克利和德雷克斯勒的策略，结果奥拉朱旺在前两战都得到30分，却苦无援手独木难支，火箭队连遭重创以0∶2落后。

第三战火箭队主教练汤姆贾诺维奇也出奇招，赋予老将埃迪·约翰逊重任，这个38岁的老戏骨果然成为致命X因素，上场28分钟狂砍31分，火箭队以118∶110扳回一局。

约翰逊的神奇还在延续。斯隆当然不会重蹈覆辙，第四战专门安排战术限制老约翰逊，后者享受特殊优待后一蹶不振。上天应该是故意成就这个老将吧——92平后火箭队握有最后一攻，球鬼使神差地来到了约翰逊手中，于是，他投中了一记伟大的压哨三分绝杀。要知道，约翰逊最后一次出手前，在24分钟时间里只得到区区4分。

透支掉手感和运气后，老约翰逊第五战7投2中，三分球4投全失，火箭队陷入奥拉朱旺（33分、10个篮板）孤军奋战的死局，以91∶96丢失天王山。

第六战巴克利两罚两中后双方打成100平，此时离第四节结束还有2.8秒，斯托克顿接球后没有选择传球，而是三分出鞘终结了火箭队。有意思的是，扑出来防守的那位，正是巴克利。

这是一场宿命对决。1993年的帕克森（公牛队）、1995年的马里奥·埃利（火箭队），1997年的斯托克顿（爵士队），巴克利总是绕不开被绝杀的宿命，而爵士队在1992年、1994年和1996年三次饮恨西部决赛后终于得偿所愿，看似是不堪宿命的终结，事实上是另一个悲怆宿命的开始，因为他们连续两次遇到了乔丹。

乔丹不厌其烦地以场均29.6分收集得分王称号，罗德曼不厌其烦地以场均16.1个篮板收集篮板王头衔，公牛队则不厌其烦地收集胜场，若不是为季后赛休养生息，最后4场常规赛输了3场，他们将连续两个赛季卷走70+胜场。

乔丹上赛季集齐常规赛MVP、全明星赛MVP和总决赛MVP三座奖杯，本赛季一下子丢了俩，比马龙荣膺常规赛MVP更令人意外的是，乔丹送出全明星赛历史上第一个三双，却只能目送单节劈出20分的格伦·莱斯抱走MVP奖杯。

公牛队在季后赛首轮送给华盛顿子弹队3颗子弹，横扫晋级，乔丹第二战独取55分。次轮公牛队VS老鹰队第一战皮蓬奉送三分绝杀，双方打成1∶1后，公牛队一鼓作气连赢三场，以4∶1率先晋级东部决赛。

热火队的晋级之路要险恶许多。

奥尼尔西游后魔术队元气大伤，热火队首轮一上来就取得2∶0领先，随后形势急转直下，"便士"哈达威两战砍下83分（42分和41分）率队扳平比分。第五战蒂姆·哈达威送出11次助攻，热火队涉险进入东部半决赛，对手是帕特·莱利曾经执教过的尼克斯队。

尼克斯队的季后赛经验显然更胜一筹，4战过后取得3∶1领先。孰料第五战的武斗事件毁了尼克斯队的好局，用一句话概括，热火队只牺牲了布朗一人，却杀伤了尼克斯队的尤因和休斯敦等骨干。4∶3，热火队以不光彩的方式晋级，双方的梁子就此结下。

东部决赛，公牛队VS热火队。

说来有趣，都说帕特·莱利是"神算子"，不知他有没有为自己夜观星象，掐算一下为何老是绕不过公牛队——他前脚刚走，公牛队就在1991年踩着湖人队夺冠；执教尼克斯队时，见一回被公牛队灭一回；转战迈阿密，还是绕不开公牛队，绕不开失败。

这一次莱利有个曼妙的开局，首战热火队上半场大比分领先，下半场风云突变，全场拿下37分的乔丹率众反扑，公牛队以84∶77逆袭取得开门红。

公牛队织起防守密网，一鼓作气取得3∶0领先，其中第三战只让热火队投中21个球，收获24分大胜。第二战乔丹15投仅有4中，但博取16次罚球，仅此一项进账15分，气得莱利顾不得斯文："这个夜晚裁判（对乔丹）就像是慈善家。"

手握赛点后乔丹太过放松，忙里偷闲去打了场高尔夫，结果第四战只有35投9中，蒂姆·哈达威射中5粒三分得到25分，帮助热火队扳回一场，第五战他又砍下27分，却终究是无法阻止公牛队全线开火，最终公牛队以100∶87获胜，挺进总决赛。

公牛队VS爵士队的总决赛场场都是经典。

第一战：皮蓬的咒语。双方近身肉搏，交替领先20多次。罗德曼化身神偷，两次抢断帮助公牛队将比分追到82

平。还剩9.2秒，马龙赚取两次罚球，皮蓬踱步过来送上一句"周日邮差不上班"（马龙有个绰号叫"邮差"），令马龙经脉大乱两罚全失，公牛队保护住篮板，"禅师"叫停布置最后一攻。还余7.2秒，乔丹发起最后的攻击，他向右虚晃使拉塞尔失去重心后，向左横跨一步，投篮，球进，时间到。公牛队以84∶82险胜。

第二战：该死的助攻。公牛队以97∶85大胜，爵士队自始至终没有机会。乔丹交出38分、13个篮板、9次助攻，只差1次助攻到三双。都怪皮蓬，最后时刻连续3次浪费了乔丹的传球。

第三战：消失的篮板。爵士队回到盐湖城以牙还牙，半场领先22分，以104∶93将比分追成1∶2。"邮差"按时上班狂砍37分，斯托克顿两手都硬贡献17分、12次助攻，乔丹只得26分，皮蓬三分球11投7中，离奇的是，篮筐狂人罗德曼全场只抓下两个篮板。

第四战：疯狂的约翰。终场前1分40秒，公牛队73∶69领先。爵士队的高潮终于到来，约翰·斯托克顿抢断乔丹，罚中3分后爵士队落后1分，比赛进入最后1分钟。又是约翰·斯托克顿，抓下后场篮板后甩手长传，"肌肉男"马龙呼啸着快攻得手，爵士队反超。公牛队开始打铁，马龙两罚全中，拉塞尔快意扣篮，爵士队以78∶73将大比分扳平。乔丹22分0罚球，罗德曼"进步明显"，比第三战多抢了4个篮板。

第五战：神奇的病号。公牛队连丢两场后再遭重创，乔丹食物中毒导致发烧、腹泻、胃痉挛。"禅师"装作善解人意："不行就算了，别勉强。"乔丹哪肯向伤病投降，重病上阵。首节虚脱的乔丹无甚贡献，公牛队挖下大坑落后16分。大人物得配大场面，第二节英雄出场，乔丹单节劈出17分。第三节乔丹又累了，只收获2分。第四节乔丹又神了，单节再劈15分。还剩46秒，公牛队84∶85落后1分，乔丹一罚扳平，第二罚不中，却意外捡到篮板。公牛队耐心进攻，皮蓬单打霍纳塞克，拉塞尔赶忙包夹，空出来的乔丹弯弓射三分，斯托克顿猛虎扑食为时已晚，公牛队88∶85领先。奥斯特塔格灌篮将差距缩小到1分，"邮差"又开了小差，竟然没对皮蓬犯规，白白浪费时间。剩下的不重要了，公牛队以90∶88赢得天王山战役，乔丹带病上阵44分钟，砍下38分、7个篮板、5次助攻、3次抢断，简直是惊天地泣鬼神，赛后他累倒在皮蓬怀里，成为NBA历史上的经典影像。

第六战：失衡的篮架。两队又纠

缠到了最后，乔丹中投得手，公牛队86∶83领先，拉塞尔用个人第5记三分追平比分。最后两分钟，双方宁为玉碎不为瓦全，打铁声咣当不绝，斯托克顿乱局中妙手生花，手术刀般精准的传球划破公牛队防线，找到了篮下的安德森。吊诡的一幕发生了，安德森近在咫尺的打板竟然弹出。录像告诉你真相：皮蓬下落时伸手拉了一下篮筐，篮架颤颤悠悠，让安德森的擦板球找不见归宿。接下来斯托克顿和拉塞尔合围乔丹，乔丹调虎离山后将球传给史蒂夫·科尔，后者手起刀落投中追命两分，皮蓬则倒地断球断了爵士队最后一丝念想。

90∶86，公牛队赢了！

## 1996-1997赛季排名

| 东部联盟 | | | |
|---|---|---|---|
| 排名 | 球队 | 胜 | 负 |
| 1 | 芝加哥公牛队 | 69 | 13 |
| 2 | 迈阿密热火队 | 61 | 21 |
| 3 | 纽约尼克斯队 | 57 | 25 |
| 4 | 亚特兰大老鹰队 | 56 | 26 |
| 5 | 夏洛特黄蜂队 | 54 | 28 |
| 6 | 底特律活塞队 | 54 | 28 |
| 7 | 奥兰多魔术队 | 45 | 37 |
| 8 | 华盛顿子弹队 | 44 | 38 |
| 9 | 克利夫兰骑士队 | 42 | 40 |
| 10 | 印第安纳步行者队 | 39 | 43 |
| 11 | 密尔沃基雄鹿队 | 33 | 49 |
| 12 | 多伦多猛龙队 | 30 | 52 |
| 13 | 新泽西篮网队 | 26 | 56 |
| 14 | 费城76人队 | 22 | 60 |
| 15 | 波士顿凯尔特人队 | 15 | 67 |

| 西部联盟 | | | |
|---|---|---|---|
| 排名 | 球队 | 胜 | 负 |
| 1 | 犹他爵士队 | 64 | 18 |
| 2 | 西雅图超音速队 | 57 | 25 |
| 3 | 休斯敦火箭队 | 57 | 25 |
| 4 | 洛杉矶湖人队 | 56 | 26 |
| 5 | 波特兰开拓者队 | 49 | 33 |
| 6 | 明尼苏达森林狼队 | 40 | 42 |
| 7 | 菲尼克斯太阳队 | 40 | 42 |
| 8 | 洛杉矶快船队 | 36 | 46 |
| 9 | 萨克拉门托国王队 | 34 | 48 |
| 10 | 金州勇士队 | 30 | 52 |
| 11 | 达拉斯独行侠队 | 24 | 58 |
| 12 | 丹佛掘金队 | 21 | 61 |
| 13 | 圣安东尼奥马刺队 | 20 | 62 |
| 14 | 温哥华灰熊队 | 14 | 68 |

# NBA PLAYOFFS
## NBA季后赛 对阵表
### 1996—1997赛季

**West**　　　　　　　　　　　　　　　　　　　　　　　　**East**

- 犹他爵士队 3 / 洛杉矶快船队 0 → 犹他爵士队 4
- 洛杉矶湖人队 3 / 波特兰开拓者队 1 → 洛杉矶湖人队 1
  - → 犹他爵士队 4
- 休斯敦火箭队 3 / 明尼苏达森林狼队 0 → 休斯敦火箭队 4
- 西雅图超音速队 3 / 菲尼克斯太阳队 2 → 西雅图超音速队 3
  - → 休斯敦火箭队 2

**The Finals：芝加哥公牛队**
犹他爵士队 2　芝加哥公牛队 4

- 芝加哥公牛队 3 / 华盛顿子弹队 0 → 芝加哥公牛队 4
- 亚特兰大老鹰队 3 / 底特律活塞队 2 → 亚特兰大老鹰队 1
  - → 芝加哥公牛队 4
- 迈阿密热火队 3 / 奥兰多魔术队 2 → 迈阿密热火队 4
- 纽约尼克斯队 3 / 夏洛特黄蜂队 0 → 纽约尼克斯队 3
  - → 迈阿密热火队 1

乔丹不打第七场总决赛？

马龙遭遇包夹将球甩出来，斯托克顿三分线外手起刀落，爵士队在还剩41秒时以86∶83领先，很有希望打破这条总决赛铁律。

"禅师"杰克逊暂停布置完毕后，乔丹右侧强突拉塞尔上篮得手，公牛队还落后1分。爵士队还是老路子，斯托克顿左侧45度角将球吊给背靠罗德曼的马龙，马龙还没来得及用屁股硬拱，乔丹从底线溜过来将球拍走。

罗德曼向裁判打出暂停手势却没人理会，乔丹带球往前场掩杀开去。拉塞尔VS乔丹，剧情恍若回到1997年总决赛第六战。一年前，斯托克顿选择夹击乔丹，成就了科尔的一剑封喉，这次他没有离开科尔，但他又错了——乔丹佯装朝右突破，虚晃一枪后迅速拉回重

## 1997-1998 神！神！神！世纪一投 公牛队六冠王

**总冠军**：芝加哥公牛队

**总决赛MVP**：迈克尔·乔丹（公牛队）

**得分王**：迈克尔·乔丹（公牛队/28.7分）

**篮板王**：丹尼斯·罗德曼（公牛队/15.0个）

**助攻王**：罗德·斯特里克兰（子弹队/10.5次）

**最有价值球员**：迈克尔·乔丹（公牛队）

**最佳新秀**：蒂姆·邓肯（马刺队）

**最佳防守球员**：迪肯贝·穆托姆博（老鹰队）

**最佳第六人**：丹尼·曼宁（太阳队）

**进步最快球员**：阿兰·亨德森（老鹰队）

**最佳教练**：拉里·伯德（步行者队）

心，期间和拉塞尔轻度追尾，拉塞尔刹车不及倒在地上，乔丹在解说员歇斯底里的倒数中从容中投，公牛队以87：86领先1分，时间还剩5.2秒。随着斯托克顿三分不中，乔丹再携公牛队完成三连冠壮举，达成六冠霸业。

这就是所谓的"世纪一投"。历史的叙事方式有很多种，但后人说起1997-1998赛季，第一反应必定是这记伟大的中投，换句话说，在乔丹最后一投的高潮映照下，此前的一切，都不过是序幕。

乔丹已是老男孩，场均得分降至28.7分，却依然收获生涯第10顶得分王桂冠，罗德曼则第7次笑傲篮板榜。尽管皮蓬赛季初伤停（多少也有点闹情绪的意思），尽管前15战只有8胜7负，在此二人的庇佑下，公牛队逐渐度过了困难时期，慢慢驶进卫冕轨道，并在1998年1月等来皮蓬后进入蜜月期，最终以东部最好的62胜收官。

除了继续收集得分王之外，乔丹场均还能贡献5.8个篮板、3.5次助攻、1.7次抢断，在MVP争夺中力压马龙，实现华丽复仇。

值得一提的是，马刺队凭摆烂兑取的状元郎蒂姆·邓肯一炮打响，进入MVP投票TOP 5。马龙真是悲催，丢了MVP头衔不说，全明星赛还生生被科比羞辱了一把：老哥好心给小弟掩护，孰料好心被当了驴肝肺，科比一心要单挑乔丹，竟大喝一声"滚开"，令马龙好不尴尬。当然，科比也碰了一鼻子灰，乔丹虽老，23分、6个篮板、8次助攻也比他的18分、6个篮板强了些许。

公牛队在前两轮基本未遇阻击：首轮打新泽西篮网队，乔丹场均36.3分，公牛队以3：0横扫过关；次轮打夏洛特黄蜂队，公牛队以4：1晋级，败北那场只输2分。

东部决赛遇到步行者队，公牛队方才感受到夺冠不是你想夺就能夺。

拉里·布朗辞职，拉里·伯德入主，步行者队囤积了雷吉·米勒、克里斯·穆林、马克·杰克逊、里克·史密茨等一干好手，常规赛取得58胜佳绩，先后淘汰骑士队和尼克斯队后，以阻击者身份站在了公牛队面前。

公牛队先赢两场，步行者队以牙还牙扳成2：2，尤以第四战最为经典：最后时刻米勒在正面三分线外撞开乔丹，接球转身再演"米勒时刻"，帮助球队以96：94胜出，米勒大跳陀螺舞的那一瞬，成为乔丹VS米勒系列剧中的不朽影像。

公牛队拿下天王山战役后，步行

者队中锋史密茨打出12投11中25分的老妖表现，让乔丹的35分变得了无意义，双方来到抢七局。亏得皮蓬最后时刻贡献高难度上篮，哈珀的罚球也令人放心，公牛队才以5分优势杀进总决赛。

乔丹第二次退役前的最后一季，NBA联盟已显露出群雄纷争、西强东弱的苗头，西部的爵士队也收获62胜，和公牛队比胜负关系占优，成为常规赛冠军，湖人队和超音速队各自取下61胜——一个赛季4支球队胜场60+，史上罕见。

与公牛队的先松后紧不同，另一支总决赛球队爵士队首轮便险些被奥拉朱旺、德雷克斯勒和巴克利三老率领的火箭队拉下马来，首战便吞下13分失败的苦果，丢掉主场优势。

爵士队扳回一场后，战场来到休斯敦，"大梦"和"滑翔机"宝刀不老，联手取下50分、20个篮板，火箭队2:1领先拿到晋级点。

火箭队离"黑八"只有一步之遥。第四战巴克利发飙，9分钟内5投4中得到8分，惜乎天不遂火箭队，爵士队安托尼·卡尔一记暗肘，硬汉巴克利轰然倒地，黯然离开了这个赛季。被巴克利搞得很狼狈的马龙开始撒欢，火箭队丢掉第四战后无力回天，2:3出局。

爵士队被火箭队惊出一身冷汗，却也提前调出了潜能，次轮以4:1轻松淘汰有罗宾逊和邓肯"双塔"坐镇的马刺队，待到西部决赛打湖人队，已呈势不可当之势，以4:0横扫，再入总决赛。

乔丹不打总决赛第七场，也轻易不会输掉总决赛第一场。1991-1997年的5次总决赛，公牛只在1991年输掉过第一场。第二次在1998年到来。在一场死拼防守、命中率奇低的鏖战中，卢克·朗利小人物办大事，帮助公牛队把比赛拖进加时，但架不住爵士队诸将在斯托克顿的调度下早已杀红了眼，公牛队客场落败，大比分0:1落后。

"输球只会促使我从睡梦中醒来。"乔丹很生气，后果很严重。

公牛队全队第二战抢下18个进攻篮板，将比分扳成1:1。公牛队缓过气来，第三战以96:54屠戮爵士队，后者48分钟只投中21个球，场面惨不忍睹。第四战，罚球准头只能算凑合的罗德曼8罚6中，公牛队以3:1收获冠军点。

爵士队没有放弃，赢得第五战，然而如前所述，所有的一切，似乎都是上帝的冥冥安排，诸般铺垫都是为了达至高潮。于是，历史记下了"世纪一投"。

## 1997-1998赛季排名

| 东部联盟 | | | |
|---|---|---|---|
| 排名 | 球队 | 胜 | 负 |
| 1 | 芝加哥公牛队 | 62 | 20 |
| 2 | 迈阿密热火队 | 55 | 27 |
| 3 | 印第安纳步行者队 | 58 | 24 |
| 4 | 夏洛特黄蜂队 | 51 | 31 |
| 5 | 亚特兰大老鹰队 | 50 | 32 |
| 6 | 克利夫兰骑士队 | 47 | 35 |
| 7 | 纽约尼克斯队 | 43 | 39 |
| 8 | 新泽西篮网队 | 43 | 39 |
| 9 | 华盛顿奇才队 | 42 | 40 |
| 10 | 奥兰多魔术队 | 41 | 41 |
| 11 | 底特律活塞队 | 37 | 45 |
| 12 | 密尔沃基雄鹿队 | 36 | 46 |
| 13 | 波士顿凯尔特人队 | 36 | 46 |
| 14 | 费城76人队 | 31 | 51 |
| 15 | 多伦多猛龙队 | 16 | 66 |
| **西部联盟** | | | |
| 排名 | 球队 | 胜 | 负 |
| 1 | 犹他爵士队 | 62 | 20 |
| 2 | 西雅图超音速队 | 61 | 21 |
| 3 | 洛杉矶湖人队 | 61 | 21 |
| 4 | 圣安东尼奥马刺队 | 56 | 26 |
| 5 | 菲尼克斯太阳队 | 56 | 26 |
| 6 | 波特兰开拓者队 | 46 | 36 |
| 7 | 明尼苏达森林狼队 | 45 | 37 |
| 8 | 休斯敦火箭队 | 41 | 41 |
| 9 | 萨克拉门托国王队 | 27 | 55 |
| 10 | 达拉斯独行侠队 | 20 | 62 |
| 11 | 金州勇士队 | 19 | 63 |
| 12 | 温哥华灰熊队 | 19 | 63 |
| 13 | 洛杉矶快船队 | 17 | 65 |
| 14 | 丹佛掘金队 | 11 | 71 |

# NBA PLAYOFFS

## NBA季后赛 对阵表
### 1997—1998赛季

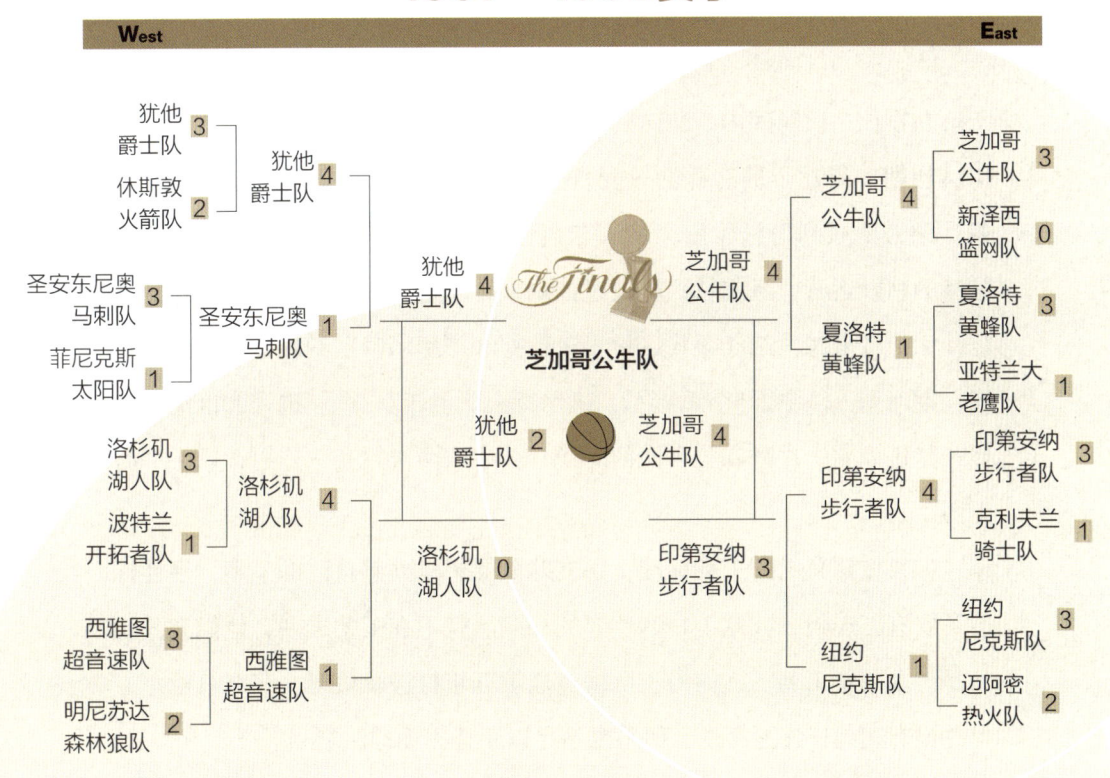

**West**                        **East**

**西部赛区**

- 犹他爵士队 3
- 休斯敦火箭队 2
  - 犹他爵士队 4
- 圣安东尼奥马刺队 3
- 菲尼克斯太阳队 1
  - 圣安东尼奥马刺队 1
    - 犹他爵士队 4
- 洛杉矶湖人队 3
- 波特兰开拓者队 1
  - 洛杉矶湖人队 4
- 西雅图超音速队 3
- 明尼苏达森林狼队 2
  - 西雅图超音速队 1
    - 洛杉矶湖人队 0

**The Finals**

**芝加哥公牛队**

犹他爵士队 2 — 芝加哥公牛队 4

**东部赛区**

- 芝加哥公牛队 3
- 新泽西篮网队 0
  - 芝加哥公牛队 4
- 夏洛特黄蜂队 3
- 亚特兰大老鹰队 1
  - 夏洛特黄蜂队 1
    - 芝加哥公牛队 4
- 印第安纳步行者队 3
- 克利夫兰骑士队 1
  - 印第安纳步行者队 4
- 纽约尼克斯队 3
- 迈阿密热火队 2
  - 纽约尼克斯队 1
    - 印第安纳步行者队 3

## 什么是"王朝球队"?

NBA成立至今,公认的王朝球队有三支:湖人队、凯尔特人队和公牛队。细化开来,分别是1948-1954年的明尼阿波利斯湖人队、1957-1969年的波士顿凯尔特人队、1978-1988年的洛杉矶湖人队、1980-1986年的凯尔特人队、1990-1998年的芝加哥公牛队、2000-2002年的湖人队。

在很长一段时间内,NBA其实就是凯尔特人队和湖人队争夺制霸权。NBA初期,得益于拥有乔治·麦肯这个巨无霸,湖人队建立起第一个王朝。湖人队搬到洛杉矶后,陷入夺冠怪圈,而凭借着"红衣主教"奥尔巴赫的精妙运营,凯尔特人队抢过控制权,缔造了八连冠、13年11冠的绿色神话。进入20世纪80年代,拉里·伯德和"魔术师"约翰逊开始黑白争锋,期间湖人队拿下5个总冠军,凯尔特人队也斩获3个。进入20世纪90年代,是迈克尔·乔丹和公牛队的时代,公牛队两次收获三连冠,风头一时无两。

如果按照狭义的王朝标准,一支球队要想建立起自己的王朝,硬性标准是要有三连冠,如此,1999年起的马刺队就不在王朝之列,他们充其量只是"单数年王朝",而勇士队虽然连续五年打进总决赛,三夺总冠军,但并没有达到三连冠高度,似乎也不足以荣登王朝球队之列。

## "大梦"是如何炼成的？

对于"大梦"奥拉朱旺的梦幻舞步，沙奎尔·奥尼尔曾经这样描述："他先移动了5步，然后又反向移动了4步，这让他看起来移动了20步。"

奥拉朱旺脚步曼妙，与他早年在尼日利亚时丰富的体育爱好有关。很小的时候，奥拉朱旺曾经是足球守门员，这让他拥有很好的脚步移动能力和身体控制协调能力，此外他还有过手球、乒乓球、跳高和排球经历。"我在比赛中像小个子那样移动，周围都是一些大家伙。"奥拉朱旺曾经这样说过，"有时候需要在拥挤的人堆里运球过人，这需要启动速度和时机把握能力。"

其实，直到15岁的时候，奥拉朱旺才开始打篮球。那一年，奥拉朱旺所在的学校参加尼日利亚全国教师体育节，当时校队球员安金·奥林马罗尼是奥拉朱旺的朋友，他向教练推荐，说学校手球队有个大个子，不妨借来一用。就这样，奥拉朱旺开始正式接触篮球，两年后就入选了尼日利亚国家队，参加了全非运动会。

国际篮联规定，一名球员为一个国家效力后，就不能再披上另一个国家的战袍，即便改变国籍，也得等到三年之后才能代表新加入的国家打球。1993年4月2日，奥拉朱旺正式加入美国国籍，所以他无法入选1992年"梦一"，但他参加了1996年亚特兰大奥运会，并帮助美国男篮夺得金牌。

## 无冕之王

　　NBA历史上最令人惋惜的"无冕之王"当属约翰·斯托克顿和卡尔·马龙。

　　斯托克顿9次成为助攻王，2次成为抢断王，10次入选全明星，是NBA历史上最伟大的组织后卫之一；马龙两次当选MVP，3次进入最佳防守阵容一阵，11次进入最佳阵容一阵，14次入选全明星。两人的挡拆配合炉火纯青，将犹他爵士队连续两次带进了总决赛，但令人唏嘘的是，他们遇到了如日中天的迈克尔·乔丹，惨当背景板。后来马龙为了总冠军，去湖人队辅佐奥尼尔和科比，阴差阳错，也未能如愿，倒是同是湖人队"F4组合"成员之一的加里·佩顿在热火队圆了总冠军梦。

　　阿伦·艾弗森无疑是NBA历史上的现象级球员，先后4次成为得分王，得过一次常规赛MVP，3次成为抢断王，3次进入最佳阵容一阵，连续11次入选全明星。艾弗森虽然未能赢得总冠军，却曾在2001年将76人队带进了总决赛，面对如日中天的"OK组合"，抢下了一场宝贵胜利，一时传为佳话。现在执教篮网队的史蒂芬·纳什，2次获得常规赛MVP，5次成为助攻王，在太阳队璀璨如花，却始终未能登上总决赛舞台，后来去湖人队追梦，亦未能如愿。

　　查尔斯·巴克利、帕特里克·尤因、雷吉·米勒……这些闪耀NBA历史长河的球星，穷其一生，也未能圆总冠军梦，或多或少，都与碰到了最好的乔丹有关。

图1 1990–1991赛季NBA总决赛第一场,洛杉矶湖人队VS芝加哥公牛队,"魔术师"约翰逊(左)面对乔丹(右)的防守妙传。

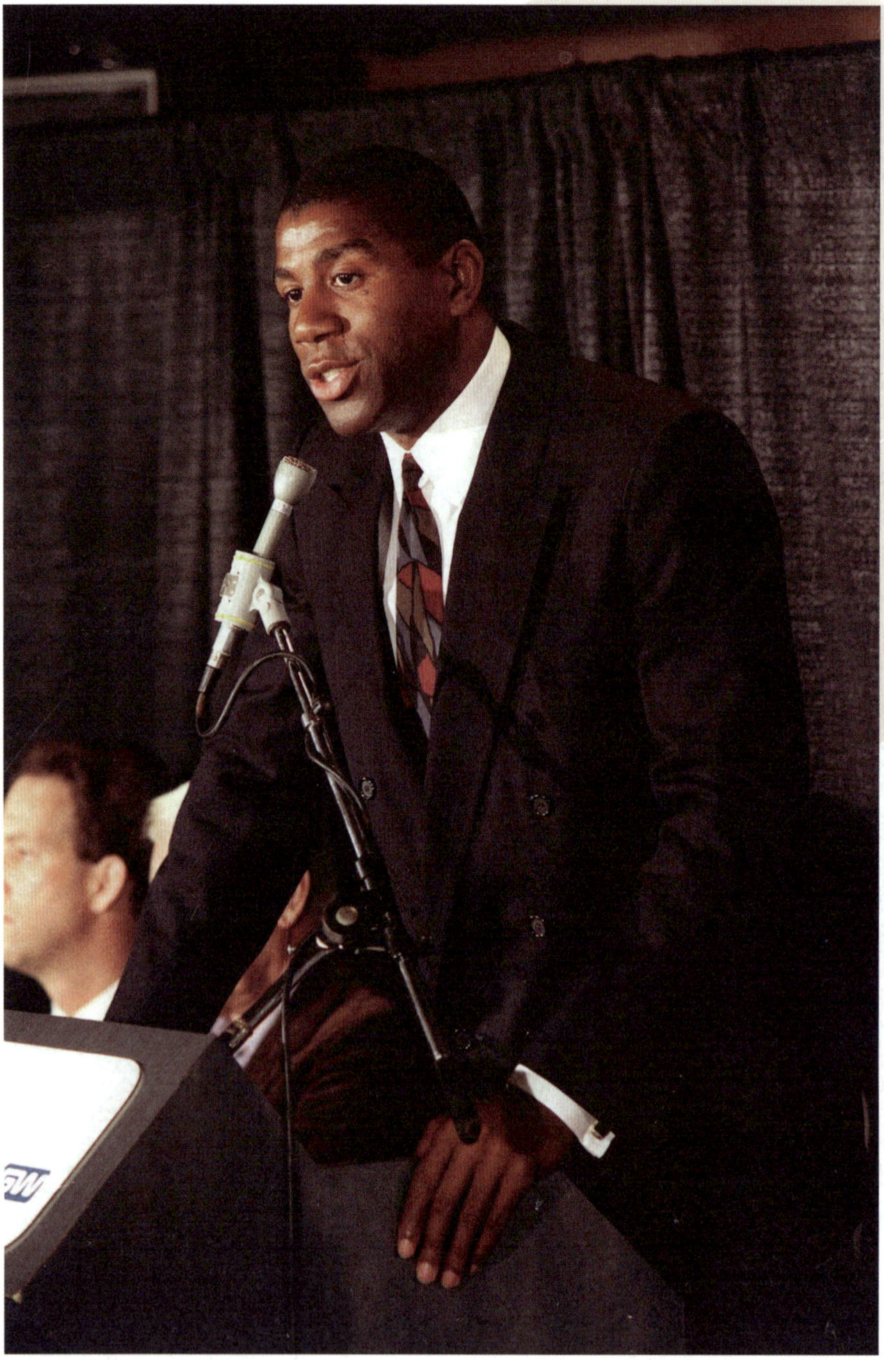

图2　1991年11月7日，"魔术师"约翰逊因感染艾滋病毒在洛杉矶宣布退役。

图3　1992年巴塞罗那奥运会，美国男篮"梦之队"夺冠颁奖仪式，伯德、皮蓬、乔丹、马龙（从左至右）等人收获金牌。

图4　1992-1993赛季盐湖城NBA全明星赛,"爵士双煞"马龙(右)、斯托克顿(左)共享全明星MVP殊荣。

图5　1992-1993赛季,乔丹(右)率领的公牛队以4:2力克拥有巴克利(左)的太阳队,夺得队史首个三连冠。

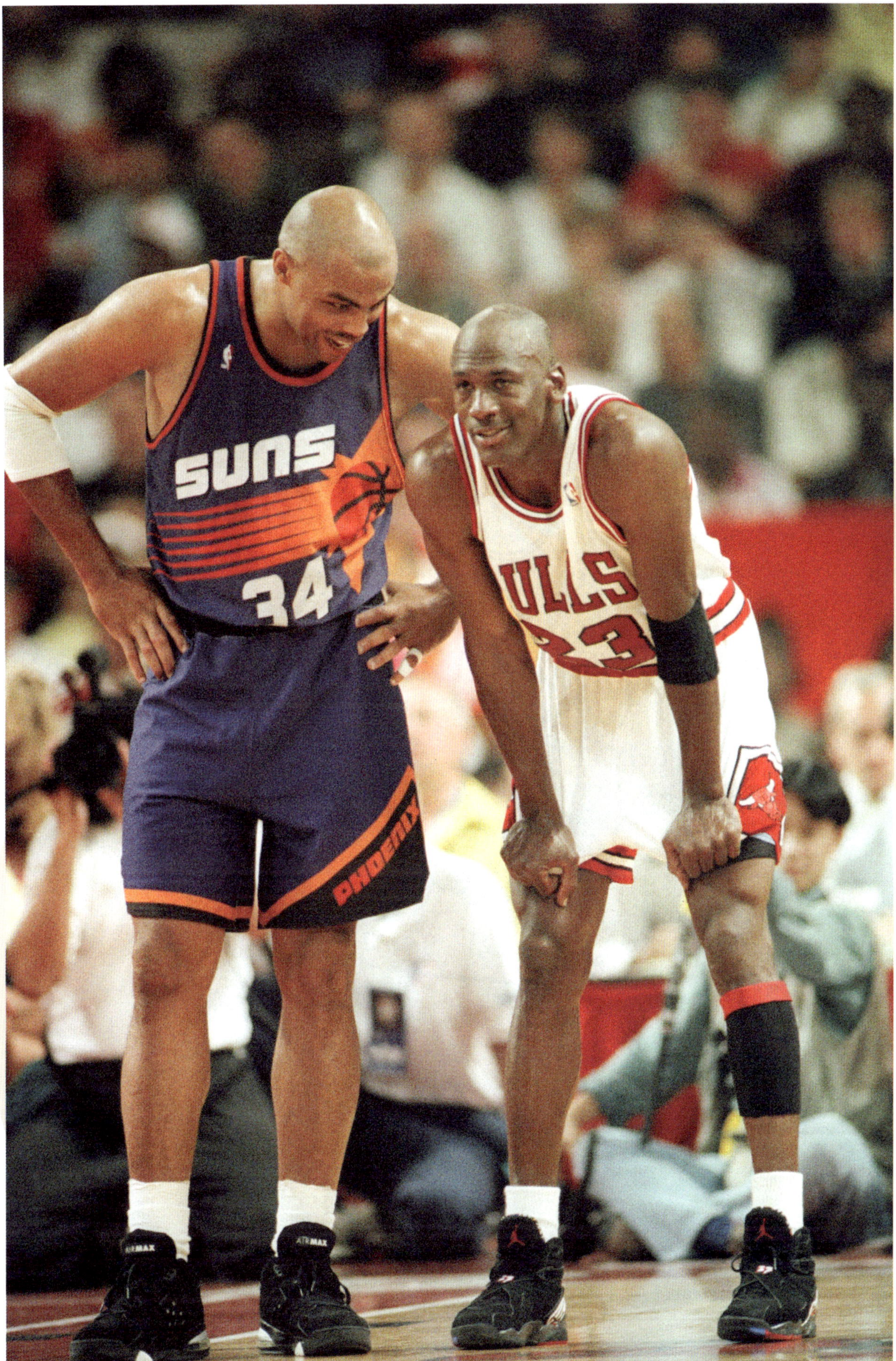
SUNS
34
PHOENIX
BULLS
23

302

图6　1992-1993赛季季后赛，乔丹场均得到35.1分、6.7个篮板、6次助攻，在获得个人第三个总决赛MVP奖项的同时，也帮助公牛队夺取队史首个三连冠。

图7　1993年，乔丹遭遇重大变故，他的父亲遭到谋杀，这让原本就在篮球世界身心俱疲的乔丹决定退役，开始棒球生涯，因为棒球是乔丹父亲最喜爱也是从小激励他从事的运动。

图8 1993-1994赛季NBA总决赛，火箭队中锋奥拉朱旺（左）对位尼克斯队中锋尤因（右）。奥拉朱旺是NBA历史上首位在一个赛季同时荣膺常规赛MVP、年度最佳防守球员以及总决赛MVP的球员。

图9 1995年乔丹宣布复出，由于当时23号球衣已被公牛队退役，乔丹选择了哥哥曾穿过的45号球衣。

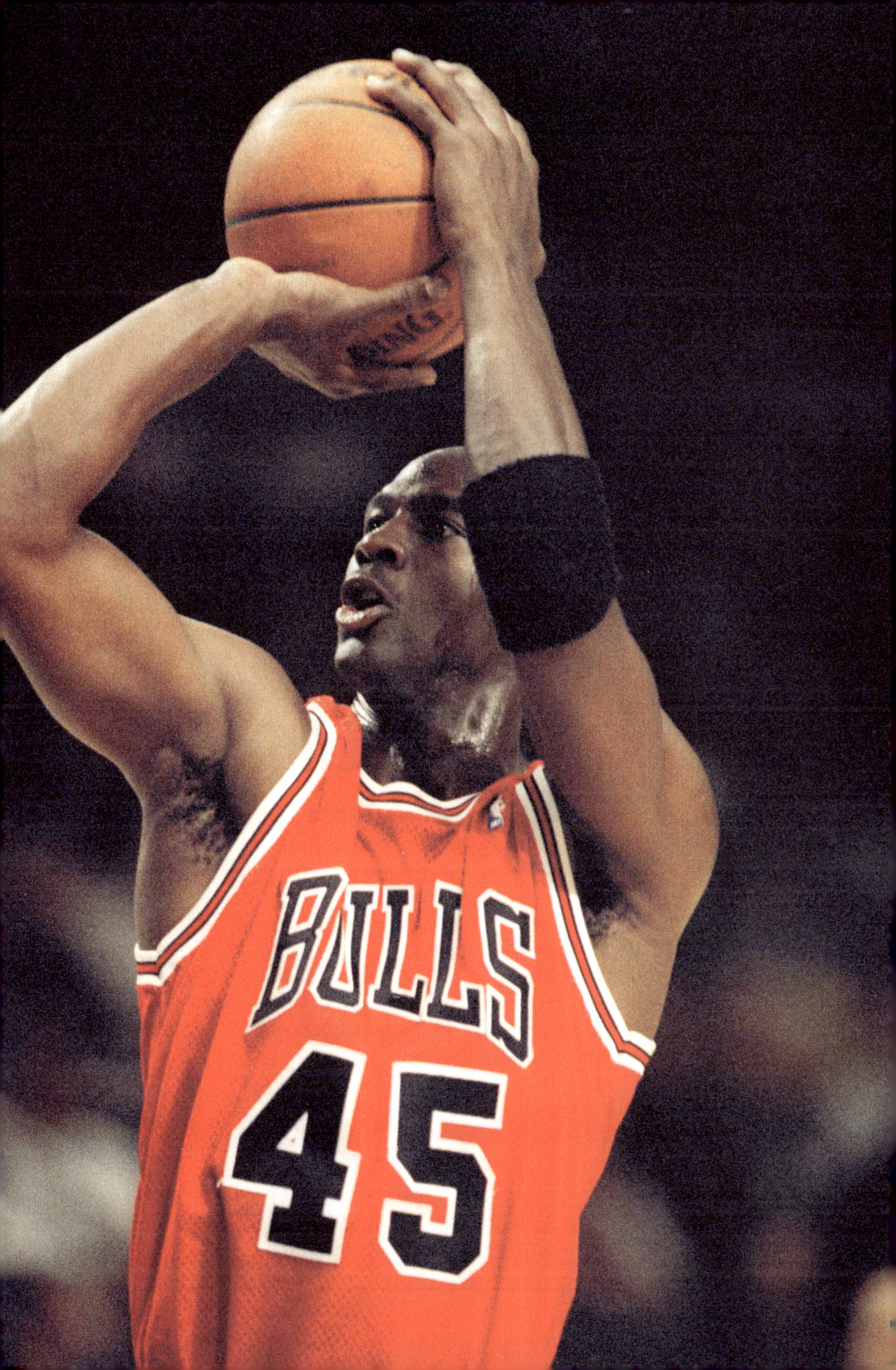
BULLS
45

图10 1995年5月7日,在1994—1995赛季NBA东部半决赛第一场步行者队客场挑战尼克斯队的比赛中,雷吉·米勒在8.9秒的时间里独得8分,帮助球队最终以107∶105逆袭战胜尼克斯队。

图11 1996—1997赛季NBA总决赛第四场,犹他爵士队VS芝加哥公牛队,马龙(右)面对罗德曼(左)的防守后仰跳投。

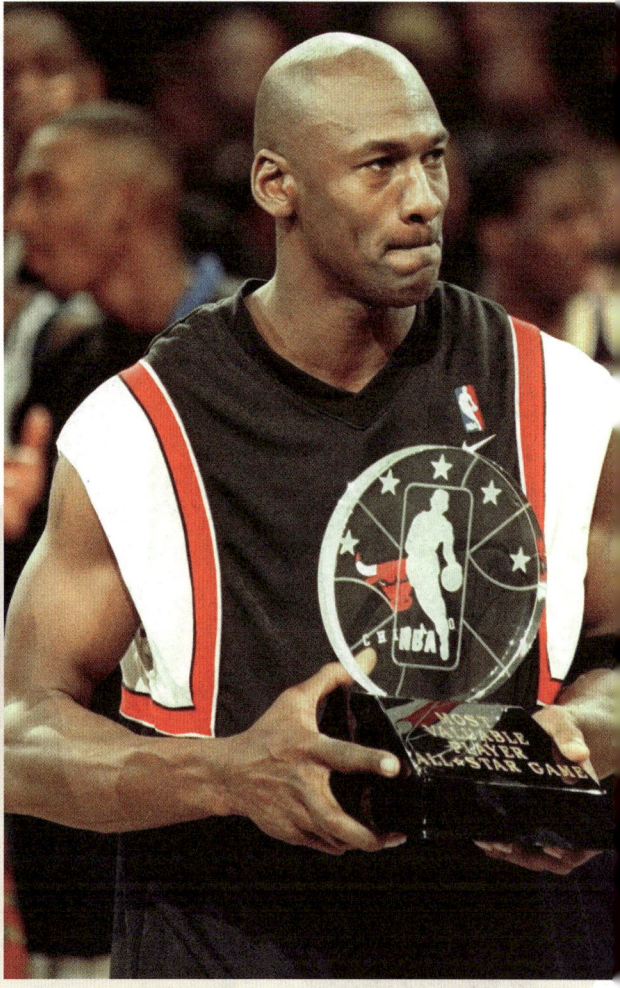

图12　1996-1997赛季NBA总决赛第五场，因为食物中毒患上流感的乔丹赛前发烧到40度，但在身体极度虚弱的情况下坚持出场比赛，打了44分钟砍下38分，帮助公牛队以90：88险胜爵士队，拿到系列赛的赛点。当哨响那一刻，乔丹（左）累瘫在皮蓬（右）肩上，而皮蓬搀扶乔丹下场的那一幕，也成为NBA历史上永恒的经典。

图13　1998年全明星赛，乔丹拿下全场最高的23分，另有6个篮板、8次助攻、3次抢断，第三次荣膺全明星MVP。

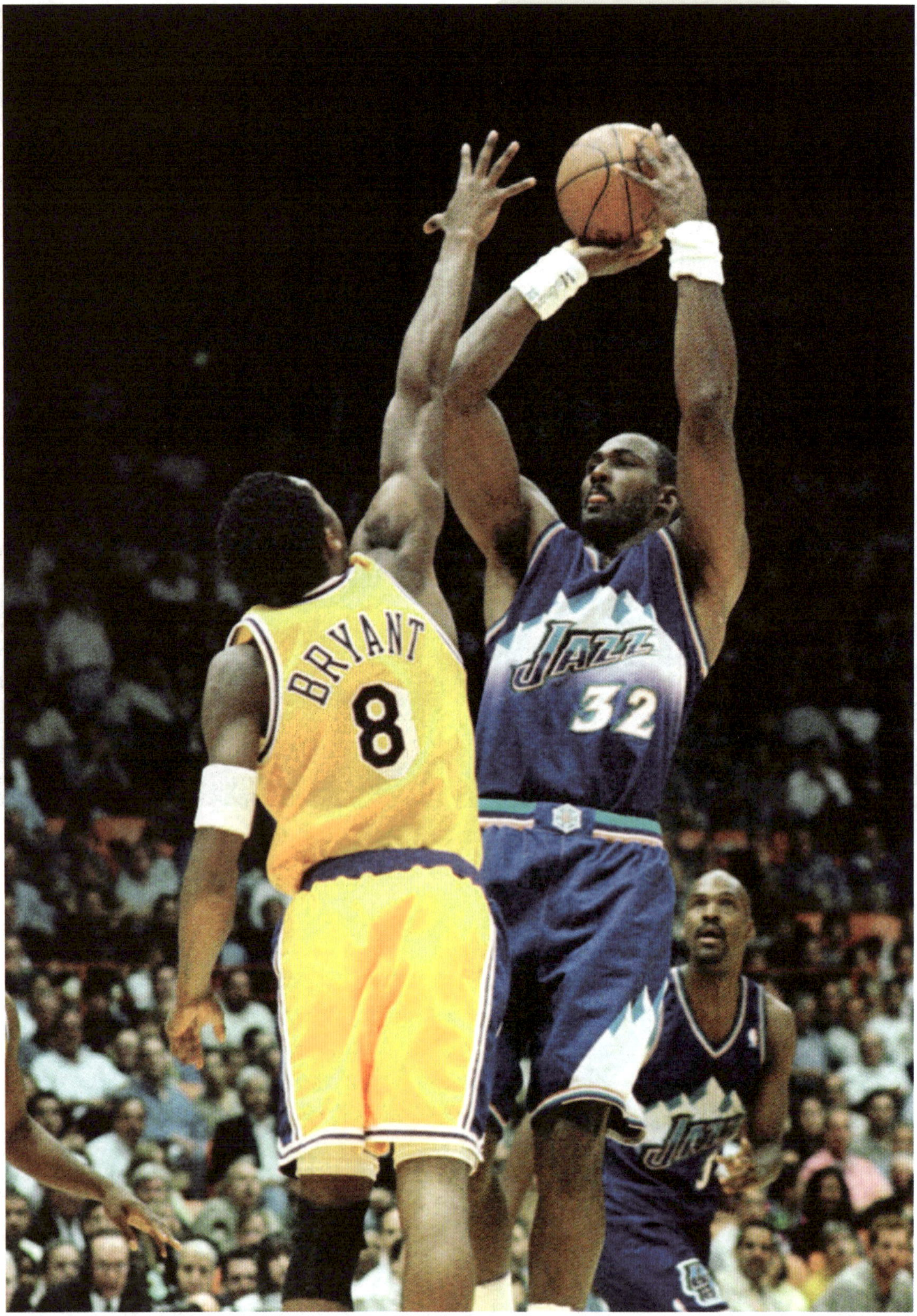
BRYANT
8
JAZZ
32

图14　1997-1998赛季NBA季后赛西部半决赛第三场，犹他爵士队VS洛杉矶湖人队，卡尔·马龙面对科比的防守投篮。

图15　1997-1998赛季，乔丹夺得第六个NBA总冠军，总决赛场均33.5分、4个篮板、2.3次助攻、1.8次抢断、0.7次盖帽，第六次荣膺FMVP。

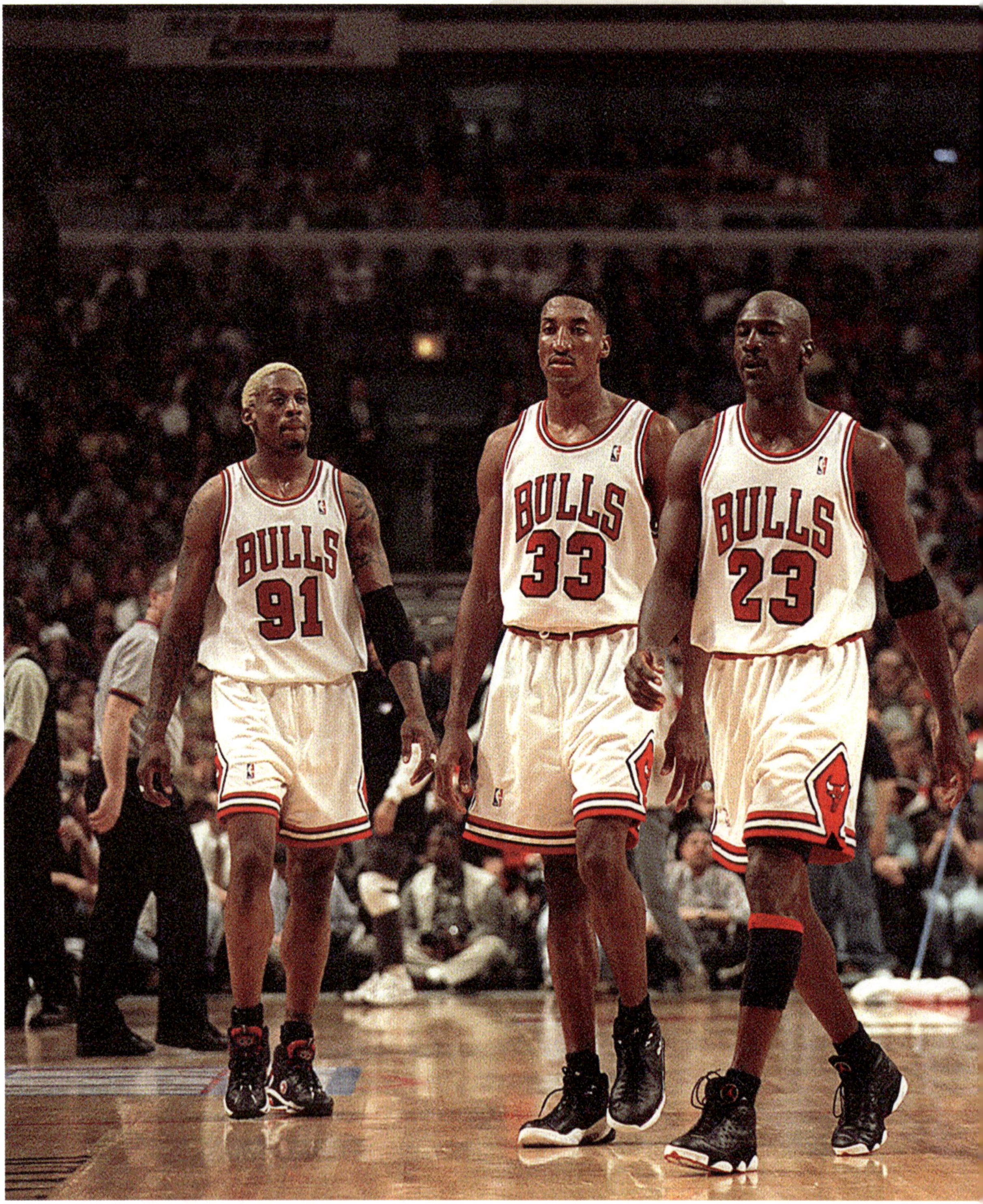
BULLS
91
BULLS
33
BULLS
23

图16　1997-1998赛季，罗德曼、皮蓬、乔丹、哈珀和库科奇（从左至右）是公牛队的重要组成部分，这支球队从1996年到1998年连续三年夺得NBA总冠军。

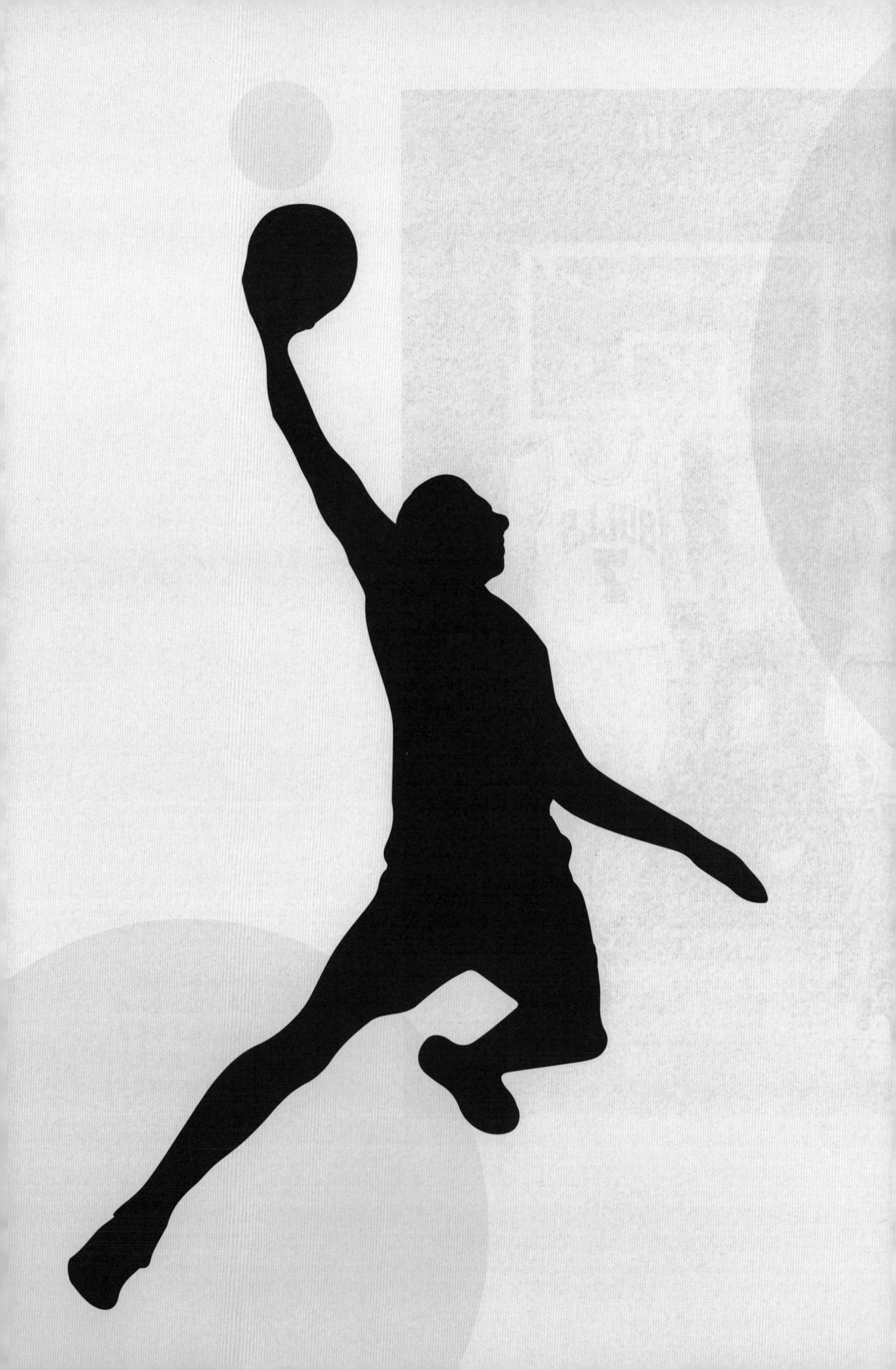

## 第六章 万众仰望，乱世巨星

公牛第六冠，结果很完美，过程很诡谲。总经理克劳斯早就看菲尔·杰克逊不爽，终于在夺冠后如愿以偿，扶蒂姆·弗洛伊德上马。乔丹不止一次表示，要和菲尔共进退。"禅师"离开后，乔丹有些忧伤地说："我确信，失去菲尔·杰克逊意味着失去一些东西，我倾向于离开，没有计划从头再来。"

乔丹挥一挥衣袖洒脱地离开，公牛队空留一代王朝的苍茫背影：真是树倒猢狲散，皮蓬、朗利、科尔、罗德曼等干将都换上他人衣，昔日的黄金第六人库科奇充了大王，场均18.8分、7个篮板、5.3次助攻足够绚烂，却奈何公牛队被抽空了元气，50场比赛只取得13场胜利，令人唏嘘不已。

早在1997-1998赛季中期，乔丹就流露出看破红尘、脱袍归隐的苗头，与此同时，NBA停摆的迹象也开始显现。1998年3月，劳资双方开始谈判扯皮，一

## 1998-1999 第一个突围的是邓肯！马刺队夺首冠

**总冠军：** 圣安东尼奥马刺队

**总决赛MVP：** 蒂姆·邓肯（马刺队）

**得分王：** 阿伦·艾弗森（76人队/26.8分）

**篮板王：** 克里斯·韦伯（国王队/13.0个）

**助攻王：** 杰森·基德（太阳队/10.8次）

**最有价值球员：** 卡尔·马龙（爵士队）

**最佳新秀：** 文斯·卡特（猛龙队）

**最佳防守球员：** 阿伦佐·莫宁（热火队）

**最佳第六人：** 达瑞尔·阿姆斯特朗（魔术队）

**进步最快球员：** 达瑞尔·阿姆斯特朗（魔术队）

**最佳教练：** 迈克·邓利维（开拓者队）

直扯到6月22日，也没扯出个所以然。

1998年7月1日，时任总裁大卫·斯特恩正式宣布："停摆！"

1998年12月23日，斯特恩下发最后通牒，1999年1月7日之前双方再达不成一致，赛季将全部取消。

此时，著名经纪人大卫·法尔克从中搞鬼，以球员工会主席帕特里克·尤因为首的高薪球员妥协，劳资双方终于在1月6日达成协议，保留了50场常规赛的香火。

王朝垮塌，赛季缩水，乱上加乱，是为乱世。乱世必有乱战，乱战成就英雄，尼克斯队浑水摸鱼，当了那最出人意料的英雄。自从季后赛上演"黑八奇迹"把宿敌迈阿密热火队拉下马后，尼克斯队一路拳打脚踢，呼啸着杀进了总决赛。可惜的是，尼克斯队擎天一柱尤因未等到总决赛就手臂骨折，只能缠着绷带在场边为队友们加油。

首轮尼克斯队和常规赛东部第一热火队互殴，你给我一拳，我踹你一脚，好不惨烈。首战尼克斯队以20分取胜，次战热火队赢回10分，第三战尼克斯队卷土重来赢了24分，第四战热火队拼死反攻胜了15分。

2∶2，两队一剑定生死，而挥出那致命一剑的是尼克斯队的中投王阿兰·休斯敦。第五战还剩4.5秒，热火队以77∶76领先，尼克斯队掌握球权，休斯敦持球往篮下杀去，时间不等人，他并没有选择最拿手但准备时间更长的中投，而是将球抛向篮筐。

在接下来一眨眼的工夫里，那个该死的球像是故意调戏人般，先是磕到篮沿，复又与篮板亲密接触，最后，才很不情愿地落网，像极了在外没有疯够却被叫回家的孩子。78∶77，尼克斯队以1分优势将热火队"黑"屏，休斯敦亢奋地狂跑，远景里的莫宁抱着头在内心里流泪——天堂地狱，只在一瞬间。

所谓神奇，总是要有运气一路相随的。半决赛以4∶0横扫老鹰队后，尼克斯队又在4∶2淘汰步行者队的东部半决赛第六战上演神奇一投。

比赛还剩12秒，尼克斯队88∶91落后3分。尼克斯队"后场双枪"休斯敦和斯普雷维尔被死死缠住，拉里·约翰逊接球执行最后一攻，对位防守者是艾尔·哈林顿。

哈林顿被假动作搞得有些心烦意乱，脑袋一热，在约翰逊出手投三分的同时伸出了手，犯规。约翰逊立功了，他是一个人在战斗，他没有给印第安纳人留下任何机会，三分命中的同时还博取一次罚球，稳稳命中后尼克斯队反败为胜晋级总决赛。

NBA泱泱七十余年历史，只有尼克斯队能以老八身份杀进总决赛，纽约，这是一个神奇的城市。

历史在描述斯托克顿和马龙时，总是无法绕过"悲情"这个词，然而二位最悲情的并不是连续两次被乔丹灭掉，而是当压在肩上的那块石头终于被搬走了，他们却垮了。

常规赛一切正常，马龙收获生涯第二个MVP，爵士队豪取37胜，但季后赛毫无征兆地短路，首轮以3：2涉险擒下国王队后，西部半决赛2：4栽倒在开拓者队脚下。

爵士队先强后弱，马刺队则一直坚挺。

新秀季便入选最佳阵容第一队的邓肯愈发生猛，场均砍下21.7分、11.4个篮板、2.52次盖帽，投篮命中率49.5%，是该季唯一在上述统计中都进入前十的球员，再次跻身最佳阵容第一队。

马里奥·埃利进入首发后，马刺队从开局6胜8负的萎靡中醒来，与爵士队一样取得西部最好的31胜19负。

"双塔"一出，谁与争锋，马刺队在季后赛中更加可怕，先后碾过森林狼队、湖人队和开拓者队，仅耗时12场便杀入总决赛。

值得一提的是，赛季结束后接受肾移植手术的先发小前锋肖恩·埃利奥特在马刺队VS开拓者队的西部决赛第二战中上演了著名的"阵亡将士纪念日奇迹"。是役马刺队始终落后，第三节一度落后18分，比赛还剩9秒时，肖恩·埃利奥特面对拉希德·华莱士的封盖，在身体失去平衡的困境中，踮着脚尖投中了压哨三分，帮助马刺队以86：85逆袭，这是马刺队全场比赛唯一一次领先。

尤因因伤无法出战，"大妈"约翰逊也扭伤了膝盖，总决赛尚未开打，尼克斯队便落了下风。

果不其然，马刺队"双塔"大发神威，邓肯在总决赛中场均轰出27.4分、14个篮板、2.2次盖帽，罗宾逊场均也有16.6分、11.8个篮板、3次盖帽入账，尼克斯队硬着头皮抵抗了5场后束手就擒。

这个总决赛的高潮在最后时刻到来，第五战还剩47秒时尼克斯队还以77：75领先，马刺队的"肾斗士"肖恩·埃利奥特将球传给艾弗里·约翰逊，"小将军"激扬三分指点江山，马刺队以78：77反超。而后"狂人"不狂，斯普雷维尔三分不中，马刺队以4：1首度加冕总冠军，成为第一支赢得NBA总冠军的前ABA球队。

## 1998-1999赛季排名

| 东部联盟 | | | |
|---|---|---|---|
| 排名 | 球队 | 胜 | 负 |
| 1 | 迈阿密热火队 | 33 | 17 |
| 2 | 印第安纳步行者队 | 33 | 17 |
| 3 | 奥兰多魔术队 | 33 | 17 |
| 4 | 亚特兰大老鹰队 | 31 | 19 |
| 5 | 底特律活塞队 | 29 | 21 |
| 6 | 密尔沃基雄鹿队 | 28 | 22 |
| 7 | 费城76人队 | 28 | 22 |
| 8 | 纽约尼克斯队 | 27 | 23 |
| 9 | 夏洛特黄蜂队 | 26 | 24 |
| 10 | 多伦多猛龙队 | 23 | 27 |
| 11 | 克利夫兰骑士队 | 22 | 28 |
| 12 | 波士顿凯尔特人队 | 19 | 31 |
| 13 | 华盛顿奇才队 | 18 | 32 |
| 14 | 新泽西篮网队 | 16 | 34 |
| 15 | 芝加哥公牛队 | 13 | 37 |

| 西部联盟 | | | |
|---|---|---|---|
| 排名 | 球队 | 胜 | 负 |
| 1 | 犹他爵士队 | 37 | 13 |
| 2 | 圣安东尼奥马刺队 | 37 | 13 |
| 3 | 波特兰开拓者队 | 35 | 15 |
| 4 | 休斯敦火箭队 | 31 | 19 |
| 5 | 洛杉矶湖人队 | 31 | 19 |
| 6 | 萨克拉门托国王队 | 27 | 23 |
| 7 | 菲尼克斯太阳队 | 27 | 23 |
| 8 | 西雅图超音速队 | 25 | 25 |
| 9 | 明尼苏达森林狼队 | 25 | 25 |
| 10 | 金州勇士队 | 21 | 29 |
| 11 | 达拉斯独行侠队 | 19 | 31 |
| 12 | 丹佛掘金队 | 14 | 36 |
| 13 | 洛杉矶快船队 | 9 | 41 |
| 14 | 温哥华灰熊队 | 8 | 42 |

# NBA PLAYOFFS

## NBA季后赛 对阵表
### 1998—1999赛季

**West**　　　　　　　　　　　　　　　　　　　　　　　　　　　　　**East**

- 圣安东尼奥马刺队 3
- 明尼苏达森林狼队 1
  - 圣安东尼奥马刺队 4
- 洛杉矶湖人队 3
- 休斯敦火箭队 1
  - 洛杉矶湖人队 0
    - 圣安东尼奥马刺队 4
    - 洛杉矶湖人队（波特兰开拓者队）0

- 波特兰开拓者队 3
- 菲尼克斯太阳队 0
  - 波特兰开拓者队 4
- 犹他爵士队 3
- 萨克拉门托国王队 2
  - 犹他爵士队 2

**The Finals**

**圣安东尼奥马刺队**

圣安东尼奥马刺队 4 — 纽约尼克斯队 1

- 纽约尼克斯队 3
- 迈阿密热火队 2
  - 纽约尼克斯队 4
- 亚特兰大老鹰队 3
- 底特律活塞队 2
  - 亚特兰大老鹰队 0
    - 纽约尼克斯队 4
    - 亚特兰大老鹰队 0

- 印第安纳步行者队 3
- 密尔沃基雄鹿队 0
  - 印第安纳步行者队 4
- 费城76人队 3
- 奥兰多魔术队 1
  - 费城76人队 0
    - 印第安纳步行者队 2
    - 费城76人队 0

此处不留爷，自有留爷处，话说那"禅师"与公牛队总经理克劳斯不欢而散，只管在家喝咖啡看书，研习禅道把玩摩托，倒也并不寂寞。

后来的史书上都说菲尔·杰克逊靠傍巨星方才功成名就，暂且不论此说公允与否，可以确信的是，他总能在合适的时间捕捉到执教巨星的机会。缩水的1998-1999赛季，湖人队空有"OK组合"却很不OK，西部半决赛被新贵马刺队横扫出局好生憋屈，着实到了不破不立重新来过的历史节点。于是双方一拍即合，杰克逊空降天使城，他真的变成了童话里你爱的那个天使，幸福和快乐是结局。

杰克逊并不是只身前来，三大助教吉姆·克莱门斯、弗兰克·汉布伦和泰克斯·温特鼎力护驾，A.C.格林、罗

## 1999-2000

## 恐怖而狰狞的"鲨鱼"
## 新王朝的序曲

**总冠军:** **洛杉矶湖人队**
**总决赛MVP:** **沙奎尔·奥尼尔**（湖人队）
**得分王:** **沙奎尔·奥尼尔**（湖人队/29.7分）
**篮板王:** **迪肯贝·穆托姆博**（老鹰队/14.1个）
**助攻王:** **杰森·基德**（太阳队/10.1次）
**最有价值球员:** **沙奎尔·奥尼尔**（湖人队）
**最佳新秀:** **埃尔顿·布兰德**（公牛队）**史蒂夫·弗朗西斯**（火箭队）
**最佳防守球员:** **阿伦佐·莫宁**（热火队）
**最佳第六人:** **罗尼·罗杰斯**（太阳队）
**进步最快球员:** **杰伦·罗斯**（步行者队）
**最佳教练:** **道格·里弗斯**（魔术队）

恩·哈珀、约翰·萨利和布莱恩·肖等实干老兵也悉数来投,湖人队组建起了一套老中青兼具、攻守趋于平衡的阵容,意欲一雪前耻维系紫金荣威。

对于这个赛季的湖人队来说,一切都是新的,主场也由大西部论坛球馆变成了全新的可容纳18997人的斯台普斯中心球馆。

奥尼尔虽说是条不世出的"鲨鱼",口含仙丹踩着风火轮降临NBA,很快就助推魔术队进入总决赛,但直到1999年夏天,他的NBA生涯并不如意,接二连三地品尝被横扫的苦涩。

在全新的三角进攻体系下,奥尼尔在本赛季更加威武,常规赛首月场均砍下28.7分、13.4个篮板、3.36次封盖,毫无悬念地当选月最佳。这只是"鲨鱼"嗜血的序曲,奥尼尔见佛杀佛、遇神弑神,所到之处,残砖断瓦,又收获两次月最佳。2000年3月6日,同城的快船队运气不佳,正好撞到奥尼尔28岁生日,这条"鲨鱼"把对手当成了软乎乎的奶油生日蛋糕,大快朵颐,劈出61分。

数据证明奥尼尔有多狰狞:场均29.7分,第一;场均13.6个篮板,第二;场均3.03次盖帽,第三。常规赛MVP由群英会变成独角戏,奥尼尔狂揽121张选票中的120张,差点儿成为NBA历史上第一个全票当选的常规赛MVP。

奥尼尔疯狂收集荣誉,连全明星MVP也不放过,和蒂姆·邓肯共同分享了这一头衔。至于后来拿下总决赛MVP,成为NBA历史上第三个单季垄断三大MVP的球员,暂且按下不表。

此时的科比虽然尚不能和奥尼尔争风头,但他的数据和表现也很惹火,场均22.5分、6.3个篮板、4.9次助攻和1.61次抢断,入选了最佳防守阵容第一队,成为NBA历史上最年轻的最佳防守阵容第一队球员。科比同时还入选了NBA最佳阵容第二队。而奥尼尔则入选NBA最佳阵容第一队和最佳防守阵容第二队。

一内一外如此坚挺,湖人队自是拉风无比,取胜如砍瓜切菜,头30场赢了25场,先后拿下16连胜、19连胜和11连胜,成为NBA历史上第三支在一个赛季里三次达到双位数连胜的球队,最终以联盟最好的67胜15负结束常规赛。

湖人队满腔复仇怒火开启季后赛,孰料上赛季给他们剃光头的马刺队遭受重创,邓肯在常规赛收官阶段重伤离去,马刺队首轮以1:3拜倒于"便士"哈达威、杰森·基德和凯文·约翰逊三大后卫率领的太阳队膝下。

不过，湖人队的季后赛之旅也不像常规赛那样坦途一片，首轮遇到拥有克里斯·韦伯、杰森·威廉姆斯和佩贾·斯托贾科维奇等精兵悍将的国王队便遭遇5场苦战，最终以3：2涉险过关。西部半决赛以4：1轻松射落太阳队后，湖人队遇到了藏龙卧虎、锋线豪华的开拓者队。

开拓者队正选五虎是控球后卫达蒙·斯塔德迈尔、"神射手"史蒂夫·史密斯、公牛王朝遗老斯科特·皮蓬、"怒吼天尊"拉希德·华莱士、立陶宛巨人萨博尼斯，球队第六人是铁血大前锋布莱恩·格兰特——与湖人队比，开拓者队阵容的豪华程度也不遑多让，他们的常规赛战绩仅排在湖人队之后，季后赛一路杀到西部决赛后，还在斯台普斯中心拼下一场胜利，两场过后和湖人队打成1：1。

孰料回到玫瑰花园后，这支娇艳的玫瑰突然枯萎，第三战，科比最后时刻大帽萨博尼斯，湖人队两分取胜夺回制高点，并一鼓作气赢下第四战，收获晋级点。

同样令人想不到的是，波特兰人足够坚韧，绝境下连胜两场，把系列赛拖进了抢七大战。

于是，有了这场潮起潮落的抢七名局：开拓者队上来就施以下马威，首节领先7分后牢牢掌控局面，第三节更是打出29：19，第四节开始时还握有13分领先优势。危难关头，英雄登场，科比一出，战局陡转，湖人队展开绝地大反扑，末节用强劲的31：13完成惊天逆袭，科比全场豪取25分、11个篮板、7次助攻和4次盖帽，最后时刻用一次精妙助攻帮助奥尼尔扣篮得手，为这场激战画上完满句点。

换馆如换刀。无独有偶，另一支总决赛队伍步行者队也在赛季前搬进了新球馆康塞科球馆，并在这个球馆收获25连胜，创造了一项队史纪录。球队御用第六人杰伦·罗斯进入首发阵容，场均得到18.2分，十一年来第一次有人超越雷吉·米勒成为新的队内得分王。

步行者队常规赛收获56胜，通往总决赛的道路上步步荆棘：首轮打雄鹿队，生死时刻戴尔·戴维斯抢下一个前场篮板，贝斯特三分出鞘，步行者队以3：2晋级；次轮淘汰76人队耗时6场；东部决赛则遇到冤家尼克斯队，2：2打平后步行者队攻占天王山，第六场米勒发飙，用34分血洗麦迪逊，首次杀入总决赛。

遇到如日中天的"OK组合"，老米勒只能喟叹韶华易逝，步行者队在斯台普斯中心毫无机会，以0∶2落后，其中第二战"鲨鱼"轰出40+24的恐怖数据。

第三战科比因伤缺阵，步行者队抓住机会收获队史首场总决赛胜利。第四战步行者队同样有机会，遗憾的是，科比在奥尼尔犯满"毕业"的情况下独挑大梁，投中制胜球帮助湖人队在加时赛中以120∶118胜出。

第五战，步行者队以120∶87狠狠羞辱湖人队，但回到洛杉矶，"OK组合"没让机会溜走，以116∶111取胜后首度加冕，奏响了短暂的"OK王朝"的序曲。

客观地说，科比在季后赛尤其是西部决赛和总决赛中多次扮演救世主，但奥尼尔起到的是球队基石的作用，而且总决赛场均38分、16.7个篮板的数据也是现象级的，他当选总决赛MVP实至名归。

## 1999-2000赛季排名

### 东部联盟

| 排名 | 球队 | 胜 | 负 |
| --- | --- | --- | --- |
| 1 | 印第安纳步行者队 | 56 | 26 |
| 2 | 迈阿密热火队 | 52 | 30 |
| 3 | 纽约尼克斯队 | 50 | 32 |
| 4 | 夏洛特黄蜂队 | 49 | 33 |
| 5 | 费城76人队 | 49 | 33 |
| 6 | 多伦多猛龙队 | 45 | 37 |
| 7 | 密尔沃基雄鹿队 | 42 | 40 |
| 8 | 底特律活塞队 | 42 | 40 |
| 9 | 奥兰多魔术队 | 41 | 41 |
| 10 | 波士顿凯尔特人队 | 35 | 47 |
| 11 | 克利夫兰骑士队 | 32 | 50 |
| 12 | 新泽西篮网队 | 31 | 51 |
| 13 | 华盛顿奇才队 | 29 | 53 |
| 14 | 亚特兰大老鹰队 | 28 | 54 |
| 15 | 芝加哥公牛队 | 17 | 65 |

### 西部联盟

| 排名 | 球队 | 胜 | 负 |
| --- | --- | --- | --- |
| 1 | 洛杉矶湖人队 | 67 | 15 |
| 2 | 犹他爵士队 | 55 | 27 |
| 3 | 波特兰开拓者队 | 59 | 23 |
| 4 | 圣安东尼奥马刺队 | 53 | 29 |
| 5 | 菲尼克斯太阳队 | 53 | 29 |
| 6 | 明尼苏达森林狼队 | 50 | 32 |
| 7 | 西雅图超音速队 | 45 | 37 |
| 8 | 萨克拉门托国王队 | 44 | 38 |
| 9 | 达拉斯独行侠队 | 40 | 42 |
| 10 | 丹佛掘金队 | 35 | 47 |
| 11 | 休斯敦火箭队 | 34 | 48 |
| 12 | 温哥华灰熊队 | 22 | 60 |
| 13 | 金州勇士队 | 19 | 63 |
| 14 | 洛杉矶快船队 | 15 | 67 |

# NBA PLAYOFFS

## NBA季后赛 对阵表
### 1999—2000赛季

**West**　　　　　　　　　　　　　　　　　　　　　　　　　　　　　**East**

- 洛杉矶湖人队 3
- 萨克拉门托国王队 2
  - 洛杉矶湖人队 4
- 菲尼克斯太阳队 3
- 圣安东尼奥马刺队 1
  - 菲尼克斯太阳队 1
    - 洛杉矶湖人队 4
- 波特兰开拓者队 3
- 明尼苏达森林狼队 1
  - 波特兰开拓者队 4
- 犹他爵士队 3
- 西雅图超音速队 2
  - 犹他爵士队 1
    - 波特兰开拓者队 3
      - 洛杉矶湖人队 4

**The Finals**

**洛杉矶湖人队**

- 印第安纳步行者队 3
- 密尔沃基雄鹿队 2
  - 印第安纳步行者队 4
- 费城76人队 3
- 夏洛特黄蜂队 1
  - 费城76人队 2
    - 印第安纳步行者队 4
- 纽约尼克斯队 3
- 多伦多猛龙队 0
  - 纽约尼克斯队 4
- 迈阿密热火队 3
- 底特律活塞队 0
  - 迈阿密热火队 3
    - 纽约尼克斯队 2
      - 印第安纳步行者队 2

这个赛季最牛的球队无疑还是湖人队,他们整个季后赛只输了1场球,并且夺得总冠军,但就个体而论,这个赛季应该属于阿伦·艾弗森。

在这个"艾弗森年"里,"AI"如潮水不可阻挡,尤其是2001年6月6日那个夜晚,这个1.83米的家伙以一己之力征服了"OK组合",征服了全世界。是的,篮球是5个人的,"一己之力"在任何时候都不妥帖,但唯此才能彰显那个晚上的艾弗森有多疯狂。

这是2001年总决赛第一场,湖人队坐镇主场对阵76人队。

此前"OK组合"统辖的湖人队在季后赛里金枪不倒一场未败,而连遭恶战的76人队只是"刚刚从沙漠里死里逃生的残兵败将"。几乎没人相信76人队能扳倒洛杉矶巨擘,甚至几

## 2000—2001
## 孤独却华丽的艾弗森!湖人队的卫冕

**总冠军:** 洛杉矶湖人队
**总决赛MVP:** 沙奎尔·奥尼尔(湖人队)
**得分王:** 阿伦·艾弗森(76人队/31.1分)
**篮板王:** 迪肯贝·穆托姆博(老鹰队、76人队/13.5个)
**助攻王:** 杰森·基德(太阳队/9.8次)
**最有价值球员:** 阿伦·艾弗森(76人队)
**最佳新秀:** 迈克·米勒(魔术队)
**最佳防守球员:** 迪肯贝·穆托姆博(老鹰队、76人队)
**最佳第六人:** 阿隆·麦基(76人队)
**进步最快球员:** 特雷西·麦克格雷迪(魔术队)
**最佳教练:** 拉里·布朗(76人队)

乎没人相信76人队能赢得哪怕一场比赛的胜利。孑然一身与世界为敌的艾弗森对记者说："你写的都是什么玩意？"言下之意：老子无所不能，一切皆有可能。

艾弗森并非吹牛。半场结束前不到两分钟的时间内，艾弗森包办76人队全部9分，造科比犯规罚中两分，抢断科比后上篮得手，令后者好没面子。半场，艾弗森轰出30分，76人队领先6分。

菲尔·杰克逊怒了，说病急乱投医也好，说重症用偏方也罢，他不再相信费舍尔和科比的防守，而是遣上了同样是1.83米的泰伦·卢。卢领命出场后，对艾弗森死追不放，艾弗森果然被搞得精疲力竭，第四节只得了区区3分。更吊诡的是，第四节临近尾声，罚球准头极烂的奥尼尔两罚皆中扳平比分，穆托姆博却两罚全失，比赛进入加时。

艾弗森在那5分钟里打得很爽。如果将胜负搁弃一边，有幸见证那5分钟的球迷都很爽。因为那是NBA历史上屈指可数的个人英雄主义演出：终场前1分45秒，艾弗森两罚全中，76人队将比分追至98：99；只过了20秒，红了眼的科比饿虎扑食般扑上来，艾弗森以狠斗狠，强行将球投出，三分命中后，比分变成101：99，76人队反超2分；而后，加时赛还剩47.6秒时，艾弗森假突真投，把卢骗得倒在地上，跳投得手后又从卢身上跨了过去，还留下了一副不屑一顾或者说不可一世的神情。

比赛结束，艾弗森迎来26周岁生日，他给自己准备的礼物够丰厚：48分、6次助攻、5次抢断，以及一场所有人都不相信的总决赛胜利。

至此，这个赛季对艾弗森而言堪称完美，换种说法，这场比赛是他完美一季的凝缩。

此前，艾弗森和教练拉里·布朗失和，差点因此换了活塞队战袍，但这些插曲反倒成为酵母，催发布朗换种思路，让艾弗森改打得分后卫，后者也借坡下驴，赛季开打前大表忠心，从一个无视训练的刺儿头变成训练模范。

正如总决赛第一场呈现出来的，艾弗森像一下子打通了任督二脉，变得不可阻遏，他的常规赛数据是骇人的31.1分、3.8个篮板、4.6次助攻和2.5次抢断，荣膺得分王和抢断王，入选最佳阵容第一队，并以压倒性优势加冕常规赛MVP。

没有什么能够阻挡艾弗森对荣耀的向往，就连华盛顿全明星周末都变成他一个人的舞台：终场前9分钟，东部明星队以74∶95大比分落后于西部明星队，艾弗森这个胜利偏执狂很不喜欢这种局面，适时开启杀神模式——尽管这只是表演赛，他在剩下的时间里独揽15分，为马布里的三分绝杀打下了坚实地基，捎带着把全明星赛MVP收入囊中。

领奖时场面极为感人，艾弗森四处寻找主教练布朗，并在发表感言时说把奖杯献给布朗，英雄亦多情，岂能不动容。

艾弗森炫舞常规赛，76人队满队生辉，阿隆·麦基场均11.6分、4.1个篮板、5次助攻，当选最佳第六人，穆托姆博生涯第四次成为最佳防守球员，拉里·布朗则收获最佳主教练称号。诸位四处散花，76人队以56胜26负成为常规赛的东部老大。

76人队的总决赛晋级之路，也是艾弗森展示超强个人能力的过程。

76人队首轮遇到冤家步行者队，艾弗森和雷吉·米勒激情斗法，前者场均31.5分，后者场均31.3分，尤以第二战最为壮观，艾弗森砍45分，米勒劈41分。76人队笑到最后，以3∶1晋级。赛后米勒将艾弗森拥入怀中，英雄惜英雄。

次轮76人队VS猛龙队，戏码变为艾弗森和卡特斗法。艾弗森在第二战和第五战分别轰出54分和52分，成为继乔丹后又一个在同一轮系列赛上两次打出50+的球员。第七战猛龙队疯狂包夹，艾弗森避其锋芒狂派16次助攻，引领76人队以4∶3晋级。卡特虽说稍逊一筹，也在第三战收获50分，类似于35分、39分的表现更是无须多表。

东部决赛76人队遇到拥有"三个火枪手"雷·阿伦、卡塞尔和"大狗"罗宾逊的雄鹿队，又是以4∶3胜出，艾弗森延续了火爆状态，在第六场和第七场分别取下46分和44分。

上文提到，很少有人会猜到76人队能在总决赛第一场就给湖人队来个下马威。休怪旁人目中无"AI"，实在是湖人队太恐怖了。

事实上，卫冕冠军的常规赛之路并不平坦，直到2001年愚人节那天，战绩不过48胜26负。"禅师"杰克逊可不想将愚人进行到底，湖人队用一波强劲的8连胜收官，56胜26负的战绩排在马刺队之后位居西部第二。

在常规赛尾声入戏后，湖人队在季后赛一发不可收，横扫横扫又横扫，用了11场比赛就踏过开拓者队、国王队和马刺队，强势杀入总决赛。尤其是在西部决赛上，湖人队彻头彻尾地羞辱常规赛中骑在自己脖子上的马刺队，4战场均赢了22.3分，第三战更是胜出39分。

直到以1:4输掉总决赛，艾弗森还倔强地说："我不觉得有人能在系列赛中四次击败我。"然而现实很骨感，艾弗森再牛总归只是一个人在战斗，真正不可能在一个系列赛里被击败四次的是奥尼尔，是科比，是"OK组合"，是湖人队。

奥尼尔总决赛里场均33分、15.8个篮板、4.8次助攻、3.4次盖帽，率领湖人队连下四城，卫冕成功。

曲终，人散。

穆托姆博张开臂膀抱住艾弗森，"AI"的脸上，任落寞蔓延。

## 2000-2001赛季排名

| 东部联盟 | | | |
|---|---|---|---|
| 排名 | 球队 | 胜 | 负 |
| 1 | 费城76人队 | 56 | 26 |
| 2 | 密尔沃基雄鹿队 | 52 | 30 |
| 3 | 迈阿密热火队 | 50 | 32 |
| 4 | 纽约尼克斯队 | 48 | 34 |
| 5 | 多伦多猛龙队 | 47 | 35 |
| 6 | 夏洛特黄蜂队 | 46 | 36 |
| 7 | 奥兰多魔术队 | 43 | 39 |
| 8 | 印第安纳步行者队 | 41 | 41 |
| 9 | 波士顿凯尔特人队 | 36 | 46 |
| 10 | 底特律活塞队 | 32 | 50 |
| 11 | 克利夫兰骑士队 | 30 | 52 |
| 12 | 新泽西篮网队 | 26 | 56 |
| 13 | 亚特兰大老鹰队 | 25 | 57 |
| 14 | 华盛顿奇才队 | 19 | 63 |
| 15 | 芝加哥公牛队 | 15 | 67 |

| 西部联盟 | | | |
|---|---|---|---|
| 排名 | 球队 | 胜 | 负 |
| 1 | 圣安东尼奥马刺队 | 58 | 24 |
| 2 | 洛杉矶湖人队 | 56 | 26 |
| 3 | 萨克拉门托国王队 | 55 | 27 |
| 4 | 犹他爵士队 | 53 | 29 |
| 5 | 达拉斯独行侠队 | 53 | 29 |
| 6 | 菲尼克斯太阳队 | 51 | 31 |
| 7 | 波特兰开拓者队 | 50 | 32 |
| 8 | 明尼苏达森林狼队 | 47 | 35 |
| 9 | 休斯敦火箭队 | 45 | 37 |
| 10 | 西雅图超音速队 | 44 | 38 |
| 11 | 丹佛掘金队 | 40 | 42 |
| 12 | 洛杉矶快船队 | 31 | 51 |
| 13 | 温哥华灰熊队 | 23 | 59 |
| 14 | 金州勇士队 | 17 | 65 |

# NBA PLAYOFFS

## NBA季后赛 对阵表
### 2000—2001赛季

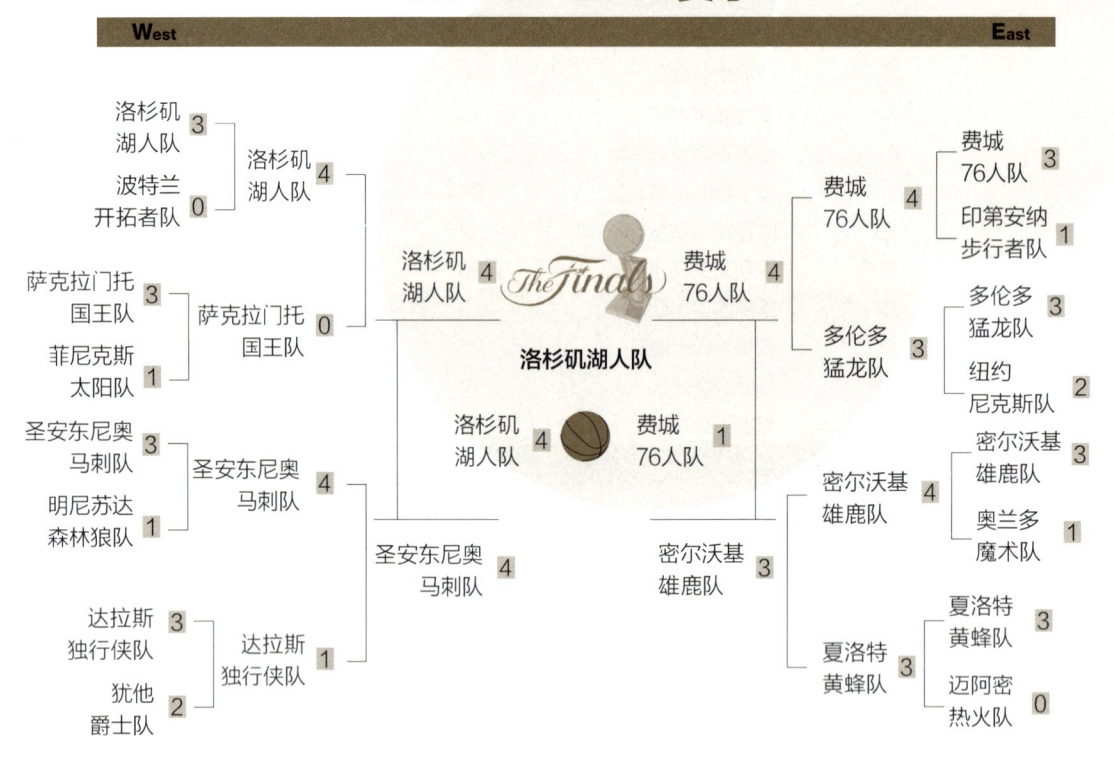

**West** — **East**

**西部**

- 洛杉矶湖人队 3
- 波特兰开拓者队 0
  - → 洛杉矶湖人队 4

- 萨克拉门托国王队 3
- 菲尼克斯太阳队 1
  - → 萨克拉门托国王队 0
    - → 洛杉矶湖人队 4

- 圣安东尼奥马刺队 3
- 明尼苏达森林狼队 1
  - → 圣安东尼奥马刺队 4
    - → 圣安东尼奥马刺队 4

- 达拉斯独行侠队 3
- 犹他爵士队 2
  - → 达拉斯独行侠队 1

**The Finals**

**洛杉矶湖人队**

洛杉矶湖人队 4 — 费城76人队 1

**东部**

- 费城76人队 3
- 印第安纳步行者队 1
  - → 费城76人队 4
    - → 费城76人队 4

- 多伦多猛龙队 3
- 纽约尼克斯队 2
  - → 多伦多猛龙队 3

- 密尔沃基雄鹿队 3
- 奥兰多魔术队 1
  - → 密尔沃基雄鹿队 4
    - → 密尔沃基雄鹿队 3

- 夏洛特黄蜂队 3
- 迈阿密热火队 0
  - → 夏洛特黄蜂队 3

"历史可能被表达，也可能会被遮蔽。"

NBA涉赌裁判蒂姆·多纳西用爆料的方式翻开了一页被遮蔽的历史：2002年，阿德尔曼的普林斯顿生如夏花，萨克拉门托的岁月激情燃烧，却在西部决赛上死于背后那只看不见的手。

"他们希望比赛进入抢七战！"多纳西说的是2002年西部决赛湖人队VS国王队的第六战。连菲尔·杰克逊都在第一时间说"胜利应该属于国王队"，那场比赛"黑"到什么程度可想而知。

只在第四节，湖人队就取得21次罚球，比国王队多出18次。《华盛顿邮报》记者迈克尔·威尔邦复盘那个第四节时说："起码有6次判罚值得商榷，吃亏的都是国王队，湖人队第四节只投中了5个球……"言下之意是说，国

## 2001-2002 "OK"组合最后癫狂！湖人队三连冠

总冠军：**洛杉矶湖人队**

总决赛MVP：**沙奎尔·奥尼尔**（湖人队）

得分王：**阿伦·艾弗森**（76人队/31.4分）

篮板王：**本·华莱士**（活塞队/13.0个）

助攻王：**安德烈·米勒**（骑士队/10.9次）

最有价值球员：**蒂姆·邓肯**（马刺队）

最佳新秀：**保罗·加索尔**（灰熊队）

最佳防守球员：**本·华莱士**（活塞队）

最佳第六人：**克里斯·威廉姆斯**（活塞队）

进步最快球员：**杰梅因·奥尼尔**（步行者队）

最佳教练：**里克·卡莱尔**（活塞队）

王队被做死了，客观的历史写法应该是——国王队4∶2淘汰湖人队进入总决赛。

当然，重提这桩冤案绝非影射湖人队，如多纳西所述，那只看不见的手的本意绝非厚此薄彼，整死国王队，而是出于商业考量，想让比赛进入第七战，至于谁能赢得抢七，就要看各自的造化了。

那轮西部决赛发生了很多机缘巧合的事情，比如没有罗伯特·霍利在第四战中那个百年不遇的绝杀，国王队将取得3∶1领先，即便有人想让比赛进入第七战，操作起来也要难得多。

然而已经上演的历史是：霍利扔进了那个被《SLAM》杂志在2009年评为"21世纪最佳季后赛投篮"的三分，不到一秒钟的时间里，战局拐弯，3∶1变为2∶2。

那是2002年5月26日，西部决赛国王队VS湖人队第四战。第三战，国王队一度领先27分之多。这场比赛俨然是第三战的翻版，至少在第二节开始阶段是这样，国王队曾经领先24分。科比·布莱恩特开始死掐迈克·毕比，国王队的领先优势被逐渐蚕食。半场结束，湖人队落后14分，又过了一个12分钟，分差变为7分。第四节还剩11.3秒，迪瓦茨丢掉1个罚球，国王队99∶97领先2分。湖人最后一攻。

执行者自然是科比，在如此短的时间里完成接球和投篮，"锋卫杀手"终归是靠谱些——当然，如蒂姆·邓肯和德怀特·霍华德这样的内线球员用接力扣篮完成绝杀的案例也有。科比接球后一个假动作便将克里斯蒂晃掉，带球直插篮下时遇到第二道关卡，迅速补防的迪瓦茨高高跃起封盖。为了躲避空中拦截，科比选择了高难度的高抛投篮，球打到篮筐边缘后弹出，另外一侧的奥尼尔抢下前场篮板二次进攻，依然未果。时间所剩无几，迪瓦茨在无法保障篮板的情况下做出聪明选择，将球打向外围。

"你难以想象那种场面，当球飞过来的时候，那么多人坐在那里盯着计时器，而你必须要投那一球。"正像霍利事后回忆的，那一瞬他没有任何准备，球突然撞到了他手里。霍利当然没有第二种选择，在三分线外将球扔了出去。"如果我没有投中，我们便输了；反之，则是另一番情景。"霍利口中的"输"，只是一场比赛，但考虑到气场转换的问题，有可能是输掉一个赛季，所谓冰火两重天，正是如此。

历史选择了"另一番情景"，三

分进了，湖人队赢了，2∶2，双方再次来到同一起跑线。

"那一球由霍利来投，是一件不幸的事情。那是一个伟大的投篮，必须承认，他为大场面而生。不过，那一球也有幸运成分。"克里斯·韦伯悲情地说。

暂且不去说迷雾重重的第六战，正如霍利这个三分球所呈现出来的，那轮系列赛的运气着实站在湖人队一边，国王队在抢七局中也一度握有20分领先优势。遗憾的是，痛失好局进入加时后，萨克拉门托人集体中邪，空让华丽成流水。

那场比赛，国王队全队三分球20投2中，30次罚球硬是丢了14次。如是看来，国王队死于人祸，也死于天灾，他杀亦自杀。

时至今日，还原这段历史更多的是出于一种情结，NBA历史上出现过很多经典组合，却很难再出现像彼时的国王队那样的，能将华丽和实用结合得如此完美的团队。

那个常规赛，国王队主场赢了36场，客场赢了25场，总共赢了61场，都创下队史纪录。数据统计方面，防守篮板联盟第一，得分联盟第二，篮板联盟第二，抢断联盟第三，投篮命中率联盟第二，助攻联盟第四，国王队确实是超凡脱俗，一时无两。

个人荣誉方面，国王队虽然不似2000-2001赛季的76人队那样四处开花，但韦伯、特科格鲁、克里斯蒂、鲍比·杰克逊和阿德尔曼分别是MVP、进步最快球员、最佳防守阵容、最佳第六人和最佳主教练的热门候选人。

总有一种回忆，让人热血沸腾却又泪流满面，2001-2002赛季的国王队大抵如是，在很多人的心目中，他们不是总冠军，却是真正的国王。

那个赛季，湖人队球迷眼中的国王是"OK组合"，也是霍利。霍利在西部决赛第四战投中那个续命三分绝非偶然，截至2001-2002赛季，整个NBA历史上，只有米勒在季后赛中投进的三分比霍利多，而在总决赛中，霍利合计投中了53个三分球，比乔丹的42个还要多。

那个季后赛，58胜的湖人队首轮遇到开拓者队，2∶0领先后正是霍利在终场前2.1秒的三分帮助球队横扫晋级。

那是一个鲜衣怒马华丽无罪的赛季，东部的篮网队拥有杰森·基德、理查德·杰弗森和肯扬·马丁构起的三驾马车，也集观赏性和实用性于一身，在东部以52胜独占鳌头,季后赛先后以3:2、4:1和4:2淘汰步行者队、夏洛特黄蜂队和凯尔特人队,大姑娘上轿头一回,队史上首次杀入总决赛。

篮网队杀入总决赛当算成功,但总决赛面对"OK组合"率领的湖人队,毫无招架之力,0:4吃了鸭蛋。那"奥胖"果然是擎天一柱,4场总决赛场均掠下36.3分、12.3个篮板、3.8次助攻、2.8次盖帽,带领湖人完成三连冠霸业的同时,自己也连续三季当选总决赛MVP。

奥尼尔是乔丹后首个完成总决赛MVP三连霸壮举的球员,巧合的是,乔丹正是在那个赛季又一次复出。

乔丹在第二次退役后不久出任奇才队总经理,做了不少糗事,2001年选秀大会用状元签签下夸梅·布朗更是成为"飞人陛下"一生的污点。或许是觉得员工们太不给力,乔丹决定"御驾亲征",9月25日复出后场均砍下22.9分、5.2次助攻、1.4次抢断,只可惜赛季收尾阶段受伤缺阵,奇才队未能闯入季后赛。

## 2001-2002赛季排名

### 东部联盟

| 排名 | 球队 | 胜 | 负 |
|---|---|---|---|
| 1 | 新泽西篮网队 | 52 | 30 |
| 2 | 底特律活塞队 | 50 | 32 |
| 3 | 波士顿凯尔特人队 | 49 | 33 |
| 4 | 夏洛特黄蜂队 | 44 | 38 |
| 5 | 奥兰多魔术队 | 44 | 38 |
| 6 | 费城76人队 | 43 | 39 |
| 7 | 多伦多猛龙队 | 42 | 40 |
| 8 | 印第安纳步行者队 | 42 | 40 |
| 9 | 密尔沃基雄鹿队 | 41 | 41 |
| 10 | 华盛顿奇才队 | 37 | 45 |
| 11 | 迈阿密热火队 | 36 | 46 |
| 12 | 亚特兰大老鹰队 | 33 | 49 |
| 13 | 纽约尼克斯队 | 30 | 52 |
| 14 | 克利夫兰骑士队 | 29 | 53 |
| 15 | 芝加哥公牛队 | 21 | 61 |

### 西部联盟

| 排名 | 球队 | 胜 | 负 |
|---|---|---|---|
| 1 | 萨克拉门托国王队 | 61 | 21 |
| 2 | 圣安东尼奥马刺队 | 58 | 24 |
| 3 | 洛杉矶湖人队 | 58 | 24 |
| 4 | 达拉斯独行侠队 | 57 | 25 |
| 5 | 明尼苏达森林狼队 | 50 | 32 |
| 6 | 波特兰开拓者队 | 49 | 33 |
| 7 | 西雅图超音速队 | 45 | 37 |
| 8 | 犹他爵士队 | 44 | 38 |
| 9 | 洛杉矶快船队 | 39 | 43 |
| 10 | 菲尼克斯太阳队 | 36 | 46 |
| 11 | 休斯敦火箭队 | 28 | 54 |
| 12 | 丹佛掘金队 | 27 | 55 |
| 13 | 孟菲斯灰熊队 | 23 | 59 |
| 14 | 金州勇士队 | 21 | 61 |

# NBA PLAYOFFS

## NBA季后赛 对阵表
### 2001—2002赛季

**West**                                                                   **East**

- 洛杉矶湖人队 3
- 波特兰开拓者队 0
- 洛杉矶湖人队 4
- 圣安东尼奥马刺队 3
- 西雅图超音速队 2
- 圣安东尼奥马刺队 1
- 洛杉矶湖人队 4
- 萨克拉门托国王队 3
- 犹他爵士队 1
- 萨克拉门托国王队 4
- 达拉斯独行侠队 3
- 明尼苏达森林狼队 0
- 达拉斯独行侠队 1
- 萨克拉门托国王队 3

- 新泽西篮网队 3
- 印第安纳步行者队
- 新泽西篮网队 4
- 夏洛特黄蜂队 3
- 奥兰多魔术队 1
- 夏洛特黄蜂队 1
- 新泽西篮网队 4
- 波士顿凯尔特人队 3
- 费城76人队 2
- 波士顿凯尔特人队 4
- 底特律活塞队 3
- 多伦多猛龙队 2
- 底特律活塞队 1
- 波士顿凯尔特人队 2

**The Finals**

洛杉矶湖人队 4 — 新泽西篮网队 0

**洛杉矶湖人队**

于很多中国球迷而言，2002年是真正的NBA元年，是一段甜蜜和苦涩相伴的恋情的开端，因为姚明。

在姚明登陆NBA之前，宋涛、马健、胡卫东等人都与NBA有过交集，王治郅更是在2001年3月24日正式进军达拉斯，巴特尔也从丹佛开启了自己的NBA之旅，但以状元秀身份加盟火箭队的姚明所引发的轰动效应是这些前辈们无法比拟的。毫不夸张地说，这桩联姻大大超脱了体育范畴。

诚然，姚明在新秀季留下了诸如首战0分2个篮板、被马布里晃倒在地等不光彩回忆，但也让"大嘴"巴克利在镜头前当着全世界人民的面吻了驴屁股。当然，这个赛季仅是"姚明效应"的起点，后续故事更精彩。

客观地说，当中国男孩遭遇美式

## 2002—2003

# 姚明登陆NBA！属于"GDP"的狂欢秀

**总冠军：圣安东尼奥马刺队**

**总决赛MVP：蒂姆·邓肯**（马刺队）

**得分王：特雷西·麦克格雷迪**（魔术队/32.1分）

**篮板王：本·华莱士**（活塞队/15.4个）

**助攻王：杰森·基德**（篮网队/8.9次）

**最有价值球员：蒂姆·邓肯**（马刺队）

**最佳新秀：阿玛尔·斯塔德迈尔**（太阳队）

**最佳防守球员：本·华莱士**（活塞队）

**最佳第六人：鲍比·杰克逊**（国王队）

**进步最快球员：吉尔伯特·阿里纳斯**（勇士队）

**最佳教练：格雷格·波波维奇**（马刺队）

冷暖，融入速度肯定不及土生土长的美国人，在最佳新秀之争中，姚明输给了阿玛尔·斯塔德迈尔，后者成为NBA历史上第一个高中生最佳新秀。

无独有偶，另外一个由高中直接跳入NBA的球员也在该季大放异彩，以场均32.1分荣膺得分王，此人正是后来和姚明发生交集的特雷西·麦克格雷迪。

命运这玩意儿说来奇怪，麦迪后来被奉为"季后赛一轮游"的代言人，事实上若不是赛制嬗变，他早就顶着"黑八"英雄的光荣挺进第二轮了——魔术队首轮遭遇东部老大活塞队，4场打完取得3∶1领先，可NBA偏偏从这个赛季开始将首轮由5战3胜改为7战4胜，结果活塞队随后连扳三场，将麦迪和魔术队挡在第二轮门外。这一挡就是数年，火箭队2009年打破首轮魔咒时，麦迪早已成局外看客。

2001-2002赛季，乔丹复出还算成功，只是由于伤退耽搁了数场比赛，才错失季后赛门票，于是"陛下"决定弥补遗憾再战一季，并在该季打满82场比赛，场均斩落仍属一线球星级别的20分、6.1个篮板、3.8次助攻。遗憾的是，奇才队只收获37胜，再次无缘季后赛。

"当初应该爱你，还来不及说给你听，一路上走来，我不停问自己，原来这一次我真的失去你。"这一次，乔丹和NBA赛场永别，留给世界说不尽的传奇回忆。

在伤离别的大背景之下，如果换作科比之外的任何一个人，都会把全明星MVP留给乔丹，算作特殊的分手礼物——被寄予厚望传承"飞人"衣钵的文斯·卡特就把自己的先发位置让给了乔丹。

终场前，乔丹在肖恩·马里昂的防守下祭出后仰跳投绝技，东部明星队取得2分领先，胜利在望。如果比赛至此结束，乔丹100%会收获全明星赛MVP奖杯，那将是一场完美的离别演出。

可科比从来不喜欢这种温情戏码，这个胜利偏执狂做梦都想着干掉乔丹。这一次他终于逮到机会，三分线外开炮，凑巧杰梅因·奥尼尔搭戏，用犯规把科比送上罚球线。结果众所周知，科比3罚2中把比赛拖进加时，西部明星队取胜，凯文·加内特当选MVP。

多年后，科比谈起了那次3罚2中，"也许是我太古典了。"科比说，"我觉得比赛不该就这么结束，我想我们能在加时赛再分个胜负。（如果时间重来）我还是会这样做。"

乔丹再次归隐，41岁的约翰·斯托克顿也打不动了。季后赛首轮爵士队以1∶4负于国王队，约翰·斯托克顿宣告隐退，一生戎马，一生忠诚，一生无冠。比起落寞沧桑的约翰·斯托克顿，"海军上将"大卫·罗宾逊挥一挥衣袖，带着职业生涯第二枚总冠军戒指潇洒地说再见："感谢上帝，让我度过了美好的一个赛季。"——生各有命，是为人生。

马刺队"双塔"的另一极蒂姆·邓肯说："我真的不愿看到他离开，真希望他下赛季还会和我们并肩作战。"这是晚辈对前辈的挽留，也是敬意的传达。有一种说法，若不是邓肯如救世主般降临圣城，罗宾逊或许也会被归入无冕英雄的行列，格雷格·波波维奇也不可能成为NBA教父级别的人物。

这总归是不会有答案的假设，但可以肯定的是，长江后浪推前浪，前浪老在沙滩上，老家伙们或圆满或饮恨，但终将离开历史舞台。

乔丹和奥拉朱旺两个"84级"骄子作为球队领袖，分享了1991-1998年的8个总冠军，所以20世纪90年代入行的新人们根本没有机会率队露脸，从1999年开始，邓肯和奥尼尔开始轮流打压老家伙们。

当然，期间也不乏二人互掐的好戏，2001和2002年奥尼尔笑到最后，2003年则轮到邓肯复仇。

该赛季圣安东尼奥的"GDP组合"初步成型，托尼·帕克坐稳了首发位子，邓肯常规赛场均砍下23.3分、12.9个篮板、3.9次助攻、2.93次抢断，成为乔丹之后首个蝉联常规赛MVP的球员，马刺队轰出62胜成为常规赛冠军。

湖人队受到伤病困扰，"OK组合"之间的裂痕也越来越大，只以排名西部第四的50胜结束常规赛。

季后赛首轮，马布里首战的三分绝杀湖人队定格成为经典，却避免不了太阳队以2∶4负于马刺队出局，湖人队则是以4∶2淘汰了森林狼队后晋级次轮。

西部半决赛：马刺队VS湖人队。人基本未变，结局却大反转，2∶2打平后神奇的罗伯特·霍利没有复刻2002年夏天的神奇，三分涮筐而出，湖人队丢掉天王山战役，最终以2∶4出局，四连冠的梦想化为泡影。

西部决赛中，独行侠队的德克·诺维茨基第三战受伤告退，老将史蒂夫·科尔在第六战中让人忆起激情四射的芝加哥岁月，他投中4粒三分球，帮助马刺队以4∶2再次进军总决赛。

东部的篮网队先后淘汰雄鹿队、凯尔特人队和活塞队，连续第二年闯入总决赛。

总决赛对手由湖人队换成马刺队，篮网队虽然避免了被横扫的尴尬，却无力撬翻邓肯的制霸权，2∶4再次饮恨。

6场总决赛，邓肯场均砍下24.2分、17个篮板、5.3次助攻、5.33次封盖，收获生涯第2座总决赛MVP奖杯，加冕的第六战，他更是劈下21分、20个篮板、10次助攻、8次盖帽的逆天数据，差点儿成为总决赛上达成四双壮举的历史第一人。

## 2002-2003赛季排名

**东部联盟**

| 排名 | 球队 | 胜 | 负 |
|---|---|---|---|
| 1 | 底特律活塞队 | 50 | 32 |
| 2 | 新泽西篮网队 | 49 | 33 |
| 3 | 印第安纳步行者队 | 48 | 34 |
| 4 | 费城76人队 | 48 | 34 |
| 5 | 新奥尔良黄蜂队 | 47 | 35 |
| 6 | 波士顿凯尔特人队 | 44 | 38 |
| 7 | 密尔沃基雄鹿队 | 42 | 40 |
| 8 | 奥兰多魔术队 | 42 | 40 |
| 9 | 华盛顿奇才队 | 37 | 45 |
| 10 | 纽约尼克斯队 | 37 | 45 |
| 11 | 亚特兰大老鹰队 | 35 | 47 |
| 12 | 芝加哥公牛队 | 30 | 52 |
| 13 | 迈阿密热火队 | 25 | 57 |
| 14 | 多伦多猛龙队 | 24 | 58 |
| 15 | 克利夫兰骑士队 | 17 | 65 |

**西部联盟**

| 排名 | 球队 | 胜 | 负 |
|---|---|---|---|
| 1 | 圣安东尼奥马刺队 | 60 | 22 |
| 2 | 萨克拉门托国王队 | 59 | 23 |
| 3 | 达拉斯独行侠队 | 60 | 22 |
| 4 | 明尼苏达森林狼队 | 51 | 31 |
| 5 | 洛杉矶湖人队 | 50 | 32 |
| 6 | 波特兰开拓者队 | 50 | 32 |
| 7 | 犹他爵士队 | 47 | 35 |
| 8 | 菲尼克斯太阳队 | 44 | 38 |
| 9 | 休斯敦火箭队 | 43 | 39 |
| 10 | 西雅图超音速队 | 40 | 42 |
| 11 | 金州勇士队 | 38 | 44 |
| 12 | 孟菲斯灰熊队 | 28 | 54 |
| 13 | 洛杉矶快船队 | 27 | 55 |
| 14 | 丹佛掘金队 | 17 | 65 |

# NBA PLAYOFFS

## NBA季后赛 对阵表
### 2002—2003赛季

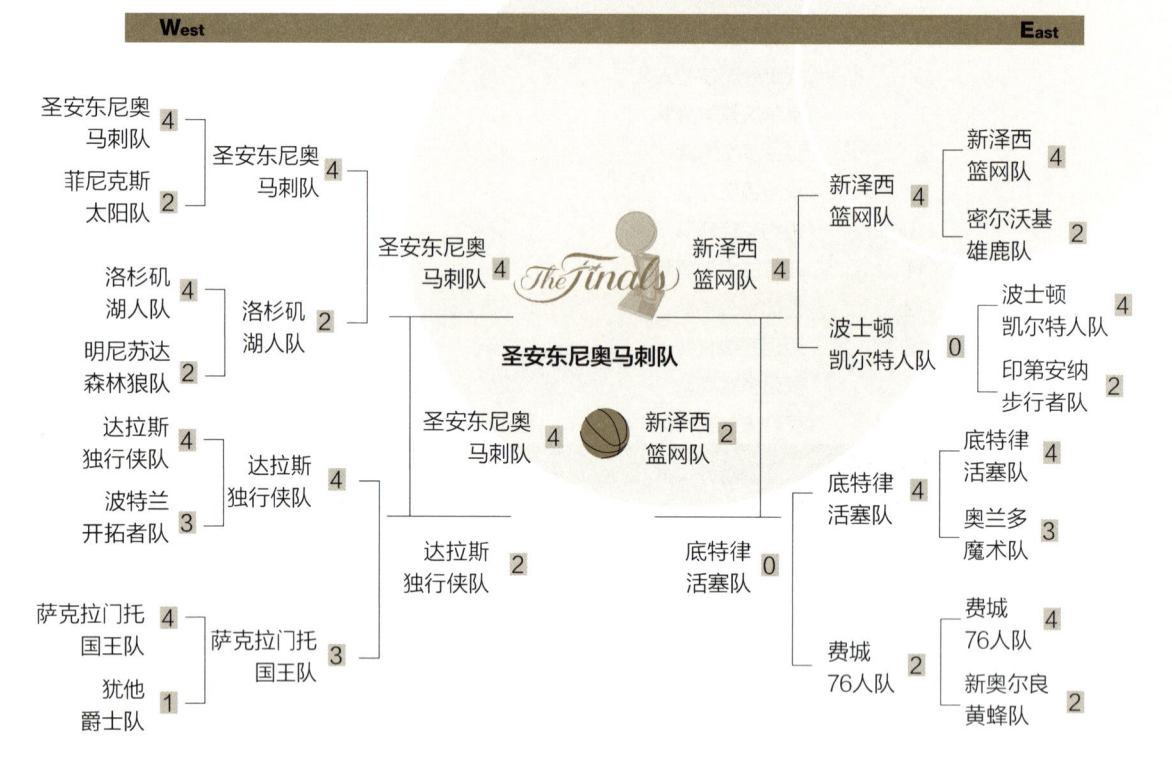

**West**                        **East**

| 西部 | | | | | 东部 |
|---|---|---|---|---|---|
| 圣安东尼奥马刺队 4 | | | | | 新泽西篮网队 4 |
| 菲尼克斯太阳队 2 | 圣安东尼奥马刺队 4 | | | 新泽西篮网队 4 | 密尔沃基雄鹿队 2 |
| | | 圣安东尼奥马刺队 4 | | | |
| 洛杉矶湖人队 4 | | | 新泽西篮网队 4 | | 波士顿凯尔特人队 4 |
| 明尼苏达森林狼队 2 | 洛杉矶湖人队 2 | | | 波士顿凯尔特人队 0 | 印第安纳步行者队 2 |
| | | 圣安东尼奥马刺队 4 | 新泽西篮网队 2 | | |
| 达拉斯独行侠队 4 | | | | | 底特律活塞队 4 |
| 波特兰开拓者队 3 | 达拉斯独行侠队 4 | | | 底特律活塞队 4 | 奥兰多魔术队 3 |
| | | 达拉斯独行侠队 2 | | | |
| 萨克拉门托国王队 4 | | | | 底特律活塞队 0 | 费城76人队 4 |
| 犹他爵士队 1 | 萨克拉门托国王队 3 | | | 费城76人队 2 | 新奥尔良黄蜂队 2 |

**The Finals: 圣安东尼奥马刺队**

2003年选秀大会盛况空前，勒布朗·詹姆斯、卡梅隆·安东尼、德怀恩·韦德和克里斯·波什等一干天之骄子扎堆涌入NBA。这样的选秀大年，足以载入NBA史册。而如果以未来的视角去审视今年的选秀，你会发现，这是一次改变NBA时代的选秀。

科比、艾弗森、纳什等球员领衔的"1996黄金一代"，在NBA历史中有着长达20年的主角身份。而2003年这一代，被球迷称为"白金一代"。詹姆斯、韦德等人取得的成绩，不亚于"1996黄金一代"。因此，2003年的选秀，堪称NBA选秀史浓墨重彩的一笔。

当然，在这样的选秀大年，也有败笔。那便是握有2号签的活塞队看走了眼，挑中了达科·米利西奇。然而这一败笔并未立刻对活塞队带来影

## 2003—2004
## 03一代正式登场！
## 活塞队的草根逆袭

**总冠军：底特律活塞队**

**总决赛MVP：昌西·比卢普斯**（活塞队）

**得分王：特雷西·麦克格雷迪**（魔术队/28.0分）

**篮板王：凯文·加内特**（森林狼队/13.9个）

**助攻王：杰森·基德**（篮网队/9.2次）

**最有价值球员：凯文·加内特**（森林狼队）

**最佳新秀：勒布朗·詹姆斯**（骑士队）

**最佳防守球员：罗恩·阿泰斯特**（步行者队）

**最佳第六人：安托万·贾米森**（独行侠队）

**进步最快球员：扎克·兰多夫**（开拓者队）

**最佳教练：胡比·布朗**（灰熊队）

响，因为这支球队在这个赛季迎来历史性的收获。

话分两头说，男儿有泪不轻弹，只因未到伤心处，湖人队2002-2003赛季2∶4负于马刺队止步西部半决赛后，科比伤心至极，当众流下了眼泪。

赛季结束后科比决定进行膝盖手术，他受伤的岂止是膝盖，还有那颗倔强偏执的心。

在新赛季开始之前，科比就受"鹰郡事件"困扰，曲折的审判过程让科比备受折磨。直到2004年9月2日，对科比的强奸指控由于证据不足被撤销，整件事才终于有了定论。换句话说，整个2003-2004赛季，科比都是顶着强奸嫌疑犯的帽子度过的。

不过在这样的大背景下，科比的发挥依然非常出色。科比属于典型的愈挫愈勇型，每次接受审判后匆忙回到球场，他都能大开杀戒取下全队最高分，这就是所谓的"赶场法则"。

为了收复河山，湖人队挖来加里·佩顿和卡尔·马龙，与"OK组合"组成了盛极一时的"F4"，不过由于"OK组合"矛盾深化，佩顿融不进三角进攻，马龙受到伤病侵扰，阵容豪华的湖人队只收获惨淡的56胜。

湖人队在季后赛首轮遇到火箭队。火箭队搬到新主场丰田中心迎来新气象，姚明场均取下17.5分、9个篮板，火箭队收获45胜，五年来首次杀入季后赛。但彼时的"姚鲨对决"，姚明还是弱势一方，季后赛首战奥尼尔力压姚明扣篮绝杀，湖人队最终以4∶1晋级次轮，遇到了马刺队。

大卫·罗宾逊退役，史蒂芬·杰克逊离开，马刺队提拔吉诺比利，"GDP组合"正式出炉。新剧中又出现了相似的戏码，前一季双方打成2∶2后神奇的霍利三分涮筐而出，湖人队丢掉天王山后最终以2∶4出局。NBA也有运气守恒定律，这一次又是4战2∶2，湖人队凭借费舍尔的0.4秒绝杀攻陷天王山后，还了马刺队一个4∶2：

比赛还剩26秒，科比行进中急停投篮命中，湖人队以72∶71领先。此时还剩11.5秒，好戏却刚刚开场，邓肯接球后传给帕克，费舍尔恰到好处地犯规，还有5.4秒。邓肯再次接边线发球，找不到接应点，时间又所剩无几，"石佛"运了两下球后，在主场观众焦急的"shot"声中，在为了躲避奥尼尔的巨掌身体失去平衡的情况下，动作极其拧巴地将球扔了出去。球，不知怎么飞进了网袋，73∶72，时间只剩0.4秒。

湖人队暂停，找不到机会，再次

喊停。

波波维奇极为老练,用暂停破坏菲尔·杰克逊的暂停部署。又一次暂停回来,奥尼尔挤向篮下——空接是最省时间的方式,实在不行也可以带走防守球员;科比跑到了三分线外——他是不可多得的终结者——吉诺比利和霍利跟了上去。此时费舍尔空了出来,老戏骨佩顿没有放过这上好机会,将边线球发了出去。费舍尔甚至都来不及将自己调整得舒服些,接球时身子早扭在空中,翻身猴子望月,将那个"烫手山芋"扔了出去……

"一个幸运的投篮总是会被一个更幸运的投篮报复。"奥尼尔总结得很精辟,邓肯和马刺队很幸运,但费舍尔和湖人队更幸运。

湖人队的西部决赛对手是森林狼队。

森林狼队为破首轮魔咒,引来拉特里尔·斯普雷维尔、萨姆·卡塞尔和凯文·加内特组成"明尼苏达三头怪"。加内特以场均24.2分、13.9个篮板、5次助攻加冕常规赛MVP,森林狼队以4:1淘汰掘金队,终于打破首轮魔咒,西部半决赛与国王队激战七场后晋级,加内特在第七战打响前那句话霸气侧漏:"我的枪膛里早装好子弹。"

湖人队VS森林狼队的西部决赛波澜不惊,卡塞尔被伤病分神,卡里姆·拉什第六战发飙,三分球7投6中,湖人队以4:2过关,重返总决赛。

而湖人队的总决赛对手,正是选中榜眼秀的活塞队。活塞队掌门人乔·杜马斯在这个赛季悄无声息地打造起"坏孩子军团Ⅱ",昌西·比卢普斯、理查德·汉米尔顿、本·华莱士、泰夏安·普林斯早已候命,再加上主教练拉里·布朗和"怒吼天尊"拉希德·华莱士的到位,活塞队在常规赛就展现出了非常强的韧劲。虽然没有超级巨星压阵,但是活塞队的"首发五虎"实力强劲。他们用几乎无解的团队篮球和全民作战的心态,在季后赛开启神奇之旅。在以4:1斩杀雄鹿队、4:3淘汰篮网队后,与步行者队大拼防守,打了6场观赏性不强的比赛,以4:2晋级总决赛。

当光鲜奢华的"洛杉矶F4"遭遇平淡朴实的"底特律五虎",很少有人想到这届总决赛的主题是颠覆:活塞队首战就以87:75攻破了湖人队主场,第二战科比"飞侠出世",第四节结束前投中关键三分,第四节和加时赛砍下14分,用33分率湖人队扳平大比分。

"禅师"杰克逊后来回忆说,尽

管湖人队避免了陷入0∶2绝境，但他当时已隐隐觉得有些不妙。杰克逊的感觉是对的，湖人队竟连输三场结束了这轮总决赛，其中第三战惨不忍睹，只得68分。第五战进入尾声，湖人队无力回天，马龙和佩顿坐在场边，神情落寞，眼里浸满泪水，令人心疼。

马龙和佩顿加盟湖人队的目的，就是为了总冠军。拥有他们这样在联盟叱咤多年的超级球星，再搭配科比、奥尼尔这样的巨星，湖人队一直被视为夺冠大热门，当然他们也很顺利地晋级总决赛。然而，眼看冠军就在眼前，却被活塞队打的落花流水，马龙、佩顿的伤心，只有他们自己去承担。

2004年的活塞队成为NBA历史上最另类的冠军球队之一，比卢普斯则完成了灰姑娘到白雪公主的蜕变，以场均21分、5次助攻加冕总决赛MVP，拉里·布朗成为以主教练身份先后拿到NCAA冠军和NBA冠军的历史第一人。

## 2003-2004赛季排名

**东部联盟**

| 排名 | 球队 | 胜 | 负 |
|---|---|---|---|
| 1 | 印第安纳步行者队 | 61 | 21 |
| 2 | 新泽西篮网队 | 47 | 35 |
| 3 | 底特律活塞队 | 54 | 28 |
| 4 | 迈阿密热火队 | 42 | 40 |
| 5 | 新奥尔良黄蜂队 | 41 | 41 |
| 6 | 密尔沃基雄鹿队 | 41 | 41 |
| 7 | 纽约尼克斯队 | 39 | 43 |
| 8 | 波士顿凯尔特人队 | 36 | 46 |
| 9 | 克利夫兰骑士队 | 35 | 47 |
| 10 | 多伦多猛龙队 | 33 | 49 |
| 11 | 费城76人队 | 33 | 49 |
| 12 | 亚特兰大老鹰队 | 28 | 54 |
| 13 | 华盛顿奇才队 | 25 | 57 |
| 14 | 芝加哥公牛队 | 23 | 59 |
| 15 | 奥兰多魔术队 | 21 | 61 |

**西部联盟**

| 排名 | 球队 | 胜 | 负 |
|---|---|---|---|
| 1 | 明尼苏达森林狼队 | 58 | 24 |
| 2 | 洛杉矶湖人队 | 56 | 26 |
| 3 | 圣安东尼奥马刺队 | 57 | 25 |
| 4 | 萨克拉门托国王队 | 55 | 27 |
| 5 | 达拉斯独行侠队 | 52 | 30 |
| 6 | 孟菲斯灰熊队 | 50 | 32 |
| 7 | 休斯敦火箭队 | 45 | 37 |
| 8 | 丹佛掘金队 | 43 | 39 |
| 9 | 犹他爵士队 | 42 | 40 |
| 10 | 波特兰开拓者队 | 41 | 41 |
| 11 | 金州勇士队 | 37 | 45 |
| 12 | 西雅图超音速队 | 37 | 45 |
| 13 | 菲尼克斯太阳队 | 29 | 53 |
| 14 | 洛杉矶快船队 | 28 | 54 |

# NBA季后赛 对阵表
## 2003—2004赛季

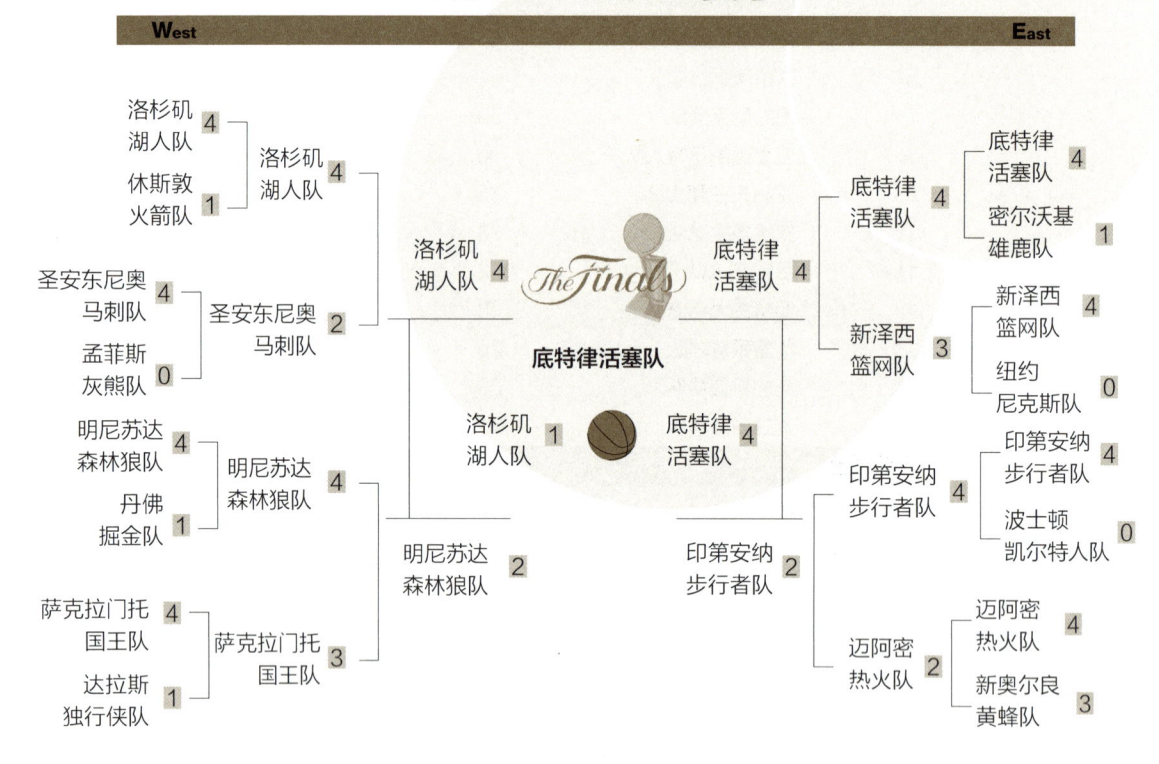

**W**est　　　　　　　　　　　　　　　　　　　　　　　　　　　　**E**ast

### 西部

- 洛杉矶湖人队 4
- 休斯敦火箭队 1
  - → 洛杉矶湖人队 4
- 圣安东尼奥马刺队 4
- 孟菲斯灰熊队 0
  - → 圣安东尼奥马刺队 2
    - → 洛杉矶湖人队 4
- 明尼苏达森林狼队 4
- 丹佛掘金队 1
  - → 明尼苏达森林狼队 4
- 萨克拉门托国王队 4
- 达拉斯独行侠队 1
  - → 萨克拉门托国王队 3
    - → 明尼苏达森林狼队 2

### 东部

- 底特律活塞队 4
- 密尔沃基雄鹿队 1
  - → 底特律活塞队 4
- 新泽西篮网队 4
- 纽约尼克斯队 0
  - → 新泽西篮网队 3
    - → 底特律活塞队 4
- 印第安纳步行者队 4
- 波士顿凯尔特人队 0
  - → 印第安纳步行者队 4
- 迈阿密热火队 4
- 新奥尔良黄蜂队 3
  - → 迈阿密热火队 2

### The Finals
**底特律活塞队**

洛杉矶湖人队 1 — 底特律活塞队 4

在多年以后与杰克·麦克穆兰合作完成的自传《未雕琢的鲨鱼：我的故事》中，沙奎尔·奥尼尔以当事人的身份还原了2004年"OK组合"分手的真相。

"OK组合"矛盾激化，最终只能解体，奥尼尔东游迈阿密，科比签下巨额合同成为湖人队的不二当家。两人分道扬镳是矛盾升级的结果，也是此后数年两人相互攻讦的开端。联盟喜欢拿这样的恩怨当噱头，所以奥尼尔和科比成了2004年圣诞大战的主角。

这是奥尼尔东游后首次回到斯台普斯中心，他在接受采访时率先发难："大伙儿都知道小跑车撞墙会是什么结果，他（科比）就是那辆跑车，我就是那堵墙。"科比接招回应说："这简直就是个笑话，他（奥尼尔）是巡洋舰，我不是小跑车，我是兰博基尼。"

## 2004—2005 邓肯"成佛"！"OK"解散"MM"出世

总冠军：**圣安东尼奥马刺队**
总决赛MVP：**蒂姆·邓肯**（马刺队）
得分王：**阿伦·艾弗森**（76人队/30.7分）
篮板王：**凯文·加内特**（森林狼队/13.5个）
助攻王：**史蒂夫·纳什**（太阳队/11.5次）
最有价值球员：**史蒂夫·纳什**（太阳队）
最佳新秀：**埃梅卡·奥卡福**（山猫队）
最佳防守球员：**本·华莱士**（活塞队）
最佳第六人：**本·戈登**（公牛队）
进步最快球员：**鲍比·西蒙斯**（快船队）
最佳教练：**迈克·德安东尼**（太阳队）

仇人见面分外眼红，科比在这场圣诞压轴戏上大肆开火劈下42分，然而赢家却是砍下24分、11个篮板的奥尼尔，他帮助末节开打时还落后7分的热火队以104∶102逆袭战胜湖人队。一如这场比赛，"OK组合"分手后的第一个赛季，奥尼尔过得比科比好。

奥尼尔和二年级生德怀恩·韦德内外合璧，前者入选最佳阵容第一队，在MVP争夺中仅以微弱劣势输给史蒂夫·纳什，后者成为盖帽最多的后卫，入选最佳阵容第二队和最佳防守阵容第二队，热火队以队史第二好的59胜23负成为东部常规赛冠军，并在季后赛中横扫篮网队和奇才队，杀入东部决赛。

在东部决赛时面对新贵活塞队，热火队一度取得3∶2领先。遗憾的是，韦德在天王山之战中肋骨受伤缺席第六战，抢七战复出战力打了折扣，热火队3∶4止步，活塞队再次杀进总决赛。

巧合的是，太阳队能成为常规赛西部冠军，也是拜人员流动所赐。

纳什与独行侠队的续约陷入僵局，太阳队乘虚而入伺机挖角，纳什拨通马克·库班的电话告知报价，慷慨的库班这次抠门，拒绝加价，纳什这才投了太阳队。

传球大师纳什的到来，让阿玛尔·斯塔德迈尔把篮筐扣得直晃，让昆汀·理查德森在外线把篮网射穿，太阳队从29胜53负的烂队一跃成为62胜20负的新贵。纳什以11.5次助攻称王，荣膺常规赛MVP。

纳什率太阳队在季后赛首轮横扫灰熊队后，恰好遇到了前东家独行侠队。两队前4战打成2∶2，虽然太阳队第四战告负，纳什却轰下48分，MVP风采不减。接下来，纳什先后砍下34分和39分，太阳队6战取胜晋级西部决赛。面对强大的马刺队，小斯头两战分别贡献41分和37分，但"GDP组合"正火，太阳队以1∶4的大比分出局，结束了这个激情燃烧的赛季。

除了奥尼尔和纳什外，麦迪的转会也引发深远影响。火箭队送走了老大弗朗西斯、"老猫"莫布里和卡托，换来了两届得分王麦迪和朱万·霍华德等人，"姚麦组合"横空出世。

麦迪迅速取代弗朗西斯，成为休斯敦的宠儿，客观而言，他确实比弗朗西斯更有巨星范儿，不仅场均轰下25.7分，还在对阵马刺队时演绎35秒13分神迹。

麦迪风华正茂，姚明也逐渐进入

顶尖中锋之列。火箭队以51胜31负杀进季后赛，首轮遇到独行侠队，火箭队竟先赢两场，并在第三战一度大比分领先。

遗憾的是，火箭队在第三战末节毫无征兆地崩盘，被独行侠队打出20∶0的攻击波后，以102∶106葬送好局。这波20∶0不仅让火箭队丢掉第三战，最要命的是丢掉了气场，5战打完之后，反而是独行侠队以3∶2领先。

第六战麦迪骁勇地砍下37分，火箭队把比分扳成3∶3，但抢七局火箭队没做多少抵抗就吞下40分的惨败。麦迪的泪水无法帮助球队，火箭队再次止步首轮。

这个赛季总决赛的交战双方是活塞队和马刺队。

活塞队在东部是当仁不让的霸主，然而这个赛季活塞队的最大新闻不是再次杀入总决赛，而是"奥本山宫殿武斗事件"。

2004年11月19日，步行者队做客奥本山宫殿挑战活塞队。话说前一赛季61胜的步行者队对总决赛志在必得，却在东部决赛上被活塞队挡了道路，此番见面多少有点发狠复仇的心理。

终场前罗恩·阿泰斯特在一次进攻中被本·华莱士推了一把，纠纷速起，场面暂时平息后，躺在记分台上的阿泰斯特被"不明飞行物"击中，从看台上投下的一杯饮料不偏不倚，正好砸中了他。所谓"野兽"，当然是不受激的火药罐子，吃亏的阿泰斯特冲上看台，对一名无辜的球迷施以老拳。杰梅因·奥尼尔和史蒂芬·杰克逊也参与其中，奥本山宫殿瞬间成为武馆。

NBA官方对这起恶性事件开出重磅罚单：罗恩·阿泰斯特被无限期禁赛，史蒂芬·杰克逊、杰梅因·奥尼尔和安东尼·约翰逊分别被禁30场、25场和5场。

不是冤家不聚头，两队这赛季又在东部半决赛中相遇，步行者队还是输家，以2∶4的大比分目送活塞队再次杀进总决赛。

马刺队的"GDP组合"在总决赛上先声夺人，场均净胜18分保住两个主场，战事移师底特律后风云突变，活塞队还以颜色，场均净胜24分将大比分扳成2∶2。

天王山之战不再一边倒，两队使出浑身解数死掐，进入加时赛还是难分伯仲，最后时刻神奇的罗伯特·霍利用一次飞身劈扣2+1，帮助马刺队以96∶95险胜。

活塞队拿下第六战后双方进入抢七，蒂姆·邓肯危难关头方显"石佛"本色，连下10分帮助马刺队在第四节开始后不久把比分追平。此后吉诺比利也灵蛇出动，马刺队终以81∶74加冕。

7场总决赛，邓肯场均20.6分、14.1个篮板、2.1次盖帽，再次收下总决赛MVP奖杯。

## 2004-2005赛季排名

| 东部联盟 | | | |
|---|---|---|---|
| 排名 | 球队 | 胜 | 负 |
| 1 | 迈阿密热火队 | 59 | 23 |
| 2 | 底特律活塞队 | 54 | 28 |
| 3 | 芝加哥公牛队 | 47 | 35 |
| 4 | 波士顿凯尔特人队 | 45 | 37 |
| 5 | 华盛顿奇才队 | 45 | 37 |
| 6 | 印第安纳步行者队 | 44 | 38 |
| 7 | 费城76人队 | 43 | 39 |
| 8 | 新泽西篮网队 | 42 | 40 |
| 9 | 克利夫兰骑士队 | 42 | 40 |
| 10 | 奥兰多魔术队 | 36 | 46 |
| 11 | 多伦多猛龙队 | 33 | 49 |
| 12 | 纽约尼克斯队 | 33 | 49 |
| 13 | 密尔沃基雄鹿队 | 30 | 52 |
| 14 | 夏洛特山猫队 | 18 | 64 |
| 15 | 亚特兰大老鹰队 | 13 | 69 |

| 西部联盟 | | | |
|---|---|---|---|
| 排名 | 球队 | 胜 | 负 |
| 1 | 菲尼克斯太阳队 | 62 | 20 |
| 2 | 圣安东尼奥马刺队 | 59 | 23 |
| 3 | 达拉斯独行侠队 | 58 | 24 |
| 4 | 西雅图超音速队 | 52 | 30 |
| 5 | 休斯敦火箭队 | 51 | 31 |
| 6 | 萨克拉门托国王队 | 50 | 32 |
| 7 | 丹佛掘金队 | 49 | 33 |
| 8 | 孟菲斯灰熊队 | 45 | 37 |
| 9 | 明尼苏达森林狼队 | 44 | 38 |
| 10 | 洛杉矶快船队 | 37 | 45 |
| 11 | 洛杉矶湖人队 | 34 | 48 |
| 12 | 金州勇士队 | 34 | 48 |
| 13 | 波特兰开拓者队 | 27 | 55 |
| 14 | 犹他爵士队 | 26 | 56 |
| 15 | 新奥尔良黄蜂队 | 18 | 64 |

# NBA PLAYOFFS
## NBA季后赛 对阵表
### 2004—2005赛季

**West**

- 圣安东尼奥马刺队 4
- 丹佛掘金队 1
  - 圣安东尼奥马刺队 4
- 西雅图超音速队 4
- 萨克拉门托国王队 1
  - 西雅图超音速队 2
    - 圣安东尼奥马刺队 4
- 菲尼克斯太阳队 4
- 孟菲斯灰熊队 0
  - 菲尼克斯太阳队 4
- 达拉斯独行侠队 4
- 休斯敦火箭队 3
  - 达拉斯独行侠队 2
    - 菲尼克斯太阳队 1

**The Finals**

**圣安东尼奥马刺队**

圣安东尼奥马刺队 4 — 底特律活塞队 3

**East**

- 底特律活塞队 4
- 费城76人队 1
  - 底特律活塞队 4
- 印第安纳步行者队 4
- 波士顿凯尔特人队 3
  - 印第安纳步行者队 2
    - 底特律活塞队 4
- 迈阿密热火队 4
- 新泽西篮网队 0
  - 迈阿密热火队 4
- 华盛顿奇才队 4
- 芝加哥公牛队 2
  - 华盛顿奇才队 0
    - 迈阿密热火队 3

"OK组合"解体后的第一个赛季,科比就遭遇重创无缘季后赛,而奥尼尔却如鱼得水,只差一步就拿到MVP。但这种强烈的落差反倒激发了科比的斗志和血性,2005-2006赛季常规赛成了他的个人得分秀。

相比于2004-2005赛季的支离破碎,本赛季"禅师"菲尔·杰克逊的回归对湖人队来说是一大利好,科比从性骚扰案中抽身之后,终于可以好好经营他的独立王国了。

2005年12月20日,斯台普斯中心,湖人队VS独行侠队,科比化身"洛城电锯杀人狂",手起刀落,刀刀见红,仅用3节时间就劈落62分。令人瞠目结舌的是,此时科比的个人得分比独行侠队全队还要多1分,第三节最为血腥,他独取30分创造了新的队史单节得分纪

## 2005-2006 科比的81分!"闪电侠"完成不可能

**总冠军:** 迈阿密热火队

**总决赛MVP:** 德怀恩·韦德(热火队)

**得分王:** 科比·布莱恩特(湖人队/35.4分)

**篮板王:** 凯文·加内特(森林狼队/12.7个)

**助攻王:** 史蒂夫·纳什(太阳队/10.5次)

**最有价值球员:** 史蒂夫·纳什(太阳队)

**最佳新秀:** 克里斯·保罗(黄蜂队)

**最佳防守球员:** 本·华莱士(活塞队)

**最佳第六人:** 迈克·米勒(灰熊队)

**进步最快球员:** 鲍里斯·迪奥(太阳队)

**最佳教练:** 埃弗里·约翰逊(独行侠队)

录。湖人队最多时领先35分，得分得到手抽筋的科比第四节已无必要登场，于是很多人发出疑问：若科比再打12分钟，究竟能得多少分？

科比很快给出了答案：60+远不是他的极限。2006年1月22日，还是这块场地，湖人队VS猛龙队，这一次有所不同，湖人队没有压着对手打，恰恰相反，第三节开始时，猛龙队领先了18分之多。

英雄的登场总是需要这种情境铺陈，NBA历史上最伟大的个人表演之一上演了，只见科比青筋绽出、双眼放光，使出十八般武艺，左闯右突东打西杀，要雨得雨要风得风，竟在下半场砍落55分，全场轰下天文数字般的81分，湖人队以122∶104逆袭取胜。半场55分和全场81分，都在泱泱NBA史上高居第二——张伯伦曾在1962年完成过半场59分和全场100分的神迹。

诸如成为1964年的张伯伦之后首个连续4场至少得到45分的球员、打破埃尔金·贝勒保持的队史个人单季得分纪录等事迹已无须多表，总之本赛季的科比就是一架高速运转的得分机器，以场均35.4分的高分加冕得分王。

不过正如1962-1963赛季常规赛MVP是率领凯尔特人队拿下60胜的比尔·拉塞尔，而不是100分先生张伯伦，该季MVP是让破碎的太阳队——主将阿玛尔·斯塔德迈尔因伤赛季报销——照常升起的史蒂夫·纳什。

巧合的是，湖人队和太阳队在季后赛首轮就相遇，科比无限接近于"复仇"，四场打完，湖人队以3∶1拿到赛点，只差一场胜利就能迈入西部半决赛。确切地说是只差几秒——第六战常规时间进入最后的读秒阶段，湖人队还握有3分领先，蒂姆·托马斯投中将比赛拖入加时的三分球。结果，太阳队加时胜出将比分扳平，并最终赢得抢七大战。

更令科比难以接受的是，他打出了绚烂逆天的一季，奥尼尔却率先撞线，拿到了个人第4枚冠军戒指。

自古都是双拳难敌四手，NBA尤甚，科比纵有盖天神威，奈何身边尽是些斯马什·帕克、夸梅·布朗这种级别的帮手，拜纳姆号称"小鲨鱼"，那时候还是个毛头孩子，尚需贾巴尔老师手把手从基础教起。

而沙奎尔·奥尼尔和德怀恩·韦德都是全明星，又招来了杰森·威廉姆斯、安托万·沃克、詹姆斯·波西和加里·佩顿等不俗辅臣，加之"神算子"帕特·莱利从垂帘听政走上前台，热火队也确实迎来了不错的燃烧契机。以东部第二的52胜30负进入季后赛后，热火队以4∶2击溃公牛队，以4∶1撕破拥有杰森·基德和文斯·卡特的篮网队，并在东部决赛中以4∶2淘汰卫冕东部冠军、该季64胜排名常规赛第一的活塞队，队史上首次杀进总决赛。

热火队蹿升的速度令人瞠目，但很少有人想到，在总决赛0∶2落后独行侠队命悬一线的情况下，韦德和队友们能上演惊天逆袭。

独行侠队在"小将军"艾弗里·约翰逊的悉心调教下，攻守趋于平衡，常规赛豪取60胜，在西部仅逊于取下63胜的马刺队。

季后赛首轮以4∶0横扫灰熊队后，独行侠队和马刺队在西部半决赛提前遭遇。独行侠队先输一场，后一鼓作气连下三城，诺维茨基在第三战中24次走上罚球线，由此可见那时候的诺维茨基就很强硬。

面对1∶3的绝境，马刺队夺回两场，双方来到抢七局。于是就有了马努的"不可思议"之举，一次不必要的下手犯规让诺维茨基完成2+1，比赛进入加时后，迪奥普限制住了邓肯，独行侠队死里逃生，进军西部决赛。

在西部决赛诺维茨基VS纳什的老友记中，德国人曾在天王山战役中砍下50分，率领独行侠队以4∶2射日成功杀进总决赛。

独行侠队本来就是总决赛大热，"诺天王"的人气也几乎达到顶峰，谁知道这一年的总决赛让诺维茨基在随后的好多年里不得翻身，直到2011年夏天才用不可思议的个人表演成功自我洗白，但客观地说，并非诺维茨基太无能，也不能一味抱怨那个总决赛有阴谋，实在是"闪电侠"韦德太逆天太无敌了。

总决赛第三战的第四节还剩一半时，独行侠队还领先13分。换句话说，独行侠队只差6分钟就将取得3∶0领先。谁知韦德一出，历史转弯，"闪电侠"韦德一口气取下12分，驱动热火队迎头赶上，佩顿则在还剩不足10秒时命中了制胜球，大比分变成了1∶2。

放虎归山后患无穷，热火队第四战打出恐怖级防守，独行侠队第四节仅仅取得7分，74∶98吞下惨败的苦果，2∶2。

第五战双方难分难解，诺维茨基在加时赛还剩9.1秒时跳投得手，还剩1.9秒，全场拿下43分的韦德突破博取罚球，两罚两中后热火队以101∶100领先，独行侠队最后一投不中，从2∶0的天堂掉进2∶3的深坑。第六战，韦德又豪取36分，杰森·特里最后时刻三分不中，热火队登上巅峰。

韦德在第五战和第六战都有超过20次的罚球，这成了阴谋论者的最大口实，但抛开各执一词的口水战，韦德场均34.7分、7.8个篮板、3.8次助攻、2.7次抢断着实了得，荣膺总决赛MVP实至名归。

# 2005-2006赛季排名

**东部联盟**

| 排名 | 球队 | 胜 | 负 |
|---|---|---|---|
| 1 | 底特律活塞队 | 64 | 18 |
| 2 | 迈阿密热火队 | 52 | 30 |
| 3 | 克利夫兰骑士队 | 50 | 32 |
| 4 | 新泽西篮网队 | 49 | 33 |
| 5 | 华盛顿奇才队 | 42 | 40 |
| 6 | 印第安纳步行者队 | 41 | 41 |
| 7 | 芝加哥公牛队 | 41 | 41 |
| 8 | 密尔沃基雄鹿队 | 40 | 42 |
| 9 | 费城76人队 | 38 | 44 |
| 10 | 奥兰多魔术队 | 36 | 46 |
| 11 | 波士顿凯尔特人队 | 33 | 49 |
| 12 | 多伦多猛龙队 | 27 | 55 |
| 13 | 夏洛特山猫队 | 26 | 56 |
| 14 | 亚特兰大老鹰队 | 26 | 56 |
| 15 | 纽约尼克斯队 | 23 | 59 |

**西部联盟**

| 排名 | 球队 | 胜 | 负 |
|---|---|---|---|
| 1 | 圣安东尼奥马刺队 | 63 | 19 |
| 2 | 达拉斯独行侠队 | 60 | 22 |
| 3 | 菲尼克斯太阳队 | 54 | 28 |
| 4 | 丹佛掘金队 | 44 | 38 |
| 5 | 孟菲斯灰熊队 | 49 | 33 |
| 6 | 洛杉矶快船队 | 47 | 35 |
| 7 | 洛杉矶湖人队 | 45 | 37 |
| 8 | 萨克拉门托国王队 | 44 | 38 |
| 9 | 犹他爵士队 | 41 | 41 |
| 10 | 新奥尔良黄蜂队 | 38 | 44 |
| 11 | 西雅图超音速队 | 35 | 47 |
| 12 | 休斯敦火箭队 | 34 | 48 |
| 13 | 金州勇士队 | 34 | 48 |
| 14 | 明尼苏达森林狼队 | 33 | 49 |
| 15 | 波特兰开拓者队 | 21 | 61 |

# NBA PLAYOFFS

## NBA季后赛 对阵表
### 2005—2006赛季

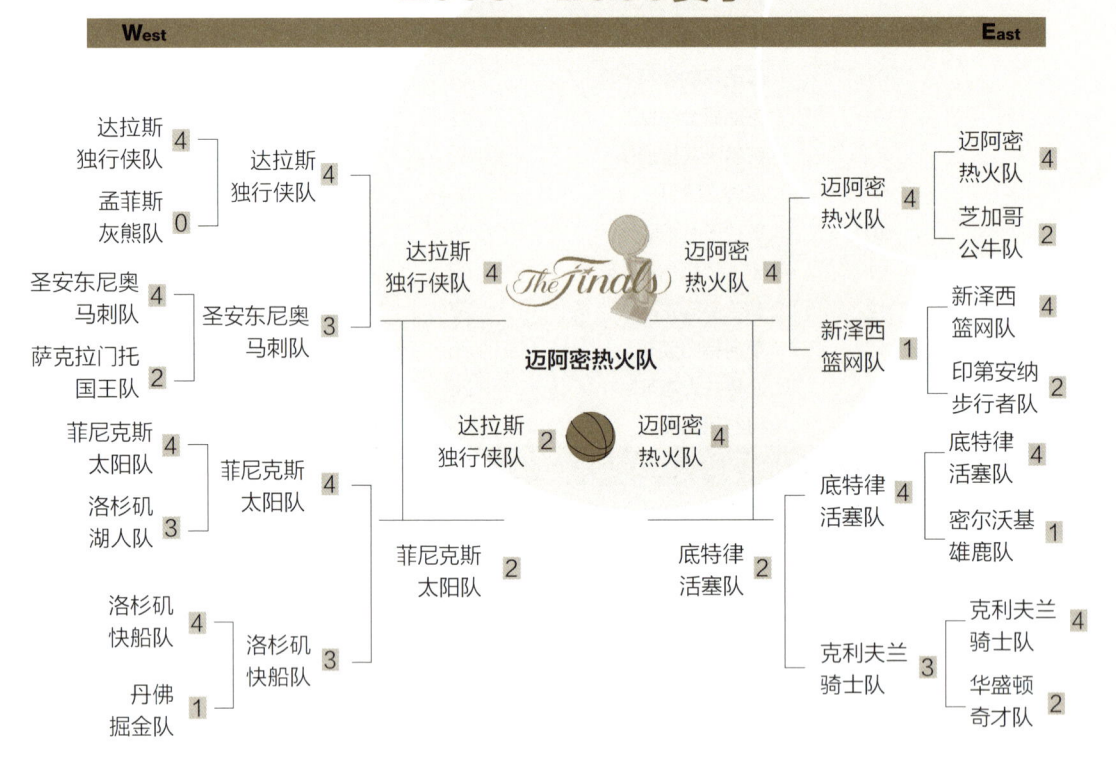

**West**  **East**

西部:
- 达拉斯独行侠队 4 / 孟菲斯灰熊队 0 → 达拉斯独行侠队 4
- 圣安东尼奥马刺队 4 / 萨克拉门托国王队 2 → 圣安东尼奥马刺队 3
- 达拉斯独行侠队 4 / 圣安东尼奥马刺队 3 → 达拉斯独行侠队 4
- 菲尼克斯太阳队 4 / 洛杉矶湖人队 3 → 菲尼克斯太阳队 4
- 洛杉矶快船队 4 / 丹佛掘金队 1 → 洛杉矶快船队 3
- 菲尼克斯太阳队 4 / 洛杉矶快船队 3 → 菲尼克斯太阳队 2

东部:
- 迈阿密热火队 4 / 芝加哥公牛队 2 → 迈阿密热火队 4
- 新泽西篮网队 4 / 印第安纳步行者队 2 → 新泽西篮网队 1
- 迈阿密热火队 4 / 新泽西篮网队 1 → 迈阿密热火队 4
- 底特律活塞队 4 / 密尔沃基雄鹿队 1 → 底特律活塞队 4
- 克利夫兰骑士队 4 / 华盛顿奇才队 2 → 克利夫兰骑士队 3
- 底特律活塞队 4 / 克利夫兰骑士队 3 → 底特律活塞队 2

**The Finals**

达拉斯独行侠队 2  —  迈阿密热火队 4

**迈阿密热火队**

2007年5月15日应该是德克·诺维茨基人生中最尴尬的一天，比2006年独行侠队先赢两场却输掉总决赛还要尴尬。

这一天，诺维茨基从NBA总裁大卫·斯特恩手里接过了2006-2007赛季NBA常规赛MVP奖杯，成为历史上第一个出生在欧洲的MVP得主。

单从常规赛的表现来看，诺维茨基配得上这一殊荣，他在常规赛中场均得到24.6分、8.9个篮板、3.4次助攻，是唯一投篮命中率超过50%（50.2%）、三分球命中率超过40%（41.6%）、罚球命中率超过90%（90.4%）的球员。在诺维茨基的率领下，独行侠队常规赛豪取排在整个NBA历史第六的67胜，以西部头号种子进军季后赛，大有卷土重来一雪前耻的气概。

## 2006-2007

## "小皇帝"的初征！"GDP"的碾压秀

总冠军：**圣安东尼奥马刺队**

总决赛MVP：**托尼·帕克**（马刺队）

得分王：**科比·布莱恩特**（湖人队/31.6分）

篮板王：**凯文·加内特**（森林狼队/12.8个）

助攻王：**史蒂夫·纳什**（太阳队/11.6次）

最有价值球员：**德克·诺维茨基**（独行侠队）

最佳新秀：**布兰登·罗伊**（开拓者队）

最佳防守球员：**马库斯·坎比**（掘金队）

最佳第六人：**莱昂德罗·巴博萨**（太阳队）

进步最快球员：**蒙塔·埃利斯**（勇士队）

最佳教练：**萨姆·米切尔**（猛龙队）

从斯特恩手里接过奖杯后,诺维茨基挤出了几丝笑容,可这是苦涩机械的笑。按照NBA惯例,常规赛MVP颁奖仪式安排在季后赛第二轮进行,诺维茨基的球队却并未熬到这一刻,2∶4负于勇士队后,成为首轮改为7战4胜制后第一支被"黑"的球队。

季后赛首战独行侠队以85∶97吃到闭门羹,次战以112∶99取胜后,很多人都觉得首战的失败不过是个意外,然而战事移到奥克兰的甲骨文球场后,独行侠队却一溃千里连输两场。6分之差输掉第五战后,勇士队以111∶86大胜晋级,写就"黑八神话"。

勇士队的爆发有迹可循。赛季开始前克里斯·穆林请唐·尼尔森出山,"疯狂科学家"在金州试验田里开始了疯狂的战术试验,勇士队球员在"大胡子"巴朗·戴维斯的驱动下化身疯狂奔跑、畅意开火的暴徒。

勇士队常规赛取得42胜,时隔12年重返季后赛。有趣的是,常规赛倒数第二战,独行侠队放了为季后赛名额血战的勇士队一马。到了季后赛,勇士队当然不会还这个人情。

独行侠队爆冷出局后,西部格局简化成太阳队和马刺队两队争天下,两队常规赛分别取下61胜和58胜,位列西部第二和第三。

两队在西部半决赛提前相遇,三战打完,马刺队以2∶1领先。意外在第四战行将结束前到来,还剩18.2秒,史蒂夫·纳什带球疾进,罗伯特·霍利在主教练波波维奇犯规战术的授意下,狠狠地撞了上去,毫无防备的纳什几乎是横着身子与记分台亲密接触。场面顿时乱成稠粥,双方球员拉开架势准备干上一架。裁判冒着被误伤的风险平息争端后,将肇事者霍利驱逐出场,太阳队以104∶98取胜,双方打成2∶2。

太阳队这场胜利的代价实在太大,阿玛尔·斯塔德迈尔和鲍里斯·迪奥由于擅离替补席狂奔至事发地,都被禁赛1场,太阳队冤屈却申诉无果,以残阵出击第五战,以85∶88惨烈告负。

到了第六战,元气大伤的太阳队招架不住,以106∶114止步。

独行侠队出局还成就了爵士队,后者以4∶3淘汰火箭队后,又以4∶1轻松越过勇士队这匹黑马,可面对一到奇数年就有神明庇佑的马刺队,德隆·威廉姆斯、卡洛斯·布泽尔、梅米特·奥库和安德烈·基里连科等人还是差点火候,1∶4目送马刺队杀入总决赛。

2006年另一支总决赛球队热火队的日子并不比独行侠队好过多少,揭幕战就遭遇惨败，66∶108被"公牛青年军"胖揍。这是被公牛队"施暴"的开始。卫冕冠军常规赛只取得44胜，排在东部第四，季后赛首轮再遇公牛队，又被无情横扫。

公牛队闯过首关后遇到了活塞队。该赛季经典"草根五虎"解散，本·华莱士与主教练菲利普·桑德斯有隙出走公牛队，不过他在公牛队的日子并不痛快，多次与严苛派教头斯科特·斯凯尔斯交恶。更郁闷的是，本·华莱士本想扣动复仇扳机，教训一下桑德斯，却不料姜总是老的辣，复仇不成反添新恨——公牛队2∶4出局，活塞队习惯性杀进东部决赛。

世事皆如此，当一方势力太大，大到一览众山小时，必遭群起而攻之。哪里有压迫，哪里就有反抗，活塞队紧握东部制霸权，引得各方才俊疯狂反抗，上一季是韦德和他的热火队，这一季换成詹姆斯和他的骑士队。

眼看着2003届同学韦德在2006年率先登基，詹姆斯这个真正的"皇帝"自是羡慕，所以当机会降临时，他不会轻易错过。

骑士队和活塞队的东部决赛俨然2006年总决赛的翻版，活塞队取得2∶0领先后，詹姆斯率队逆袭，以4∶2后来者居上。尤以第五战最为壮阔波澜：詹姆斯垄断了骑士队的最后25分，其中包括两个加时里的18分。

当然，詹姆斯绝非一根筋，第六战活塞队拼全力钳制他，围追堵截无所不用其极，他开始转攻为传，只有11次出手，交出20分、14个篮板、8次助攻的准三双答卷，最后是丹尼尔·吉布森一击致命，骑士队傲然挺进总决赛。

如今回顾起来，那个赛季的高潮已在东西部的内斗中散去，总决赛是例行公事的过场，詹姆斯和骑士队被"GDP组合"和马刺队以4∶0剃了光头，托尼·帕克以场均24.5分、5个篮板、3.3次助攻当选总决赛MVP。

每个赛季都是一段新的历史。历史总会泛黄，历史中的某些人物总有一天会逝去，却注定会被后世铭记，2006年10月28日，"红衣主教"奥尔巴赫与世长辞，那颗燃了几十年的雪茄灭了，凯尔特人队绿色的星星之火却在一年后再次燎原。

## 2006-2007赛季排名

| 东部联盟 | | | |
|---|---|---|---|
| 排名 | 球队 | 胜 | 负 |
| 1 | 底特律活塞队 | 53 | 29 |
| 2 | 克利夫兰骑士队 | 50 | 32 |
| 3 | 多伦多猛龙队 | 47 | 35 |
| 4 | 迈阿密热火队 | 44 | 38 |
| 5 | 芝加哥公牛队 | 49 | 33 |
| 6 | 新泽西篮网队 | 41 | 41 |
| 7 | 华盛顿奇才队 | 41 | 41 |
| 8 | 奥兰多魔术队 | 40 | 42 |
| 9 | 印第安纳步行者队 | 35 | 47 |
| 10 | 费城76人队 | 35 | 47 |
| 11 | 夏洛特山猫队 | 33 | 49 |
| 12 | 纽约尼克斯队 | 33 | 49 |
| 13 | 亚特兰大老鹰队 | 30 | 52 |
| 14 | 密尔沃基雄鹿队 | 28 | 54 |
| 15 | 波士顿凯尔特人队 | 24 | 58 |

| 西部联盟 | | | |
|---|---|---|---|
| 排名 | 球队 | 胜 | 负 |
| 1 | 达拉斯独行侠队 | 67 | 15 |
| 2 | 菲尼克斯太阳队 | 61 | 21 |
| 3 | 圣安东尼奥马刺队 | 58 | 24 |
| 4 | 犹他爵士队 | 51 | 31 |
| 5 | 休斯敦火箭队 | 52 | 30 |
| 6 | 丹佛掘金队 | 45 | 37 |
| 7 | 洛杉矶湖人队 | 42 | 40 |
| 8 | 金州勇士队 | 42 | 40 |
| 9 | 洛杉矶快船队 | 40 | 42 |
| 10 | 新奥尔良黄蜂队 | 39 | 43 |
| 11 | 萨克拉门托国王队 | 33 | 49 |
| 12 | 波特兰开拓者队 | 32 | 50 |
| 13 | 明尼苏达森林狼队 | 32 | 50 |
| 14 | 西雅图超音速队 | 31 | 51 |
| 15 | 孟菲斯灰熊队 | 22 | 60 |

# NBA PLAYOFFS

## NBA季后赛 对阵表
### 2006—2007赛季

**West**                    **East**

- 圣安东尼奥马刺队 4
- 丹佛掘金队 1
  - 圣安东尼奥马刺队 4
- 菲尼克斯太阳队 4
- 洛杉矶湖人队 1
  - 菲尼克斯太阳队 2
    - 圣安东尼奥马刺队 4
- 犹他爵士队 4
- 休斯敦火箭队 3
  - 犹他爵士队 4
- 金州勇士队 4
- 达拉斯独行侠队 2
  - 金州勇士队 1
    - 犹他爵士队 1
      - 圣安东尼奥马刺队 4 — 克利夫兰骑士队 0

**The Finals: 圣安东尼奥马刺队**

- 克利夫兰骑士队 4
- 华盛顿奇才队 0
  - 克利夫兰骑士队 4
- 新泽西篮网队 4
- 多伦多猛龙队 2
  - 新泽西篮网队 2
    - 克利夫兰骑士队 4
- 底特律活塞队 4
- 奥兰多魔术队 0
  - 底特律活塞队 4
- 芝加哥公牛队 4
- 迈阿密热火队 0
  - 芝加哥公牛队 2
    - 底特律活塞队 2

365

## 蒂姆·邓肯趣闻

　　蒂姆·邓肯出生于美属维尔京群岛，姐姐特里西亚·邓肯是一名游泳运动员，参加过1988年奥运会。在姐姐的熏陶下，邓肯打小就接受游泳训练，且成绩斐然，获得过400自由泳12-13年龄组的全国冠军，他的梦想是代表美国游泳队参加1992年奥运会。但天有不测风云，1989年，飓风席卷维尔京群岛，摧毁了游泳队的训练泳池，邓肯从小害怕鲨鱼，不敢下海训练，游泳生涯被迫中止。

　　1993年，邓肯进入维克森林大学读心理学专业，很快就在学校篮球队打出了名堂。杰里·韦斯特曾经预测，邓肯会成为1995年NBA选秀状元。但邓肯在14岁那年，曾经向患了癌症的母亲许诺，无论如何，也要读完大学拿到学位，所以他选择留校，直到毕业。1997年大学毕业后，邓肯又继续自学，顺利完成硕士答辩，拿到了维克森林大学心理学硕士学位证书。

　　邓肯拥有一间与人合资的汽车改装店——黑杰克极速商店（Black Jack Speed Shop），经营项目包括更换轮毂和轮胎、动力升级、升降车身以及售卖丰富的汽车饰品。

　　邓肯是漫威旗下超级英雄惩罚者的忠实粉丝，他曾经在万圣节化装舞会上装扮成惩罚者的模样，甚至还在训练中佩戴过绣有惩罚者标志的护膝。2014年9月，邓肯成功走进了惩罚者的漫画故事中，在漫画中，他继续拥有一家汽车改装店，并为惩罚者提供一些车辆。

## 乔丹钦点的"水货"

2000年1月9日，迈克尔·乔丹正式加入奇才队管理层，担任篮球运营总裁。2000-2001赛季，奇才队只收获19胜63负，抽中了状元签。而正是这个状元签，让乔丹的人生履历上多了一个"污点"，他在2001年选秀大会上钦点了"水货状元"夸梅·布朗。

当时奇才队内线虚空，一心想签一个大个子。可供乔丹选择的大个子，除了夸梅·布朗，还有泰森·钱德勒、保罗·加索尔和埃迪·库里。库里的体重是个大麻烦，加索尔没有在美国打球的经历，乔丹要在钱德勒和布朗之间二选一。两人各有优势，钱德勒更高，但布朗更敦实，更重要的是，两人在试训时的对抗里，布朗占据了明显上风。所以，乔丹最终选择了布朗，让他成为NBA历史上第一个高中生状元。没想到，这位高中时的明星球员并未兑现天赋，新秀赛季场均只得到4.5分、3.8个篮板，职业生涯12个赛季，场均得分从未超过12分，天才高中生沦为了"水货状元"。

更令乔丹郁闷的是，这次看走眼不像是偶然。2006年，乔丹入股山猫队（现黄蜂队），全面接手球队的管理事务，当年选秀大会，他就用榜眼签签下了NCAA得分好手亚当·莫里斯。莫里斯患有糖尿病，每场比赛之前要注射胰岛素，另外他的情绪也不太稳定，加之伤病袭扰，没过几年就消失在大众视野里。

## 科比的关系学

前湖人队篮球顾问泰克斯·温特曾经说过:"大伙儿不愿意花心思去了解科比的内心世界。"

事实上,是科比自己不愿花精力去经营队友关系,他觉得大伙聚在一起就是为了打球,为了胜利。"OK组合"时代,沙奎尔·奥尼尔永远都是那个欢快搞笑的胖子,打客场时他喜欢在飞机上吆五喝六,和兄弟们一起嬉皮扯淡,科比却习惯于坐在最后一排,摆出一副不可搭讪的生硬表情。科比非但不愿和队友交心,还经常把关系搞得很僵,当年指名道姓要求交易"小鲨鱼"拜纳姆就是典型例子。

科比似乎处理不好任何关系。与老板和总经理——科比曾经大骂巴斯和库普切克;与主教练——菲尔·杰克逊在《最后一季:一直寻找灵魂的球队》里自曝曾两次上书高层要求交易科比,再度出山时扬言"有他没我";与球迷——科比差点转会芝加哥时,置洛杉矶对他的全城热恋于不顾,直言"你们赶紧去买公牛队球衣吧";与媒体——有哪个记者胆敢挑事,科比会猛烈回怼,曾经有记者说瓦妮莎挑拨西尔维娅甩了未婚夫保罗·加索尔,他当即暴怒"你刚才说什么呢";甚至是与父母——乔两口子拒绝参加科比的婚礼。

早在菜鸟赛季,科比就向时任主帅德尔·哈里斯索要球权:"教练,如果你把球交给我,让其他人都给我闪开,我能保证咱们能战胜联盟中的任何球队。"哈里斯说了"NO"后,科比又一字不差地把原话复述,听到第二声"NO"后,他才明白教练是认真的,只能满腹怨气无奈作罢。了解科比成长史的人都知道,科比在高中时就做过这事儿,不过那次他震住了教练。

## 中国球员的NBA征战史

2002年，姚明当选NBA状元秀，成为"中国对美国最大的单笔出口"。姚明的NBA生涯虽然不长，却无比辉煌：8次当选全明星；4次杀入季后赛，并在2009年带队杀进西部半决赛；职业生涯场均19分、9.3个篮板、1.8次盖帽。

姚明之外，还有多名中国球员与NBA有过联系。

1987年，宋涛被亚特兰大老鹰队在第67顺位选中，遗憾的是，他在赴美之前的一场比赛里受伤，膝盖骨粉碎性骨折，无奈与NBA擦肩。

1999年，达拉斯独行侠队给胡卫东开出了10天短合同，"中国乔丹"彼时膝伤未愈，没能成行。同年的选秀大会上，独行侠队在总第36顺位选中了王治郅，后者成为第一个真正意义上登陆NBA的中国球员。

2001年，丹佛掘金队向巴特尔发出邀请意向书。2002年，巴特尔登陆NBA，成为第一个在NBA打上主力的中国球员。2003年，巴特尔还在马刺队收获了一枚总冠军戒指。

2003年，薛玉洋被掘金队在总第57顺位选中，但未能赴美打球。

2007年，易建联在第6顺位被密尔沃基雄鹿队签下，并成功成为球队主力，后辗转篮网队、奇才队、独行侠队等球队。

2007年，孙悦在总第40顺位被湖人队选中，成为第一个被NBA挑中的中国后卫。

后来的周琦尽管也与NBA有过亲密接触，但未能达到前辈们的高度，现在已经离开。

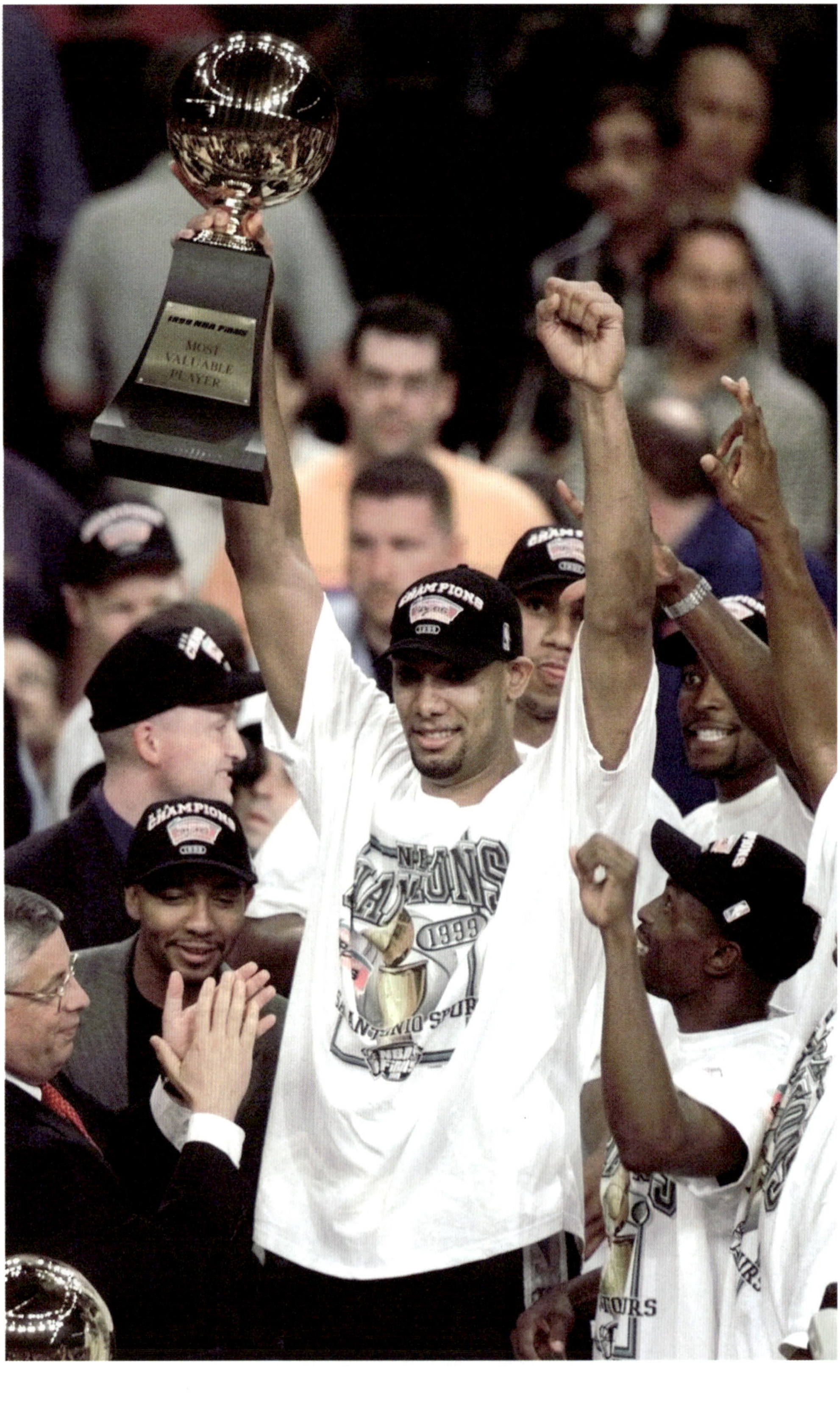
MOST
VALUABLE
PLAYER
CHAMPIONS
1999

| 1 | 2 |

图1　1998-1999赛季，二年级生邓肯帮助马刺队在总决赛战胜尼克斯队，这是马刺队队史首个总冠军。

图2　1999-2000赛季，奥尼尔、科比的"OK组合"率队力克步行者队，夺得总冠军，湖人队开启紫金王朝。

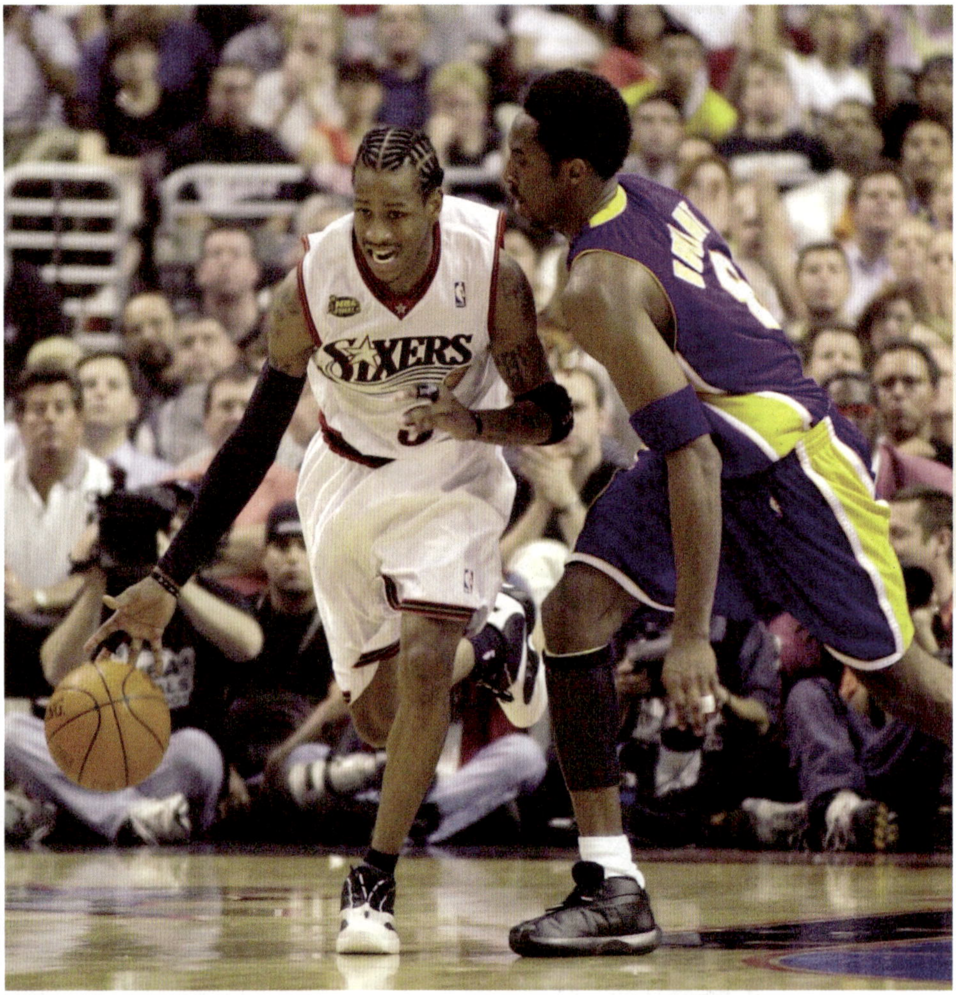
SIXERS

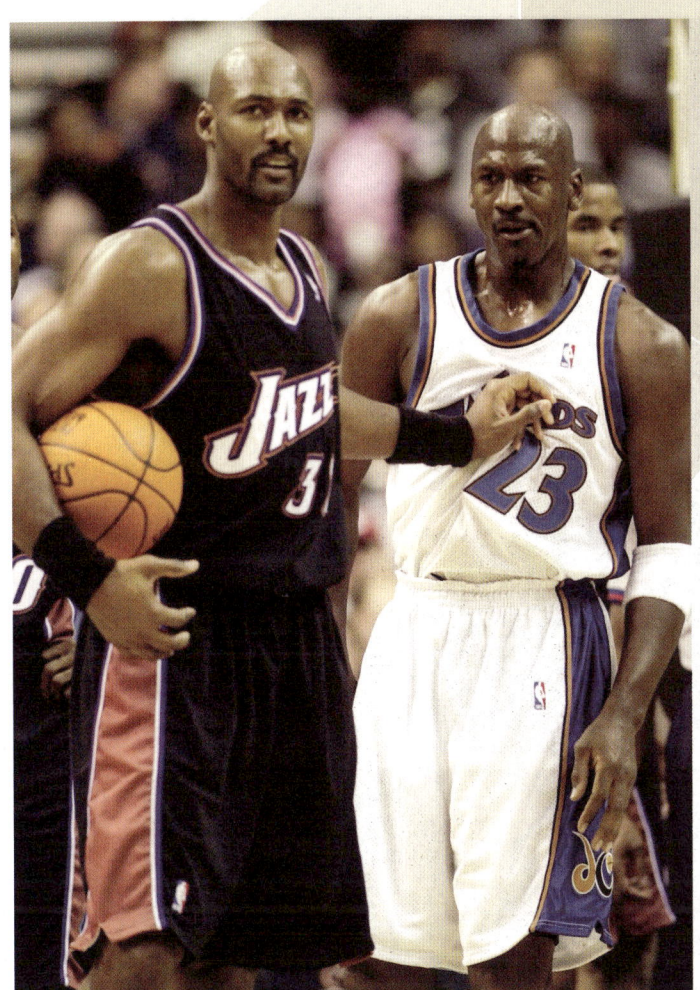

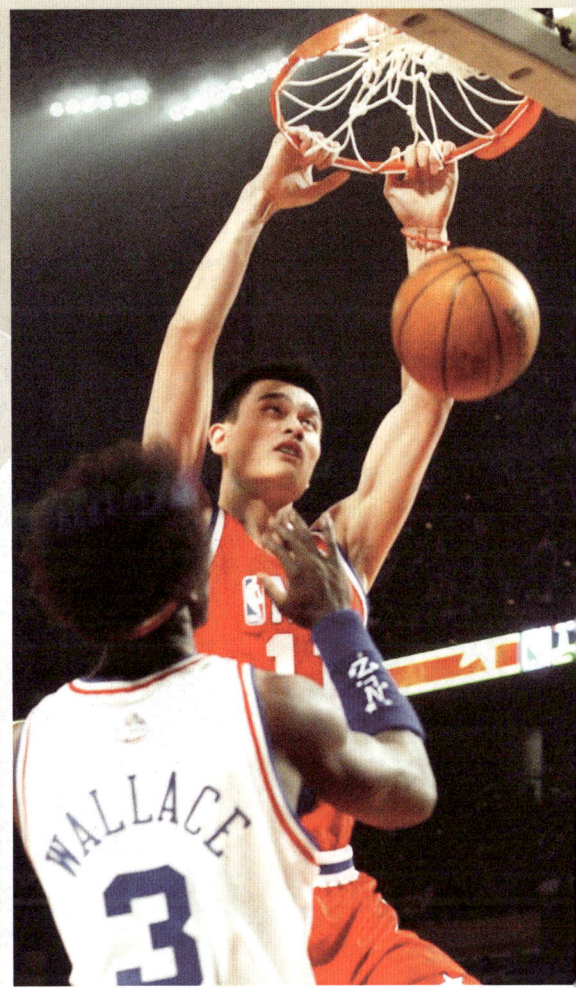

图3　2000-2001赛季NBA总决赛第四场，费城76人队VS洛杉矶湖人队，阿伦·艾弗森（左）面对科比·布莱恩特（右）防守持球进攻。

图4　2001-2002赛季NBA常规赛，犹他爵士队 VS 华盛顿奇才队，卡尔·马龙（左）与迈克尔·乔丹（右）对位。

图5　2003年2月9日，姚明首次亮相NBA全明星赛，西部明星队以155：145击败东部明星队。

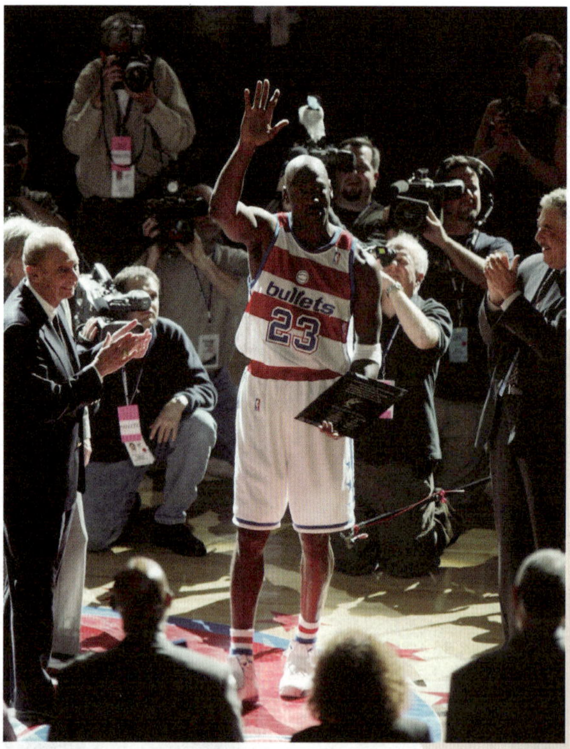
bullets
23

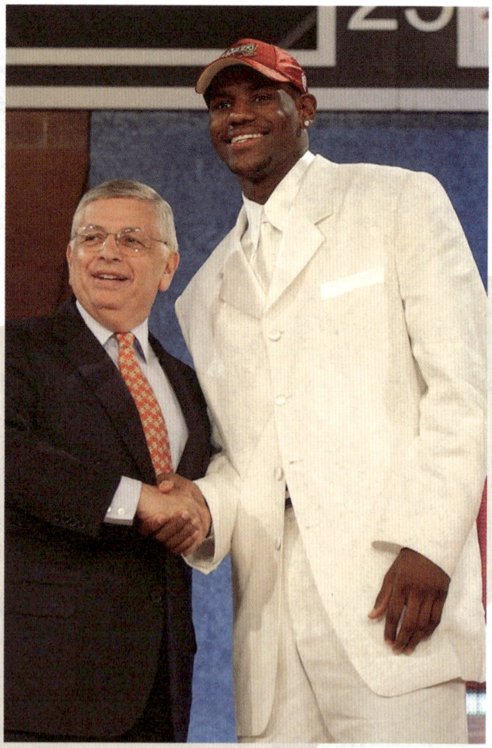

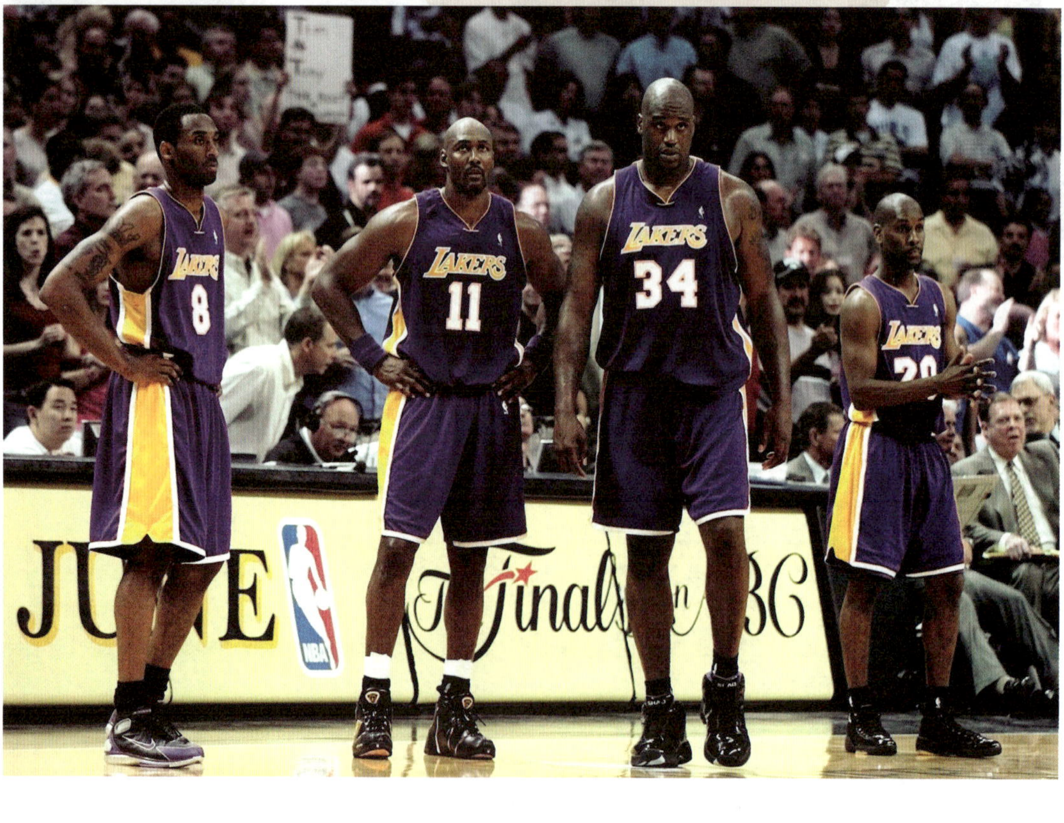
LAKERS
8
LAKERS
11
LAKERS
34
LAKERS
NBA

图6 2003年4月14日,乔丹正式宣布退役。2001年,38岁的乔丹再度复出加盟奇才队,尽管还有砍下51分的惊人之举,但年迈的身体已经不起伤病的摧残。奇才队连续两个赛季都未能进入季后赛,2002-2003赛季结束后,"篮球之神"正式退役,职业生涯真正地画上句号。

图7 2003年NBA选秀大会,勒布朗·詹姆斯当选状元。

图8 2003-2004赛季NBA季后赛西部首轮第二场,卡尔·马龙防守姚明。

图9 2003-2004赛季NBA季后赛西部半决赛第二场,湖人队VS马刺队,湖人队"F4组合":科比·布莱恩特、卡尔·马龙、沙奎尔·奥尼尔、加里·佩顿(从左至右)。

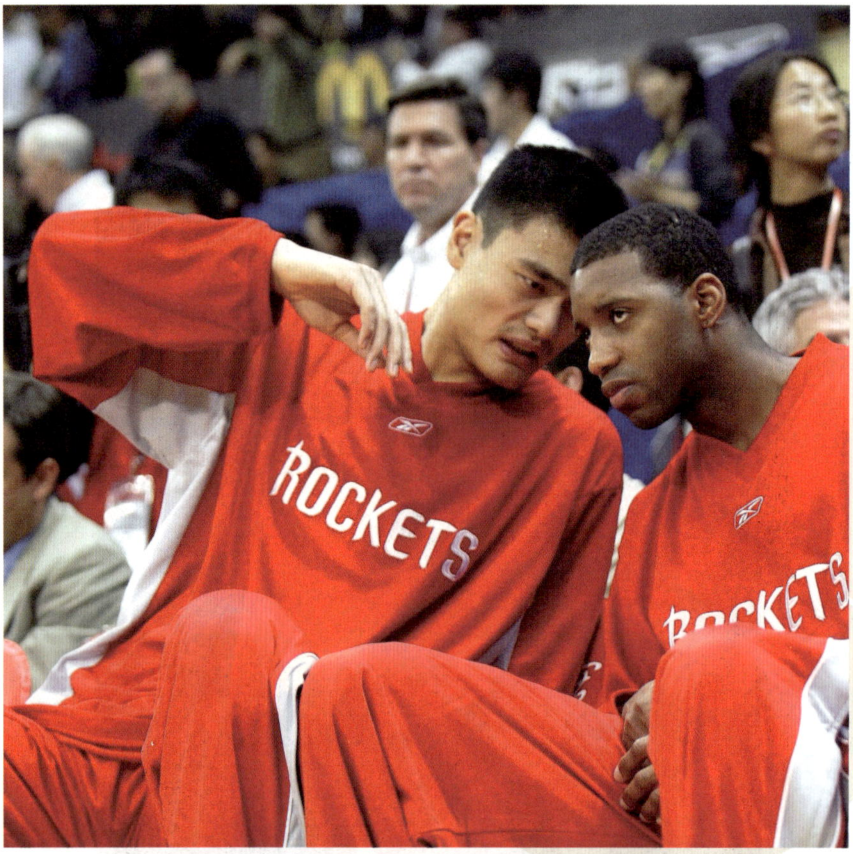
ROCKETS
ROCKETS

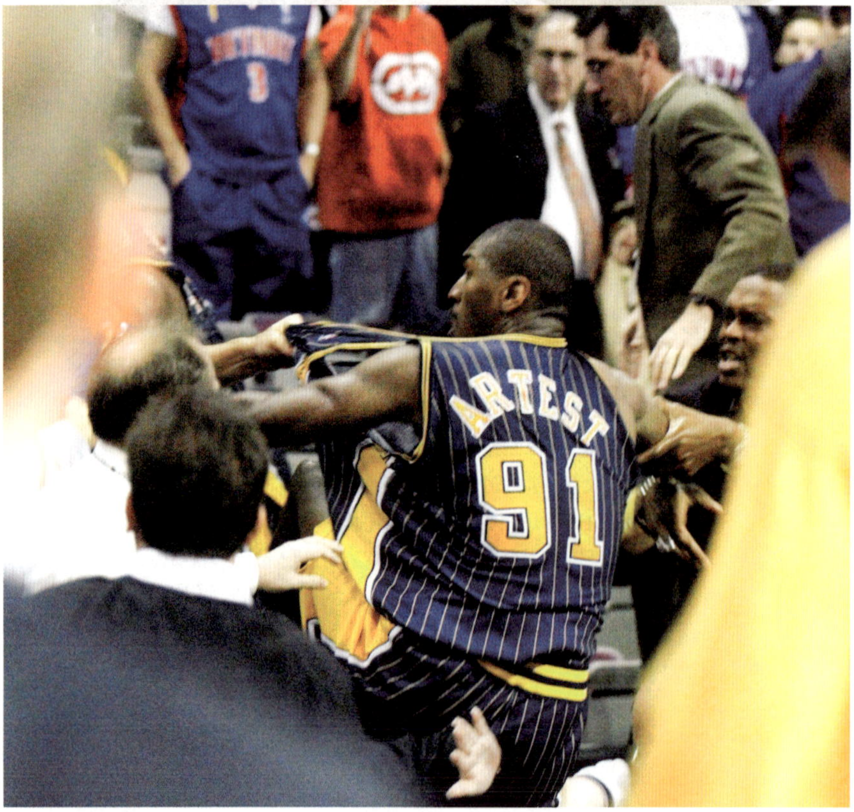
ARTEST
91

图10　2004年休赛期，连续2个赛季荣膺得分王的麦迪选择离开魔术队，转投火箭队，与姚明组成了"MM组合"。

图11　2004年11月19日，在步行者队客场对阵活塞队的比赛中，穿着91号球衣的阿泰斯特与活塞队队员以及主场球迷发生冲突，引发了臭名昭著的"奥本山宫殿斗殴事件"，阿泰斯特也因此被禁赛73场。

图12　2004年12月9日，火箭队主场对阵马刺队，麦迪在比赛最后35秒投中3个三分球外加1个三加一，得到13分，率领火箭队以81∶80奇迹般逆袭，成就了永恒的"麦迪时刻"。

图13　2006年1月22日，湖人队主场对阵猛龙队的比赛中，科比暴砍NBA个人单场第二高分81分，赛后他抱着大女儿接受采访。

图14 2006年6月18日，2005-2006赛季NBA总决赛第五场，独行侠队100：101不敌奥尼尔（右）、韦德（左）率领的热火队。

图15 2006-2007赛季NBA季后赛，西部第八的金州勇士队以总比分4：2击败西部第一的达拉斯独行侠队，晋级西部半决赛，上演"黑八奇迹"。赛后，德克·诺维茨基和巴朗·戴维斯拥抱致意。

图16 2006-2007赛季NBA总决赛，骑士队0：4遭马刺队横扫，詹姆斯的总决赛处子秀，场均22分、7个篮板、6.8次助攻、1次抢断、0.5次盖帽。

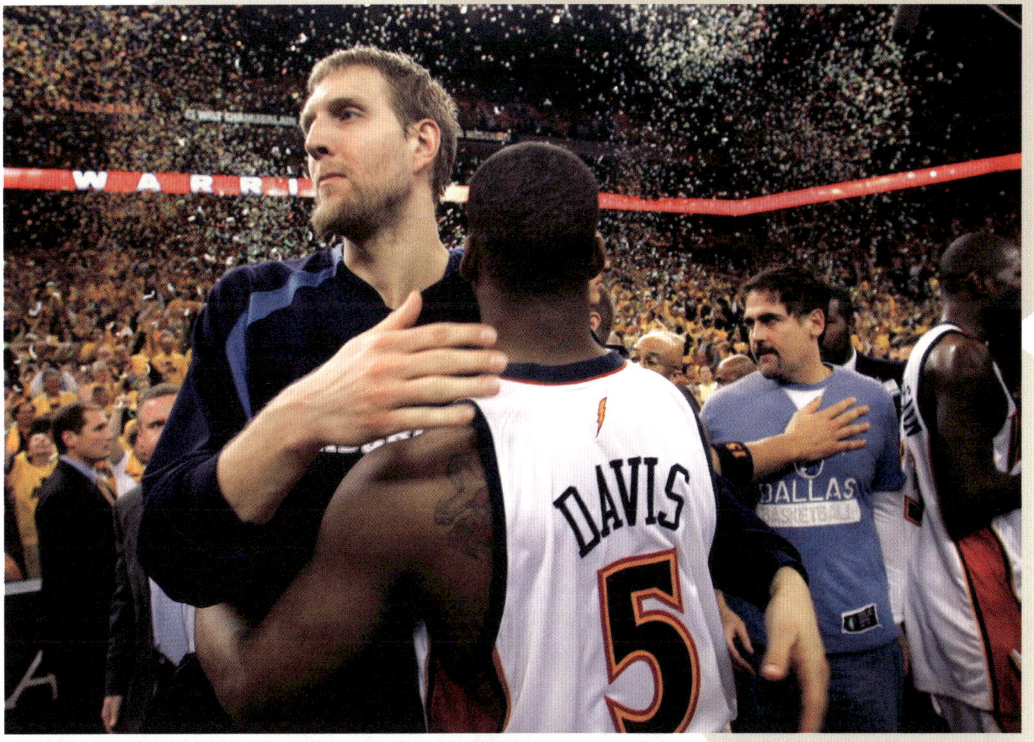
DAVIS
5
DALLAS
BASKETBALL

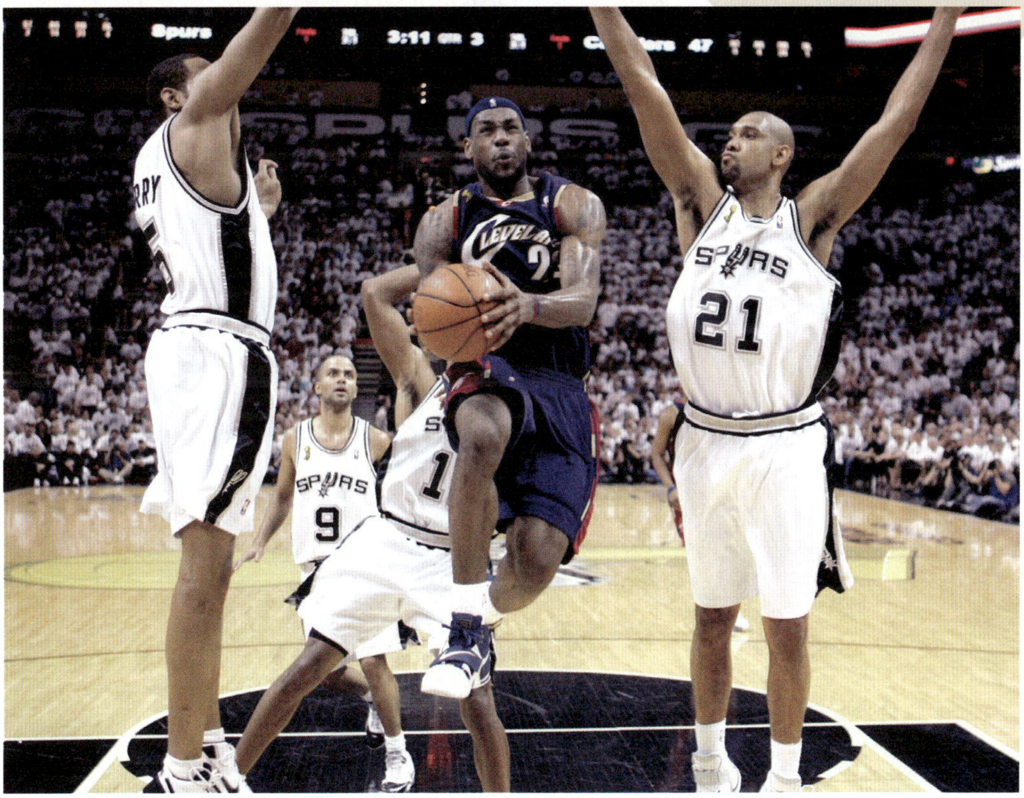
Spurs
3:11
SPURS
21
SPURS
9

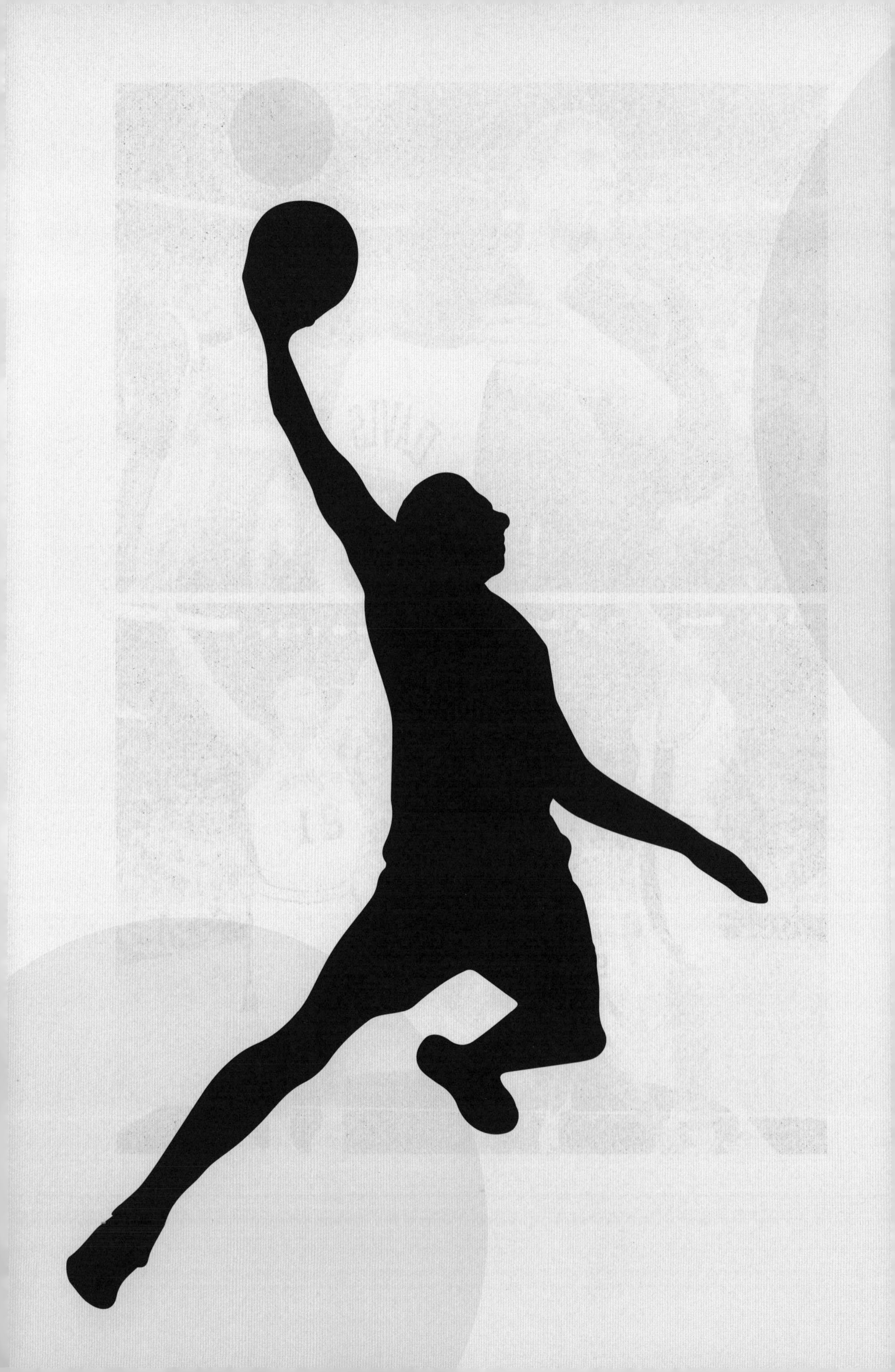

# 第七章 珠联璧合，巨头组队

所谓豪门,总是不甘落魄,总想续燃香火,手握16面冠军锦旗的凯尔特人队便是如此。

2006年10月28日,一手缔造绿衫王朝的"红衣主教"奥尔巴赫与世长辞。雪茄灭了,凯尔特人队在2006-2007赛季也跌入历史最低谷,被某些激进波士顿球迷讥为"史上最差队长"的保罗·皮尔斯孤掌难鸣,凯尔特人队只收获可怜兮兮的24场胜利。

可以想象,好多个输球的夜晚,凯尔特人队总经理丹尼·安吉都会想起和"大鸟"并肩作战的那些激情岁月。曼妙澎湃的过往,苍白骨感的当下,理想和现实对冲,安吉这个打球时的狠角色决定必须做点什么,与其摆烂被人唾骂,不如"Show Hand"赌上一把。

于是,"BIG 3"啸聚波士顿——先是在选秀夜,凯尔特人队送出5号秀杰夫·格林、沃利·斯泽比亚克和德

## 2007-2008

## 科比的唯一MVP!"三巨头"的荣耀

**总冠军:** 波士顿凯尔特人队
**总决赛MVP:** 保罗·皮尔斯(凯尔特人队)
**得分王:** 勒布朗·詹姆斯(骑士队/30.0分)
**篮板王:** 德怀特·霍华德(魔术队/14.2个)
**助攻王:** 克里斯·保罗(黄蜂队/11.6次)
**最有价值球员:** 科比·布莱恩特(湖人队)
**最佳新秀:** 凯文·杜兰特(超音速队)
**最佳防守球员:** 凯文·加内特(凯尔特人队)
**最佳第六人:** 马努·吉诺比利(马刺队)
**进步最快球员:** 西度·特科格鲁(魔术队)
**最佳教练:** 拜伦·斯科特(黄蜂队)

隆特·韦斯特，换来超音速队大当家雷·阿伦和"菜鸟"格伦·戴维斯，继而在7月31日清仓册下5名球员外加两个选秀权，换来在冰冷的明尼苏达心灰意冷的"狼王"凯文·加内特。

时任森林狼队总经理的凯文·麦克海尔是凯尔特人队嫡系，把加内特送到老东家难免会让人说三道四，可鲜为人知的是，这笔交易完成之前一个星期，另一凯尔特人队嫡系、时任步行者队大管家的拉里·伯德也曾打过加内特的主意，尽管两人关系并不好，但是毕竟做过队友。

谁知面对伯德，老伙计麦克海尔撒了个谎，说球队没有交易加内特的意向，加内特本人也不想背上不忠的骂名离开。森林狼队和凯尔特人队完成交易后，伯德自然愠怒于麦克海尔的出尔反尔，后者只能道出实情：他名义上是总经理，但对加内特的交易并无话事权。

凯尔特人队"BIG 3"的横空出世对于NBA的影响很快就显现出来，该季交易窗口关闭前，西部球队疯狂采购，似乎要和凯尔特人队大打军备竞赛：湖人队"打劫"保罗·加索尔，太阳队挖来沙奎尔·奥尼尔，独行侠队则换得杰森·基德。事实证明，太阳队走了一步臭棋，而独行侠队的甜头直到2011年才姗姗到来，湖人队则是立竿见影。

还是那句话，豪门哪肯甘于寂寞，冥冥中也总有运气庇佑，"绿衫军"如是，湖人队亦然。

2006-2007赛季结束后，湖人队的日子不比宿敌凯尔特人队好过，科比·布莱恩特公开大骂总经理库普切克和老板巴斯是蠢货，指名道姓要拿稚嫩的安德鲁·拜纳姆去换大腕，眼见决策层无动于衷又扬言要出走芝加哥，搞得出现复兴火苗的公牛队后院起火，浪费了大好的一个赛季。

赛季开打后，拜纳姆竟然有了"鲨鱼"的模样，打出了全明星级别的表现，湖人队一度排名西部榜首，但2008年1月13日，他再度重伤赛季报销。这个意外反而成全了科比的诉求，湖人队高层巧施妙手，换来了保罗·加索尔。

这是一笔被业界坊间大骂为"打劫"的交易，马刺队主帅格雷格·波波维奇反应最为强烈，气急败坏地呼吁联盟成立专门的委员会，阻止此类"不正当交易"的发生。

也难怪这笔交易气得联盟一干人上蹿下跳，与凯尔特人队抢得加内特相仿，湖人队也是赚了树大阴凉多的便宜，与他们完成交易的正是队史传奇、灰熊队总管杰里·韦斯特——当然后来的事实表明，这并不是一起纯粹的"内幕交易"，因为当时还只是一个选秀权的马克·加索尔着实是可塑之才，甚至比他亲哥更适合孟菲斯的土壤。

"为三角进攻而生"（菲尔·杰克逊语）的保罗·加索尔到来后的第一个完整月份，湖人队就以15战13胜（包括一波10连胜）发出了强势夺冠宣言。最后9战豪取8胜后，湖人队以西部最好的57胜杀进季后赛，而赛季开打前还耍小孩子脾气的科比也笑靥如花，收获了生涯第一座常规赛MVP奖杯。

进入季后赛后，湖人队摧枯拉朽，以4：0横扫掘金队后，又在西部半决赛中对战爵士队取得2：0领先。爵士队在"盐湖城魔窟"将大比分扳成2：2平，科比用两个截然不同的方式率队以4：2进军西部决赛：第五战，科比末节无得分，用传球串联全队，加索尔和奥多姆充当起尖刀；第六战，科比又化身末节杀器，单节砍下12分。

西部决赛也没费多少周折，湖人队以4：1淘汰卫冕冠军马刺队，2004年后重返总决赛。

"三巨头"年事已高？里弗斯经验不足？隆多难堪大任？新版"绿衫军"不断用胜利击碎一个又一个质疑，取下66胜成为常规赛冠军，皮尔斯串联和突击俱佳，雷·阿伦负责绕圈和远射，加内特则庇佑禁区，荣膺最佳防守球员。

不过与湖人队的势如破竹不同，"绿衫军"在季后赛中患上了客场恐惧症，首轮3个客场全输，以4：3艰难淘汰老鹰队。东部半决赛遇到勒布朗·詹姆斯率领的骑士队，这一症状没有丝毫缓解。

在此之前，勒布朗·詹姆斯将不知天高地厚的德肖恩·史蒂文森打爆。"小皇帝"用一次"三双"给华盛顿奇才队放了长假，之后却在TD北岸花园出了大丑：东部半决赛面对凯尔特人队，詹姆斯前两战42次出手仅仅命中8球，命中率是堪称票友水准的19%——自施行24秒进攻规则以来，在连续的两场季后赛中出手40+的准星排行榜上，詹姆斯稳居倒数第一。

回到克利夫兰主场速贷中心后，"小皇帝"用突破找手感，用助攻当杀敌子弹，两战送出21次助攻，骑士队把大比分扳平。

双方各自在主场互揍对手后，比赛进入残酷的抢七局。这场对飙战，詹姆斯轰45分，皮尔斯砍41分，奈何"小皇帝"再牛也难以逾越"篮球是五个人"的真理，又是一个4：3，凯尔特人队晋级。

东部决赛，站在"BIG 3"面前的是匪气尚存的底特律活塞队。东部决赛第二战，活塞队终于攻陷波士顿TD北岸花园。依季后赛前两轮总结出来的主客规律，凯尔特人队危矣，孰料波士顿的冠军气象在此时显现，第三战就以牙还牙大破奥本山，并最终以4∶2晋级总决赛。

消失多年的"黄绿大战"再现江湖的同时，马刺队、活塞队和沙奎尔·奥尼尔自"后乔丹时代"开始后第一次集体无缘总决赛。

湖人队VS凯尔特人队的总决赛舞台上，从来不缺乏经典段子。

第一战，上半场仅得3分的皮尔斯在第三节开启飙分模式，然而当"禅师"都拿他没办法时，他却被帕金斯误伤。

情况看上去不妙，队医不得不抬出轮椅，但皮尔斯没让球迷等太久，他带着护具神奇归来反倒愈发生猛，上来就扔进两个三分，湖人队随即被打蒙。

第二战，"绿衫军"握有20分领先优势进入末节，眼看比赛进入垃圾时间，但"禅师"没派出"垃圾队员"，科比率众开始反击。20分、14分、8分……比赛还剩38秒，凯尔特人队竟然只领先2分。这时候皮尔斯两罚皆中稳住局面，当武贾西奇企图抢投三分，又是皮尔斯伸出大手，湖人队的天空瞬间变黑。

回到洛杉矶后，科比焕发神奇砍下36分，武贾西奇贡献生涯杰作，28分钟砍下20分，湖人队以87∶81将大比分扳成1∶2。

第四战湖人队趁热打铁，摁住"绿衫军"一顿"暴揍"，第三节一度领先了24分。眼看胜利就要到手，令人瞠目的是，到第四节开始时，"绿衫军"追到只差2分。终场前4分07秒，埃迪·豪斯三分得手，凯尔特人队实现华丽反超，并最终以97∶91逆袭成功，创造了1971年以来总决赛单场逆转最大分差纪录。

第五战差点成为第四战的翻版，只是皮尔斯决定把反攻时间提前，第二节狂砍16分，"绿衫军"逐渐把比分追近、追平直至反超。只可惜科比完成制胜抢断，皮尔斯的38分打了水漂。

第六战是"绿衫军"的加冕战，也是科比和湖人队的耻辱战——凯尔特人队以131∶92狂屠湖人队，以4∶2的总比分赢取队史第17冠，皮尔斯以场均21.8分、4.5个篮板、6.3次助攻当选总决赛MVP。

回到总决赛开打前——

"魔术师"约翰逊和"大鸟"伯德见了一面，前者说"湖人队6场内赢得总冠军。"后者反唇相讥，"你们输定了。"

## 2007-2008赛季排名

| 东部联盟 | | | |
|---|---|---|---|
| 排名 | 球队 | 胜 | 负 |
| 1 | 波士顿凯尔特人队 | 66 | 16 |
| 2 | 底特律活塞队 | 59 | 23 |
| 3 | 奥兰多魔术队 | 52 | 30 |
| 4 | 克利夫兰骑士队 | 45 | 37 |
| 5 | 华盛顿奇才队 | 43 | 39 |
| 6 | 多伦多猛龙队 | 41 | 41 |
| 7 | 费城76人队 | 40 | 42 |
| 8 | 亚特兰大老鹰队 | 37 | 45 |
| 9 | 印第安纳步行者队 | 36 | 46 |
| 10 | 新泽西篮网队 | 34 | 48 |
| 11 | 芝加哥公牛队 | 33 | 49 |
| 12 | 夏洛特山猫队 | 32 | 50 |
| 13 | 密尔沃基雄鹿队 | 26 | 56 |
| 14 | 纽约尼克斯队 | 23 | 59 |
| 15 | 迈阿密热火队 | 15 | 67 |
| 西部联盟 | | | |
| 排名 | 球队 | 胜 | 负 |
| 1 | 洛杉矶湖人队 | 57 | 25 |
| 2 | 新奥尔良黄蜂队 | 56 | 26 |
| 3 | 圣安东尼奥马刺队 | 56 | 26 |
| 4 | 犹他爵士队 | 54 | 28 |
| 5 | 休斯敦火箭队 | 55 | 27 |
| 6 | 菲尼克斯太阳队 | 55 | 27 |
| 7 | 达拉斯独行侠队 | 51 | 31 |
| 8 | 丹佛掘金队 | 50 | 32 |
| 9 | 金州勇士队 | 48 | 34 |
| 10 | 波特兰开拓者队 | 41 | 41 |
| 11 | 萨克拉门托国王队 | 38 | 44 |
| 12 | 洛杉矶快船队 | 23 | 59 |
| 13 | 明尼苏达森林狼队 | 22 | 60 |
| 14 | 孟菲斯灰熊队 | 22 | 60 |
| 15 | 西雅图超音速队 | 20 | 62 |

# NBA PLAYOFFS

## NBA季后赛 对阵表
### 2007—2008赛季

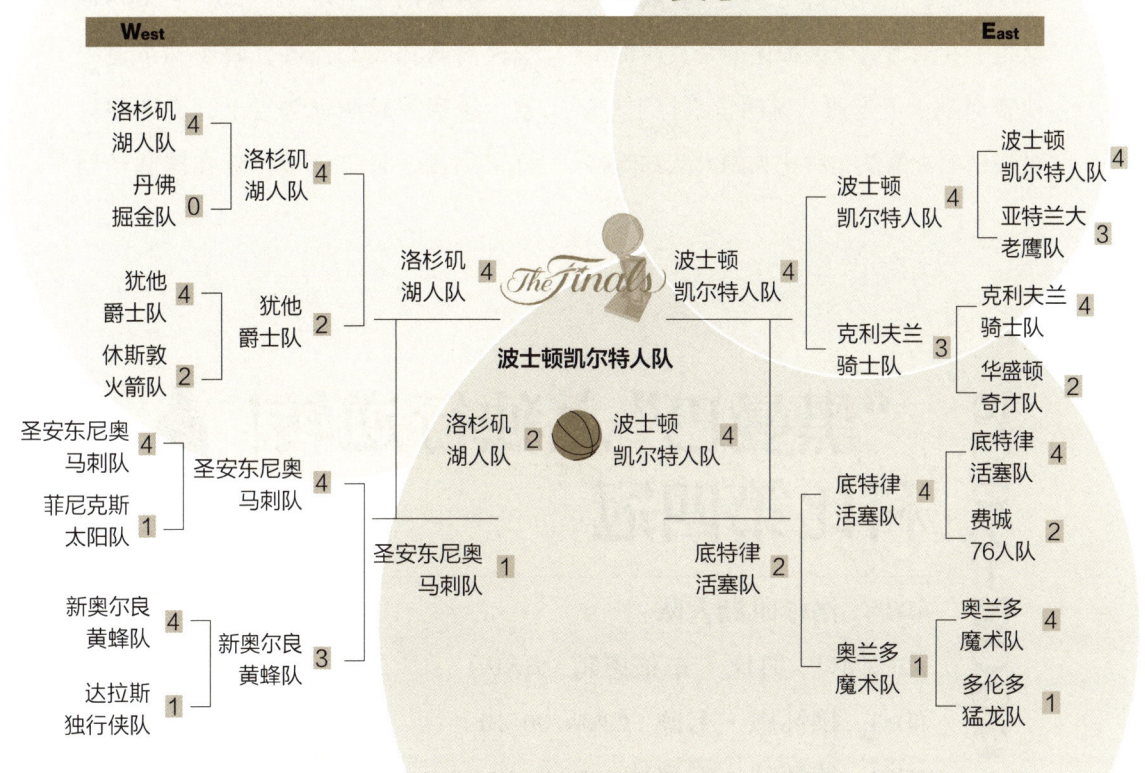

**West**

- 洛杉矶湖人队 4
- 丹佛掘金队 0
  - 洛杉矶湖人队 4
- 犹他爵士队 4
- 休斯敦火箭队 2
  - 犹他爵士队 2
    - 洛杉矶湖人队 4
- 圣安东尼奥马刺队 4
- 菲尼克斯太阳队 1
  - 圣安东尼奥马刺队 4
- 新奥尔良黄蜂队 4
- 达拉斯独行侠队 1
  - 新奥尔良黄蜂队 3
    - 圣安东尼奥马刺队 1

**The Finals**

**洛杉矶湖人队 2 — 波士顿凯尔特人队 4**

**波士顿凯尔特人队**

**East**

- 波士顿凯尔特人队 4
- 亚特兰大老鹰队 3
  - 波士顿凯尔特人队 4
- 克利夫兰骑士队 4
- 华盛顿奇才队 2
  - 克利夫兰骑士队 3
    - 波士顿凯尔特人队 4
- 底特律活塞队 4
- 费城76人队 2
  - 底特律活塞队 4
- 奥兰多魔术队 4
- 多伦多猛龙队 1
  - 奥兰多魔术队 1
    - 底特律活塞队 2

2008年北京奥运会上，郁闷的科比终于露出了灿烂的笑容，踏进三十的而立门槛，他多了几丝包容和稳重。

2008-2009赛季科比率队卷土重来，湖人队常规赛取下西部最好的65胜无须多表，季后赛首轮以4：1轻取爵士队也不在话下。令人惊诧的是，西部半决赛遇到少了麦迪、姚明也只打了3场就报销的火箭队，科比和湖人队却险些阴沟翻船，鏖战七场方才晋级，期间更是气得"魔术师"约翰逊破口大骂："这简直是给湖人队球衣丢脸！"

火箭队真是悲催，麦迪和姚明或心伤或身伤，总是无法释放出"MM组合"应有的最大战力。2007-2008赛季火箭队狂轰22连胜，姚明却半道中歇，该赛季姚明强势复出，麦迪却只打了35场，且早已被排除在球队计划

## 2008-2009 "黑曼巴"之独行逆转！科比第四冠

**总冠军：** 洛杉矶湖人队
**总决赛MVP：** 科比·布莱恩特（湖人队）
**得分王：** 德怀恩·韦德（热火队/30.2分）
**篮板王：** 德怀特·霍华德（魔术队/13.8个）
**助攻王：** 克里斯·保罗（黄蜂队/11.0次）
**最有价值球员：** 勒布朗·詹姆斯（骑士队）
**最佳新秀：** 德里克·罗斯（公牛队）
**最佳防守球员：** 德怀特·霍华德（魔术队）
**最佳第六人：** 杰森·特里（独行侠队）
**进步最快球员：** 丹尼·格兰杰（步行者队）
**最佳教练：** 迈克·布朗（骑士队）

之外。

这是最差的年代,这是最好的年代。有谁会想到,火箭队正是在少了麦迪的情况下,在姚明的带领下,以草根气质和平民范儿在季后赛首轮以4∶2淘汰年轻的开拓者队,破了困扰多年的首轮魔咒。

火箭队VS湖人队的西部半决赛开打前,95%以上的记者评论员笃定湖人队将顺利晋级,稍微保守些的会认为火箭队顶多撑6场。

但湖人队和大家开了个大玩笑,首战斯台普斯就被火箭队以100∶92攻陷。这是一场永载史册的经典:武贾西奇把巴蒂尔的眼角打得血流如注,缝了6针,姚明拷贝威利斯·里德和保罗·皮尔斯,在通道内向队医说"NO",带伤砍下8分。

接下来两战意外丛生:第二战科比和阿泰斯特顶牛,裁判哨声不断,技术犯规漫天飞;第三战姚明受伤。湖人队连扳两城,平息扑面而来的质疑,加之第四战前传出姚明报销的消息,看上去这轮系列赛已然了无悬念。

湖人队的高贵血统总是滋生自大情绪。

阿隆·布鲁克斯第四战跑得老费舍尔找不到北,轰出职业生涯新高的34分,火箭队以99∶87将大比分追成2∶2。巴克利在TNT解说时不止一次建议:"湖人队应该派乔丹·法玛尔来对位阿隆·布鲁克斯,德里克·费舍尔太老了。"ESPN记者霍林格在《5问杰克逊》中更为极端:"为什么德里克·费舍尔还在轮换阵容中?"

湖人队40分大胜拿下第五战后,第六战又是布鲁克斯砍下26分,湖人队被残缺的火箭队拖进抢七。

最终湖人队守住了第七场,抵消了一部分质疑,但那个系列赛中,壮烈的火箭队似乎收到了更多尊敬和掌声。

湖人队抢七晋级后,在西部决赛上碰到了卡梅隆·安东尼和昌西·比卢普斯率领的掘金队。

这也是安东尼和掘金队击碎首轮魔咒的一季,当然,这也要归功于比卢普斯的辅弼。

以西部二号种子杀进季后赛后,掘金队首轮以4∶1战胜黄蜂队杀进西部半决赛,对手是独行侠队。

独行侠队开局不利0∶2落后,第三战仅剩30多秒时,特里命中三分,独行侠队领先4分。接下来,安东尼仅用时3秒就扣篮得分,103∶105。诺维茨基投失,还剩6.7秒。暂停,卡尔的手势很明确,让安东尼而不是比卢普斯执行最后一投。随后就是那记充满争议，却着实惊世骇俗的三分，安东尼完成"生命中最重要一投"，掘金队以3∶0拿到赛点，最终以4∶1淘汰独行侠队，24年来首进分区决赛。

第三战31分，第四战41分，第五战30分，安东尼成为掘金队历史上首个在季后赛中连续3战30+的球员，理直气壮地摘掉"软蛋"的臭帽子。

湖人队VS掘金队的西部决赛成就了阿里扎，首战他重现哈弗里切克式抢断帮助球队保住胜利，掘金队赢下第二战后，又是他故技重施，抢断掘金队的边线发球带来胜利，湖人队大比分2∶1领先。

科比首战40分，第三战41分，前4战轰下147分，湖人队却只能和掘金队打成2∶2。改变发生在第五战，科比只有13次出手，却送出8次助攻，湖人队以103∶94取胜后，再也没给掘金队机会，以4∶2晋级总决赛。

然而，2008年让湖人队吞下苦果的凯尔特人队并未如约赴局。

"绿衫军"常规赛收获62胜，加内特的受伤却让卫冕蒙上厚厚的阴影。季后赛首轮面对新科状元德里克·罗斯率领的公牛队，"绿衫军"就磕磕绊绊，只以4∶3勉强晋级。不过，这是一场经典名局：雷·阿伦和本·戈登的对飙火光四溅，7场比赛竟然打了7个加时。

首轮苦战着实耗费了"绿衫军"太多精力和体力，阿伦在东部半决赛中全面哑火，前两战三分球14投3中，第三、四、六战合计17投0中，7战3次得分在10分以下，三分命中率由首轮的45.6%下滑至13.9%，场均得分则由23.4分跌至12.8分。

诚然，第四战中戴维斯的绝杀和第五战中马布里末节独取12分救主都值得称道，但这已经不再是上季"BIG 3"领导下的"绿衫军"，换个说法，当"绿衫军"的进攻重任系于戴维斯和马布里，这支球队已不再恐怖。

德怀特·霍华德成了凯尔特人队难以逾越的屏障，7战5次抓下15个以上的篮板，包括两次22个，第六战竟然掠走与奥拉朱旺、尤因、罗宾逊和奥尼尔比肩的10个前场篮板。ESPN6人专家组中，有5人预测魔术队晋级，理由大致相同："凯尔特人队更有经验，但越打到最后，对魔术队越有利。"第七战，魔术队找到最佳状态，而凯尔特人队却心力交瘁，无奈地看着那个美梦被现实击碎，17面锦旗成了最悲怆的布景……

"绿衫军"倒下后，"23VS24"

似乎慢慢接近现实。

队史抢断王，52+11+9疯狂麦迪逊之夜，场均28+7+7，史上第四位5项数据列球队第一的球员，MVP；场均失分最少（91.4分），主场39胜2负，66胜，所有主场优势——詹姆斯和骑士队常规赛很火，季后赛前两轮更火，两个4∶0横扫晋级。

对阵老鹰队的系列赛，詹姆斯势不可当，尤其是第三战，他25投15中，三分球10投5中，劈下47分、12个篮板、8次助攻，历史上另外一个在季后赛中拿下45+10+8数据的球员是——伟大的迈克尔·乔丹。

迈入东部决赛时，詹姆斯场均32.9分、9.8个篮板、6.8次助攻，历史上能在一个季后赛中达到30+9+6的只有1963年的奥斯卡·罗伯特森。

在美国媒体评出的历史分区决赛TOP 5中，2009年分区决赛的精彩指数高列第二，仅次于1992-1993赛季。这的确是两组荡气回肠的分区决赛，西部有阿里扎的销魂断球和科比的劲爆演出，东部则有"詹姆斯VS魔术队"。

所谓大热必死，当詹姆斯碰到魔术队，"23VS24"猝然夭折。

詹姆斯最为冷艳的表现来自第二战。比赛还剩48.7秒，特科格鲁三分命中，双方战成93平。关键时刻詹姆斯走步违例，魔术队最后一攻，又是特科格鲁，他摆脱帕夫洛维奇的跟防，命中高难度中投，95∶93，此时离比赛结束只剩0.8秒。骑士队球迷此时已经绝望，现场一片死寂，谁都知道0∶2意味着什么。后续故事众所周知：暂停回来，詹姆斯溜到弧顶，不顾追防者蒙住眼睛的那双大手，凭感觉出手，美妙的弧度，球进，反绝杀！

单骑抗敌是詹姆斯无比熟悉的戏码：首战49分、8次助攻，第三战41分、7个篮板、9次助攻，第四战44分、12个篮板、7次助攻，第五战37分、14个篮板、12次助攻——东部决赛前5战，詹姆斯的数据竟然是前无古人的场均41.5分、8.6个篮板、8.2次助攻。即便是6场比赛中的场均38.5分、8.3个篮板、8次助攻，历史上也没几个人能做得到。

可与之形成鲜明对比的是，骑士队仅仅取得了2场比赛的胜利。一切都不言而喻，詹姆斯太孤独了，雅虎评论员丹·维策尔说："詹姆斯一度以为找到了可靠的帮手，可到头来他却无奈地发现，一切都和去年，和2007年一模一样。"

反观魔术队，霍华德一柱擎天，6

战场均25.8分、13个篮板，投篮命中率高达65.1%，罚球命中率也升至可观的70.1%，但他并不孤独，特科格鲁和刘易斯一干外围重炮把网射穿，魔术队6场比赛投中创历史纪录的62个三分，魔术队毁掉"湖凯对决"后，又以4∶2撕掉"23VS24"剧本。

高潮褪去，总决赛波澜不惊，湖人队以4∶1赢得队史第15个总冠军，科比则以场均32.4分、5.6个篮板、7.4次助攻，获得职业生涯第一次总决赛MVP。

## 2008-2009赛季排名

### 东部联盟

| 排名 | 球队 | 胜 | 负 |
| --- | --- | --- | --- |
| 1 | 克利夫兰骑士队 | 66 | 16 |
| 2 | 波士顿凯尔特人队 | 62 | 20 |
| 3 | 奥兰多魔术队 | 59 | 23 |
| 4 | 亚特兰大老鹰队 | 47 | 35 |
| 5 | 迈阿密热火队 | 43 | 39 |
| 6 | 费城76人队 | 41 | 41 |
| 7 | 芝加哥公牛队 | 41 | 41 |
| 8 | 底特律活塞队 | 39 | 43 |
| 9 | 印第安纳步行者队 | 36 | 46 |
| 10 | 夏洛特山猫队 | 35 | 47 |
| 11 | 新泽西篮网队 | 34 | 48 |
| 12 | 密尔沃基雄鹿队 | 34 | 48 |
| 13 | 多伦多猛龙队 | 33 | 49 |
| 14 | 纽约尼克斯队 | 32 | 50 |
| 15 | 华盛顿奇才队 | 19 | 63 |

### 西部联盟

| 排名 | 球队 | 胜 | 负 |
| --- | --- | --- | --- |
| 1 | 洛杉矶湖人队 | 65 | 17 |
| 2 | 丹佛掘金队 | 54 | 28 |
| 3 | 圣安东尼奥马刺队 | 54 | 28 |
| 4 | 波特兰开拓者队 | 54 | 28 |
| 5 | 休斯敦火箭队 | 53 | 29 |
| 6 | 达拉斯独行侠队 | 50 | 32 |
| 7 | 新奥尔良黄蜂队 | 49 | 33 |
| 8 | 犹他爵士队 | 48 | 34 |
| 9 | 菲尼克斯太阳队 | 46 | 36 |
| 10 | 金州勇士队 | 29 | 53 |
| 11 | 明尼苏达森林狼队 | 24 | 58 |
| 12 | 孟菲斯灰熊队 | 24 | 58 |
| 13 | 俄克拉荷马城雷霆队 | 23 | 59 |
| 14 | 洛杉矶快船队 | 19 | 63 |
| 15 | 萨克拉门托国王队 | 17 | 65 |

# NBA PLAYOFFS

## NBA季后赛 对阵表
### 2008—2009赛季

**West**             **East**

- 洛杉矶湖人队 4
- 犹他爵士队 1
  - 洛杉矶湖人队 4
- 休斯敦火箭队 4
- 波特兰开拓者队 2
  - 休斯敦火箭队 3
    - 洛杉矶湖人队 4
- 丹佛掘金队 4
- 新奥尔良黄蜂队 1
  - 丹佛掘金队 4
    - 丹佛掘金队 2
- 达拉斯独行侠队 4
- 圣安东尼奥马刺队 1
  - 达拉斯独行侠队 1

*The Finals*

**洛杉矶湖人队**

洛杉矶湖人队 4 — 奥兰多魔术队 1

- 奥兰多魔术队 4
- 费城76人队 2
  - 奥兰多魔术队 4
    - 奥兰多魔术队 4
- 波士顿凯尔特人队 4
- 芝加哥公牛队 3
  - 波士顿凯尔特人队 3
    - 克利夫兰骑士队 2
- 克利夫兰骑士队 4
- 底特律活塞队 0
  - 克利夫兰骑士队 4
- 亚特兰大老鹰队 4
- 迈阿密热火队 3
  - 亚特兰大老鹰队 0

在"2010天下大乱"大环境的逼迫下，骑士队管理层意识到，倘若不给勒布朗·詹姆斯配备全明星级别的帮手，克利夫兰这座小庙很难留住这尊大佛。换句话说，2009-2010赛季，有可能是詹姆斯在骑士队的最后一季。

于是，骑士队接连做出大动作，先是在休赛季招来沙奎尔·奥尼尔，希冀这枚胖子能填充禁区，横行底线，继而在季中换来安托万·贾米森，缓解詹姆斯的进攻压力。

华丽升级的骑士队在常规赛顺风顺水，提前5轮便锁定了常规赛冠军，手握季后赛的所有主场优势。

有了可靠帮手的詹姆斯如鱼得水，不厌其烦地刷新各种队史和最年轻纪录，以场均29.7分、7.3个篮板、8.6次助攻蝉联常规赛MVP。

## 2009-2010 "黑曼巴"之盛世伟业！科比第五冠

**总冠军：** 洛杉矶湖人队
**总决赛MVP：** 科比·布莱恩特（湖人队）
**得分王：** 凯文·杜兰特（雷霆队/30.1分）
**篮板王：** 德怀特·霍华德（魔术队/13.2个）
**助攻王：** 史蒂夫·纳什（太阳队/11.0次）
**最有价值球员：** 勒布朗·詹姆斯（骑士队）
**最佳新秀：** 泰瑞克·埃文斯（国王队）
**最佳防守球员：** 德怀特·霍华德（魔术队）
**最佳第六人：** 贾马尔·克劳福德（老鹰队）
**进步最快球员：** 阿隆·布鲁克斯（火箭队）
**最佳教练：** 斯科特·布鲁克斯（雷霆队）

骑士队季后赛首轮遇到罗斯率领的公牛队，战况也是波澜不惊。詹姆斯首战24分、6个篮板、5次助攻、4次盖帽，奥尼尔也发了少年狂，25分钟砍下12分、5个篮板、4次助攻、3次盖帽。次战詹姆斯开挂，劈下40分、8个篮板、8次助攻，骑士队2∶0。罗斯用31分率队扳回一场后，詹姆斯分别砍下37分、12个篮板、11次助攻和19分、10个篮板、9次助攻，骑士队以4∶1通关成功。

东部半决赛，詹姆斯再次遇到凯尔特人队。

2007年"BIG 3"啸聚波士顿时，业界坊间就拿哥仨的年龄说事，本季尤甚。虽然凯尔特人队引入"怒吼天尊"拉希德·华莱士，但年龄的老化让他们在常规赛力不从心，只打出50胜，排在东部第四。

正因如此，季后赛首轮凯尔特人队VS热火队开打之时，很多人预测韦德或能以冲击力扳倒"绿衫军"。退一步说，凯尔特人队淘汰热火队并不令人惊讶，万万想不到的是，竟是以4∶1这样的比分。

严格地说，此时的凯尔特人队不再单靠"BIG 3"吃饭，隆多的地位和作用日益凸显。东部半决赛，隆多果然让骑士队吃尽苦头。

首战詹姆斯砍下35分、7个篮板、7次助攻，骑士队开门红。次战隆多发扑克牌般送出19次助攻，凯尔特人队客场将大比分扳平。第三战移师恐怖主场TD北岸花园球馆，詹姆斯再发神威取下38分、8个篮板、7次助攻，骑士队以124∶95屠城。到了第四战，又是隆多挑起大梁，这次更生猛：29分、18个篮板、13次助攻。老"BIG 3"适时爆发，凯尔特人队攻陷天王山后，骑士队心智大乱，2∶4出局。詹姆斯在身披骑士队23号战袍的最后一场比赛中，交出27分、19个篮板、10次助攻的告别答卷。

2010年的魔术队和2009年的骑士队很像，都是前两轮横扫对手杀入东部决赛。无数次历史案例说明，太顺利未必是好事。已打通任督二脉的凯尔特人队连续攻破魔术队主场，以2∶0领先后回到TD北岸球馆，又以94∶71乘胜追击拿到赛点。魔术队加时拿下第四战，继而将大比分追到2∶3后，凯尔特人队队长皮尔斯在第六战砍下31分，率队再返总决赛。

东部三足鼎立，西部一枝独秀。

湖人队招来野兽阿泰斯特，纸面实力更加强大，常规赛开局也有过加索尔因伤缺阵带来的不适,但还是保住西部常规赛冠军,按计划向卫冕大业开进。季后赛首轮,湖人队遭遇杜兰特率领的"雷霆青年军"的阻击,在体能、速度和1号位等环节都很吃力,好在内线优势突出,终以4∶2晋级次轮,并以4∶0横扫爵士队,杀进西部决赛。决赛对手是太阳队。

西部的季后赛格局有点儿连环套的意味。

与东部的凯尔特人队类似,马刺队也面临着年龄老化的问题,所以罕见地大出血,为"GDP组合"配备了得分手理查德·杰弗森。可惜杰弗森水土不服,很难融入波波维奇的战术体系,加之伤病不时来敲门,多亏吉诺比利在收官阶段爆发,马刺队才勉强取下邓肯加盟以来最差的50胜,以西部第七进入季后赛。

季后赛首轮对上独行侠队,马刺队先丢一场后竟然连扳三场,出人意料地以4∶2晋级。其中第三战和第四战,马刺队总共才赢了7分,由此可见,这确实是一支坚韧的不死之师,所谓老兵不死只会慢慢凋谢,大抵如此。

一物降一物,马刺队可以凭借意志和经验上演"黑七",可面对踢走奥尼尔、重回跑轰大道的太阳队,年龄和体能上的弊端被无限放大,竟然被0∶4横扫出局。

本赛季太阳队内忧外患,史蒂夫·纳什年事偏高,阿玛尔·斯塔德迈尔也有了出走之心,这样一支风雨飘摇的球队杀进西部决赛,打碎了很多所谓专家的眼镜。

西部决赛头两场,科比分别砍下40分和36分,湖人队以攻对攻轰出128分和124分,以2∶0领先。谁知太阳队回到主场后又如花儿般绽放,将比分扳成2∶2。天王山之战,阿泰斯特灵光乍现投中绝杀,湖人队以103∶101险胜,第六战则是科比大显神威,用37分率队连续第3季杀入总决赛。

"湖凯决战"再现江湖!

首战科比砍下30分,湖人队全队动能十足,多抢10个篮板,光是二次进攻就得了16分,而凯尔特人队"BIG 3"却支离破碎,加内特只抢了两个篮板,阿伦只得12分,光靠皮尔斯的24分、9个篮板显然无济于事,湖人队1∶0。

第二战轮到凯尔特人队控制战局,隆多取下19分、12个篮板、10次助攻的三双,阿伦则三分球11中8创造总决赛纪录,双方打成1∶1平。

第三战费舍尔出彩,末节连得10

分，湖人队攻破TD北岸花园。

凯尔特人队赢得第四战后，又一鼓作气拿下第五战，让科比的38分成了白纸一张。

此时胜利的天平开始往凯尔特人队倾斜，悲催的是，第六战肯德里克·帕金斯在首节受伤离场，"绿衫军"禁区硬度锐减，稀里糊涂地以67∶89输掉比赛。

帕金斯缺阵给凯尔特人队带来的影响在抢七局体现得尤为明显：加索尔只有16投6中，却抢下18个篮板，其中包括9个前场篮板，没了帕金斯拱卫禁区，加索尔杀伤力激增，博取13次罚球。尤其是最后5分钟，加索尔一个人羞辱"绿衫军"内线，湖人队以83∶79取胜，卫冕成功。

科比7战场均28.6分、8个篮板、3.9次助攻、2.1次抢断，再次荣膺总决赛MVP。

## 2009-2010赛季排名

### 东部联盟

| 排名 | 球队 | 胜 | 负 |
| --- | --- | --- | --- |
| 1 | 克利夫兰骑士队 | 61 | 21 |
| 2 | 奥兰多魔术队 | 59 | 23 |
| 3 | 亚特兰大老鹰队 | 53 | 29 |
| 4 | 波士顿凯尔特人队 | 50 | 32 |
| 5 | 迈阿密热火队 | 47 | 35 |
| 6 | 密尔沃基雄鹿队 | 46 | 36 |
| 7 | 夏洛特山猫队 | 44 | 38 |
| 8 | 芝加哥公牛队 | 41 | 41 |
| 9 | 多伦多猛龙队 | 40 | 42 |
| 10 | 印第安纳步行者队 | 32 | 50 |
| 11 | 纽约尼克斯队 | 29 | 53 |
| 12 | 底特律活塞队 | 27 | 55 |
| 13 | 费城76人队 | 27 | 55 |
| 14 | 华盛顿奇才队 | 26 | 56 |
| 15 | 新泽西篮网队 | 12 | 70 |

### 西部联盟

| 排名 | 球队 | 胜 | 负 |
| --- | --- | --- | --- |
| 1 | 洛杉矶湖人队 | 57 | 25 |
| 2 | 达拉斯独行侠队 | 55 | 27 |
| 3 | 菲尼克斯太阳队 | 54 | 28 |
| 4 | 丹佛掘金队 | 53 | 29 |
| 5 | 犹他爵士队 | 53 | 29 |
| 6 | 波特兰开拓者队 | 50 | 32 |
| 7 | 圣安东尼奥马刺队 | 50 | 32 |
| 8 | 俄克拉荷马城雷霆队 | 50 | 32 |
| 9 | 休斯敦火箭队 | 42 | 40 |
| 10 | 孟菲斯灰熊队 | 40 | 42 |
| 11 | 新奥尔良黄蜂队 | 37 | 45 |
| 12 | 洛杉矶快船队 | 29 | 53 |
| 13 | 金州勇士队 | 26 | 56 |
| 14 | 萨克拉门托国王队 | 25 | 57 |
| 15 | 明尼苏达森林狼队 | 15 | 67 |

# NBA PLAYOFFS

## NBA季后赛 对阵表
### 2009—2010赛季

**West**                             **East**

| 西部 | | | | | 东部 | | |
|---|---|---|---|---|---|---|---|
| 洛杉矶湖人队 | 4 | | | | | 波士顿凯尔特人队 | 4 |
| 俄克拉荷马城雷霆队 | 2 | 洛杉矶湖人队 | 4 | | 波士顿凯尔特人队 | 迈阿密热火队 | 1 |
| 犹他爵士队 | 4 | | 洛杉矶湖人队 | 4 | 4 | 克利夫兰骑士队 | 4 |
| 丹佛掘金队 | 0 | 犹他爵士队 | 0 | | 克利夫兰骑士队 | 2 | 芝加哥公牛队 | 1 |
| | | | | **洛杉矶湖人队** | | | |
| 菲尼克斯太阳队 | 4 | | 洛杉矶湖人队 | 4 | 波士顿凯尔特人队 | 3 | 奥兰多魔术队 | 4 |
| 波特兰开拓者队 | 2 | 菲尼克斯太阳队 | 4 | | 奥兰多魔术队 | 夏洛特山猫队 | 0 |
| 圣安东尼奥马刺队 | 4 | | 菲尼克斯太阳队 | 2 | 2 | 亚特兰大老鹰队 | 4 |
| 达拉斯独行侠队 | 2 | 圣安东尼奥马刺队 | 0 | | 亚特兰大老鹰队 | 0 | 密尔沃基雄鹿队 | 3 |

"2010年，那是一个夏天，有一位球员走进了ESPN直播间，在自己的人生轨道上画了一个圈，神话般地崛起热火队'BIG 3'，'决定'惊醒了联盟内外，'皇帝'伤透了东西海岸，啊——组团组团，你迈开了气壮山河的新步伐，你迈开了气壮山河的新步伐，走进一地鸡毛的夏天。"

《夏天的故事》的主角是勒布朗·詹姆斯。

那绝对是体育历史上最具爆炸效应的"决定"之一，詹姆斯在电视上"私订终身"后，克利夫兰瞬间天黑，骑士队老板吉尔伯特扔掉斯文，像个泼妇般骂街，球迷们口里骂着"叛徒"，当街焚烧23号球衣，被詹姆斯勾得神魂颠倒的球队则一时无措，伤心地启动B计划。

## 2010-2011

## 詹姆斯再折戟！"诺天王"曼妙之舞

**总冠军：** 达拉斯独行侠队
**总决赛MVP：** 德克·诺维茨基（独行侠队）
**得分王：** 凯文·杜兰特（雷霆队/27.7分）
**篮板王：** 凯文·勒夫（森林狼队/15.2个）
**助攻王：** 史蒂夫·纳什（太阳队/11.4次）
**最有价值球员：** 德里克·罗斯（公牛队）
**最佳新秀：** 布雷克·格里芬（快船队）
**最佳防守球员：** 德怀特·霍华德（魔术队）
**最佳第六人：** 拉马尔·奥多姆（湖人队）
**进步最快球员：** 凯文·勒夫（森林狼队）
**最佳教练：** 汤姆·希伯杜（公牛队）

这个"决定"意味着詹姆斯、韦德和波什三位2003级翘楚的聚首，热火队"BIG 3"横空出世对2010-2011赛季甚至是未来很多年的NBA格局的影响是显而易见的：

1. 觊觎詹姆斯却未得手的球队很受伤，只能迅速转换思路启动B计划。欲望最大的尼克斯队只能围绕先来一步的阿玛尔·斯塔德迈尔组队，用大卫·李换安东尼·兰多夫、图里亚夫和阿祖布克；签菲尔顿；签莫兹戈夫；签罗杰·梅森；签肖恩·威廉姆斯。公牛队则一口气吃进布泽尔、科沃尔、布鲁尔、沃特森、阿西克、博甘斯、科特·托马斯、斯卡拉布莱恩……总之，有超过一半的球队因此乱了方寸，既定计划被彻底打乱，这也使得2010年夏天的球员市场乱上加乱。

2. 热火队"三巨头"成型使得巨星抱团成为一种时尚，一些小金库充盈的球队"春心荡漾"。于是，化学反应良好、战绩不错的草根尼克斯队送出一堆潜力股，换来了卡梅隆·安东尼和昌西·比卢普斯，和阿玛尔·斯塔德迈尔组成了稍微山寨一些的"三巨头"，篮网队则招来了德隆·威廉姆斯，克里斯·保罗和德怀特·霍华德等人也心乱神迷，起了出走之心。

凯尔特人队是少数不受诱惑、竭力爱抚原有班底的球队之一，先后用4年6110万美元和2年2000万美元让皮尔斯和雷·阿伦把根留住。除此之外，安吉还慷慨地给劳损过度、有严重健康隐患、不复当年勇的32岁老家伙杰梅因·奥尼尔开出了2年1200万美元的中产合同，用135万老将条款签来沙奎尔·奥尼尔。

不过，当帕金斯因伤缺阵，复出后状态大打折扣，丹尼·安吉不再淡定，将帕金斯送到雷霆队，换来了杰夫·格林和内纳德·科斯蒂奇。事实证明，这也是一笔对季后赛格局产生深远影响的对换。

交易后，"球员会议"、"肩撞斯波尔斯特拉"、"波什发飙"等事件接连发生，热火队最终以排名东部第二的58胜结束常规赛。

仅就常规赛而言，热火队只是公牛队的陪衬，德里克·罗斯打出场均得分和助攻皆入联盟前十的卓绝表现，成为NBA历史上最年轻的常规赛MVP，率领新版公牛队豪取联盟最好的62胜。最终也是这两家新贵过关斩将，相会于东部决赛。

热火队首轮以4：1淘汰76人队后与凯尔特人队相遇。

凯尔特人队的"老三件"首轮以4∶0横扫受到伤病困扰的尼克斯队,但过程并不轻松,此番碰上机动性、侵略性、攻击性更强的热火队"新三件",一交火就碰了一鼻子灰,以0∶2落后,第二战詹姆斯砍下35分。

第三战隆多受伤,反而造就了"独臂大仙"的血色浪漫戏码,激励"绿衫军"以97∶82扳回一局。第四战"绿衫军"加时未能顶住,事实上已然宣告出局,热火队终以4∶1挺进东部决赛,詹姆斯掩面而泣,令人动容。

公牛队则铁蹄铮铮,以4∶1胜步行者队,以4∶2擒老鹰队,进入东部决赛后,还以103∶82大胜热火队赢得头彩,恍若散发出乔丹时代的芬芳。

然而,这却是公牛队在这个激荡浪漫之季里的最后一场胜利,随后"詹韦"推弹入膛、拔剑出鞘,四连发解决了战斗挺进总决赛,尤其是第五战最为壮阔,还剩3分钟时热火队还落后12分,"詹韦"合璧,最终以83∶80逆袭。

西部的高潮从首轮就已经开始:61胜的马刺队被灰熊队"黑八"。

马刺队在本季颇为奇诡,一改慢吞沉缓的球风,阔步跑在常规赛的阳光大道上。问题是谁也跑不赢时光,老邓肯和老麦克戴斯在马克·加索尔和扎克·兰多夫面前尴尬尽显,马刺队终归还是以2∶4向辉煌的2010-2011常规赛、向奇数年规律,有可能也是向一个时代说了再见。

不过,马刺队在转身离去留下一袭硕大落寞的背影之前,不忘为大家贡献一场53分钟名局,吉诺比利身子扭成麻花投中零度角,加里·尼尔则投中续命三分,一如这个诡谲激荡的53分钟所呈现出来的,马刺队老兵确实在慢慢凋零,可他们拒绝速死,拒绝一夜间垮塌,拒绝自个儿躺下中弹,他们总是竭力对抗恒定规律,用残存的血汗和生锈的刀枪做最后的挣扎。

这必然是兰多夫历史地位升格的一个季后赛。兰多夫在灰熊队VS马刺队的首轮系列赛中屡屡扮演关键先生:第三战最后时刻投中夺命三分,晋级战砍下创个人纪录的31分,其中第四节独劈17分。ESPN的马克·斯坦恩说得很直白:"兰多夫一个人打垮了马刺队。"

西部半决赛打雷霆队的第一场,他砍下34分再次刷新个人纪录,杜兰特送上"联盟第一大前锋"的至高评价。尽管灰熊队抢七失败,兰多夫却征服了挑剔的专家,ESPN拉哈特·胡克说:"现役大前锋No.1?我选兰多夫,他看上去真像个奇迹。"

前面说过，帕金斯加盟雷霆队一定程度上改变了季后赛格局，他用肌肉填充了禁区，完善了雷霆队最屠弱的禁区防守，使得杜兰特和维斯布鲁克可以放手去攻。

雷霆队和灰熊队的西部半决赛打得也是昏天暗地，维斯布鲁克在抢七局拿下三双，帮助球队杀入西部决赛。

然而，最引人瞩目的半决赛却是独行侠队VS湖人队，如果剑指三连冠的湖人队出局只能算小冷，0∶4被横扫出局则是彻头彻尾的超级大冷。独行侠队在首战第三节落后16分时夺命狂追，2分逆袭取胜，又下两城后，第四战投中平NBA历史纪录的20粒三分球，36分大胜湖人队。随后，独行侠队耗时5场以4∶1淘汰雷霆队，5年后再入总决赛。

复盘独行侠队VS热火队的6场总决赛似乎并不难：首战独行侠队半场领先8分，热火队逆袭；第二战独行侠队一度落后15分，逆袭；第三战，诺维茨基关键球未果，热火队胜；第四战，特里末节发飙，独行侠队胜；第五战，又是特里发飙，独行侠队三分球19投13中，再胜；第六战，独行侠队掌控局面，夺冠。

但是，如果以詹姆斯和诺维茨基为主线，6场总决赛要精彩得多：

双方1∶1打平后，詹姆斯放出狠话："一对一谁也不怕。"2003年进入联盟以来，只论单挑的话，詹姆斯确实是超级高手，不过这一回他说了大话，第三战14投6中只得17分，末节只得2分，3场过后末节只得到9分，多亏波什雄起，在还剩39.6秒时投中了"golden goal"（雅虎评语），热火队取得2∶1领先。

此时詹姆斯有点儿走火入魔，第四战打出个人职业生涯最差的一场比赛，10投2中只得到可怜的8分，并在末节连续3次被特里戏耍。

第五战詹姆斯的语言艺术升级，深夜放话："NOW OR NEVER！"他虽然成为在总决赛上贡献三双的历史第18人，却免不了热火队一败。

詹姆斯的慌乱，愈发映衬出"诺天王"的淡定。

热火队VS独行侠队的总决赛第二场注定会被载入史册，独行侠队在第四节还剩7分14秒落后15分的情况下完成超级逆袭。诺维茨基及时进入开挂模式，在这7分14秒里砍下了14分，最后2分44秒连续得了9分，并在还剩3.6秒时完成了致命一击。最震撼的是，诺维茨基是用中指肌腱拉伤的左手

"杀死"了热火队。

这已经是诺维茨基第三次干这种事情了。另外的两次：西部半决赛打湖人队的第一场，独行侠队第三节一度落后16分，诺维茨基第四节独取11分；西部决赛打雷霆队的第四场，比赛还剩5分05秒的时候独行侠队落后15分，诺维茨基随后暴砍12分，把比赛拖入加时后最终胜出。

独行侠队赢得的4场总决赛，诺维茨基都扮演了第四节超人的角色。第四战末节带病砍下10分并命中关键球，第五战末节8分也弥足珍贵，因为这一节比赛诺维茨基手感冰凉，这种情况下他并没有贸然投篮，而是屡屡冲向禁区博取罚球，8分中有6分拜罚球所赐，另外2分来自扣篮。

6场总决赛末节62分，诺维茨基，真末节杀手！

场均26分、9.7个篮板，诺维茨基捧起了总决赛MVP奖杯，那一刻，一切围绕着他的质疑如泡沫般被击碎，飘向空中，从此无影无踪。

## 2010-2011赛季排名

| 东部联盟 | | | |
|---|---|---|---|
| 排名 | 球队 | 胜 | 负 |
| 1 | 芝加哥公牛队 | 62 | 20 |
| 2 | 迈阿密热火队 | 58 | 24 |
| 3 | 波士顿凯尔特人队 | 56 | 26 |
| 4 | 奥兰多魔术队 | 52 | 30 |
| 5 | 亚特兰大老鹰队 | 44 | 38 |
| 6 | 纽约尼克斯队 | 42 | 40 |
| 7 | 费城76人队 | 41 | 41 |
| 8 | 印第安纳步行者队 | 37 | 45 |
| 9 | 密尔沃基雄鹿队 | 35 | 47 |
| 10 | 夏洛特山猫队 | 34 | 48 |
| 11 | 底特律活塞队 | 30 | 52 |
| 12 | 新泽西篮网队 | 24 | 58 |
| 13 | 华盛顿奇才队 | 23 | 59 |
| 14 | 多伦多猛龙队 | 22 | 60 |
| 15 | 克利夫兰骑士队 | 19 | 63 |

| 西部联盟 | | | |
|---|---|---|---|
| 排名 | 球队 | 胜 | 负 |
| 1 | 圣安东尼奥马刺队 | 61 | 21 |
| 2 | 洛杉矶湖人队 | 57 | 25 |
| 3 | 达拉斯独行侠队 | 57 | 25 |
| 4 | 俄克拉荷马城雷霆队 | 55 | 27 |
| 5 | 丹佛掘金队 | 50 | 32 |
| 6 | 波特兰开拓者队 | 48 | 34 |
| 7 | 新奥尔良黄蜂队 | 46 | 36 |
| 8 | 孟菲斯灰熊队 | 46 | 36 |
| 9 | 休斯敦火箭队 | 43 | 39 |
| 10 | 菲尼克斯太阳队 | 40 | 42 |
| 11 | 犹他爵士队 | 39 | 43 |
| 12 | 金州勇士队 | 36 | 46 |
| 13 | 洛杉矶快船队 | 32 | 50 |
| 14 | 萨克拉门托国王队 | 24 | 58 |
| 15 | 明尼苏达森林狼队 | 17 | 65 |

# NBA PLAYOFFS

## NBA季后赛 对阵表
### 2010—2011赛季

**West**            **East**

**The Finals: 达拉斯独行侠队**

西部：
- 达拉斯独行侠队 4 — 波特兰开拓者队 2
- 洛杉矶湖人队 4 — 新奥尔良黄蜂队 2
- 俄克拉荷马城雷霆队 4 — 丹佛掘金队 1
- 孟菲斯灰熊队 4 — 圣安东尼奥马刺队 2

西部半决赛：
- 达拉斯独行侠队 4 — 洛杉矶湖人队 0
- 俄克拉荷马城雷霆队 4 — 孟菲斯灰熊队 3

西部决赛：
- 达拉斯独行侠队 4 — 俄克拉荷马城雷霆队 1

东部：
- 迈阿密热火队 4 — 费城76人队 1
- 波士顿凯尔特人队 4 — 纽约尼克斯队 0
- 芝加哥公牛队 4 — 印第安纳步行者队 1
- 亚特兰大老鹰队 4 — 奥兰多魔术队 2

东部半决赛：
- 迈阿密热火队 4 — 波士顿凯尔特人队 1
- 芝加哥公牛队 4 — 亚特兰大老鹰队 2

东部决赛：
- 迈阿密热火队 4 — 芝加哥公牛队 1

总决赛：
- 达拉斯独行侠队 4 — 迈阿密热火队 2

毫无疑问，NBA编年史上的2011年，最扎眼的背书是"停摆"。

一个几家欢喜几家愁的赛季结束后，球员们迎来难得的暑期，原本他们可以旅游度假、打点野球、商业走穴，或逍遥放纵，或忙碌充实，然后再开启下一个赛季轮回。但这个暑假有点儿太长了，劳资双方陷入无休止的扯皮，NBA这座大多数时间里都精密运行的钟表再次停摆了。

眼看复摆期限未定，没了工资的球员们坐不住了，除了在美国打打野球，赚点外快捎带着维持身体状态，有球员将目光瞄准了海外。德隆·威廉姆斯去了土耳其联赛，而威尔森·钱德勒、J.R.史密斯等人则跑到了CBA捞钱。

2011年11月26日是个喜大普奔的

## 2011-2012

## "林疯狂"火爆全球
## 詹姆斯九年圆梦

总冠军：**迈阿密热火队**
总决赛MVP：**勒布朗·詹姆斯**（热火队）
得分王：**凯文·杜兰特**（雷霆队/28.0分）
篮板王：**德怀特·霍华德**（魔术队/14.5个）
助攻王：**拉简·隆多**（凯尔特人队/11.7次）
最有价值球员：**勒布朗·詹姆斯**（热火队）
最佳新秀：**凯里·欧文**（骑士队）
最佳防守球员：**泰森·钱德勒**（尼克斯队）
最佳第六人：**詹姆斯·哈登**（雷霆队）
进步最快球员：**莱昂·安德森**（魔术队）
最佳教练：**格雷格·波波维奇**（马刺队）

日子，经过一次15个小时的加长版谈判后，双方达成新的劳资协议，2011-2012赛季将在圣诞节这天开打，等了好久终于等到这天，迟到总比缺席好。

漫长的剑拔弩张和讨价还价多少冲淡了休赛期交易大戏的精彩，但那个特殊的休赛期里，仍然发生了可当谈资的故事，最值得说道的无疑是大卫·斯特恩口中的"篮球原因"。

历史本来会有另一种笔调：火箭队得到保罗·加索尔，湖人队构架起克里斯·保罗和科比·布莱恩特的梦幻后场组合，但斯特恩先生以所谓"篮球原因"将连环交易紧急叫停，谁也不知道这个特殊的原因究竟是什么，但不可逆转的是，历史就此拐弯：保罗还是去了洛杉矶，披的却是快船队战袍。从此，保罗和格里芬的空接成为固定曲目。

赛季缩水，但精彩并没打折，最值得铭记的无疑是那引爆全球的"林疯狂"。

疯狂缘起于2012年2月4日尼克斯队VS篮网队那场普通的常规赛，一个叫林书豪的家伙末节抢镜砍下12分，让"纽约双星"卡梅洛·安东尼和阿玛尔·斯塔德迈尔沦为尴尬的陪衬，并用25分、7次助攻、5个篮板帮助摇摇欲坠的尼克斯队以99：92战胜篮网队。

以麦迪逊广场花园为中心，"Je-re-my"（林书豪的英文名）的呼声迅速侵袭整个大苹果城，以NBA官网、ESPN为代表的专业网站给出焦点头图的五星待遇，《纽约每日新闻》以段子的方式发来贺电："德怀特·霍华德刚刚宣布，愿意和林书豪这样的球员一起打球。"

这场比赛俨然打通了林书豪的任督二脉：接下来打奇才队，林书豪贡献23分、10次助攻，拿下NBA生涯的第一个两双；打湖人队，科比赛前表示不知林书豪是哪方神圣，结果林书豪劈出职业生涯最高的38分，再为尼克斯队添得一胜；到了2月14日，林书豪在打猛龙队时扔进一记三分绝杀；而后打国王队，林书豪送出生涯新高的13次助攻……在那段日子里，NBA只有一个现象级巨星，他就是林书豪。

此前林书豪不过一介NBA边缘球员，从勇士队到火箭队再到尼克斯队，从NBA到NBDL再到NBA，他一直活在该死的不确定当中，生活布景随时都会被动切换，甚至惨到没有固定的住处，2月4日打篮网队前一个夜晚只能睡兰德里·菲尔兹家的沙发。

"有时候某些念头也会在脑海浮现，比如，'我到底能不能在NBA得到机会？''也许，我可能真得不到机会吧！'"被突如其来的幸福击中后，林书豪坦陈心迹时不胜唏嘘，"对于刚刚发生的一切事情，我现在还处于眩晕震惊之中。"

事实上，在之前一场尼克斯队VS凯尔特人队的比赛中，林书豪表现惨淡不堪，7分钟里得到2分、2个篮板和1次助攻。也许是着实无人可用，德安东尼颇为无奈地再次给了林书豪机会，于是，他得到了这个晚上最想要的东西。

于德安东尼而言，那个夜晚，胜负冰火两重天，倘若输球，他极有可能卷铺盖走人，所以他想要的并不是某个特定的人打出华丽逆天的数据，而是一场实实在在、能挽大厦于将倾的胜利。在很多个夜晚，这场胜利是由安东尼和斯塔德迈尔带给他的，而恰巧这个夜晚两大明星不甚给力，恰巧林书豪没有重蹈前一晚的覆辙，而是判若两人适时爆发，在最合适的时间给了主教练唯一能救命的东西。是的，德安东尼执教水平的优劣并不需要以这场比赛的胜负来评定，林书豪暴走或许也只是小概率事件，可至少在这个特殊的时间节点，德安东尼和尼克斯队的命运因"林书豪导演的胜利"（ESPN语）而改写。

当然必须承认，NBA从来就不缺无名小卒一战成名的桥段，路人甲路人乙随时都有可能成为某场比赛甚至某个系列赛的英雄，林书豪于猝不及防间成为话题人物首先是拜球场爆起所赐，但不可忽视的一点是他的特殊身份——姚明非正常退役，易建联尚未找见出口，林书豪的华裔身份很容易勾起华人的民族情结，要知道纽约是美国最大的华人聚集区之一。

令人唏嘘的是，恰是在那个赛季，易建联以自由之身加盟卫冕冠军独行侠队，却只能把板凳坐穿，还曾被下放到NBDL。随着独行侠队首轮出局，易建联的NBA生涯也画上了句点，5个赛季场均7.9分、4.9个篮板。

赛季缩水到66场，仍然周期短、任务重，所以出现了43次"背靠背靠背"（连续3天都有比赛）。

按说赛程密集对马刺队这种老兵部队不利，但换个角度，总归是少打16场，再说当季最佳主教练波波维奇总有办法让邓肯等老兵合理调配体能和精力，最终马刺队豪取50胜16负笑傲西部。东部的公牛队虽然季中折了罗斯，仍然依托铜墙铁壁般的防守揽下50胜，称雄东部。

该赛季科比依然火力凶猛，场均砍下27.9分，常规赛最后时刻才让场均砍下28分的杜兰特抢走得分王头衔。助攻王是场均送出11.7次助攻的隆多，他和皮尔斯、加内特、雷·阿伦三个老家伙站在一起，凯尔特人队仍然令人心生畏惧。

八仙过海各显神通，常规赛最得意的却是勒布朗·詹姆斯，他常规赛场均砍下27.1分、7.9个篮板、6.2次助攻、1.9次抢断，收获职业生涯第3座常规赛MVP奖杯，并铆足了劲，意欲洗刷2011年总决赛时的不堪。

到了季后赛，各队亮出真家伙，逆生长的西部老大马刺队铁蹄铮铮，所到之处寸草不生，连着两个横扫，碾过爵士队和快船队，率先来到西部决赛，其对手是拥有杜兰特、维斯布鲁克、哈登，象征着速度、激情、活力的雷霆队。

雷霆队该赛季补充进了内线肉盾帕金斯和"导师"费舍尔，兵强马壮意气风发。就连运气也垂怜"雷霆青年军"，首轮打卫冕冠军独行侠队的首场，杜兰特投出的绝杀球弹筐后落入网袋，第四战卡莱尔大胆求变，把"板凳匪徒"贾森·特里推上首发，老基德那场比赛妖气四射，也改变不了独行侠队被横扫出局的命运。

雷霆队在第二轮遇到了科比和他的湖人队。"禅师"杰克逊隐退后，迈克·布朗接盘，湖人队首轮被掘金队逼进抢七才涉险过关。科比依然能战，连续砍下36分、38分、42分的高分，但哪里是"俄城三少"的对手，雷霆队以4：1轻松过关，与马刺队会师西部决赛。

姜是老的辣，这话在马刺队VS雷霆队的头两场应验，马刺队势不可当先下两城，此时雷霆队众后生如梦方醒，开始挥洒青春动能，第三战狂胜20分后根本停不下来，以4：2上演逆袭好戏，首登总决赛舞台。其中第六战晋级战，杜兰特和维斯布鲁克联手砍下59分、22个篮板、10次助攻。

东部爆出"黑八"。东部老大公牛队首轮打76人队，缺阵27场的罗斯复出，看上去更加骁勇，首战就砍下23分、9个篮板、9次助攻，但遗憾的是末节左膝受伤，再次离场。尽管公牛队取得开门红，但罗斯伤退给了76人队机会，他们最终以4：2将老大"黑"屏。

凯尔特人队老兵不死，热火队满腔怒火，两队首轮分别淘汰老鹰队和尼克斯队，不需多表。

另一个四强名额被有崛起迹象、常规赛跻身东部三甲的步行者队领走，丹尼·格兰杰虽然一直无法打通球星到巨星的通道，但保罗·乔治初露锋芒，引入的大卫·韦斯特即插即用，这支球队强硬铁血，不缺希伯特、汉斯布鲁这样的实力派干将，具备了往更高处冲击的可能，只可惜在半决赛就遇到了詹姆斯，遇到了"三巨头"包装的热火队，2∶4止步。

76人队则继续延续传奇，抓住"绿衫军""BIG 3"老迈的七寸步步紧逼，大战七场方才遗憾败退。

东部决赛又是詹姆斯VS凯尔特人队，这是从骑士时代就让人血脉偾张的戏码。与上一季的五场结束战斗不同，这次是针尖对麦芒，火星撞地球，拼到了令人窒息的抢七。

抢七大战，三节打完，比分是73∶73，由此可见比赛有多惨烈，最终隆多砍下22分、10个篮板、12次助攻，无奈三老无力集体发威，詹姆斯用31分、12个篮板领着热火队来到了熟悉的总决赛。

比赛还剩28.3秒，凯尔特人队主教练道格·里弗斯撤下主力，阿伦没有披上毛巾坐下喘口气，而是双手掐腰站在场边，45°角仰望上空，浸满眼眶的泪水滑下面庞，加内特——与队友和工作人员拥抱。那场景，不免让人喟叹时间的力量。

总决赛，雷霆队VS热火队，"三少"VS"三巨头"，詹姆斯VS杜兰特，天雷斗地火。

首战詹姆斯贡献30分、9个篮板，但关键的第四节却只有6投2中得到7分，而杜兰特末节却狂飙17分，最终"雷霆双少"合砍63分，把热火队熄灭，拔得头筹。

只从得分上看，詹姆斯在第二战第四节只得6分，尚且不如首战，但从整个战局看，詹姆斯却起到了定海神针的作用，尤其是在还剩1分47秒雷霆队91∶94只落后3分时，詹姆斯在塞弗索萨头上投中了一粒宝贵的擦板中投。与全场32分、8个篮板、5次助攻和末节6分相比，詹姆斯的最大贡献是最后时刻防下了杜兰特，保住了胜利。

大比分打成1∶1后，詹姆斯彻底放下包袱，此后的争夺虽然杜兰特和雷霆队一直看到机会，却总是无法翻转体位，局势被热火队牢牢掌控。

初登总决赛舞台的杜兰特，就像2011年总决赛时的詹姆斯，在打关键球上略失水准，加之哈登完全没了最佳第六人的风采，更老辣的詹姆斯和热火队以4∶1登顶。

第五场加冕战，詹姆斯轰出26分、10个篮板、13次助攻，用三双圆梦，并成为继2003年的邓肯后，又一位包揽常规赛MVP和总决赛MVP的球员。

2003-2012,詹姆斯耗时9年,终于收获了一枚总冠军戒指。对詹姆斯来说,那是一个完美的夜晚:首次总决赛的"到此一游",2010年那个"决定"引发的争议,2011年总决赛时的畏手畏脚——所有不堪,满腹哀怨,统统一笔勾销、烟消云散。

## 2011-2012赛季排名

| 东部联盟 | | | |
|---|---|---|---|
| 排名 | 球队 | 胜 | 负 |
| 1 | 芝加哥公牛队 | 50 | 16 |
| 2 | 迈阿密热火队 | 46 | 20 |
| 3 | 印第安纳步行者队 | 42 | 24 |
| 4 | 波士顿凯尔特人队 | 39 | 27 |
| 5 | 亚特兰大老鹰队 | 40 | 26 |
| 6 | 奥兰多魔术队 | 37 | 29 |
| 7 | 纽约尼克斯队 | 36 | 30 |
| 8 | 费城76人队 | 35 | 31 |
| 9 | 密尔沃基雄鹿队 | 31 | 35 |
| 10 | 底特律活塞队 | 25 | 41 |
| 11 | 多伦多猛龙队 | 23 | 43 |
| 12 | 新泽西篮网队 | 22 | 44 |
| 13 | 克利夫兰骑士队 | 21 | 45 |
| 14 | 华盛顿奇才队 | 20 | 46 |
| 15 | 夏洛特山猫队 | 7 | 59 |
| 西部联盟 | | | |
| 排名 | 球队 | 胜 | 负 |
| 1 | 圣安东尼奥马刺队 | 50 | 16 |
| 2 | 俄克拉荷马城雷霆队 | 47 | 19 |
| 3 | 洛杉矶湖人队 | 41 | 25 |
| 4 | 孟菲斯灰熊队 | 41 | 25 |
| 5 | 洛杉矶快船队 | 40 | 26 |
| 6 | 丹佛掘金队 | 38 | 28 |
| 7 | 达拉斯独行侠队 | 36 | 30 |
| 8 | 犹他爵士队 | 36 | 30 |
| 9 | 休斯敦火箭队 | 34 | 32 |
| 10 | 菲尼克斯太阳队 | 33 | 33 |
| 11 | 波特兰开拓者队 | 28 | 38 |
| 12 | 明尼苏达森林狼队 | 26 | 40 |
| 13 | 金州勇士队 | 23 | 43 |
| 14 | 萨克拉门托国王队 | 22 | 44 |
| 15 | 新奥尔良黄蜂队 | 21 | 45 |

# NBA PLAYOFFS

## NBA季后赛 对阵表
### 2011—2012赛季

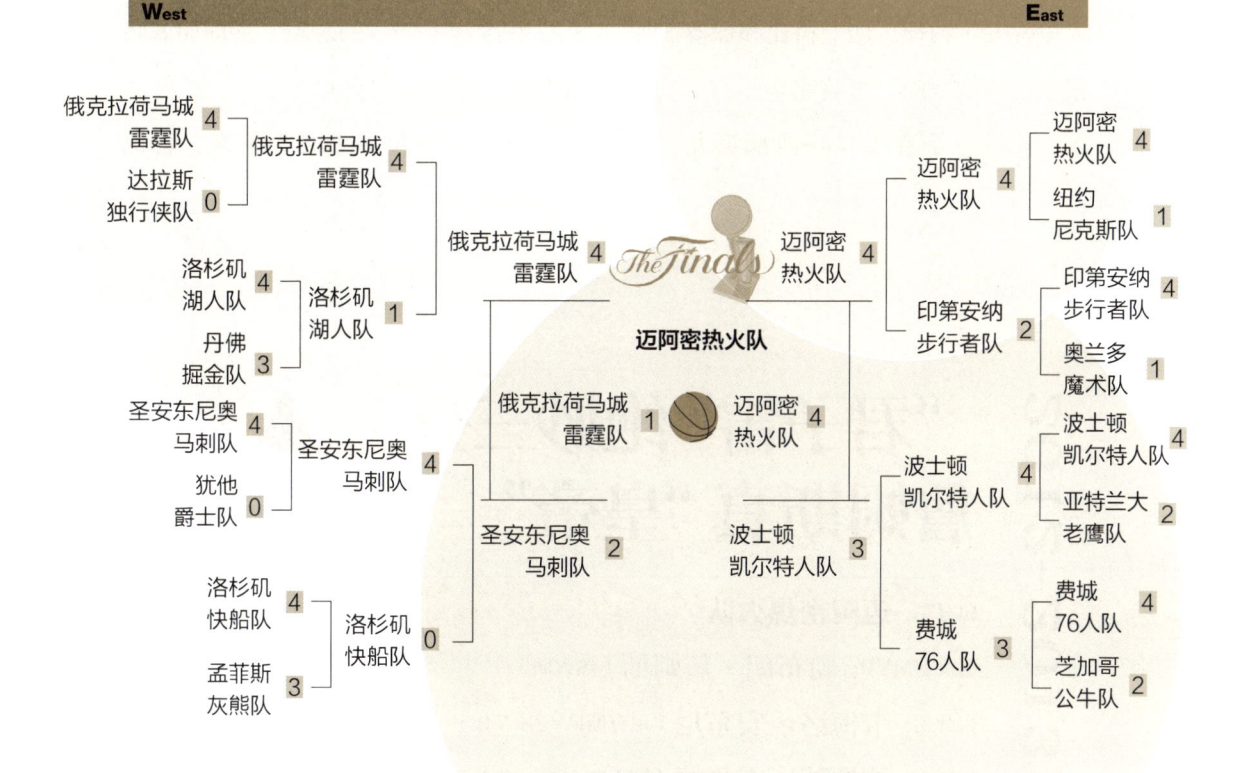

**W**est      **E**ast

### 西部

- 俄克拉荷马城雷霆队 4 — 达拉斯独行侠队 0
- 俄克拉荷马城雷霆队 4 — 洛杉矶湖人队 1
- 洛杉矶湖人队 4 — 丹佛掘金队 3
- 圣安东尼奥马刺队 4 — 犹他爵士队 0
- 圣安东尼奥马刺队 4 — 洛杉矶快船队 0
- 洛杉矶快船队 4 — 孟菲斯灰熊队 3
- 俄克拉荷马城雷霆队 4 — 圣安东尼奥马刺队 2

### 东部

- 迈阿密热火队 4 — 纽约尼克斯队 1
- 迈阿密热火队 4 — 印第安纳步行者队 2
- 印第安纳步行者队 4 — 奥兰多魔术队 1
- 波士顿凯尔特人队 4 — 亚特兰大老鹰队 2
- 波士顿凯尔特人队 4 — 费城76人队 3
- 费城76人队 4 — 芝加哥公牛队 2
- 迈阿密热火队 4 — 波士顿凯尔特人队 3

### The Finals
**迈阿密热火队**

俄克拉荷马城雷霆队 1 — 迈阿密热火队 4

2012年8月11日，上个赛季因为"篮球原因"与克里斯·保罗擦肩而过之后，湖人队终于笼络来一名超级球星——"魔兽"德怀特·霍华德，采购超级内线的队史传统得以传承。一个月之前，湖人队已经先签后换挖来助攻狂人史蒂夫·纳什，加上科比和保罗·加索尔，"新版F4"组装完毕。

连续三个赛季只获西部第九，一直想走球星路线而不得的火箭队也开始出手，先后以"毒药合同"抢下林书豪和公牛队的替补中锋阿西克。

这样的运作显然难以填饱休斯敦球迷的胃口，赛季开始之前火箭队终于干了一票大的，利用詹姆斯·哈登和雷霆队在续约上产生的罅隙，乘虚而入将新科最佳第六人"降服"。

哈登在总决赛上大失水准，价码

## 2012-2013

### "君子雷"绝妙三分
### 詹姆斯真"皇帝"

**总冠军：** 迈阿密热火队
**总决赛MVP：** 勒布朗·詹姆斯（热火队）
**得分王：** 卡梅洛·安东尼（尼克斯队/28.7分）
**篮板王：** 德怀特·霍华德（湖人队/12.4个）
**助攻王：** 拉简·隆多（凯尔特人队/11.1次）
**最有价值球员：** 勒布朗·詹姆斯（热火队）
**最佳新秀：** 达米安·利拉德（开拓者队）
**最佳防守球员：** 马克·加索尔（灰熊队）
**最佳第六人：** J.R.史密斯（尼克斯队）
**进步最快球员：** 保罗·乔治（步行者队）
**最佳教练：** 乔治·卡尔（掘金队）

打了折扣,加之他寻求顶薪未果,满腹怨气,而雷霆队管理层也知道已经留不住"三当家"的心,各方面综合作用,哈登和火箭队一拍即合,走到了一起。

而在东部,卫冕冠军热火队仗着勒布朗·詹姆斯的强大号召力和磁吸效应,将前超音速队双子星雷·阿伦和拉沙德·刘易斯低调纳入。

雷·阿伦投了热火队,搭伙五年的"绿色BIG 3"宣告解体,凯尔特人队只能添置贾森·特里和考特尼·李,力争将战力损失降到最低。

已经步入崛起轨道的步行者队则竭力维持阵容稳定,留下了罗伊·希伯特和乔治·希尔一内一外两员悍将。

篮网队则拉开土豪架势,留住德隆·威廉姆斯、布鲁克·洛佩斯和克里斯·亨弗里斯,吞下"鹰王"乔·约翰逊的合同,打造起年薪均过千万的超级豪阵。

然而纸面是一回事,现实是另一回事,湖人队用惨淡的战绩对此做了最有力的诠释。

湖人队季前赛遭遇八连败,尚可以拿磨合阵容来说事儿,可当常规赛开局三连败,前5场比赛1胜4负时,湖人队管理层有些坐不住了,只能拖出倒霉的迈克·布朗背黑锅,在没有更好选择——比如请"禅师"菲尔·杰克逊出山——的情况下让迈克·德安东尼接盘。

湖人队暴露出的最大问题是年龄和伤病,四大核心没有一人全勤,科比撑了78场,霍华德76场,纳什50场,加索尔则打了49场。熬过那段愁云惨淡的日子后,湖人队终于在进入2013年后"回暖",打出28胜12负的战绩,最终以西部第七的排位勉强挤入季后赛。

以历史的眼光看,那注定是湖人队的悲情一季。湖人队刚步入正轨,让苦闷的球迷看到些许光明,2013年2月18日,80岁的老板杰里·巴斯驾鹤西去。老巴斯是NBA历史上最成功的老板之一,在其治下湖人队捧得10个总冠军奖杯,老爷子的辞世宣告一个时代的落幕。

常规赛尾段,悲剧再次来袭。2013年4月12日,湖人队VS勇士队,湖人队最终以2分险胜,科比却在第四节两度受伤,最终无法坚持,提前离场,赛后确诊为跟腱撕裂,赛季报销。

这个赛季,科比场均贡献27.3分、5.6个篮板、6次助攻,尤其是在湖人队陷入泥沼时,他频频用现象级发挥率领球队抓住了季后赛的尾巴:

2013年3月3日,科比轰出34分、

6个篮板、4次助攻，率领湖人队主场擒下老鹰队，帮助球队在风雨飘摇的2012-2013赛季第一次将胜率拉回到50%。更拉风的是，在比赛还剩两分钟左右时，科比先是一个假动作甩开约什·史密斯直杀禁区，然后在这个联盟著名"弹簧男"追防到位、跃至半空张开大手时，瞪着眼睛恶狠狠地将球灌进了篮筐，落地后还发出了一声怒吼，彻底引爆斯台普斯中心。

如科比所言，本赛季发生在他身上的很多事情"无法解释"：2012年11月19日，湖人队以119∶108战胜火箭队，科比交出22分、11个篮板、11次助攻的三双答卷，而之前一次三双经历，还要追溯到2010年11月3日，彼时他刚刚率领湖人队达成两连冠伟业，两次加冕总决赛MVP；2012年12月26日，科比连续10场比赛砍下30+，上一个做到这一点的球员是2006年的詹姆斯，这样的情形在科比的职业生涯中也仅出现过两次，另外一次发生在2002-2003赛季；2013年3月6日，湖人队上演惊天逆袭战胜黄蜂队，科比狂得42分、7个篮板、12次助攻，这是他整个NBA生涯第二次收获40+10+5的数据，第一次发生在2006年12月17日湖人队VS奇才队的比赛中——45分、8个篮板、10次助攻。

哈登的火箭队生涯有个曼妙的开始：首战37分、12次助攻；第二战刷出生涯新高45分，成为2011年3月18日的詹姆斯之后首个对战老鹰队砍下40+的球员；如果第三战能把握住那次绝杀机会，哈登将复刻林书豪在纽约城的疯狂戏码——每一场比赛，都翻讲一个跌宕刺激的新故事。

但短暂的绚丽后，火箭队陷入沉寂，身边没有了杜兰特和维斯布鲁克后，哈登尚没修炼到真核心境界，林书豪则脱下了疯狂的外衣，还屡次被麦克海尔在关键时刻放逐。归根到底，火箭队并未打造起一套有足够竞争力的阵容。

最终，湖人队和火箭队这两支在休赛期迎来大腕的球队愁云惨淡，分别以第七和第八跌跌撞撞进入季后赛，各自遭遇马刺队和雷霆队，折了科比的湖人队以0∶4惨败，而哈登遇到"雷霆双少"，能率队支撑6场，以2∶4止步，也不至于太丢人。

火箭队和雷霆队的首轮对决中发生了不和谐的插曲，贝弗利和维斯布鲁克意外撞车，直接导致后者赛季报销，亏损一核的雷霆队元气大伤，次轮被灰熊队五场淘汰。

赛季报销，也是该赛季令人沮丧

的关键词：罗斯整个赛季都在修养，除了科比和维斯布鲁克之外，勒夫、斯塔德迈尔、格兰杰等各队重臣也先后报销，"黄曼巴"布兰顿·罗伊选择在森林狼队复出，只打了5场比赛就再次离开。所谓伤病猛于虎，诚不欺人。

休赛期无人问津的麦迪选择退役，后又在马刺队复出，却在替补席上鲜有出场机会，不免令人唏嘘。

马刺队轻松淘汰湖人队后，次轮遇到斯蒂芬·库里率领的勇士队。

该赛季库里大放异彩，常规赛飙中272个三分球，打破了雷·阿伦保持的纪录，并多次在第三节开启"库里时间"，令人血脉偾张，欲罢不能。

勇士队和马刺队的西部半决赛首轮，库里照例开启第三节表演时间，单节轰出22分，全场砍下44分、11次助攻。这场比赛极为经典，丹尼·格林为马刺队续命，双加时里吉诺比利从罪人变成功臣，马刺队首战取胜后，最终用6场比赛给年轻的库里和勇士队好好上了一课。

马刺队西部决赛的对手是灰熊队。灰熊队在西部半决赛淘汰雷霆队绝非偶然，小球盛行的时代，灰熊队以马克·加索尔和扎克·兰多夫的"双塔"立命，辅以迈克·康利、托尼·阿伦、鲁迪·盖伊，这套首发稳定、强硬、传统、缓慢，在常规赛就迸发出强大的即战力，但在西部决赛的舞台上，面对更加老辣且诡异的马刺队，算是小巫见了大巫，悲催地被横扫。

终于圆了九年来的冠军梦后，詹姆斯这个赛季愈发游刃有余。热火队在伤病大面积席卷联盟之时，保持了阵容稳定又添置了强援，从而掀起连胜旋风。

2013年1月16日，詹姆斯成为NBA历史上最年轻的20000分先生，进入到2月份更是打出史诗级表现。热火队从2月3日开始，一直到3月25日，连胜27场，书写了北美职业联赛史上第二长的连胜纪录，仅次于当年湖人队的33连胜。

热火队火热，首轮以4：0横扫雄鹿队，次轮以4：1擒下公牛队，摧枯拉朽，毋庸赘述。

热火队在东部决赛遇到了步行者队的顽强阻击。此前步行者队用两个4：2干掉了老鹰队和尼克斯队，面对鼎盛的热火队，希伯特成为X因素，一次次践踏热火队的三秒区，好在詹姆斯已经用首冠完成洗礼，加之刚刚接过核心权杖的保罗·乔治尚显稚嫩，热火队抢七得手后，再次登上了总决赛舞台。

马刺队VS热火队的总决赛首战，詹姆斯变身全能战士，砍下18分、18个篮板、10次助攻的三双，这是他的第十次季后赛三双，追平伯德和隆多，并列NBA历史第三，但"圣城GDP"合砍54分，马刺队以92∶88险胜先拔头筹。

四战过后，两队打成2∶2，关键的天王山之战，波波维奇大胆变阵，将第四战发挥失常、5投1中只得5分的吉诺比利提进首发。

其实，吉诺比利的委顿不仅体现在第四战。总决赛前4战，吉诺比利场均只得7.5分，命中率只有34.5%，三分命中率更是惨到18.8%，他在场时马刺队输36分，反之却赢41分——敢临战变阵、重用这样低迷的首发，波帅何止是冒险，简直就是疯狂！但老头儿的疯狂又成功了，吉诺比利用24分、10次助攻自救，也救了马刺队。

值得一提的是，射手格林也迎来爆发，是役三分球10投6中贡献24分，5场总决赛投中25个三分球，打破了雷·阿伦保持的总决赛三分球命中纪录。

或许是冥冥之中自有天命，雷·阿伦刚被人家抢走了纪录，就成为关键第六战的主角。第四节还剩不足6秒时，热火队落后3分，此时迈阿密城陷入绝望，球迷开始离场，NBA官方开始布置颁奖会场……就在这时，天平猝不及防地猛烈晃荡，已经打好的历史草稿成了废纸，剧终成了未完待续，阿伦站出来扔进了一粒不可思议的三分球，将比赛拖入加时，热火队加时取胜，大比分变成3∶3，热火队"死"而复生。

其实，第六战詹姆斯虽然砍下32分、10个篮板、11次助攻，但有两次差点儿酿成大祸的失误，抢七大战的首节，他也只有4投1中。六场比赛加这个首节，波波维奇这个犟老头子对詹姆斯的防守策略始终未变，那就是用莱昂纳德、丹尼·格林或者鲍里斯·迪奥单防，放投不放突——宁愿让詹姆斯投死，也不让他冲起来，带动热火队的整体进攻。

但所谓巨星，总是能突破自我，无畏自救，后三节，詹姆斯正是用投篮掌控了比赛，全场比赛他投进了5个三分，邓肯错失关键投篮之后，他正是用果决的跳投送出致命一击。詹姆斯终结比赛的那记中投，是一次高调的回应，他以此宣告波波维奇的算盘落空，也让海量"詹黑"无言以对。

热火队夺冠绝非詹姆斯一人之功，砍下23分、10个篮板的韦德，三分球8中6的巴蒂尔,甚至是让邓肯举步维艰的"鸟人"安德森,都是迈阿密的功臣。

37分、12个篮板在詹姆斯的职业生涯里也并不稀奇,但这场比赛显然是他的巅峰作之一,甚至可以去掉"之一",因为这是总决赛抢七大战,面对波波维奇开出的赌局,他坚决地选择了"跟",并以对手最不愿意看到的方式赢了。

连续两个赛季包揽常规赛MVP和总决赛MVP,詹姆斯,真"皇帝"!

## 2012-2013赛季排名

| 东部联盟 | | | |
| --- | --- | --- | --- |
| 排名 | 球队 | 胜 | 负 |
| 1 | 迈阿密热火队 | 66 | 16 |
| 2 | 纽约尼克斯队 | 54 | 28 |
| 3 | 印第安纳步行者队 | 49 | 32 |
| 4 | 布鲁克林篮网队 | 49 | 33 |
| 5 | 芝加哥公牛队 | 45 | 37 |
| 6 | 亚特兰大老鹰队 | 44 | 38 |
| 7 | 波士顿凯尔特人队 | 41 | 40 |
| 8 | 密尔沃基雄鹿队 | 38 | 44 |
| 9 | 费城76人队 | 34 | 48 |
| 10 | 多伦多猛龙队 | 34 | 48 |
| 11 | 底特律活塞队 | 29 | 53 |
| 12 | 华盛顿奇才队 | 29 | 53 |
| 13 | 克利夫兰骑士队 | 24 | 58 |
| 14 | 夏洛特山猫队 | 21 | 61 |
| 15 | 奥兰多魔术队 | 20 | 62 |

| 西部联盟 | | | |
| --- | --- | --- | --- |
| 排名 | 球队 | 胜 | 负 |
| 1 | 俄克拉荷马城雷霆队 | 60 | 22 |
| 2 | 圣安东尼奥马刺队 | 58 | 24 |
| 3 | 丹佛掘金队 | 57 | 25 |
| 4 | 洛杉矶快船队 | 56 | 26 |
| 5 | 孟菲斯灰熊队 | 56 | 26 |
| 6 | 金州勇士队 | 47 | 35 |
| 7 | 洛杉矶湖人队 | 45 | 37 |
| 8 | 休斯敦火箭队 | 45 | 37 |
| 9 | 犹他爵士队 | 43 | 39 |
| 10 | 达拉斯独行侠队 | 41 | 41 |
| 11 | 波特兰开拓者队 | 33 | 49 |
| 12 | 明尼苏达森林狼队 | 31 | 51 |
| 13 | 萨克拉门托国王队 | 28 | 54 |
| 14 | 新奥尔良黄蜂队 | 27 | 55 |
| 15 | 菲尼克斯太阳队 | 25 | 57 |

# NBA PLAYOFFS

## NBA季后赛 对阵表
### 2012—2013赛季

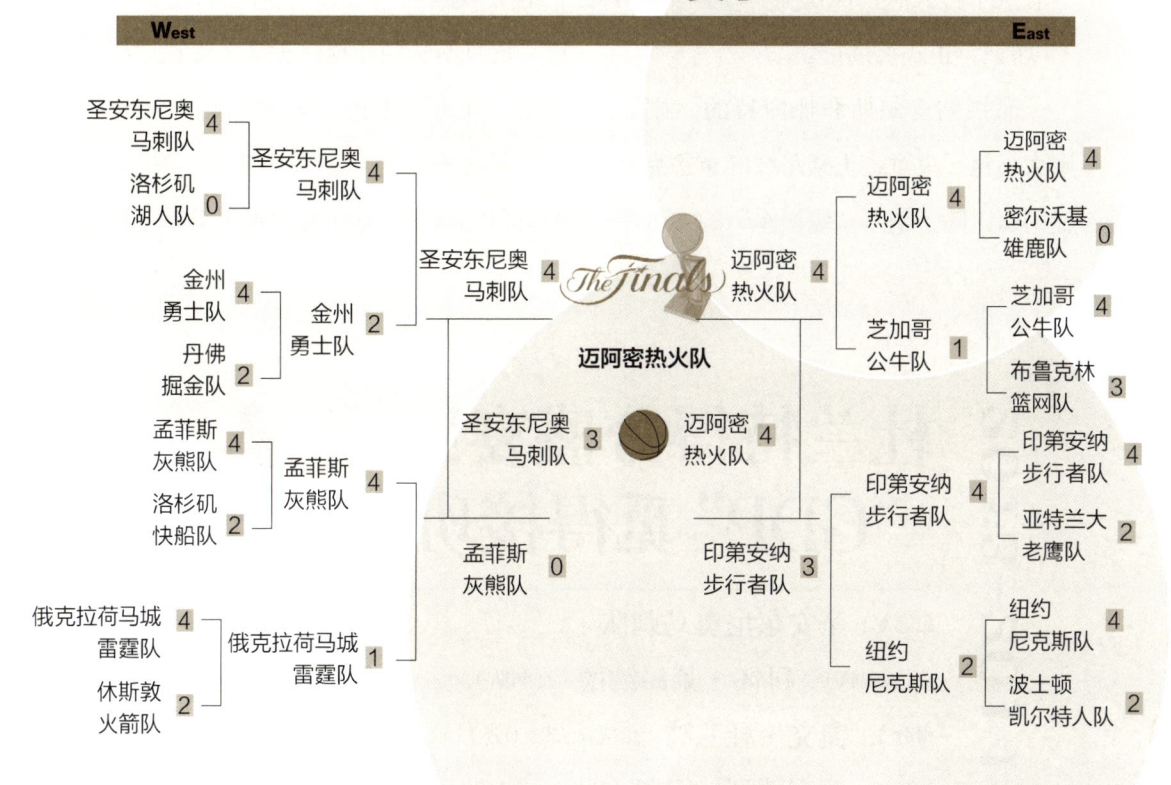

**W**est      **E**ast

| West | | | | Finals | | | | East |
|---|---|---|---|---|---|---|---|---|
| 圣安东尼奥马刺队 4 | | | | | | | | 迈阿密热火队 4 |
| 洛杉矶湖人队 0 | 圣安东尼奥马刺队 4 | | | | | | 迈阿密热火队 4 | 密尔沃基雄鹿队 0 |
| | | 圣安东尼奥马刺队 4 | | | | 迈阿密热火队 4 | | |
| 金州勇士队 4 | | | | | | | 芝加哥公牛队 1 | 芝加哥公牛队 4 |
| 丹佛掘金队 2 | 金州勇士队 2 | | | | | | | 布鲁克林篮网队 3 |
| | | | 圣安东尼奥马刺队 3 | **迈阿密热火队** | 迈阿密热火队 4 | | | |
| 孟菲斯灰熊队 4 | | | 孟菲斯灰熊队 0 | | 印第安纳步行者队 3 | | | 印第安纳步行者队 4 |
| 洛杉矶快船队 2 | 孟菲斯灰熊队 4 | | | | | 印第安纳步行者队 4 | | 亚特兰大老鹰队 2 |
| | | 俄克拉荷马城雷霆队 1 | | | | 纽约尼克斯队 2 | | |
| 俄克拉荷马城雷霆队 4 | | | | | | | | 纽约尼克斯队 4 |
| 休斯敦火箭队 2 | 俄克拉荷马城雷霆队 4 | | | | | | | 波士顿凯尔特人队 2 |

2013年NBA的夏天继续强烈震荡，一大波名头响亮的球员改换门庭。

东部最吸引眼球的变动，莫过于凯尔特人队送走了保罗·皮尔斯和凯文·加内特，这两员悍将的离队，标志着凯尔特人队彻底祛除"绿衫军BIG3"印记，正式推倒重建。

而接纳皮尔斯和加内特的，则是财大气粗、决意走土豪路线的布鲁克林篮网队。除了纳入"绿衫军"的二老和贾森·特里，篮网队还招入利文斯顿、布拉奇、基里连科等实用性球员，再加上已有的德隆·威廉姆斯、布鲁克·洛佩斯和乔·约翰逊，账面上的实力令人生畏。但需要注意的是，篮网队俨然成了老兵收留所，年龄失调成为潜在隐患。尼克斯队同样招兵买马，得到"慈世平"（原名罗恩·阿泰斯特，2011年改名为梅塔·沃尔德·皮斯（Metta World Peace），意译为慈善·世界·和

## 2013-2014

### 杜兰特得分盛宴！"GDP"觅得接班人

总冠军：**圣安东尼奥马刺队**

总决赛MVP：**科怀·莱昂纳德**（马刺队）

得分王：**凯文·杜兰特**（雷霆队/32.0分）

篮板王：**德安德烈·乔丹**（快船队/13.6个）

助攻王：**克里斯·保罗**（快船队/10.7次）

最有价值球员：**凯文·杜兰特**（雷霆队）

最佳新秀：**迈克尔·卡特·威廉姆斯**（76人队）

最佳防守球员：**乔金·诺阿**（公牛队）

最佳第六人：**贾马尔·克劳福德**（快船队）

进步最快球员：**戈兰·德拉季奇**（太阳队）

最佳教练：**格雷格·波波维奇**（马刺队）

平，简称"慈世平"）、J.R.史密斯、巴格纳尼、肯扬·马丁等球员。

西部最令人侧目的变动无疑是火箭队拿下德怀特·霍华德。之前那个赛季，"魔兽"在湖人队过得并不开心，尤其是和科比的关系并不和谐。客观地说，霍华德有些势利，他选择下家时，除了赚得理想的薪金，是否具备总冠军竞争力也很关键，当初选择湖人队多少有些抱大腿的嫌疑，但在洛杉矶度过了一个失意的赛季之后，逃遁似乎不可避免。而火箭队这些年一直在寻觅明星内线，妙手网罗詹姆斯·哈登后则更有招募本钱，于是"魔登组合"在休斯敦应运而生。

除了这些大动作，有几笔运作虽不太起眼，却颇为成功，甚至影响到了联盟格局：老鹰队放走约什·史密斯，签下了米尔萨普，凭借此举，老鹰队迅速崛起，遗憾的是，季后赛受困于霍福德的伤病，球队没能走得更远；开拓者队放走希克森，得到罗宾·洛佩兹，一名真正的护筐球员，解放了阿尔德里奇；独行侠队签下蒙塔·埃利斯和卡尔德隆，后场重新注入活力，打出总冠军赛季之后最佳表现。

有的球队欢欣鼓舞，有的球队黯然神伤。湖人队希望凭借"F4"重新崛起，却只换了个一轮游，随着霍华德的离开，湖人队的战力进一步打折，球迷只能期盼科比赶紧归来，最好是恢复到"小飞侠"时的神勇。

湖人队的前19场比赛10胜9负，算是中规中矩，重要的是：科比终于复出了。然而他仅仅打了6场比赛，场均贡献13.8分、4.3个篮板、6.3次助攻后，就再次赛季报销，此时距离他和湖人队签下那份2年4850万美金的合同到期，仅剩区区20天时间。

不断被伤病袭扰的，还有德里克·罗斯。从揭幕战公牛队VS热火队时复出，到10月22日公牛队VS开拓者队时再次报销，罗斯只打了10场比赛，场均贡献15.9分、3.2个篮板、4.3次助攻。三个赛季加起来，罗斯只打了49场比赛。

科比和罗斯的报销令人扼腕，但不同的是，湖人队从此一溃千里，大有刻意摆烂之势，整个赛季只赢了27场比赛，而公牛队此后虽然送走洛尔·邓，不免让人怀疑是战略性放弃，但诺阿打出最佳防守球员的风采，带领球队常规赛赢了48场，高居东部第三。

从大的格局看，东部比较明朗，步行者队和热火队二龙戏珠，常规赛胜率分居一二。

步行者队通过内部挖掘继续提升。兰斯·史蒂芬森打出了职业生涯最好的一个赛季，成为一名出色的后场持球人，很多时候，进攻都是从他这里发起。史蒂芬森的存在解放了保罗·乔治，但也在一定程度上损害了罗伊·希伯特篮板方面的利益。总之，史蒂芬森的进步伴随着种种争议和矛盾，越接近季后赛，这种问题越发突出。季后赛结束，步行者队放走了史蒂芬森。

热火队方面并不乐观，尽管把持着东部第二的战绩，但隐患重重。除了"三巨头"之外，没有任何球员能得分上双。替补席上的雷·阿伦状态下滑明显，而且球队还在未经詹姆斯许可的情况下裁掉了他最好的朋友之一麦克·米勒。更大的问题在于，韦德的身体状况继续下滑，这个赛季他只出场了54次。

除了步行者队和热火队，再也没有一支东部球队能够拿下50胜，公牛队和猛龙队并列排在东部第三。

德里克·罗斯仍然没有健康复出，只打了10场比赛。不过吉米·巴特勒和诺阿的成长令这支球队保持着不错的竞争力。猛龙队则从送走盖伊的交易中受益，洛瑞和德罗赞的后场组合相得益彰。

另外值得一提的是排在东部第七的山猫队，他们在埃尔·杰弗森的率领下队史首次闯入季后赛。这也是杰弗森加盟山猫队的第一个赛季。

篮网队排名第五，首轮以下克上干掉猛龙队，但次轮被热火队轻松淘汰。

步行者队和热火队不出所料过关斩将会师东部决赛。步行者队首战11分取胜后，热火队显示出卫冕冠军的实力，连扳三城拿下赛点，并最终以4∶2连续四年登上总决赛舞台。

西部的形势不像东部这样明朗，马刺队、雷霆队和快船队组成了第一集团，这三支球队都拥有强大的球星，其中马刺队和快船队阵容深度非常可怕。

开拓者队、火箭队和勇士队则属于第二梯队，虽然战绩不那么靠前，但都拥有至少两名全明星级别的球星。灰熊队和独行侠队位列西部第七和第八，但他们的战绩分别是50胜和49胜，如果拿到东部，这样的成绩可以排名第三了。

季后赛首轮打得最难解难分的是得克萨斯内战的"牛马大战"。独行侠队虽然排名第八，但与西部榜首的马刺队大战七场才遗憾落败，足见西部球队之间的竞争有多么惨烈。

马刺队在第二轮教训了年轻的开拓者队，轻松将他们淘汰掉。与此同时，雷霆队与快船队大战6场，雷霆队晋级。

再次与冤家开拓者队相遇在季后赛首轮、拥有"魔登组合"的火箭队是被普遍看好的一方，但令人意外的是，阿尔德里奇在前两场发威，先后砍下46分和43分，率领开拓者队在客场取得2：0的梦幻开局。

哈登砍下37分帮助火箭队扳回一城后，双方在第四场打出这轮系列赛的第3个加时，开拓者队以3：1领先，离晋级只差一场胜利。

火箭队背水一战拿下第五战后，双方在第六战打出名局，帕森斯在比赛还剩0.9秒时为火箭队取得2分领先，然后利拉德上演三分绝杀，结束了这轮惨烈的系列赛。利拉德拿起话筒嘶吼"撕裂之城"的那一幕，也成为开拓者队队史上的又一经典瞬间。

最终马刺队和雷霆队在西部决赛遭遇。

马刺队并未受到上赛季被雷·阿伦狙杀的影响，这个赛季出奇地稳定，开季14场只输了1场，从赛季第一天就领跑西部。

维斯布鲁克虽然因伤晚归，但杜兰特在进攻端近乎无解，从2014年1月7日对阵爵士队的48分开始，他连续12场30+，连续41场25+，轻松将得分王收入囊中的同时，也为"双少"合璧赢取了时间。

到了西部决赛，雷霆队的大前锋伊巴卡不慎受伤，缺席了两场比赛，老兵不死的马刺队以4：2笑到最后，连续第二年与热火队会师总决赛。这也是自1997年和1998年公牛队与爵士队之后，NBA首次出现连续两年总决赛交战双方不变的情况。

不变的是球队，变化的是战局。

总决赛第一场，双方打得非常激烈，分差一直没有拉开。最后，空调扮演了关键角色。由于圣安东尼奥主场的空调坏掉，场馆内温度很高，詹姆斯在第四节小腿痉挛，不得不离场休息。马刺队抓住詹姆斯不在的机会，打出一波高潮，拿下比赛。邓肯在这场比赛中10投9中，砍下21分、10个篮板。

总决赛第二场，詹姆斯爆发，砍下35分、10个篮板，率队以2分优势取胜，扳回一局。但在接下来的争夺里，热火队再也找不到赢球的感觉，分别以19分、21分和17分的劣势连输三场。这三场比赛中，马刺队小前锋莱昂纳德分别贡献29分、20分和22分，并成功地限制住了詹姆斯的发挥，最终荣膺总决赛MVP。

马刺队的胜利成为经典的团队制胜案例，更重要的是，他们击败的正是巨星扎堆的热火队，这也令这届总决赛拥有了另一层特别的含义。

# 2013-2014赛季排名

## 东部联盟

| 排名 | 球队 | 胜 | 负 |
|---|---|---|---|
| 1 | 印第安纳步行者队 | 56 | 26 |
| 2 | 迈阿密热火队 | 54 | 28 |
| 3 | 多伦多猛龙队 | 48 | 34 |
| 4 | 芝加哥公牛队 | 48 | 34 |
| 5 | 华盛顿奇才队 | 44 | 38 |
| 6 | 布鲁克林篮网队 | 44 | 38 |
| 7 | 夏洛特山猫队 | 43 | 39 |
| 8 | 亚特兰大老鹰队 | 38 | 44 |
| 9 | 纽约尼克斯队 | 37 | 45 |
| 10 | 克利夫兰骑士队 | 33 | 49 |
| 11 | 底特律活塞队 | 29 | 53 |
| 12 | 波士顿凯尔特人队 | 25 | 57 |
| 13 | 奥兰多魔术队 | 23 | 59 |
| 14 | 费城76人队 | 19 | 63 |
| 15 | 密尔沃基雄鹿队 | 15 | 67 |

## 西部联盟

| 排名 | 球队 | 胜 | 负 |
|---|---|---|---|
| 1 | 圣安东尼奥马刺队 | 62 | 20 |
| 2 | 俄克拉荷马城雷霆队 | 59 | 23 |
| 3 | 洛杉矶快船队 | 57 | 25 |
| 4 | 休斯敦火箭队 | 54 | 28 |
| 5 | 波特兰开拓者队 | 54 | 28 |
| 6 | 金州勇士队 | 51 | 31 |
| 7 | 孟菲斯灰熊队 | 50 | 32 |
| 8 | 达拉斯独行侠队 | 49 | 33 |
| 9 | 菲尼克斯太阳队 | 48 | 34 |
| 10 | 明尼苏达森林狼队 | 40 | 42 |
| 11 | 丹佛掘金队 | 36 | 46 |
| 12 | 新奥尔良鹈鹕队 | 34 | 48 |
| 13 | 萨克拉门托国王队 | 28 | 54 |
| 14 | 洛杉矶湖人队 | 27 | 55 |
| 15 | 犹他爵士队 | 25 | 57 |

# NBA PLAYOFFS

## NBA季后赛 对阵表
### 2013—2014赛季

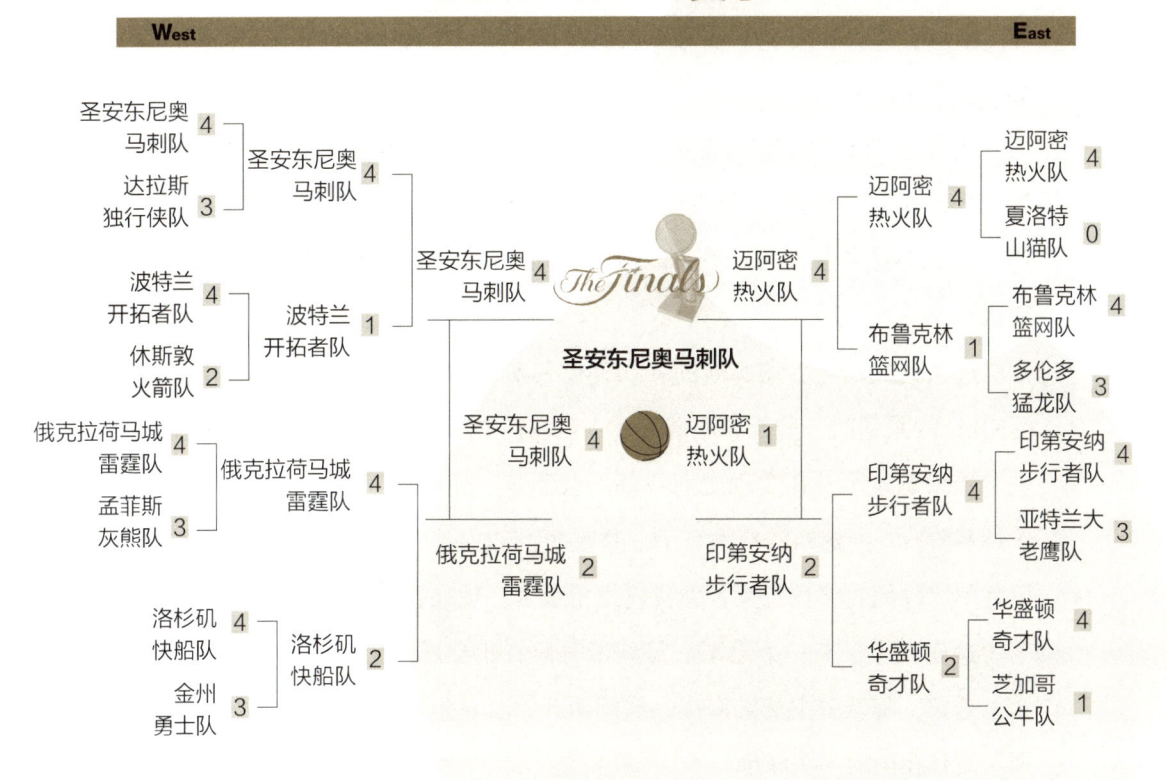

**West**

- 圣安东尼奥马刺队 4
- 达拉斯独行侠队 3
  - 圣安东尼奥马刺队 4
- 波特兰开拓者队 4
- 休斯敦火箭队 2
  - 波特兰开拓者队 1
    - 圣安东尼奥马刺队 4
- 俄克拉荷马城雷霆队 4
- 孟菲斯灰熊队 3
  - 俄克拉荷马城雷霆队 4
- 洛杉矶快船队 4
- 金州勇士队 3
  - 洛杉矶快船队 2
    - 俄克拉荷马城雷霆队 2
      - 圣安东尼奥马刺队 4

**The Finals: 圣安东尼奥马刺队**

**East**

- 迈阿密热火队 4
- 夏洛特山猫队 0
  - 迈阿密热火队 4
- 布鲁克林篮网队 4
- 多伦多猛龙队 1
  - 布鲁克林篮网队 1
    - 迈阿密热火队 4
- 印第安纳步行者队 4
- 亚特兰大老鹰队 3
  - 印第安纳步行者队 4
- 华盛顿奇才队 4
- 芝加哥公牛队 1
  - 华盛顿奇才队 2
    - 印第安纳步行者队 2
      - 迈阿密热火队 1

429

## 勒布朗·詹姆斯的"决定"

2009年，勒布朗·詹姆斯曾经和NBA名宿、著名"大嘴"查尔斯·巴克利有过一番争论。詹姆斯将在2010年成为完全自由球员，他在不同场合多次主动谈及此事："2010年有可能成为自由球员历史上值得铭记的一年，有可能改变历史……"

此言论一出，即遭到巴克利的猛烈抨击。在巴克利看来，詹姆斯作为"当事人"，不应该过分谈论此事，在赛季期间抛出类似言论，是对比赛，尤其是对老东家的不尊重。詹姆斯却不以为然："他很愚蠢，我只想说这么多。"

进入到2010年，詹姆斯的一切言论其实还都指向留守。4月初，在接受NBA TV采访时，詹姆斯明确表示："我有一个宏大的目标，就是为克利夫兰带来总冠军，在实现之前我都不会停步。"但随着赛季的深入，到了季后赛阶段，詹姆斯的口吻有了一些改变："这是座很棒的城市，球迷都难以置信，他们看着我长大，为我付出了很多。现在我走到今天，只想专注于为这座城市带来一个冠军。等到了时候，我会做出决定的。"而据知情人士透露，随着骑士队被淘汰，詹姆斯开始联系包括德怀恩·韦德、克里斯·波什在内的一些球星。

7月8日，詹姆斯走进了ESPN的直播间，向全世界公布了他的"决定"，那就是"将天赋带到迈阿密"，与韦德、波什组成"三巨头"。詹姆斯坚称，他是在直播当天早上才做出这个决定的。

詹姆斯的决定确实改变了联盟格局，但最大的争议其实是在电视上直播这一"决定"的方式。多年之后，詹姆斯自己也承认，自己不该置家乡人民的感受于不顾，以直播的方式宣布自己的决定，但这只是战术层面的不妥，在战略层面，他认为十分正确。

图1　2007年6月28日，易建联第六顺位被雄鹿队选中，正式登陆NBA。

图2　2007年7月31日，波士顿凯尔特人队召开新闻发布会，皮尔斯、加内特和雷·阿伦（从左至右）正式亮相。

图3　2007-2008赛季，科比率领湖人队重返NBA总决赛，湖人队最终2∶4不敌"三巨头"率领的凯尔特人队，凯尔特人队自1986年后再夺NBA总冠军。

图4 2008年8月24日,美国男篮以118∶107战胜西班牙男篮,夺得2008年北京奥运会男篮冠军。

图5 2009年5月4日,2008-2009赛季NBA季后赛西部半决赛,休斯敦火箭队以100∶92战胜洛杉矶湖人队,姚明带伤砍下28分、10个篮板。

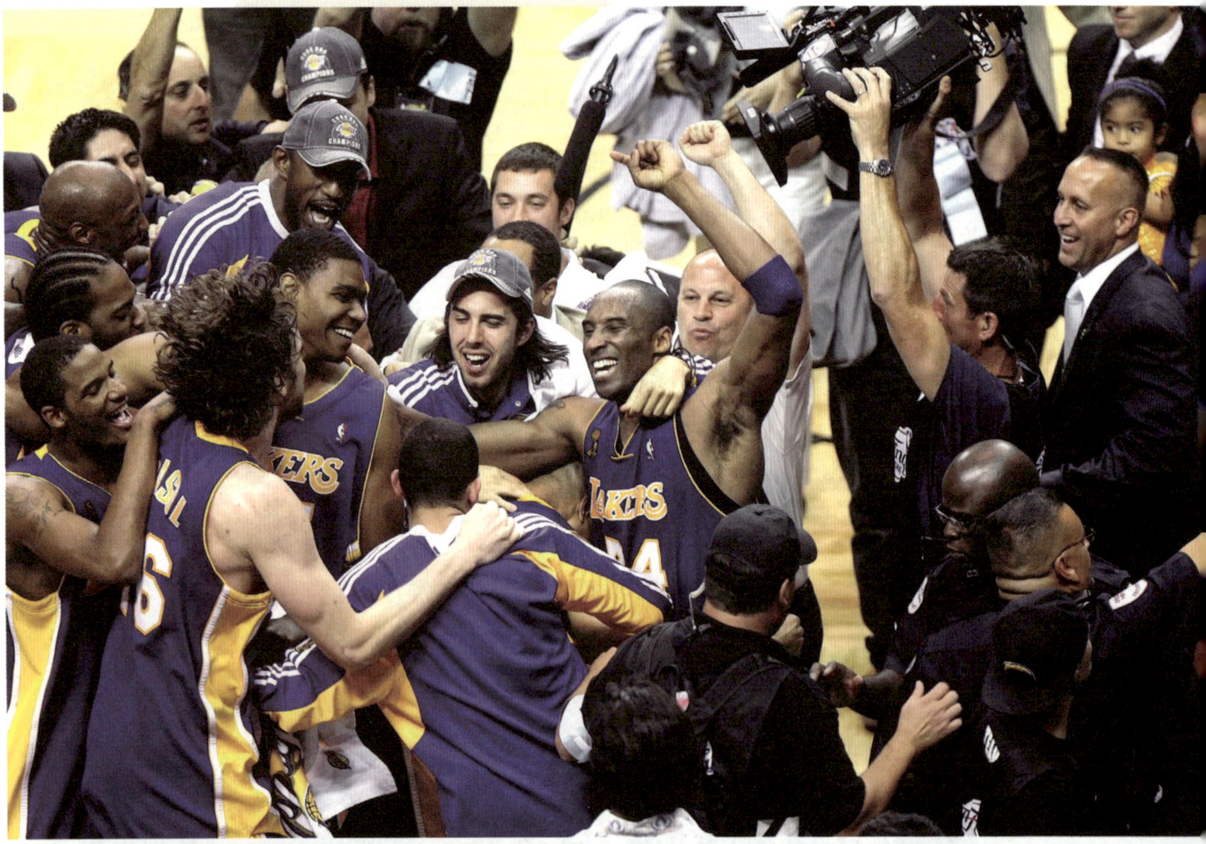
LAKERS

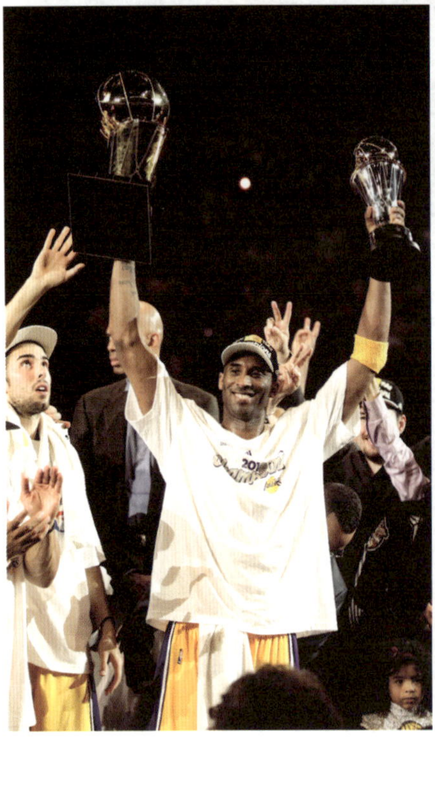

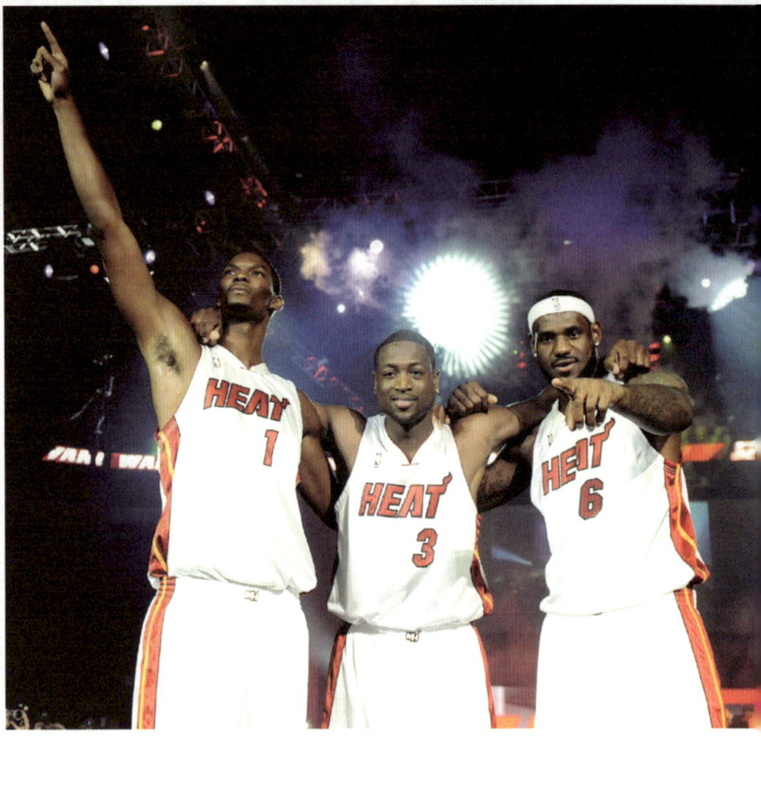
HEAT
1
HEAT
3
HEAT
6

| 6 | | 9 | 10 |
|---|---|---|---|
| 7 | 8 | | |

图6　2009年6月14日，2008-2009赛季NBA总决赛第五场，湖人队99∶86魔术队，总比分4∶1夺得湖人队队史第15冠，科比赛后与队友疯狂庆祝。

图7　2010年6月17日，2009-2010赛季NBA总决赛，湖人队以4∶3击败凯尔特人队获得总冠军，科比第五次获得NBA总冠军并加冕总决赛MVP。

图8　2010年7月9日，"小皇帝"詹姆斯（右）正式加盟迈阿密热火队，与韦德（中）、波什（左）组成了更加年轻而强势的热火队"三巨头"。

图9　2010-2011赛季常规赛，罗斯场均贡献25分、4.1个篮板、7.7次助攻，带领公牛队取得联盟第一战绩，并成功将该赛季常规赛MVP奖杯收入囊中，当时只有22岁的他也成为NBA史上最年轻的MVP。

图10　2011年6月12日，诺维茨基率领老将们击败热火队"三巨头"，拿下职业生涯唯一一座总冠军奖杯。

图11　2012年2月10日，2011-2012赛季NBA常规赛，尼克斯队以92∶85战胜湖人队，林书豪对阵科比领军的湖人队，狂砍38分。

图12　2012年5月3日，2011-2012赛季NBA季后赛首轮，独行侠队79∶95不敌雷霆队。比赛中，易建联为球队出战。

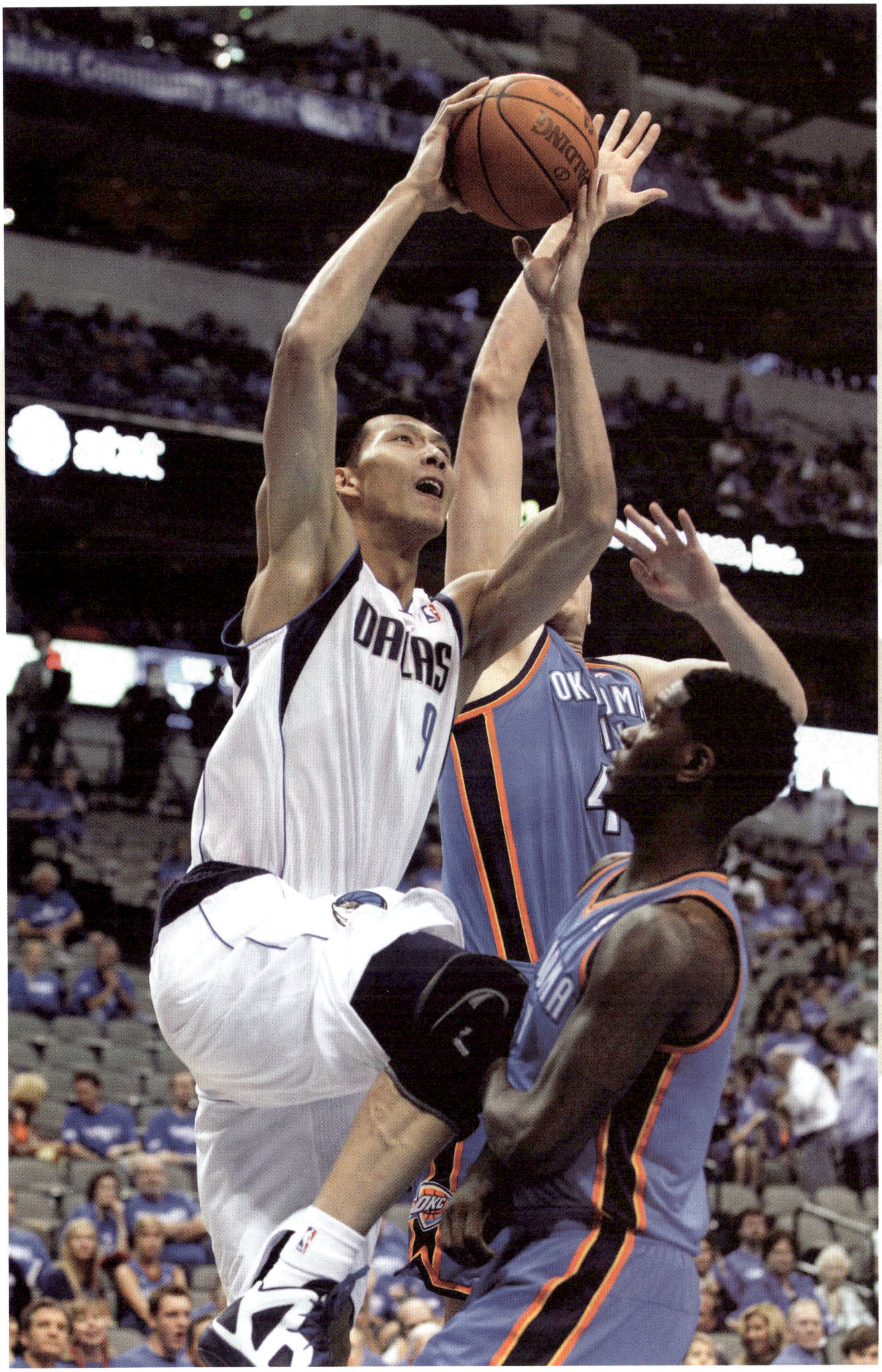
at&t
DALLAS
9

438

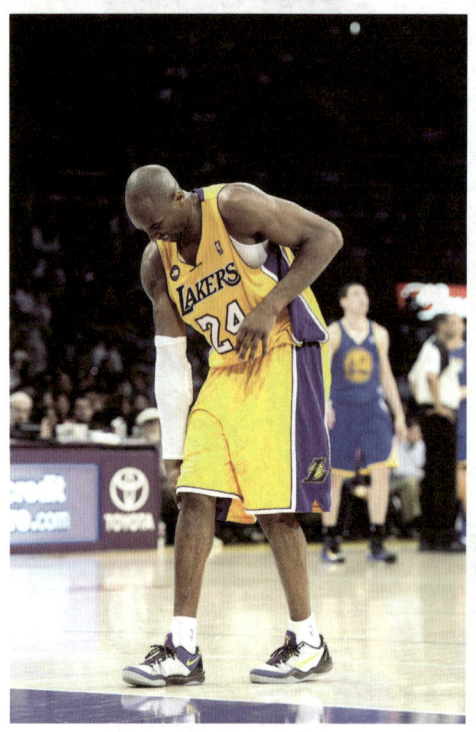

图13　2012年6月14日，2011-2012赛季NBA总决赛第二场，热火队以100∶96战胜雷霆队，韦德（右一）防守哈登（右二）。

图14　2013年4月12日，湖人队以118∶116险胜勇士队。在比赛中，科比受伤痛苦倒地，后被诊断为跟腱断裂，赛季报销。

图15　2013年6月18日，2012-2013赛季NBA总决赛第六场，最后时刻热火队落后3分，雷·阿伦在失去平衡的情况下强投三分命中，热火队一鼓作气加时以103∶100战胜马刺队。

图16　2014年6月15日，2013-2014赛季NBA总决赛第五场，热火队87∶104不敌马刺队，马刺队以4∶1的总比分夺冠，热火队三连冠梦碎，"三巨头"解散，赛后邓肯与詹姆斯拥抱致意。

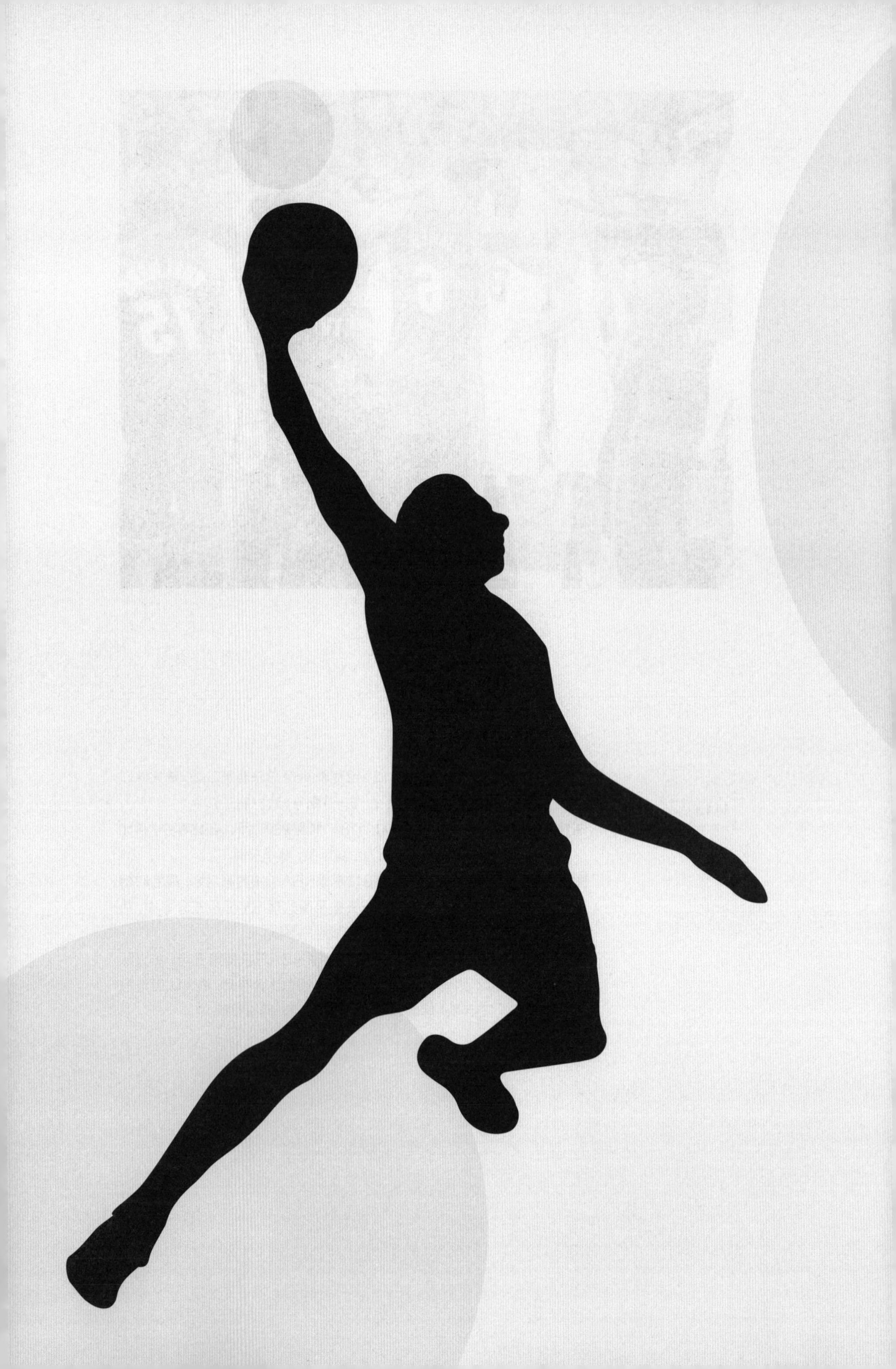

# 第八章 三分盛宴，小球时代

2014-2015赛季的精彩,还是从夏季球员流转开始,最劲爆的戏码当属勒布朗·詹姆斯时隔四年后回家,回到了他梦开始的克利夫兰。

四年前,詹姆斯在ESPN直播间发表那个著名"决定",让一干对他垂涎三尺的球队莫名神伤,只能紧急启动B计划。毫不夸张地说,詹姆斯一个人改变了整个联盟的格局,而克利夫兰彻底沦为伤城,老板气急败坏公开大骂,而那些曾经无比爱他的球迷无法接受这个悲伤的事实,用诸如当街焚烧球衣这种极端手段发泄胸中郁结。

在迈阿密的4个赛季,詹姆斯携热火队年年进总决赛,收获了两枚总冠军戒指,留下了NBA生涯最为曼妙的回忆。此番回家,有人说是詹姆斯太功利,除了与克里斯·波什有隙之外,笃定"三巨头"已然没了前途,想重立炉灶继续收集总冠军戒指。

## 2014-2015

## 惊叹!那个叫库里的家伙 勇士队夺冠

总冠军:**金州勇士队**

总决赛MVP:**安德烈·伊戈达拉**(勇士队)

得分王:**拉塞尔·维斯布鲁克**(雷霆队/28.1分)

篮板王:**德安德烈·乔丹**(快船队/15.0个)

助攻王:**克里斯·保罗**(快船队/10.2次)

最有价值球员:**斯蒂芬·库里**(勇士队)

最佳新秀:**安德鲁·威金斯**(森林狼队)

最佳防守球员:**科怀·莱昂纳德**(马刺队)

最佳第六人:**路易斯·威廉姆斯**(猛龙队)

进步最快球员:**吉米·巴特勒**(公牛队)

最佳教练:**迈克·布登霍尔泽**(老鹰队)

NBA大熔炉里鲜有永远的感情，克利夫兰这座城市早将四年前的不快抛到了九霄云外，重新张开臂膀迎接曾经的宠儿，因为他们知道，这个人才更有希望为他们带来至尊荣耀。

过去几个赛季已然证明，詹姆斯有无与伦比的磁吸功能，这一次也不例外。骑士队拉来内外兼修、数据华丽的明星大前锋凯文·勒夫，加上已有的凯里·欧文，又一组"三巨头"在克利夫兰蔚然成型。

除此之外，詹姆斯在热火队时的队友迈克·米勒和詹姆斯·琼斯来投，老将自由球员肖恩·马里昂也来助阵，骑士队瞬间就组建起一支在纸面上极具竞争力的球队。如果非要挑个隐患，或许只是新帅大卫·布拉特从未执教过NBA球队，尤其是能否驾驭"詹姆斯之队"，尚待实战检验。

然而，令一众专家大跌眼镜的是，骑士队的起步异常艰难，揭幕战就输给了安东尼率领的尼克斯队，第二场常规赛通过加时才艰难战胜公牛队。而后新版骑士队输给了开拓者队和爵士队两支西北军，尽管马上以4连胜正名，但4连胜之后的4连败，还是把骑士队推上舆论的风口浪尖。

随后，骑士队短暂展示自我纠错能力，凭借超强的天赋迎来一波8连胜，看起来危机已经解除，骑士队似乎找到了取胜之道。但事实证明，问题远没有这么简单。从2014年12月底到2015年1月中旬的两周多时间里，骑士队在10场比赛中输掉9场，战绩再次跌破五成，只有19胜20负。

危难之际，"三巨头"发起了一次没有主教练参加的会议，加上引进莫兹戈夫、J.R.史密斯和香珀特，骑士队才迎来真正的转变，拿下12连胜，正式步入正轨。

此时的东部，与之前一季比早已是冰火两重天，顶尖两强皆支离破碎：热火队由于詹姆斯的离开元气大伤，尽管得到了德拉季奇、怀特塞德等可用之才，但波什肺部出现血凝块赛季报销，最终无缘季后赛；步行者队则失去了史蒂芬森，当家球星保罗·乔治在夏天的美国男篮训练营中小腿骨折，最终也无缘季后赛。

东部真正崛起的是老鹰队、奇才队和公牛队。老鹰队打出了东部最佳战绩，奇才队得到皮尔斯之后战斗力提升，公牛队则迎回了一个健康的罗斯。

季后赛中，骑士队首轮毫不费力击败凯尔特人队，但意外的是，凯尔特人队中锋奥利尼克与骑士队大前锋勒夫在比赛中纠缠在一起，导致勒夫肩膀脱臼，赛季提前报销。

詹姆斯次轮遭遇老对手公牛队。公牛队凭借着罗斯的爆发夺下第一场，此后骑士队逐渐进入状态，外线射手集体发威，最终以4：2的大比分晋级，如愿杀入东部决赛，对手是常规赛东部冠军老鹰队。

此前老鹰队用两个4：2淘汰了篮网队和奇才队，但首场东部决赛就遇到了三分球12投8中、砍下28分的J.R.史密斯，遭遇当头一棒，最终惨遭0：4横扫，目送詹姆斯连续第5季登上总决赛舞台。

西部是勇士队的天下，他们拿下了67胜的华丽战绩。斯蒂芬·库里和克莱·汤普森两大射手席卷整个联盟，前者场均贡献23.8分、4.3个篮板、7.7次助攻，在与詹姆斯·哈登的MVP之争中胜出，后者则有单节37分的神级演出，他们不断刷新着各种与三分球有关的纪录，用反常规的集观赏性和实用性于一体的作战方式傲视联盟。

相对东部，西部豪强林立，最值一提的无疑是火箭队。

火箭队虽然未能如愿以詹姆斯·哈登和德怀特·霍华德为诱饵，在这个赛季就组建起"三巨头"，也未能留住钱德勒·帕森斯，但阿里扎完美补缺，还带来了帕森斯所不具备的侧翼防守，新面孔杰森·特里、科里·布鲁尔和约什·史密斯也都是即插即用的典范。尤其是哈登，已经成为联盟数一数二的得分后卫，真正蜕变为超级球星，尽管在得分王之争中输给了维斯布鲁克，在MVP之争中输给了库里，却用场均27.4分、5.7个篮板、7次助攻的傲人表现将火箭队带到了常规赛第二的高位。

赛季之初，独行侠队一度成为抢眼的黑马，进攻能力超群，高居西部前列。不过交易来隆多后，独行侠队却逐渐跌出西部顶尖球队的行列，只以西部第七的战绩打进季后赛。隆多增强了独行侠队的账面实力，但从实战来看，他并没有很好地融入球队，引发化学反应。

开拓者队的阿尔德里奇也打出职业生涯最佳赛季，并且在赛季后半段手指受伤后，放弃可能导致伤停两个月的手术治疗，带伤继续作战，颇具领袖风范。

西部季后赛席位争夺异常激烈，直到常规赛最后一个比赛日，所有排名才揭晓。焦点在于马刺队：最后一场比赛对阵鹈鹕队，如果马刺队取胜，就能排到西部第二,而鹈鹕队将无缘季后赛,雷霆队挺进前八;如果马刺队输球,他们将跌落到西部第五,鹈鹕队将保住西部第八,雷霆队无缘季后赛。最终,马刺队输给了鹈鹕队。

雷霆队取得了45胜的战绩。考虑到这个赛季杜兰特长时间缺席比赛,大多数时间里都是维斯布鲁克一个人扛着球队前进,这已经是一个非常不错的成绩。尽管雷霆队遗憾地与季后赛无缘,但维斯布鲁克疯狂砍分,拿三双拿到手抽筋,并最终上演华丽逆袭,以场均28.1分加冕得分王,这无疑是该季最大的亮点之一。

季后赛首轮最具看点的对决是马刺队VS快船队。

马刺队无须多表,"GDP组合"俱在,总决赛MVP莱昂纳德被推到冲锋陷阵的前排,丹尼·格林扮演首席三分手。关键的是,只要磐石一般的格雷格·波波维奇在,马刺队就是不可忽视的存在,尽管他们只以西部第五收官常规赛。

快船队在这个赛季也有脱胎换骨之势,格里芬场均砍下21.9分,成为球队首席得分手,保罗和小乔丹分别是该季助攻王和篮板王。

马刺队和快船队打得难分难解,只得进入残酷的抢七。最终,快船队凭借保罗的一记非常规上篮绝杀,淘汰上赛季总冠军惊险晋级,在第二轮遇到首轮淘汰了独行侠队的火箭队。

火箭队首轮碰上了独行侠队。哈登前两战场均24分,进攻端效率一般,命中率只有32.1%,三分球命中率跌到22.2%,但他场均能送出8.5次助攻,场均罚中14分,在驱导队友和制造杀伤上都做得不错。关键的是,火箭队其他球员表现不俗,尤其是约什·史密斯和霍华德这对好哥们,第二战用空接把独行侠队玩坏,火箭队取得2∶0的梦幻开局。

回想十年前,火箭队就曾在客场取得2∶0领先,却被独行侠队上演惊天逆袭,抢七失败,惨遭淘汰。这次历史没有重演,3∶0后火箭队在第四战有多达5人吃到技术犯规,被独行侠队扳回一阵,但仍然以4∶1的大比分轻松进入西部半决赛。

快船队VS火箭队的西部半决赛值得说道。

首战保罗因伤缺战,格里芬刷出26分、14个篮板、13次助攻的三双,霍华德得到22分、10个篮板、5次盖帽,哈登只得20分,虽送出12次助攻,却有恐怖的9次失误,快船队抢下开门红。

次战哈登攻下32分，火箭队创纪录地博取64次罚球，将比分追成1∶1。

从前两场比赛看，双方处于均势，这轮系列赛注定是惨烈的拉锯战，但没承想，接下来两场，火箭队惨遭快船队吊打，狂输58分。第三战小里弗斯轰出25分，第四战雷迪克刮起单节15分风暴，小乔丹34次罚球，"魔兽"霍华德只打了18分钟就6犯离场——从场面上看，1∶3落后的火箭队已经希望不大。

所谓绝处逢生，火箭队第五场大胜，但在第六场又被一通"胖揍"，一度落后19分，就在哈登场下休息之际，以布鲁尔和史密斯为首的休斯敦匪帮竟然生生完成超级大逆转，将快船队拖进了第七战。

到了抢七生死战，第六战毫无存在感的哈登苏醒，砍下31分、7个篮板、8次助攻、3次抢断，率领火箭队奇迹般逆袭，成为NBA历史上第九支在1∶3落后的情况下实现逆袭的球队。快船队的保罗贡献26分、10次助攻，格里芬27分、11个篮板，小乔丹16分、17个篮板，数据都挺好看，但无奈关键时刻帮手歇菜，只能悲情地遥望西部决赛地板。

西部决赛勇士队VS火箭队，西部头两号种子会师，库里和哈登的MVP之争得以延续。勇士队先后用4∶0和4∶2淘汰鹈鹕队和灰熊队，锐不可当，打火箭队也毫不客气，连胜3场拿到总决赛晋级点，最终以4∶1登上总决赛舞台。

总决赛骑士队VS勇士队，詹姆斯VS库里。

首场对决临近结束时，骑士队明星后卫欧文受伤离场，克利夫兰"三巨头"只剩詹姆斯一人，勇士队先胜一场。

第二场和第三场，詹姆斯打出MVP表现，先后轰出39分、16个篮板、11次助攻和40分、12个篮板、8次助攻，而库里却在重点照顾下失准，骑士队以2∶1反超大比分。

从第四场开始，勇士队主教练史蒂夫·科尔果断变阵，将悍将伊戈达拉提入首发，专门对付火爆的詹姆斯。这一招收到奇效，伊戈达拉在成功限制詹姆斯的同时，进攻端也足够给力，第四战贡献22分，第六战得到23分，力助勇士队连赢3场，总比分4∶2登顶。

伊戈达拉如有神助，当选总决赛MVP实至名归。

## 2014-2015赛季排名

### 东部联盟

| 排名 | 球队 | 胜 | 负 |
|---|---|---|---|
| 1 | 亚特兰大老鹰队 | 60 | 22 |
| 2 | 克利夫兰骑士队 | 53 | 29 |
| 3 | 芝加哥公牛队 | 50 | 32 |
| 4 | 多伦多猛龙队 | 49 | 33 |
| 5 | 华盛顿奇才队 | 46 | 36 |
| 6 | 密尔沃基雄鹿队 | 41 | 41 |
| 7 | 波士顿凯尔特人队 | 40 | 42 |
| 8 | 布鲁克林篮网队 | 38 | 44 |
| 9 | 印第安纳步行者队 | 38 | 44 |
| 10 | 迈阿密热火队 | 37 | 45 |
| 11 | 夏洛特黄蜂队 | 33 | 49 |
| 12 | 底特律活塞队 | 32 | 50 |
| 13 | 奥兰多魔术队 | 25 | 57 |
| 14 | 费城76人队 | 18 | 64 |
| 15 | 纽约尼克斯队 | 17 | 65 |

### 西部联盟

| 排名 | 球队 | 胜 | 负 |
|---|---|---|---|
| 1 | 金州勇士队 | 67 | 15 |
| 2 | 休斯敦火箭队 | 56 | 26 |
| 3 | 洛杉矶快船队 | 56 | 26 |
| 4 | 波特兰开拓者队 | 51 | 31 |
| 5 | 孟菲斯灰熊队 | 55 | 27 |
| 6 | 圣安东尼奥马刺队 | 55 | 27 |
| 7 | 达拉斯独行侠队 | 50 | 32 |
| 8 | 新奥尔良鹈鹕队 | 45 | 37 |
| 9 | 俄克拉荷马城雷霆队 | 45 | 37 |
| 10 | 菲尼克斯太阳队 | 39 | 43 |
| 11 | 犹他爵士队 | 38 | 44 |
| 12 | 丹佛掘金队 | 30 | 52 |
| 13 | 萨克拉门托国王队 | 29 | 53 |
| 14 | 洛杉矶湖人队 | 21 | 61 |
| 15 | 明尼苏达森林狼队 | 16 | 66 |

# NBA PLAYOFFS

## NBA季后赛 对阵表
### 2014—2015赛季

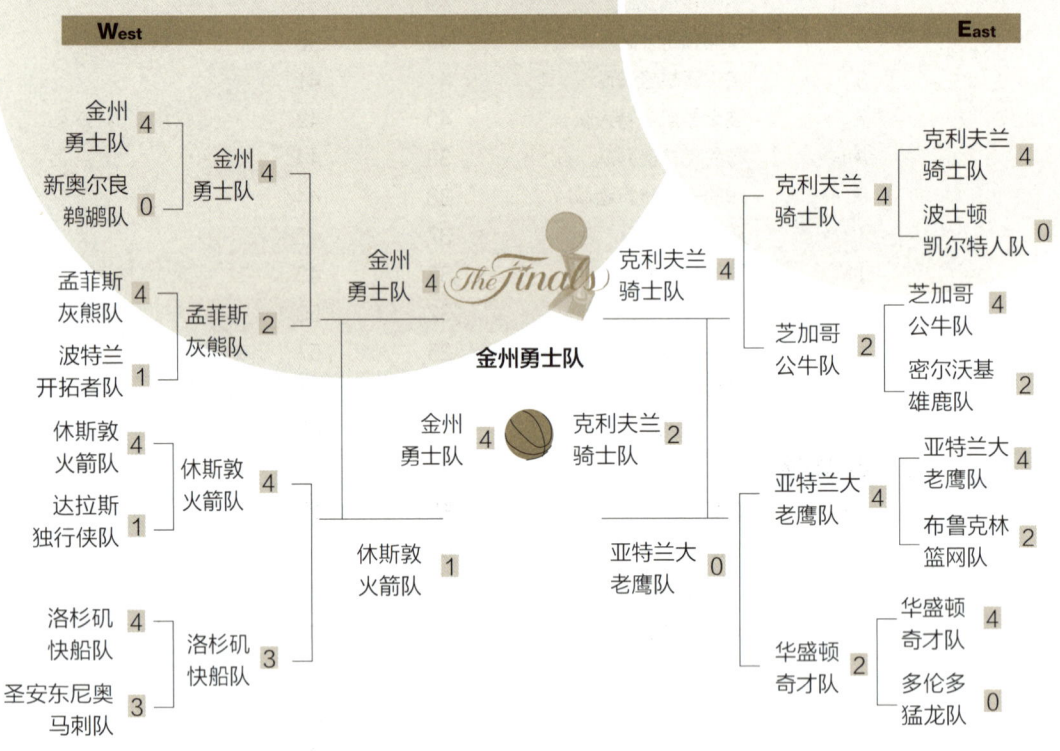

**West**                                                                       **East**

### 西部

- 金州勇士队 4 ┐
- 新奥尔良鹈鹕队 0 ┘ → 金州勇士队 4 ┐
- 孟菲斯灰熊队 4 ┐                    │
- 波特兰开拓者队 1 ┘ → 孟菲斯灰熊队 2 ┘ → 金州勇士队 4 ┐
- 休斯敦火箭队 4 ┐                                      │
- 达拉斯独行侠队 1 ┘ → 休斯敦火箭队 4 ┐                 │
- 洛杉矶快船队 4 ┐                    │                 │
- 圣安东尼奥马刺队 3 ┘ → 洛杉矶快船队 3 ┘ → 休斯敦火箭队 1 ┘

**The Finals**

**金州勇士队**

金州勇士队 4 — 克利夫兰骑士队 2

### 东部

- 克利夫兰骑士队 4 ┐
- 波士顿凯尔特人队 0 ┘ → 克利夫兰骑士队 4 ┐
- 芝加哥公牛队 4 ┐                        │
- 密尔沃基雄鹿队 2 ┘ → 芝加哥公牛队 2 ┘ → 克利夫兰骑士队 4 ┐
- 亚特兰大老鹰队 4 ┐                                        │
- 布鲁克林篮网队 2 ┘ → 亚特兰大老鹰队 4 ┐                   │
- 华盛顿奇才队 4 ┐                      │                   │
- 多伦多猛龙队 0 ┘ → 华盛顿奇才队 2 ┘ → 亚特兰大老鹰队 0 ┘

上赛季输掉总决赛后，骑士队在休赛期的操作稳字当头：保留了詹姆斯、欧文、勒夫、J.R.史密斯等核心阵容，并根据需求查漏补缺，提升板凳阵容深度，理查德·杰弗森、莫·威廉姆斯、钱宁·弗莱等球员入驻克利夫兰。

骑士队新赛季打出了13胜4负的梦幻开局，一骑绝尘，仍然没有球队可以撼动他们在东部的地位。常规赛半程过后，骑士队以30胜11负的战绩高居东部第一，看似顺风顺水，实则更衣室内暗流涌动。

2016年1月23日，骑士队管理层一个令人匪夷所思的决定引爆了联盟，时任主教练大卫·布拉特突然被解雇，助理教练泰伦·卢被扶正执掌这支豪华战舰。要知道，在布拉特下课前，骑士队领跑东部联盟，且在过去的13场比赛中

## 2015-2016

## 冰与火之歌！
## 73胜神迹遇上"全力詹"

**总冠军：克利夫兰骑士队**

**总决赛MVP：勒布朗·詹姆斯**（骑士队）

**得分王：斯蒂芬·库里**（勇士队/30.1分）

**篮板王：安德里·德拉蒙德**（活塞队/14.8个）

**助攻王：拉简·隆多**（国王队/11.7次）

**最有价值球员：斯蒂芬·库里**（勇士队）

**最佳新秀：安东尼·唐斯**（森林狼队）

**最佳防守球员：科怀·莱昂纳德**（马刺队）

**最佳第六人：贾马尔·克劳福德**（快船队）

**进步最快球员：C.J.麦科勒姆**（开拓者队）

**最佳教练：史蒂夫·科尔**（勇士队）

赢下了11场，只输给了西部两大豪强勇士队和马刺队。即便如此，布拉特仍然无法保住自己的帅位。

布拉特下课的关键因素在于，这位欧洲名帅没有足够的NBA执教经验，没有取得詹姆斯、欧文等核心球员的信任和支持。据消息人士爆料，詹姆斯在幕后推动了布拉特的离开，他一直不喜欢布拉特，同时詹姆斯和经纪人里奇·保罗一直都希望泰伦·卢能出任主帅。

"菜鸟"主帅泰伦·卢自上任后就一直被很多人看作是詹姆斯的"傀儡"，球迷戏言骑士队真正的主教练是詹姆斯，而泰伦·卢只有一个"鬼才"战术：把球交给詹姆斯。

在下半程的41场比赛中，泰伦·卢带领骑士队取得了27胜14负的战绩，中规中矩。尽管磕磕绊绊，骑士队还是以57胜25负的战绩夺得常规赛东部冠军，德罗赞和洛瑞率领的猛龙队以56胜26负的战绩位列东部第二。

韦德和波什率领的热火队、老鹰队、小托马斯领军的凯尔特人队、肯巴·沃克时代的黄蜂队、保罗·乔治统领的步行者队，以及雷吉·杰克逊、托比亚斯·哈里斯、安德里·德拉蒙德所在的活塞队分列东部第三到八位。

季后赛中，詹姆斯继续展示着自己在东部联盟的无敌统治力。季后赛前两轮，骑士队用两个4:0轻松横扫活塞队和老鹰队，用一波8连胜强势杀进东部决赛，对手是猛龙队。

与骑士队的砍瓜切菜相比，猛龙队的晋级之路则要艰难很多，前两轮系列赛均打满了7场，分别淘汰步行者队和热火队，与骑士队会师东部决赛。

彼时的东部，猛龙队被看作是唯一可以抗衡骑士队的球队，德罗赞+洛瑞+瓦兰修纳斯VS欧文+詹姆斯+勒夫。猛龙队的优势在于阵容深度更出色，卡罗尔、泰伦斯·罗斯、斯科拉、帕特森、鲍威尔、比永博、詹姆斯·约翰逊都是实力派干将，外界期待这支雄厚的猛龙队可以在东部决赛舞台上给骑士队制造点麻烦。

东部决赛开打，骑士队主场先下两城，0:2落后的猛龙队回到主场顶住压力，连赢两场扳平系列赛比分。

然而，季后赛终究是一个比拼球星成色的舞台。关键的天王山之战，勒夫10中8轰下最高的25分，詹姆斯17中10贡献23分、6个篮板、8次助攻，欧文17中9轰下23分，"三巨头"合轰71分，骑士队以116:78狂胜猛龙队。猛龙队在压力之下集体迷失，全队只有两人得分超过10分，德罗赞8中2得到14分，洛瑞12中5得到13分。

东部决赛以2∶3落后，回到主场的猛龙队迎来生死之战，但骑士队并没有给他们起死回生的机会，最终以113∶87血洗，以4∶2的大比分淘汰对手晋级总决赛。此役，骑士队"三巨头"轰下83分，其中詹姆斯33分、11个篮板、6次助攻、3次封盖，欧文30分、9次助攻，勒夫20分、12个篮板，另外J.R.史密斯飙中5记三分贡献15分。反观猛龙队，洛瑞和德罗赞双拳难敌四手，前者22中11砍下35分，后者18中9得到20分，其余队友无人超过10分。

西部联盟依然是勇士队的天下。

夺得总冠军后，勇士队基本保留了上赛季原班人马，但有了总冠军荣誉加成，球队战斗力进一步提升，同时也变得更加不可战胜。勇士队新赛季打出了一波24连胜，向外界展示了自己卫冕的决心，24连胜也创造了NBA历史最长开局连胜纪录。

随着常规赛最后一场击败灰熊队，勇士队将自己的常规赛战绩定格在了73胜9负，由此打破了公牛队在1995–1996赛季创下的纪录（72胜10负），成为NBA历史单赛季常规赛战绩最好的球队。同时，勇士队也成为历史上首支单赛季从未在同一个对手身上遭遇两次失败的球队，还是历史上唯一一支没有遭遇过连败的球队，主场54连胜也创下了NBA历史主场连胜纪录，34胜7负的客场战绩同样创造历史纪录。

库里场均轰下30.1分，加冕常规赛得分王，同时力压莱昂纳德和詹姆斯夺得常规赛MVP，实现了MVP的两连庄。克莱·汤普森场均贡献22.1分，德拉蒙德·格林场均14分、9.5个篮板、7.4次助攻，哈里森·巴恩斯场均11.7分，FMVP伊戈达拉场均7分、4个篮板、3.4次助攻、1.1次抢断，恐怖"死亡五小"似乎无懈可击。

勇士队之外，老爷子波波维奇执掌的马刺队依然是总冠军热门。除了老"GDP组合"和"机器人"莱昂纳德，夏天顶薪加盟球队的阿尔德里奇迅速融入球队，常规赛场均贡献18分、8.5个篮板，是莱昂纳德之外的第二得分手。马刺队打出了67胜15负战绩，排在西部第二。

杜兰特和维斯布鲁克带领的雷霆队、"空接之城"快船队、利拉德和C.J.麦科勒姆率领的开拓者队、诺维茨基所在的独行侠队、"黑白双熊"统领的灰熊队，以及哈登、霍华德率领的火箭队分列常规赛第三到八名。

季后赛，73胜的勇士队用两个4：1轻松淘汰火箭队和开拓者队，顺利晋级西部决赛。雷霆队首轮以4：1淘汰独行侠队，半决赛以下克上以4：2淘汰马刺队，与勇士队会师西部决赛。

西部决赛上演惊天大逆转。面对卫冕冠军勇士队，杜兰特和维斯布鲁克带领的雷霆队在前四战中取得了3：1的领先，一只脚已经踏进了总决赛。然而，站在悬念边上的勇士队逆天改命，奇迹般连赢三场并以4：3淘汰雷霆队闯入总决赛，这是NBA历史上西部决赛第一次出现有球队在1：3落后的情况下成功翻盘。

骑士队和勇士队连续第二个赛季会师NBA总决赛。前四战，勇士队取得了3：1的巨大领先，几乎将总冠军奖杯收入囊中，两连冠近在咫尺。但好莱坞式的反转剧情再次上演，第五战成为总决赛的转折点。

第四战最后时刻，受到詹姆斯"胯下之辱"的格林肘击詹姆斯。赛后，联盟追加格林一次技术犯规，根据规定，季后赛中技术犯规满4次会自动禁赛一场。第五战客场面对缺少格林的勇士队，詹姆斯和欧文均轰下41分赢下生死战，并就此扭转局势。

第六战，勇士队迎来格林的复出，但詹姆斯依然不可阻挡，全场再次轰下41分帮助骑士队赢球，从而将总决赛拖入抢七。

生死战中，欧文在最后关键时刻命中那记载入史册的绝命三分，骑士队以93：89击败勇士队，从而以4：3的大比分逆袭夺得总冠军。

勇士队也成为历史上第一支在总决赛取得3：1领先，但最终被翻盘逆转的球队。詹姆斯实现了自己的承诺，为骑士队带来了队史第一座总冠军奖杯：This is for you。

## 2015-2016赛季排名

| 东部联盟 | | | |
| --- | --- | --- | --- |
| 排名 | 球队 | 胜 | 负 |
| 1 | 克利夫兰骑士队 | 57 | 25 |
| 2 | 多伦多猛龙队 | 56 | 26 |
| 3 | 迈阿密热火队 | 48 | 34 |
| 4 | 亚特兰大老鹰队 | 48 | 34 |
| 5 | 波士顿凯尔特人队 | 48 | 34 |
| 6 | 夏洛特黄蜂队 | 48 | 34 |
| 7 | 印第安纳步行者队 | 45 | 37 |
| 8 | 底特律活塞队 | 44 | 38 |
| 9 | 芝加哥公牛队 | 42 | 40 |
| 10 | 华盛顿奇才队 | 41 | 41 |
| 11 | 奥兰多魔术队 | 35 | 47 |
| 12 | 密尔沃基雄鹿队 | 33 | 49 |
| 13 | 纽约尼克斯队 | 32 | 50 |
| 14 | 布鲁克林篮网队 | 21 | 61 |
| 15 | 费城76人队 | 10 | 72 |

| 西部联盟 | | | |
| --- | --- | --- | --- |
| 排名 | 球队 | 胜 | 负 |
| 1 | 金州勇士队 | 73 | 9 |
| 2 | 圣安东尼奥马刺队 | 67 | 15 |
| 3 | 俄克拉荷马城雷霆队 | 55 | 27 |
| 4 | 洛杉矶快船队 | 53 | 29 |
| 5 | 波特兰开拓者队 | 44 | 38 |
| 6 | 达拉斯独行侠队 | 42 | 40 |
| 7 | 孟菲斯灰熊队 | 42 | 40 |
| 8 | 休斯敦火箭队 | 41 | 41 |
| 9 | 犹他爵士队 | 40 | 42 |
| 10 | 萨克拉门托国王队 | 33 | 49 |
| 11 | 丹佛掘金队 | 33 | 49 |
| 12 | 新奥尔良鹈鹕队 | 30 | 52 |
| 13 | 明尼苏达森林狼队 | 29 | 53 |
| 14 | 菲尼克斯太阳队 | 23 | 59 |
| 15 | 洛杉矶湖人队 | 17 | 65 |

# NBA PLAYOFFS

## NBA季后赛 对阵表
### 2015—2016赛季

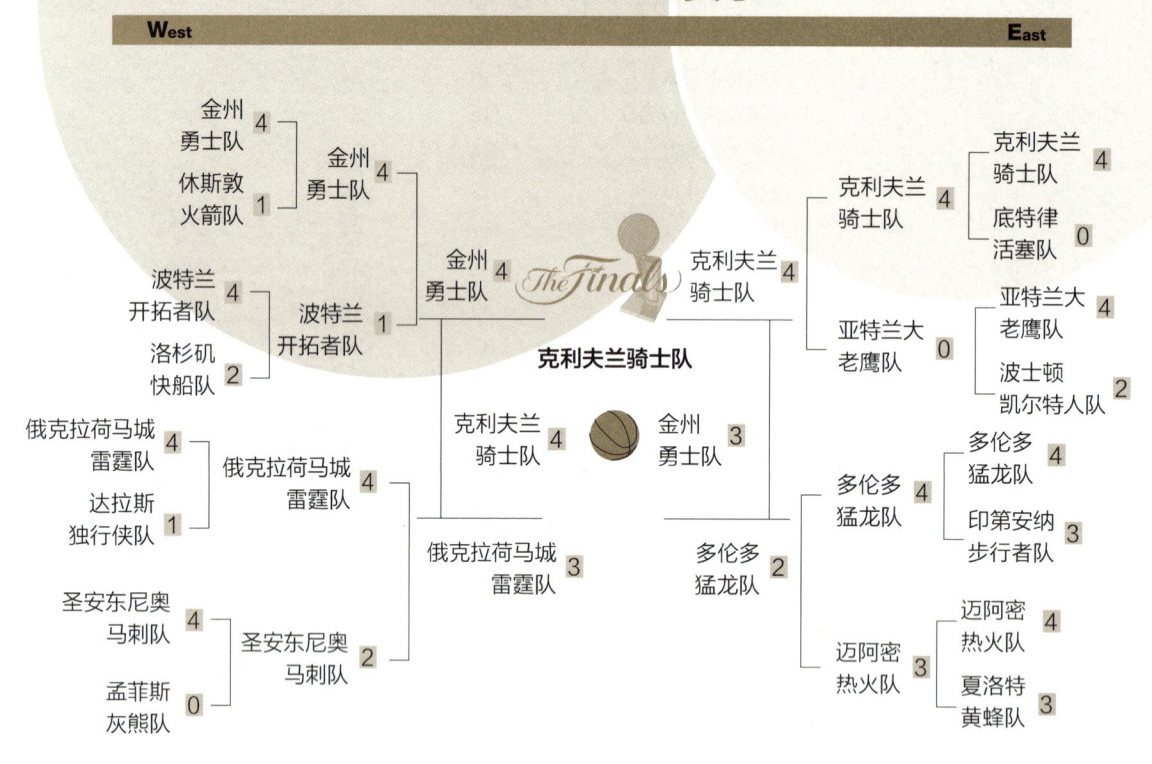

**W**est　　　　　　　　　　　　　　　　　　　　　　　　　　　　**E**ast

金州勇士队 4
休斯敦火箭队 1
　└─ 金州勇士队 4
波特兰开拓者队 4
洛杉矶快船队 2
　└─ 波特兰开拓者队 1
　　　└─ 金州勇士队 4

俄克拉荷马城雷霆队 4
达拉斯独行侠队 1
　└─ 俄克拉荷马城雷霆队 4
圣安东尼奥马刺队 4
孟菲斯灰熊队 0
　└─ 圣安东尼奥马刺队 2
　　　└─ 俄克拉荷马城雷霆队 3

克利夫兰骑士队 4
底特律活塞队 0
　└─ 克利夫兰骑士队 4
亚特兰大老鹰队 4
波士顿凯尔特人队 2
　└─ 亚特兰大老鹰队 0
　　　└─ 克利夫兰骑士队 4

多伦多猛龙队 4
印第安纳步行者队 3
　└─ 多伦多猛龙队 4
迈阿密热火队 4
夏洛特黄蜂队 3
　└─ 迈阿密热火队 3
　　　└─ 多伦多猛龙队 2

**The Finals**

克利夫兰骑士队 4　　金州勇士队 3

**克利夫兰骑士队**

还没开始就已经结束了。

用这句俗套的话来形容2016-2017赛季总冠军归属的悬念再妥帖不过了。

新赛季还没开始，总冠军就已经被某支球队"提前"收入囊中。准确地说，当自由球员市场开启，杜兰特官宣加盟勇士队的那一刻起，总冠军就已经没了悬念，其他29支球队迎来漫长且煎熬的陪跑赛季。

2016年休赛期，NBA自由球员市场最大的一条"鱼"无疑是凯文·杜兰特，这位四届常规赛得分王的去向将很大程度上影响联盟的格局，包括勇士队、凯尔特人队在内的多支球队都对他展开了疯狂追逐。最终，杜兰特选择加盟当时已经如日中天的勇士队。

2016年7月4日，凯文·杜兰特在"球星看台"网站上宣布将和勇士队签约。这份引人瞩目的合同为2年5430万美元，第二年杜兰特拥有球员选项。库

## 2016-2017

### 无可挑剔梦幻之师！勇士队王者归来

**总冠军：** 金州勇士队

**总决赛MVP：** 凯文·杜兰特（勇士队）

**得分王：** 拉塞尔·维斯布鲁克（雷霆队/31.6分）

**篮板王：** 哈桑·怀特塞德（热火队/14.1个）

**助攻王：** 詹姆斯·哈登（火箭队/11.2次）

**最有价值球员：** 拉塞尔·维斯布鲁克（雷霆队）

**最佳新秀：** 马尔科姆·布罗格登（雄鹿队）

**最佳防守球员：** 德拉蒙德·格林（勇士队）

**最佳第六人：** 埃里克·戈登（火箭队）

**进步最快球员：** 扬尼斯·阿德托昆博（雄鹿队）

**最佳教练：** 迈克·德安东尼（火箭队）

里+克莱·汤普森+杜兰特+伊戈达拉+格林组成的恐怖"五巨头"出炉，用球迷的话讲就是：NBA大结局了！

至少在2015-2016赛季季后赛开打之前，杜兰特没有想过离开雷霆队这支将他培养成联盟巨星的球队。但随着西部决赛雷霆队在3∶1领先的局面下惨遭勇士队逆袭无缘总决赛，杜兰特内心发生了动摇：要想获得总冠军，我必须离开雷霆队。

尽管雷霆队管理层全员出动，试图劝他留下来，但最终杜兰特还是挥手说了再见，选择加盟勇士队组成超级战队。勇士队总经理鲍勃·迈尔斯对杜兰特说："没有你，我们能再赢一两个冠军。没有我们，你或许也能夺冠。我们联手？会赢得更多！"

与当年詹姆斯离开骑士队一样，杜兰特成为雷霆队球迷口中的"叛徒"，他的35号雷霆队球衣被焚烧。

在这样的负面舆情之下，杜兰特在勇士队开启了救赎之旅。

经历了短暂的磨合期后，杜兰特迅速融入了勇士队的战术体系，帮助球队在攻防两端完成了升级进化，与库里、克莱·汤普森组成了令诸强都闻风丧胆的"海啸兄弟"。

勇士队常规赛打出了67胜15负的战绩，傲居西部第一，库里场均25.3分，杜兰特场均25.1分，克莱·汤普森场均22.3分。勇士队常规赛场均轰下115.9分，高居联盟第一，进攻效率114.8，同为联盟第一，防守效率103.4，高居联盟第二，攻防无懈可击。

进攻能力仅次于勇士队的是火箭队。火箭队常规赛场均轰下115.3分，进攻效率高达114.1，两项数据均排在全联盟第二。火箭队休赛期围绕詹姆斯·哈登重组了阵容，"跑轰大师"迈克·德安东尼担任主帅，在自由球员市场上签下两大得分手埃里克·戈登和莱恩·安德森，"魔兽"霍华德离队后，管理层扶正了年轻中锋卡佩拉，再加上阿里扎和贝弗利，全新"跑轰战队"呼之欲出。

火箭队常规赛打出了55胜27负的好成绩，位列勇士队和马刺队之后，排在西部第三。德安东尼围绕哈登打造的"跑轰体系"开始显现威力，火箭队成为联盟最疯狂的三分战队，常规赛场均出手40.3次三分球，高居联盟第一，场均命中14.4个三分球，同样是联盟第一。

哈登打出了职业生涯最佳一季，场均轰下29.1分、8.1个篮板、11.2次助攻的疯狂数据，即便如此，他仍然错失了常规赛MVP，因为有一名球员比他更疯狂，那就是他昔日的队友维斯布鲁克。

杜兰特离开后，雷霆队成了维斯布鲁克一个人的球队，这也让他的变态天赋得到了最极致的释放，成为历史纪录收集器。2016-2017赛季，维斯布鲁克场均轰下31.6分、10.4个篮板和10.7次助攻，凭借场均30+三双的疯狂数据力压哈登获得了当赛季的常规赛MVP，成为1962年罗伯特森之后首位达成场均三双的球员，单赛季42次三双刷新了罗伯特森的41次历史纪录。雷霆队常规赛47胜35负，排在西部第六。

季后赛开始后，勇士队用两个4：0轻松横扫开拓者队和爵士队，8连胜强势杀进西部决赛，他们的对手是老辣的马刺队。

马刺队的晋级之路不似勇士队那般轻松，首轮以4：2淘汰灰熊队，次轮以4：2淘汰"跑轰战队"火箭队。这是"石佛"邓肯退役后的第一个赛季，马刺队在莱昂纳德、阿尔德里奇、加索尔、帕克、吉诺比利的带领下闯进西部决赛。

西部决赛的悬念随着莱昂纳德的意外受伤迅速终结：首战，马刺队客场一度领先勇士队25分，但第三节比赛，莱昂纳德底线跳投遭到帕楚里亚垫脚，脚踝严重扭伤退赛，最终马刺队惨遭逆转。

失去莱昂纳德的马刺队毫无抵抗力，勇士队连下三城，以4：0完成横扫，闯进总决赛。这也是勇士队连续第三年进入总决赛。

在东部联盟，骑士队开始露出疲态。泰伦·卢摇身一变成为总冠军教头，他带领球队在新赛季打出9胜1负的历史最佳开局，但随着赛季的深入，球队的阵容短板逐渐暴露，詹姆斯依赖症越发严重，球队开始遭遇连败。

骑士队试图通过交易来扭转颓势，重新步入争冠轨道，管理层在交易截止日前补强了德隆·威廉姆斯和安德鲁·博古特，但都没有达到预期效果，球队状态全方位下滑。全明星赛后的27场比赛，骑士队仅取得了12胜15负的战绩。最终，骑士队常规赛仅取得51胜31负，排在东部第二，第一是小托马斯率领的凯尔特人队。

在"少帅"史蒂文斯的调教下，平民化的凯尔特人队展现出不俗的团队战斗力，小托马斯打出了生涯最佳一季，场均轰下28.9分、5.9次助攻，带领"绿衫军"力压骑士队获得东部常规赛冠军。在当赛季MVP评选中，小托马斯高居第五，前四位是维斯布鲁克、哈登、莱昂纳德以及詹姆斯。

季后赛，骑士队前两轮用两个4∶0分别淘汰步行者队和猛龙队，轻松闯入东部决赛，对手是凯尔特人队。

相比之下，凯尔特人队的晋级之路更惊险，他们首轮以4∶2淘汰公牛队，次轮与沃尔、比尔率领的奇才队大战七场，方才惊险晋级东部决赛。最震撼的是第二战，"地表最强175"小托马斯狂轰53分，成为历史上第一位轰下50+的1.83米以下的球员。

东部决赛，由于小托马斯在第二战里臀部受伤赛季报销，凯尔特人队也失去了抵抗力。最终骑士队以4∶1淘汰凯尔特人队挺进总决赛，对手还是勇士队，这是两队连续第三个赛季会师总决赛，欧文+詹姆斯+勒夫"三巨头"对决库里+克莱·汤普森+杜兰特"海啸兄弟"。

尽管骑士队在东部联盟没有对手，但总决赛面对这支有历史级别攻防水准的勇士队，差距还是显而易见的。勇士队只用了5场比赛便解决了战斗，以4∶1的大比分捧起总决赛奖杯。

总决赛关键第三战，杜兰特客场轰下31分，并在最后还剩45秒时迎着詹姆斯命中一记杀死比赛的三分球，帮助勇士队以118∶113击败骑士队，系列赛取得3∶0领先。

5场总决赛，杜兰特场均轰下35.2分、8.2个篮板、5.4次助攻，成功夺得生涯首座FMVP奖杯。

## 2016–2017赛季排名

### 东部联盟

| 排名 | 球队 | 胜 | 负 |
| --- | --- | --- | --- |
| 1 | 波士顿凯尔特人队 | 53 | 29 |
| 2 | 克利夫兰骑士队 | 51 | 31 |
| 3 | 多伦多猛龙队 | 51 | 31 |
| 4 | 华盛顿奇才队 | 49 | 33 |
| 5 | 亚特兰大老鹰队 | 43 | 39 |
| 6 | 密尔沃基雄鹿队 | 42 | 40 |
| 7 | 印第安纳步行者队 | 42 | 40 |
| 8 | 芝加哥公牛队 | 41 | 41 |
| 9 | 迈阿密热火队 | 41 | 41 |
| 10 | 底特律活塞队 | 37 | 45 |
| 11 | 夏洛特黄蜂队 | 36 | 46 |
| 12 | 纽约尼克斯队 | 31 | 51 |
| 13 | 奥兰多魔术队 | 29 | 53 |
| 14 | 费城76人队 | 28 | 54 |
| 15 | 布鲁克林篮网队 | 20 | 62 |

### 西部联盟

| 排名 | 球队 | 胜 | 负 |
| --- | --- | --- | --- |
| 1 | 金州勇士队 | 67 | 15 |
| 2 | 圣安东尼奥马刺队 | 61 | 21 |
| 3 | 休斯敦火箭队 | 55 | 27 |
| 4 | 洛杉矶快船队 | 51 | 31 |
| 5 | 犹他爵士队 | 51 | 31 |
| 6 | 俄克拉荷马城雷霆队 | 47 | 35 |
| 7 | 孟菲斯灰熊队 | 43 | 39 |
| 8 | 波特兰开拓者队 | 41 | 41 |
| 9 | 丹佛掘金队 | 40 | 42 |
| 10 | 新奥尔良鹈鹕队 | 34 | 48 |
| 11 | 达拉斯独行侠队 | 33 | 49 |
| 12 | 萨克拉门托国王队 | 32 | 50 |
| 13 | 明尼苏达森林狼队 | 31 | 51 |
| 14 | 洛杉矶湖人队 | 26 | 56 |
| 15 | 菲尼克斯太阳队 | 24 | 58 |

# NBA季后赛 对阵表
## 2016—2017赛季

**W**est — **E**ast

### 西部

- 金州勇士队 4 ┐
- 波特兰开拓者队 0 ┘ 金州勇士队 4 ┐
- 犹他爵士队 4 ┐                  │
- 洛杉矶快船队 3 ┘ 犹他爵士队 0 ┘ 金州勇士队 4 ┐
- 圣安东尼奥马刺队 4 ┐                          │
- 孟菲斯灰熊队 2 ┘ 圣安东尼奥马刺队 4 ┐        │
- 休斯敦火箭队 4 ┐                    │        │
- 俄克拉荷马城雷霆队 1 ┘ 休斯敦火箭队 2 ┘ 圣安东尼奥马刺队 0 ┘

### 总冠军：金州勇士队
金州勇士队 4 — 克利夫兰骑士队 1

### 东部

- 克利夫兰骑士队 4 ┐
- 印第安纳步行者队 0 ┘ 克利夫兰骑士队 4 ┐
- 多伦多猛龙队 4 ┐                      │
- 密尔沃基雄鹿队 2 ┘ 多伦多猛龙队 0 ┘ 克利夫兰骑士队 4 ┐
- 波士顿凯尔特人队 4 ┐                                  │
- 芝加哥公牛队 2 ┘ 波士顿凯尔特人队 4 ┐                │
- 华盛顿奇才队 4 ┐                    │                │
- 亚特兰大老鹰队 2 ┘ 华盛顿奇才队 3 ┘ 波士顿凯尔特人队 1 ┘

连续三个赛季闯进总决赛,两次成功夺冠,如何击败这支强大的勇士队成为联盟其他29支球队的新课题。征服珠峰很难,但总有知难而上者,这个赛季,纸面上有能力发起挑战的球队终于出现了,他们就是火箭队。

火箭队上赛季尝到了"跑轰"的甜头,主帅德安东尼围绕哈登打造了一支疯狂的"三分战队"。为了能够击败勇士队,火箭队管理层休赛期大刀阔斧,进行了一笔7换1大交易,送出贝弗利、路易斯·威廉姆斯、德克尔、哈雷尔等7名球员以及2018年首轮选秀权和部分现金,从快船队得到克里斯·保罗,与哈登组成"超级后场双核"。另外,火箭队还用4年3200万美元签下自由球员P.J.塔克。

保罗和塔克加盟,再加上哈登、戈登、阿里扎、莱恩·安德森、卡佩拉等骨干,火箭队完成阵容重组,主帅德

## 2017-2018

### 遗憾!火箭队挑战未遂 勇士队造王朝

**总冠军:** 金州勇士队
**总决赛MVP:** 凯文·杜兰特(勇士队)
**得分王:** 詹姆斯·哈登(火箭队/30.4分)
**篮板王:** 安德里·德拉蒙德(活塞队/16.0个)
**助攻王:** 拉塞尔·维斯布鲁克(雷霆队/10.3次)
**最有价值球员:** 詹姆斯·哈登(火箭队)
**最佳新秀:** 本·西蒙斯(76人队)
**最佳防守球员:** 鲁迪·戈贝尔(爵士队)
**最佳第六人:** 路易斯·威廉姆斯(快船队)
**进步最快球员:** 维克多·奥拉迪波(步行者队)
**最佳教练:** 德韦恩·凯西(猛龙队)

安东尼开始打造"魔球体系",进攻端疯狂投三分,减少中距离出手,防守端无限换防。"魔球体系"的终极目标只有一个:击败勇士队。

火箭队以5胜3负开始新赛季,经过磨合期后,又在11月份打出12胜1负的联盟最佳战绩。全明星周末之前,火箭队战绩是44胜13负,力压勇士队高居联盟第一。

经过全明星赛假期的短暂休整后,火箭队开始全力冲刺,打出一波21胜4负,将常规赛战绩定格在65胜17负,获得常规赛冠军。火箭队114.1的进攻效率冠绝联盟,105.7的防守效率高居联盟第七,这个挑战者攻防俱佳,已经成为争冠热门。

哈登场均轰下30.4分、5.4个篮板、8.8次助攻,在获得常规赛得分王的同时,荣膺常规赛MVP。哈登打出了非凡的个人表现,他单赛季打出11次40+,其中4次50+。

2018年1月31日,火箭队以114∶107击败魔术队,哈登出战46分钟,30中19砍下60分、10个篮板、11次助攻,这是NBA建立至今唯——次60+三双!

火箭队之外,西部另外一支有实力给勇士队制造困难的球队是雷霆队。休赛期,雷霆队管理层豪赌"三巨头",先将奥拉迪波和萨博尼斯送到步行者队,得到了保罗·乔治,随后与尼克斯队完成重磅交易,得到了卡梅隆·安东尼。

纸面实力上,雷霆队"三巨头"进攻火力足以和勇士队库里+克莱·汤普森+杜兰特相媲美。然而1+1+1并不总是大于3,维斯布鲁克、保罗·乔治和安东尼之间的化学反应并没有达到理想的状态,且随着赛季的进行,安东尼逐渐游离于球队体系之外。

常规赛结束,雷霆队以48胜34负的战绩排在西部第四名,维斯布鲁克赛季场均25.4分、10.3个篮板、10.1次助攻,保罗·乔治场均21.9分、5.7个篮板、3.3次助攻,安东尼场均16.2分、5.8个篮板。

鹈鹕队成为西部的一匹黑马。在马库斯·考辛斯和安东尼·戴维斯"双塔"的带领下,鹈鹕队常规赛打出了48胜34负的战绩,成为季后赛6号种子。安东尼·戴维斯场均轰下28.1分、11.1个篮板,考辛斯场均25.2分、12.9个篮板、5.4次助攻,朱·霍乐迪场均19分、4.5个篮板、6次助攻,"三叉戟"坐镇的鹈鹕队成为狂卷西部联盟的一股新势力。

而波波维奇执掌的马刺队仅以西

部第七名的身份挤进季后赛，由于"机器人"莱昂纳德长时间躺在伤病名单上，球队战斗力骤降，托尼·帕克和吉诺比利老矣，阿尔德里奇尽管场均轰下23.1分、8.5个篮板，却无法撑起这台老爷车。

到了季后赛，西部联盟成为火箭队和勇士队表演的舞台。火箭队前两轮用两个4：1分别淘汰森林狼队和爵士队闯进西部决赛，克里斯·保罗职业生涯首次触摸到"西决地板"。勇士队同样用两个4：1先后淘汰马刺队和鹈鹕队，与火箭队在西部决赛上演巅峰对决：哈登、保罗坐镇的"魔球体系"VS勇士队"死亡五小"。

西部决赛首战，哈登轰下41分，保罗贡献23分，但勇士队进攻遍地开花，杜兰特轰下37分，克莱·汤普森28分，库里18分，勇士队客场攻陷丰田中心，系列赛以1：0领先。第二战，火箭队顶住压力，哈登、戈登、塔克均砍下20+，另外保罗19分，阿里扎16分，火箭队22分大胜勇士队扳平大比分。前四战，双方战成2：2。

关键的天王山之战，双方展开肉搏，杜兰特、库里、克莱·汤普森联手轰下74分，但火箭队全民皆兵，全队极限7人轮转，埃里克·戈登替补砍下24分立大功，火箭队主场以98：94险胜，大比分3：2领先，距离闯进总决赛仅一步之遥，形势一片大好。

然而，伤病在这个关头缠上了火箭队。保罗在第五战中腿筋伤势加重，缺席了接下来的第六和第七战。损失了后场核心的火箭队战斗力骤降，哈登独木难支，勇士队连赢两场，从而以4：3的大比分淘汰火箭队，闯进总决赛。这是勇士队连续第四个赛季进入总决赛。

西部联盟风起云涌，东部联盟也大变天。

欧文拒绝继续被詹姆斯强大的光环笼罩，向骑士队管理层提出交易申请。最终骑士队与凯尔特人队达成交易，欧文前往波士顿开始新征程，而骑士队得到了小托马斯、克劳德、日日奇、2018年篮网队的首轮签和2020年热火队的次轮签。

交易得到欧文，自由市场签下海沃德，再加上杰伦·布朗、塔图姆、霍福德、大莫里斯以及斯玛特，凯尔特人队纸面实力极其强大，一跃成为东部头号热门。

然而，天有不测风云，常规赛揭幕战凯尔特人队对阵骑士队，海沃德仅打了7分钟就不幸遭受断腿重伤，赛季报销。尽管如此，"绿衫军"仍然打出了55胜27负的常规赛战绩，排在东部第二。

骑士队送走欧文之后失血严重，小托马斯大部分时间都在养伤，球队补充了日薄西山的德里克·罗斯、德怀恩·韦德等老将，无法填补欧文离开造成的实力损失。在詹姆斯的带领下，骑士队常规赛取得了50胜32负的战绩，以东部第四进入季后赛。

骑士队内忧外患，凯尔特人队一直处于磨合期，猛龙队抓住机会，在洛瑞和德罗赞的带领下，凭借稳定的表现，以59胜23负的战绩获得东部常规赛冠军。

与此同时，恩比德和西蒙斯带领76人队强势崛起，排在东部第三。贾森·基德治下的雄鹿队也开始崭露头角，在"希腊怪兽"阿德托昆博、米德尔顿、布莱德索、布罗格登等人的带领下，他们以东部第七的身份挤进季后赛。

到了季后赛，尽管骑士队实力下滑，"季后詹"依然展现了自己的超强统治力。骑士队首轮通过抢七淘汰步行者队，次轮面对猛龙队，又以4:0过关，杀进东部决赛，洛瑞和德罗赞始终无法跨过詹姆斯这道坎。

欧文因伤无缘季后赛，但凯尔特人队在杰伦·布朗、塔图姆、斯玛特的带领下打得有声有色，首轮打满7场艰难淘汰雄鹿队，次轮以4:1淘汰76人队，与骑士队会师东部决赛。

东部决赛，骑士队和凯尔特人队一直战至第七场。抢七大战中，在詹姆斯面前，凯尔特人队这些年轻人还是有些稚嫩，詹姆斯轰下35分、15个篮板、9次助攻，带领骑士队以87:79击败凯尔特人队，从而以4:3淘汰对手，闯进总决赛，连续第四个赛季与勇士队会师总决赛。

总决赛上演熟悉的"骑勇大战"，勇士队还是那支超级战队，而骑士队却早已面目全非。尽管詹姆斯总决赛场均轰下34分、8.5个篮板、10次助攻，但双拳难敌四手，骑士队0:4惨遭横扫，目送勇士队豪取两连冠，达成四年三冠伟业。

杜兰特总决赛场均砍下28.8分、10.8个篮板、7.5次助攻、2.3次封盖，用无解的个人表演蝉联总决赛MVP，站上职业生涯之巅。

## 2017-2018赛季排名

### 东部联盟

| 排名 | 球队 | 胜 | 负 |
|---|---|---|---|
| 1 | 多伦多猛龙队 | 59 | 23 |
| 2 | 波士顿凯尔特人队 | 55 | 27 |
| 3 | 费城76人队 | 52 | 30 |
| 4 | 克利夫兰骑士队 | 50 | 32 |
| 5 | 印第安纳步行者队 | 48 | 34 |
| 6 | 迈阿密热火队 | 44 | 38 |
| 7 | 密尔沃基雄鹿队 | 44 | 38 |
| 8 | 华盛顿奇才队 | 43 | 39 |
| 9 | 底特律活塞队 | 39 | 43 |
| 10 | 夏洛特黄蜂队 | 36 | 46 |
| 11 | 纽约尼克斯队 | 29 | 53 |
| 12 | 布鲁克林篮网队 | 28 | 54 |
| 13 | 芝加哥公牛队 | 27 | 55 |
| 14 | 奥兰多魔术队 | 25 | 57 |
| 15 | 亚特兰大老鹰队 | 24 | 58 |

### 西部联盟

| 排名 | 球队 | 胜 | 负 |
|---|---|---|---|
| 1 | 休斯敦火箭队 | 65 | 17 |
| 2 | 金州勇士队 | 58 | 24 |
| 3 | 波特兰开拓者队 | 49 | 33 |
| 4 | 俄克拉荷马城雷霆队 | 48 | 34 |
| 5 | 犹他爵士队 | 48 | 34 |
| 6 | 新奥尔良鹈鹕队 | 48 | 34 |
| 7 | 圣安东尼奥马刺队 | 47 | 35 |
| 8 | 明尼苏达森林狼队 | 47 | 35 |
| 9 | 丹佛掘金队 | 46 | 36 |
| 10 | 洛杉矶快船队 | 42 | 40 |
| 11 | 洛杉矶湖人队 | 35 | 47 |
| 12 | 萨克拉门托国王队 | 27 | 55 |
| 13 | 达拉斯独行侠队 | 24 | 58 |
| 14 | 孟菲斯灰熊队 | 22 | 60 |
| 15 | 菲尼克斯太阳队 | 21 | 61 |

# NBA PLAYOFFS

## NBA季后赛 对阵表
### 2017—2018赛季

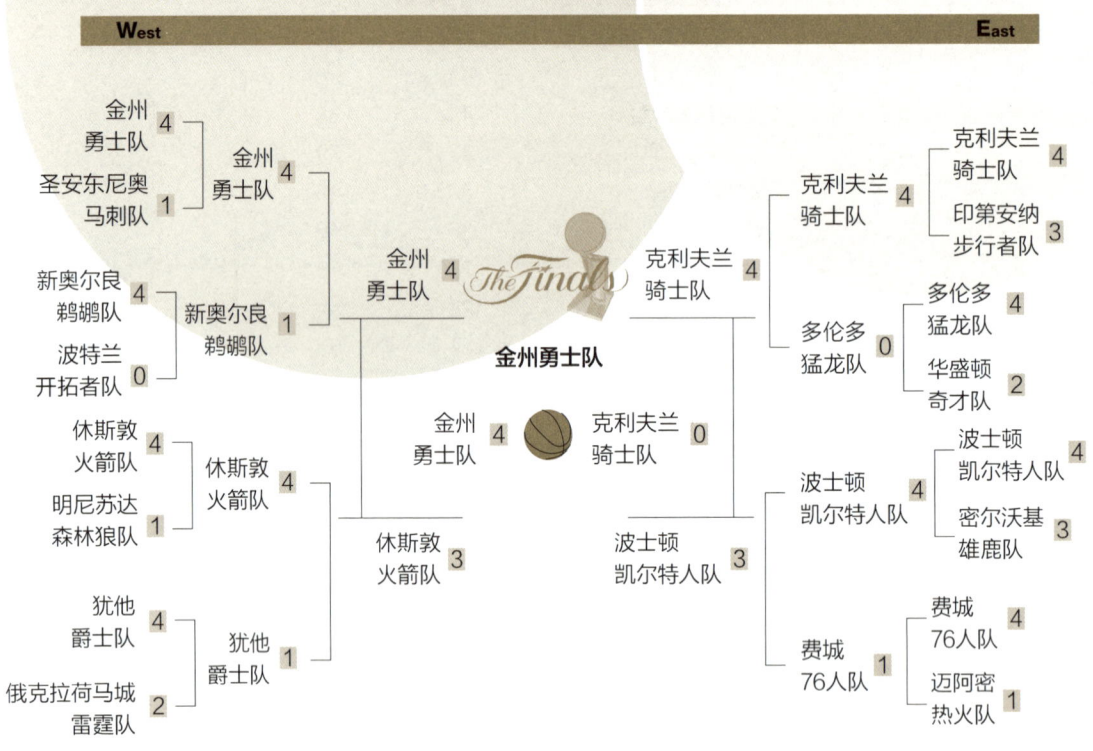

**West**

- 金州勇士队 4
- 圣安东尼奥马刺队 1
  - 金州勇士队 4
- 新奥尔良鹈鹕队 4
- 波特兰开拓者队 0
  - 新奥尔良鹈鹕队 1
    - 金州勇士队 4
- 休斯敦火箭队 4
- 明尼苏达森林狼队 1
  - 休斯敦火箭队 4
- 犹他爵士队 4
- 俄克拉荷马城雷霆队 2
  - 犹他爵士队 1
    - 休斯敦火箭队 3

**The Finals**

**金州勇士队**

金州勇士队 4 — 克利夫兰骑士队 0

**East**

- 克利夫兰骑士队 4
- 印第安纳步行者队 3
  - 克利夫兰骑士队 4
- 多伦多猛龙队 4
- 华盛顿奇才队 2
  - 多伦多猛龙队 0
    - 克利夫兰骑士队 4
- 波士顿凯尔特人队 4
- 密尔沃基雄鹿队 3
  - 波士顿凯尔特人队 4
- 费城76人队 4
- 迈阿密热火队 1
  - 费城76人队 1
    - 波士顿凯尔特人队 3

这个赛季的疯狂还是从休赛期开始。

两大超级巨星改换门庭，科怀·莱昂纳德东游，勒布朗·詹姆斯西游，这也直接让东部联盟的格局一夜骤变，詹姆斯统治东部的时代结束了，东部联盟进入群雄并起的新常态。

从2016年开始，莱昂纳德的股四头肌频繁受伤，2017-2018赛季仅为马刺队出战了9场比赛。莱昂纳德团队和马刺队在伤情的诊断和治疗上产生了很大的分歧，经过多次协商后，莱昂纳德团队决定让外界医疗团队介入治疗。自那之后，双方的关系开始有了罅隙。

随着时间的推移，双方的关系非但没有得到缓和，反而变得不可修复，直到2018年6月16日，莱昂纳德团队公开要求被交易，双方彻底闹翻，分手只是时间问题。随后，马刺队在衡量了多支球队的报价后，选择了和猛龙队完成交易，莱昂纳德和德罗赞互换东家，两支球队开启全新

## 2018-2019

### 詹姆斯驾临西部！猛龙队新王"登基"

总冠军：**多伦多猛龙队**

总决赛MVP：**科怀·莱昂纳德**（猛龙队）

得分王：**詹姆斯·哈登**（火箭队/36.1分）

篮板王：**安德里·德拉蒙德**（活塞队/15.6个）

助攻王：**拉塞尔·维斯布鲁克**（雷霆队/10.7次）

最有价值球员：**扬尼斯·阿德托昆博**（雄鹿队）

最佳新秀：**卢卡·东契奇**（独行侠队）

最佳防守球员：**鲁迪·戈贝尔**（爵士队）

最佳第六人：**路易斯·威廉姆斯**（快船队）

进步最快球员：**帕斯卡·西亚卡姆**（猛龙队）

最佳教练：**迈克·布登霍尔泽**（雄鹿队）

时代。

还剩最后一年合同的莱昂纳德明确表示自己不会和猛龙队续约，因此，猛龙队的这笔交易风险很大，球队只有一个赛季的"莱昂纳德使用权"，这是一次豪赌。事实证明，猛龙队管理层这次赌赢了，双方这一次并非你情我愿的短暂合作创造了历史。

那几个赛季，猛龙队在东部一直被骑士队压制，季后赛始终无法逾越詹姆斯这堵高墙。随着詹姆斯西游，以及莱昂纳德的加盟，猛龙队一夜之间成为东部的头号热门。

莱昂纳德的攻防属性与猛龙队的球风完美融合，后卫线上有洛瑞和丹尼·格林，锋线上有快速崛起的西亚卡姆，内线有伊巴卡和马克·加索尔，替补席上有范弗利特、鲍威尔、阿奴诺比，猛龙队开启神奇的夺冠之旅。

出于健康考虑，莱昂纳德只出战了60场常规赛，背靠背比赛都选择了轮休，这也为他季后赛爆发攒下了体能。即便如此，猛龙队常规赛依然取得了58胜24负的战绩，以东部2号种子的身份进入季后赛。

东部常规赛冠军是异军突起的雄鹿队，他们打出60胜22负的联盟最佳战绩，成为争冠热门。雄鹿队管理层休赛期的一个关键操作便是炒掉了主教练贾森·基德，邀请迈克·布登霍尔泽执掌球队。布帅激发出雄鹿队的天赋和潜力，他们场均轰下118.1分，高居联盟第一，进攻效率113.5，居联盟第四，防守效率104.9，同样是联盟第一。

经过几个赛季的蓄力后，扬尼斯·阿德托昆博也在本赛季迎来大爆发，"字母哥"在布登霍尔泽的战术体系中打出了超强的统治力和破坏力，场均轰出27.7分、12.5个篮板、5.9次助攻、1.5次封盖，凭借爆发式的表现荣膺常规赛MVP，开启王者之路。在"字母哥"身边，米德尔顿、布莱德索、布罗格登、布鲁克·洛佩兹均打出了职业生涯的最好表现。

76人队的恩比德和西蒙斯开始兑现天赋，交易截止日前，管理层又完成两笔重磅交易，与森林狼队交易得到悍将吉米·巴特勒，从快船队得到锋线悍将托比亚斯·哈里斯。完成升级后，76人队被视为冠军热门，他们常规赛取得51胜31负的战绩，以东部3号种子身份进入季后赛。

凯尔特人队迎回健康的欧文和海沃德，但球队的化学反应一直没有达到最佳，"少帅"史蒂文斯推崇的"平均主义"并没有激发出这支球队的全部潜力。最终，凯尔特人队常规赛打出49胜33负的战绩，跌跌撞撞以东部4号种子的身份进入季后赛。东部第五到八名分别是步行者队、篮网队、魔术队和活塞队。

季后赛开启，雄鹿队在前两轮都没有遇到太大困难，首轮以4∶0横扫活塞队，次轮以4∶1淘汰凯尔特人队，轻松闯进东部决赛。

而下半区，猛龙队和76人队两大豪强在东部半决赛相遇，双方打得难分难解，一直战至第七场。抢七大战极具戏剧性，最后时刻两队打成90∶90，最后一攻，莱昂纳德接球后左侧底角压哨长两分出手，球在篮筐上弹了好几下之后掉入网窝，戏剧性地绝杀76人队，进入东部决赛。值得一提的是，这是NBA历史上第一次抢七压哨绝杀，莱昂纳德神奇一投载入史册。

东部决赛，猛龙队VS雄鹿队。前两战，雄鹿队摧枯拉朽连下两城，大比分2∶0领先。然而谁也没有想到，此后雄鹿队突然崩盘，连输四场，以2∶4被猛龙队淘汰出局，无缘总决赛。

东部决赛6场大战，莱昂纳德场均轰下29.8分、9.5个篮板、4.3次助攻、2.2次抢断，攻防皆有神勇表现，而常规赛MVP阿德托昆博进攻端被限制，场均只得到22.7分，米德尔顿也有失水准，场均仅得到13.7分。

西部仍然是勇士队的天下。实现两连冠后，勇士队管理层又在休赛期自由球员市场中完成了一笔"抢劫式"签约，一年530万美元白菜价签下了强力中锋考辛斯，豪组库里+克莱·汤普森+杜兰特+德拉蒙德·格林+考辛斯的"五巨头"，NBA似乎又要提前大结局了。

不幸的是，考辛斯因为伤病只在常规赛打了30场比赛。尽管如此，勇士队仍然打出了57胜25负的战绩，高居西部第一。

上赛季险些淘汰勇士队的火箭队"失血"严重。保罗频繁受伤只出战了58场比赛，更糟糕的是，阿里扎和巴莫特两位防守尖兵的离开让火箭队防守体系受到重创，球队赖以生存的无限换防体系土崩瓦解。"甜瓜"安东尼的加盟也没有达到理想效果，双方仅合作10场比赛便匆匆分手。最终，火箭队常规赛打出53胜29负战绩，位列西部第四。

掘金队54胜28负高居西部第二。约基奇和穆雷成长迅速，成为球队的内外进攻核心，在两人的带领下，掘金队打出了极致的团队篮球，成为西部不可忽视的力量。

甩掉安东尼包袱的雷霆队在维斯布鲁克和保罗·乔治的带领下打出49胜33负的战绩，位列西部第六。乔治打出生涯最佳一季，场均轰下28分、8.2个篮板、4.1次助攻、2.2次抢断。在常规赛MVP评选中，他高居第三，仅次于阿德托昆博和哈登。

詹姆斯西游的第一年并不如意。由于伤病，他仅出战了55场比赛。在詹姆斯缺阵的时间里，年轻球员们还难以撑起球队，最终湖人队常规赛仅取得37胜45负的战绩，位列西部第十，无缘季后赛。这是詹姆斯2005年后首次缺席季后赛。

季后赛开打，勇士队首轮以4：2淘汰快船队，半决赛碰上老对手火箭队。

"火勇大战"前四战，双方战成2：2。关键的天王山之战，杜兰特小腿意外受伤退赛，火箭队本有机会赢下比赛，但最终以99：104遗憾输球，错失良机。第六战，杜兰特因伤缺席，火箭队还有翻盘的机会，哈登轰下35分，保罗砍下27分，但球队危难之际，库里和克莱·汤普森联手轰下60分帮助球队赢下比赛，勇士队以4：2淘汰火箭队，杀进西部决赛。

下半区，开拓者队成为一匹黑马，上演超级逆袭。季后赛首轮，开拓者队以4：1淘汰雷霆队，半决赛与掘金队大战七场，抢七得手，杀进西部决赛。利拉德和麦科勒姆杀红了眼，七场硬仗，利拉德场均轰下25.1分，麦科勒姆场均砍下26.1分，犀利双枪，无坚不摧。

西部决赛，外界期待开拓者队能够给缺少杜兰特的勇士队制造更多的困难，但让人意想不到的是，勇士队连赢四场，以4：0横扫开拓者队，连续第五个赛季进入总决赛。库里再次打出MVP水准，西部决赛场均轰下36.5分、8.3个篮板、7.3次助攻。

总决赛，猛龙队VS勇士队，杜兰特继续因伤缺席。

前四战，猛龙队气势如虹取得了3：1的领先。第五战对于勇士队而言是一场生死战，杜兰特放手一搏，在没有痊愈的情况下冒险复出。但最令人担心的事情还是发生了：杜兰特首节独砍11分，第二节还剩9分钟时，他在一次无对抗情况下再次受伤，被队友搀扶离场。所幸，库里和克莱·汤普森联手轰下57分帮助勇士队赢下比赛，将总比分扳成2：3。

第六战，勇士队还有机会，但伤病恶魔再次敲门。第三节比赛中，克莱·汤普森在一次扣篮落地时扭伤了膝盖，随后被队友搀扶离场，尽管他尝试重返球场，并命中了两记罚球，但严重的伤病让他无法坚持，无奈退赛。

没有杜兰特，没有汤普森，"海啸兄弟"只剩库里，面对猛龙队的疯狂夹击，他无力回天，勇士队以110∶114输掉第六战，2∶4不敌猛龙队，无缘三连冠。

猛龙队获得队史第一座总冠军奖杯。莱昂纳德总决赛场均轰下28.5分、9.8个篮板、4.2次助攻、2次抢断、1.2次封盖，荣膺总决赛MVP当之无愧。

这是莱昂纳德职业生涯第二座总决赛MVP奖杯，他也成为历史上第三位休赛期加盟新球队首年就赢得总决赛MVP的球员，前两位是1982年加盟76人队的摩西·马龙和2016年加盟勇士队的凯文·杜兰特。

## 2018–2019赛季排名

| 东部联盟 | | | |
|---|---|---|---|
| 排名 | 球队 | 胜 | 负 |
| 1 | 密尔沃基雄鹿队 | 60 | 22 |
| 2 | 多伦多猛龙队 | 58 | 24 |
| 3 | 费城76人队 | 51 | 31 |
| 4 | 波士顿凯尔特人队 | 49 | 33 |
| 5 | 印第安纳步行者队 | 48 | 34 |
| 6 | 布鲁克林篮网队 | 42 | 40 |
| 7 | 奥兰多魔术队 | 42 | 40 |
| 8 | 底特律活塞队 | 41 | 41 |
| 9 | 夏洛特黄蜂队 | 39 | 43 |
| 10 | 迈阿密热火队 | 39 | 43 |
| 11 | 华盛顿奇才队 | 32 | 50 |
| 12 | 亚特兰大老鹰队 | 29 | 53 |
| 13 | 芝加哥公牛队 | 22 | 60 |
| 14 | 克利夫兰骑士队 | 19 | 63 |
| 15 | 纽约尼克斯队 | 17 | 65 |

| 西部联盟 | | | |
|---|---|---|---|
| 排名 | 球队 | 胜 | 负 |
| 1 | 金州勇士队 | 57 | 25 |
| 2 | 丹佛掘金队 | 54 | 28 |
| 3 | 波特兰开拓者队 | 53 | 29 |
| 4 | 休斯敦火箭队 | 53 | 29 |

| | | | |
|---|---|---|---|
| 5 | 犹他爵士队 | 50 | 32 |
| 6 | 俄克拉荷马城雷霆队 | 49 | 33 |
| 7 | 圣安东尼奥马刺队 | 48 | 34 |
| 8 | 洛杉矶快船队 | 48 | 34 |
| 9 | 萨克拉门托国王队 | 39 | 43 |
| 10 | 洛杉矶湖人队 | 37 | 45 |
| 11 | 明尼苏达森林狼队 | 36 | 46 |
| 12 | 孟菲斯灰熊队 | 33 | 49 |
| 13 | 新奥尔良鹈鹕队 | 33 | 49 |
| 14 | 达拉斯独行侠队 | 33 | 49 |
| 15 | 菲尼克斯太阳队 | 19 | 63 |

## NBA季后赛 对阵表
### 2018—2019赛季

**West** / **East**

**总冠军：多伦多猛龙队**

决赛：金州勇士队 2 — 多伦多猛龙队 4

**西部：**
- 金州勇士队 4 — 洛杉矶快船队 2
- 休斯敦火箭队 4 — 犹他爵士队 1
  - 金州勇士队 4 — 休斯敦火箭队 2
- 波特兰开拓者队 4 — 俄克拉荷马城雷霆队 1
- 丹佛掘金队 4 — 圣安东尼奥马刺队 3
  - 波特兰开拓者队 4 — 丹佛掘金队 3
- 金州勇士队 4 — 波特兰开拓者队 0

**东部：**
- 多伦多猛龙队 4 — 奥兰多魔术队 0
- 费城76人队 4 — 布鲁克林篮网队 1
  - 多伦多猛龙队 4 — 费城76人队 3
- 密尔沃基雄鹿队 4 — 底特律活塞队 0
- 波士顿凯尔特人队 4 — 印第安纳步行者队 0
  - 密尔沃基雄鹿队 4 — 波士顿凯尔特人队 1
- 多伦多猛龙队 4 — 密尔沃基雄鹿队 2

从这个赛季开始，NBA进入"后勇士时代"。

这个赛季也是历史上最特殊、最悲伤的一个赛季。湖人队名宿科比·布莱恩特的意外离世重创联盟，让整个NBA乃至整个世界都陷入巨大的沮丧和悲伤中。同时，突如其来的疫情让NBA常规赛戛然而止，迎来复赛后也艰难前行。

这个赛季注定被载入史册，被所有人铭记。

"三巨头"模式已成历史，"双核"带队是新赛季新主题。快船队的莱昂纳德与保罗·乔治，湖人队的詹姆斯与安东尼·戴维斯，雄鹿队的阿德托昆博与米德尔顿，76人队的恩比德与本·西蒙斯、火箭队的哈登和维斯布鲁克、篮网队的杜兰特和欧文……冲冠诸强无不以双核为基础打造阵容，哪支球

## 2019-2020 世界之殇！科比离世 湖人队冠军告慰

总冠军：**洛杉矶湖人队**

总决赛MVP：**勒布朗·詹姆斯**（湖人队）

得分王：**詹姆斯·哈登**（火箭队/34.3分）

篮板王：**安德里·德拉蒙德**（活塞队、骑士队/15.2个）

助攻王：**勒布朗·詹姆斯**（湖人队/10.2次）

最有价值球员：**扬尼斯·阿德托昆博**（雄鹿队）

最佳新秀：**贾·莫兰特**（灰熊队）

最佳防守球员：**扬尼斯·阿德托昆博**（雄鹿队）

最佳第六人：**蒙特雷斯·哈雷尔**（快船队）

进步最快球员：**布兰登·英格拉姆**（鹈鹕队）

最佳教练：**尼克·纳斯**（猛龙队）

队的"两个拳头"最强大，哪支球队就最有可能击倒对手捧得奥布莱恩杯。

新赛季最热门的球队无疑是湖人队。上赛季无缘季后赛后，湖人队管理层在休赛期大刀阔斧，与鹈鹕队完成6换1重磅交易，用布兰登·英格拉姆、郎佐·鲍尔、约什·哈特以及三个首轮签换来安东尼·戴维斯，与詹姆斯组成"超级双核"。另外，湖人队在自由球员市场中签下了丹尼·格林、隆多、布拉德利、"魔兽"霍华德等得力战将，"紫金战舰"再次豪华起航。

新赛季揭幕战，湖人队不敌同城死敌快船队，莱昂纳德和保罗·乔治力压詹姆斯和安东尼·戴维斯。遭遇"开门黑"后，湖人队开启了连胜模式，打出了17胜2负的完美开局，长时间霸占西部榜首。最终，湖人队打出了52胜19负的战绩，夺得常规赛西部冠军。

詹姆斯在本赛季也完成了转型，在主帅沃格尔的体系中担任球队的控球"后卫"。完成角色转换后，詹姆斯打出了MVP级别的个人表演，他场均贡献25.3分、7.8个篮板、10.2次助攻，职业生涯首夺助攻王，但在常规赛MVP的评选中遗憾输给了阿德托昆博。安东尼·戴维斯场均贡献26.1分、9.3个篮板、1.5次抢断、2.3次封盖，在最佳防守球员的争夺中，他高居第三，仅次于戈贝尔和阿德托昆博。

湖人队西部最大的对手是快船队。快船队管理层休赛期运作非常成功，堪称最大赢家，在顺利签下新科总决赛MVP莱昂纳德之后，又与雷霆队完成7换1大交易，用加里纳利、亚历山大以及5个首轮签换来保罗·乔治，与莱昂纳德组成"双巨头"。再加上贝弗利，快船队构架起联盟最强防守"铁三角"，除此之外，替补席上还坐着路易斯·威廉姆斯和哈雷尔"哼哈二将"。

快船队在揭幕战中力挫湖人队，打响第一炮。由于莱昂纳德和保罗·乔治都有不同程度的伤病，快船队状态起伏不定，但仍然打出了49胜23负的常规赛战绩，高居西部第二。"洛杉矶双雄"成为西部最火热的球队，也是总冠军大热门。

西部另外一支热门球队是火箭队。在保罗·乔治离开雷霆队之后，维斯布鲁克也跟管理层提出了交易申请，火箭队果断出手，克里斯·保罗和维斯布鲁克互换东家，昔日"雷霆二少"在休斯敦重聚，哈登+维斯布鲁克超级后场组合出炉。但这对MVP组合并没有起到1+1大于2的效果，在哈登身边打无球的维斯布鲁克威力大减，同时伤病让他始终没有达到最佳状态。最终，火箭队取得44胜28负的常规赛战绩，位列西部第四。

西部出现了一匹超级黑马，那就是雷霆队。被火箭队"抛弃"的克里斯·保罗在雷霆队找到了新活法，就当所有人认为雷霆队摆烂时，他带领球队逆势崛起。保罗、亚历山大、施罗德后场"三枪"打得风生水起。雷霆队常规赛打出了44胜28负的战绩，以西部5号种子的身份杀进季后赛，给了质疑者一记响亮的耳光。

常规赛阶段，东部还是雄鹿队的天下，在阿德托昆博的带领下，他们打出了56胜17负的战绩，高居东部第一。"字母哥"场均轰下29.5分、13.6个篮板、5.6次助攻，力压詹姆斯成功蝉联常规赛MVP，同时将最佳防守球员（DPOY）奖杯收入囊中，由此成为NBA历史上第三个在同一个赛季里包揽MVP+DPOY的球员，此前只有乔丹和奥拉朱旺做到过。

东部最让人刮目相看的球队是猛龙队。他们未能留下莱昂纳德，实力受损严重，管理层决定重用西亚卡姆，用4年1.3亿美元顶薪与其完成续约。西亚卡姆不负众望，常规赛场均轰下23分成为队内得分王，同时范弗利特成长为新的后场核心，场均贡献17.6分、6.6次助攻。在西亚卡姆、范弗利特、洛瑞组成的"三叉戟"的带领下，猛龙队常规赛打出了53胜19负的佳绩，高居东部第二。

东部第三名是凯尔特人队。"绿衫军"休赛期未能续约欧文，后者加盟篮网队与好友杜兰特相聚。为了及时止损，"绿衫军"管理层用4年1.4亿美元签下了沃克，再加上杰伦·布朗、塔图姆、海沃德、斯玛特，纸面实力看起来依然强大。但"少帅"史蒂文斯始终没有找到激发球队最大潜力的说明书，凯尔特人队一路磕磕绊绊，最终以48胜24负的战绩位列东部第三。

东部最让人失望的球队当属76人队。管理层在休赛期一掷千金，5年1.8亿美元顶薪续约托比亚斯·哈里斯，4年1.09亿美元签约艾尔·霍福德，5年1.7亿美元提前续约本·西蒙斯，并通过交易得到约什·理查德森，阵容配置足够抢眼。

然而，霍福德和恩比德始终无法共存，哈里斯拿到顶薪后状态下滑、本·西蒙斯投篮不足的痼疾被放大，随着赛季的深入，76人队开始为休赛期一系列糟糕的运作埋单，这支纸面强大的球队主场是龙，客场变虫，主场打出31

胜4负的战绩，客场战绩却只有12胜26负。最终76人队常规赛取得43胜30负，仅排在东部第六。

东部的黑马是热火队。帕特·莱利签下悍将吉米·巴特勒是一笔极为成功且超值的买卖，巴特勒的球风与热火队的球队文化完美融合，并爆发出惊人的能量。同时，热火队在选秀大会上也淘到宝贝，纳恩和希罗迅速适应NBA，并成为球队的主要轮换球员，年轻的阿德巴约也成长为一名攻防全能的内线。主帅斯波尔斯特拉将这支热火队打造成一支铁血之师，常规赛取得44胜29负，排在东部第五。

NBA常规赛如火如荼时，一场突如其来的疫情让NBA被迫按下了暂停键。

2020年3月12日，雷霆队主场对阵爵士队，爵士队中锋戈贝尔"新冠"检测呈阳性，球赛被临时取消，这变成了第一张多米诺骨牌，随后疫情开始侵袭NBA，米切尔、斯玛特、杜兰特、伍德等多名球员都被确诊为阳性，NBA常规赛被迫暂停。

经过多方协调和沟通，充分考虑各方利益之后，NBA常规赛在7月31日重启。为了保证球员的安全以及比赛的顺利进行，NBA复赛集中在奥兰多迪士尼园区内封闭进行，共22支球队参加：停摆前东西部排名前八的16支球队，以及与东西部第八胜场差在6场以内的6支队伍。

22支球队要首先进行排位赛，每队要打8场球，排位赛结束后，如有需要将进行抢八锦标赛，最终东西部前八进入季后赛。经过激烈的排位赛角逐，东部的篮网队和魔术队、西部的开拓者队搭上季后赛的末班车。

西部季后赛上半区，湖人队前两轮用两个4：1分别淘汰开拓者队和火箭队，挺进西部决赛。

下半区战况非常激烈刺激，掘金队奇迹般闯进西部决赛。季后赛首轮面对爵士队，掘金队在总比分1：3落后的情况下连赢三场，从而以4：3实现超级逆袭；半决赛面对莱昂纳德和保罗·乔治率领的快船队，掘金队前四战又以大比分1：3落后，就当所有人认为"洛杉矶双雄"会师西部决赛时，他们又一次奇迹般逆袭，连赢三场以4：3的大比分闯进西部决赛。掘金队也就此成为历史上首支在单赛季季后赛中两次在1：3落后的情况下完成大逆转的球队。

西部决赛，湖人队VS掘金队。湖人队在体能上占据绝对优势，面对疲惫之师掘金队，"紫金军团"仅用五场比赛，就杀进总决赛。这五场比赛，詹姆斯场均轰下27分、10.4个篮板、9次助攻，安东尼·戴维斯场均砍下31.2分、6.2个篮板，统治力尽显。

东部季后赛上半区，雄鹿队首轮以4∶1淘汰魔术队，半决赛碰上热火队。让人始料未及的是，雄鹿队阴沟翻船，1∶4爆冷被淘汰出局。热火队打出了极致的防守，用密不透风的联防锁死了阿德托昆博，后者场均仅贡献21.8分，与常规赛表现大相径庭，投射能力短板被无限放大。米德尔顿场均轰下25.6分，但命中率只有41.7%，三分球命中率更是只有33.3%。雄鹿队全队三分球仅投出了32.7%的命中率。

反观热火队，全队只有吉米·巴特勒场均得到超过20分（23.4分），但还有4名球员的场均得分超过13分：德拉季奇场均19.8分，阿德巴约场均17.2分，克劳德场均15.2分，新秀泰勒·希罗场均13.2分。热火队全民皆兵，用极致的团队篮球将雄鹿队斩落马下，逆袭闯进东部决赛。

东部季后赛下半区，凯尔特人队与76人队首轮相遇，意外的是，凯尔特人队以4∶0横扫76人队。半决赛，凯尔特人队与猛龙队大战七场，塔图姆在抢七大战中轰下29分、12个篮板、7次助攻，帮助凯尔特人队惊险晋级，与热火队会师东部决赛。

东部决赛，凯尔特人队VS热火队。热火队前两战在TD北岸花园反客为主，以117∶114、106∶101连赢两场，前四战取得3∶1的领先，一只脚踏进了总决赛的舞台。尽管凯尔特人队在第五战顽强扳回一城，但热火队在第六战没有再浪费机会，以125∶113拿下比赛，从而以4∶2的大比分闯进总决赛。

总决赛，湖人队VS热火队。热火队凭借极致的团队篮球，在东部一路过关斩将杀进总决赛，但湖人队不是雄鹿队，也不是凯尔特人队，他们没有致命软肋。詹姆斯和安东尼·戴维斯两位攻防俱佳的超级巨星让热火队无力招架，最终湖人队仅用五场比赛就解决战斗，以4∶1击败热火队夺得队史第17冠！

詹姆斯总决赛场均29.8分、11.8个篮板、8.5次助攻，毫无争议地当选FMVP，职业生涯第四座FMVP奖杯！"詹皇"不老，传奇继续！

## 2019-2020赛季排名

| 东部联盟 | | | |
|---|---|---|---|
| 排名 | 球队 | 胜 | 负 |
| 1 | 密尔沃基雄鹿队 | 56 | 17 |
| 2 | 多伦多猛龙队 | 53 | 19 |
| 3 | 波士顿凯尔特人队 | 48 | 24 |
| 4 | 印第安纳步行者队 | 45 | 28 |
| 5 | 迈阿密热火队 | 44 | 29 |
| 6 | 费城76人队 | 43 | 30 |
| 7 | 布鲁克林篮网队 | 35 | 37 |
| 8 | 奥兰多魔术队 | 33 | 40 |
| 9 | 华盛顿奇才队 | 25 | 47 |
| 10 | 夏洛特黄蜂队 | 23 | 42 |
| 11 | 芝加哥公牛队 | 22 | 43 |
| 12 | 纽约尼克斯队 | 21 | 45 |
| 13 | 底特律活塞队 | 20 | 46 |
| 14 | 亚特兰大老鹰队 | 20 | 47 |
| 15 | 克利夫兰骑士队 | 19 | 46 |

| 西部联盟 | | | |
|---|---|---|---|
| 排名 | 球队 | 胜 | 负 |
| 1 | 洛杉矶湖人队 | 52 | 19 |
| 2 | 洛杉矶快船队 | 49 | 23 |
| 3 | 丹佛掘金队 | 46 | 27 |
| 4 | 休斯敦火箭队 | 44 | 28 |
| 5 | 俄克拉荷马城雷霆队 | 44 | 28 |
| 6 | 犹他爵士队 | 44 | 28 |
| 7 | 达拉斯独行侠队 | 43 | 32 |
| 8 | 波特兰开拓者队 | 35 | 39 |
| 9 | 孟菲斯灰熊队 | 34 | 39 |
| 10 | 菲尼克斯太阳队 | 34 | 39 |
| 11 | 圣安东尼奥马刺队 | 32 | 39 |
| 12 | 萨克拉门托国王队 | 31 | 41 |
| 13 | 新奥尔良鹈鹕队 | 30 | 42 |
| 14 | 明尼苏达森林狼队 | 19 | 45 |
| 15 | 金州勇士队 | 15 | 50 |

# NBA PLAYOFFS

## NBA季后赛 对阵表
### 2019—2020赛季

**West**

- 洛杉矶湖人队 4
- 波特兰开拓者队 1
  - 洛杉矶湖人队 4
- 休斯敦火箭队 4
- 俄克拉荷马城雷霆队 3
  - 休斯敦火箭队 1
    - 洛杉矶湖人队 4
- 丹佛掘金队 4
- 犹他爵士队 3
  - 丹佛掘金队 4
- 洛杉矶快船队 4
- 达拉斯独行侠队 2
  - 洛杉矶快船队 3
    - 丹佛掘金队 1

**The Finals**

洛杉矶湖人队 4 — 迈阿密热火队 2

**冠军：洛杉矶湖人队**

**East**

- 迈阿密热火队 4
- 印第安纳步行者队 0
  - 迈阿密热火队 4
- 密尔沃基雄鹿队 4
- 奥兰多魔术队 1
  - 密尔沃基雄鹿队 1
    - 迈阿密热火队 4
- 波士顿凯尔特人队 4
- 费城76人队 0
  - 波士顿凯尔特人队 4
- 多伦多猛龙队 4
- 布鲁克林篮网队 0
  - 多伦多猛龙队 3
    - 波士顿凯尔特人队 2

2020-2021赛季的NBA，依然受到"新冠"疫情的影响。由于上个赛季的结束时间过晚，本赛季的开赛时间只能无限期推迟，直到2020年12月23日才正式开启。为了让NBA赛事在2021-2022赛季回到正轨，本赛季的赛程必须缩短，常规赛由82场变成72场，季后赛名额规则中，还破天荒出现了附加赛赛制。

在赛季开赛前的交易市场中，有两笔交易为整个赛季埋下了巨大的伏笔。太阳队将卢比奥、乌布雷、杰罗姆、勒丘和2022年受保护的首轮签送至雷霆队，换回保罗和纳迪尔。保罗上个赛季在雷霆队发挥出色，再次成为焦点，而得到保罗的太阳队则被认为是西部季后赛级别的球队。在东部，雄鹿队通过一笔四方交易从鹈鹕队得到了防守悍将霍乐迪，又在赛季进行期间以超过1.2亿美元的合同与霍乐迪续约。"字母哥"+米德尔顿+霍乐迪组成新的

## 2020-2021

### "控卫之神"留憾
### "字母哥"成主宰

总冠军：**密尔沃基雄鹿队**

总决赛MVP：**扬尼斯·阿德托昆博**（雄鹿队）

得分王：**斯蒂芬·库里**（勇士队/32.0分）

篮板王：**克林特·卡佩拉**（老鹰队/14.3个）

助攻王：**拉塞尔·维斯布鲁克**（奇才队/11.7次）

最有价值球员：**尼古拉·约基奇**（掘金队）

最佳新秀：**拉梅洛·鲍尔**（黄蜂队）

最佳防守球员：**鲁迪·戈贝尔**（爵士队）

最佳第六人：**乔丹·克拉克森**（爵士队）

进步最快球员：**朱利叶斯·兰德尔**（尼克斯队）

最佳教练：**汤姆·希伯杜**（尼克斯队）

"三巨头"，率领雄鹿队冲击总冠军。

常规赛开启后，联盟采取了严格的防疫措施，不断有球员因为防疫条例缺席比赛。而密集的赛程也让整个赛季伤病频发，尤其是巨星的受伤，层出不穷。

常规赛阶段，西部的爵士队和太阳队成为两支令人惊喜的球队。米切尔和戈贝尔的出色发挥、较高的三分球效率，再配以优秀的战术体系，这一切条件让爵士队一直稳居联盟第一的宝座。而对爵士队位置产生威胁的竟然是太阳队，得到保罗的太阳队，脱胎换骨，一路排在联盟第一，被爵士队超越后，他们也从未跌出西部前二的位置。

相比于太阳队和爵士队的出色发挥，西部另外几支球队的日子并不好过。詹姆斯和戴维斯或多或少都受到伤病困扰，湖人队的战绩一直不算出色，赛季末甚至跌到了附加赛区域。但即便在这种情况下，湖人队依然是夺冠热门，因为他们有詹姆斯。

快船队也因为伤病困扰遭遇了不少麻烦，但是球队一直稳居西部前四。莱昂纳德的发挥还算出色，但保罗·乔治的状态并不稳定。另外，掘金队、开拓者队和独行侠队都展现了不错的状态，获得了最终的季后赛名额。利拉德这个赛季状态继续火爆，而东契奇又有了更加成熟的进步。掘金队在赛季后半赛程失去了主力控卫穆雷，这让他们的实力大打折扣，但约基奇的出色发挥使得球队一直稳居西部前四，而约基奇也成为MVP的热门人选。

勇士队由于伤病问题严重，加上状元怀斯曼严重水土不服，球队战绩一直排在西部季后赛边缘。虽然库里状态爆棚，多次上演得分表演，甚至打出了职业生涯新高的62分，但是最终难阻球队仅取得附加赛名额的局面。

火箭队是西部比较落魄的球队之一。在交易市场中，他们送走了维斯布鲁克，得到了沃尔。但是球队核心哈登铁了心要离队。经历过多番交涉后，哈登最终远走东部，加盟篮网队，与杜兰特、欧文组成"三巨头"，也让篮网队跃升为最强的球队，在夺冠热门榜高居第一。

哈登的到来导致东部的格局骤然发生变化。76人队、雄鹿队、篮网队成为第一梯队，热火队、凯尔特人队、猛龙队的发挥比较让人失望，而常年鱼腩的老鹰队和尼克斯队却一直稳居前五。季后赛结束之后，76人队排名东部第一，篮网队获得东部第二，雄鹿队只排在第三。在这个过程中，篮网队是联盟最为吸睛的队伍,虽然因为磨合战绩起起伏伏,但是球队不断迎来强援,格里芬、阿尔德里奇的加盟使得球队纸面实力更为强大,不过遗憾的是,阿尔德里奇因为心脏原因,被迫退役。另外,奇才队后来居上,获得了附加赛资格。

说到附加赛,西部那边,第七的湖人队和第八的勇士队上演了一场全世界瞩目的较量,关注度堪比总决赛。最终,湖人队在最后时刻惊险战胜勇士队,以第七的身份晋级季后赛,首轮对阵保罗率领的太阳队。而勇士队输给湖人队之后,在和灰熊队争夺第八的排位赛中意外输给对手,库里遗憾地无缘季后赛,他疯狂的一个赛季也随之终结。相比于西部附加赛的精彩,东部附加赛有些相形见绌,最终凯尔特人队以第七的身份晋级,奇才队则排在第八。

季后赛开战,西部的精彩程度依然高于东部。在西部首轮对阵中,太阳队与湖人队的交锋备受关注。一开始卫冕冠军湖人队是被看好的那一方,虽然他们输掉了首场比赛,但是太阳队核心球员保罗肩膀受伤,给了他们反扑的机会,湖人队连下两场,总比分变成2∶1。然而第四场比赛风云突变,虽然保罗的伤病没有彻底恢复,但是戴维斯重伤给了湖人队当头一棒。詹姆斯未能力挽狂澜,太阳队连赢3场,以总比分4∶2淘汰湖人队,晋级西部半决赛。保罗、布克和艾顿组成的太阳队"三巨头",则让人眼前一亮。太阳队西部半决赛的对手是掘金队,后者虽然没有穆雷,但还是以4∶2淘汰了开拓者队,利拉德独木难支。

快船队首轮遭遇独行侠队,前6场比赛,两队的6个主场都没有拿下,而在最终的抢七大战中,莱昂纳德用出色的发挥帮助快船队晋级。爵士队作为联盟第一,与灰熊队的比赛算是波澜不惊,首轮轻松晋级,但是米切尔一直饱受伤病困扰,让他们与快船队的西部半决赛面临巨大挑战。

西部半决赛,太阳队在不被看好的情况下以4∶0横扫掘金队。常规赛MVP约基奇被保罗的中投克制得无力反击。保罗在这轮系列赛的发挥堪称超神,4场比赛都是球队的绝对关键人物,出神入化的中距离让掘金队无力反击。而保罗也终于第二次杀入西部决赛。快船队虽然在经历与爵士队一波三折的对决后以4∶2晋级,但莱昂纳德受伤,无缘西部决赛。

在西部决赛开打前,保罗触发防疫条例,错过了前两战,但布克率领球队以2∶0领先快船队。保罗复出之后,两个客场比赛球队1胜1负。回到主场，太阳队没有完成收割，只能带着3∶2的比分回到斯台普斯。在这个熟悉的场地，保罗爆发，狂砍41分，职业生涯第一次进入总决赛。这位效力联盟16个赛季的老兵，让世界震惊，"控卫之神"引发全美讨论。

东部季后赛首轮，76人队面对奇才队，没有太多意外情况，顺利晋级。他们在东部半决赛的对手是老鹰队，后者凭借特雷·杨的出色发挥轻松淘汰尼克斯队晋级。值得一提的是，在与老鹰队的这组系列赛中，尼克斯队当家球星兰德尔的发挥堪称"地震级灾难"，老将罗斯独木难支。篮网队首轮也是轻取凯尔特人队，遭遇伤病的杜兰特显然状态没有受到影响，"死神"归来，攻击火力太过可怕。雄鹿队则面对热火队完成复仇，"字母哥"发挥出色，率队横扫晋级。

两组东部半决赛都一波三折。76人队显然是实力更强的那一支，但是他们接连在关键时刻掉链子。双方的天王山之战，76人队甚至在领先26分的情况下被翻盘，里弗斯作为主帅难辞其咎。最终老鹰队在抢七大战中获胜，以黑马的姿态杀入东部决赛。而76人队后卫本·西蒙斯的罚球失准，在这轮系列赛

被无限放大，最终成为球队输球的关键因素。另外一组较量中，比赛转折点出现在"字母哥"对欧文的"垫脚"犯规上，再加上哈登的伤病因素，篮网队在2∶0领先的情况下，被雄鹿队翻盘淘汰。纵使杜兰特一人上天揽月，也无力回天。

东部决赛时，雄鹿队没有遇到太多麻烦，以4∶2淘汰老鹰队，时隔47年再进NBA总决赛，"字母哥"率队向冠军发起冲击！

决赛如期而至，太阳队是更被看好的一方。首战，保罗状态奇佳，爆砍30+，率队轻取对手。第二战，虽然布登霍尔泽改变战术，让霍乐迪主要防守保罗，但布克迎来大爆发，太阳队以2∶0领先。然而，就在大家以为雄鹿队大势已去时，"字母哥"却率队完成绝地反击，他们连赢两场，将总比分扳平。第四战最后时刻，保罗出现致命失误。而在天王山之战失误的则是布克，他本有机会绝杀对手，却在最后时刻给了对手翻盘的机会。

第六战，太阳队殊死一搏，保罗找回状态。然而除了保罗之外，太阳队的艾顿和布克都状态欠佳，最终太阳队在2∶0领先的情况下被逆转，2∶4输掉总决赛。雄鹿队加冕总冠军，"字

母哥"也如愿以偿地加冕总决赛MVP。自此,"字母哥"已经获得了常规赛MVP、总决赛MVP、全明星MVP以及最佳防守球员,堪称人生赢家。

这个赛季对于NBA来说,是异常艰难的一个赛季。伤病的频繁和疫情的困扰没有让比赛的精彩程度打折扣,而附加赛的赛制和保罗率领太阳队的异军突起反而让这个赛季更加值得纪念。

而在这个赛季结束之后,NBA也正式度过了75年的岁月。75年历史中,诞生过太多巨星、太多伟大的瞬间。冠军荣誉背后,是无数NBA球员对梦想的追逐,也是NBA这项赛事在全世界的进步。我们期待更多NBA巨星带来精彩的表演,NBA风云录,暂时告一段落,我们后会有期。

## 2020-2021赛季排名

| 东部联盟 | | | |
|---|---|---|---|
| 排名 | 球队 | 胜 | 负 |
| 1 | 费城76人队 | 49 | 23 |
| 2 | 布鲁克林篮网队 | 48 | 24 |
| 3 | 密尔沃基雄鹿队 | 46 | 26 |
| 4 | 纽约尼克斯队 | 41 | 31 |
| 5 | 亚特兰大老鹰队 | 41 | 31 |
| 6 | 迈阿密热火队 | 40 | 32 |
| 7 | 波士顿凯尔特人队 | 36 | 36 |
| 8 | 华盛顿奇才队 | 34 | 38 |
| 9 | 印第安纳步行者队 | 34 | 38 |
| 10 | 夏洛特黄蜂队 | 33 | 39 |
| 11 | 芝加哥公牛队 | 31 | 41 |
| 12 | 多伦多猛龙队 | 27 | 45 |
| 13 | 克利夫兰骑士队 | 22 | 50 |
| 14 | 奥兰多魔术队 | 21 | 51 |
| 15 | 底特律活塞队 | 20 | 52 |
| 西部联盟 | | | |
| 排名 | 球队 | 胜 | 负 |
| 1 | 犹他爵士队 | 52 | 20 |
| 2 | 菲尼克斯太阳队 | 51 | 21 |
| 3 | 丹佛掘金队 | 47 | 25 |
| 4 | 洛杉矶快船队 | 47 | 25 |

| | | | |
|---|---|---|---|
| 5 | 达拉斯独行侠队 | 42 | 30 |
| 6 | 波特兰开拓者队 | 42 | 30 |
| 7 | 洛杉矶湖人队 | 42 | 30 |
| 8 | 孟菲斯灰熊队 | 38 | 34 |
| 9 | 金州勇士队 | 39 | 33 |
| 10 | 圣安东尼奥马刺队 | 33 | 39 |
| 11 | 新奥尔良鹈鹕队 | 31 | 41 |
| 12 | 萨克拉门托国王队 | 31 | 41 |
| 13 | 明尼苏达森林狼队 | 23 | 49 |
| 14 | 俄克拉荷马城雷霆队 | 22 | 50 |
| 15 | 休斯敦火箭队 | 17 | 55 |

# NBA PLAYOFFS

## NBA季后赛 对阵表
### 2020—2021赛季

**West** / **East**

**总冠军：密尔沃基雄鹿队**

**西部:**
- 菲尼克斯太阳队 4 / 洛杉矶湖人队 2 → 菲尼克斯太阳队 4
- 丹佛掘金队 4 / 波特兰开拓者队 2 → 丹佛掘金队 0
- → 菲尼克斯太阳队 4
- 洛杉矶快船队 4 / 达拉斯独行侠队 3 → 洛杉矶快船队 4
- 犹他爵士队 4 / 孟菲斯灰熊队 1 → 犹他爵士队 2
- → 洛杉矶快船队 2
- 西部决赛：菲尼克斯太阳队 4 — 洛杉矶快船队 2

**East:**
- 密尔沃基雄鹿队 4 / 迈阿密热火队 0 → 密尔沃基雄鹿队 4
- 布鲁克林篮网队 3 / 波士顿凯尔特人队 1 → 布鲁克林篮网队 4
- → 密尔沃基雄鹿队 4
- 亚特兰大老鹰队 4 / 纽约尼克斯队 1 → 亚特兰大老鹰队 4
- 费城76人队 4 / 华盛顿奇才队 1 → 费城76人队 3
- → 亚特兰大老鹰队 2
- 东部决赛：密尔沃基雄鹿队 4 — 亚特兰大老鹰队 2

**总决赛：密尔沃基雄鹿队 4 — 菲尼克斯太阳队 2**

## 人人都爱科比·布莱恩特

北京时间2020年1月27日凌晨，NBA传奇巨星科比·布莱恩特在加利福尼亚州卡拉巴斯的一场直升机坠机事故中身亡，终年41岁。

噩耗传来，整个世界陷入悲伤。

当地时间1月26日，科比逝世当天，第62届格莱美颁奖典礼举行。典礼临时增加了致敬科比的环节。科比球衣高悬在场馆上空，现场响起歌声，全场潸然泪下。

1月29日，《时代》周刊宣布，最新一期的杂志封面将以科比为主题。

2月9日，第92届奥斯卡颁奖典礼同样设立了致敬科比环节。

2月15日，NBA官方宣布，将NBA全明星赛正赛MVP奖永久命名为"科比·布莱恩特MVP奖"。

2月24日，科比追思会，众人在"生命的礼赞"中送别科比。瓦妮莎在丈夫去世后首次亮相，过程中几度哽咽："科比是灵魂伴侣，是最有价值球员，也是最有价值父亲。"乔丹老泪纵横，不能自已："科比是好朋友，像我的小兄弟。"奥尼尔则表示："科比是天堂最有价值球员。"

8月12日，加州橙县宣布将8月24日定为"科比日"，希望延续科比精神。四年前，科比退役之年，洛杉矶市已将8月24日定为"科比日"。

9月14日，科比前队友保罗·加索尔女儿降生，加索尔为其取名伊丽莎白·吉安娜·加索尔。"吉安娜"正是科比已故二女儿的名字。

10月11日，湖人队战胜热火队，终结球队十年无冠的历史。湖人队老板珍妮·巴斯在捧起总冠军奖杯的那一刻，动情地说："科比，这是给你的。"

时至今日，全世界纪念缅怀科比的活动还在继续。回溯科比的人生，无须列举他在球场上那些匪夷所思的动作、惊为天人的数字和光灿耀眼的荣誉，这些"人人都爱科比"的言行举止，才是这个世界上规格最高的告别。

图1 2020年1月26日,科比与女儿吉安娜因坠机去世,球迷自发聚集在湖人队主场斯台普斯中心外悼念科比。

图2 2020年2月24日,科比·布莱恩特与女儿吉安娜的追思会于洛杉矶湖人队主场斯台普斯中心举行。迈克尔·乔丹发表演讲,泪流满面。

图3 2014年夏天，詹姆斯（中）离开热火队重回克利夫兰骑士队，与欧文（右）、乐福（左）组成骑士队"三巨头"，开启骑士队2.0时代。

图4 2015年6月16日，2014-2015赛季NBA总决赛第六场，勇士队以105∶97击败骑士队，以4∶2的总比分时隔40年再度夺冠。勇士队的夺冠推动了NBA"小球时代"的来临。

图5 2016年4月13日,2015-2016赛季NBA常规赛收官战,灰熊队以102∶125不敌勇士队。勇士队赛季73胜9负创造NBA历史最佳战绩,库里单赛季投进402记三分,创造NBA历史纪录。

图6 2016年4月13日,2015-2016赛季NBA常规赛,湖人队VS爵士队。本场比赛是科比的告别之战,科比全场狂砍60分,带领湖人队逆袭战胜爵士队,赛后,科比现场发表退役演说。

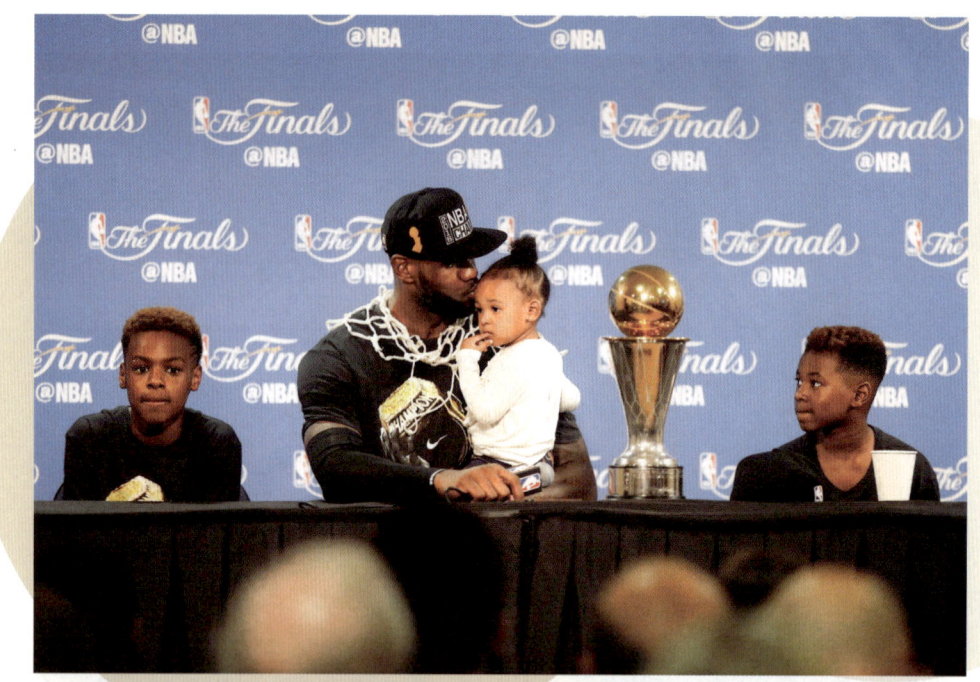

图7 2016年6月19日，2015-2016赛季NBA总决赛，骑士队在1∶3落后的情况下，最终7场苦战逆袭击败卫冕冠军勇士队，詹姆斯带儿女出席新闻发布会。

图8 2016年7月7日，杜兰特亮相勇士队新闻发布会，身披勇士队35号战袍征战NBA。

图9　2017-2018赛季NBA西部决赛第五场，火箭队以98∶94险胜勇士队，以3∶2率先拿下赛点，但保罗的受伤直接改变了系列赛走势，之后的两场比赛火箭队完全陷入被动，勇士队以4∶3击败火箭队，4年内第4次进入总决赛。

图10　2018年6月8日，勇士队以总比分4∶0战胜骑士队获得总冠军，杜兰特从比尔·拉塞尔手中接过FMVP奖杯。他连续两年获得FMVP，并帮助勇士队四年夺得三冠，建立"金州王朝"。

491

图11　2018年6月25日，2017-2018赛季NBA颁奖典礼，哈登当选常规赛MVP，他为火箭队出战72场，场均得到30.4分、5.4个篮板、8.8次助攻，成为联盟得分王。火箭队常规赛打出队史最佳的65胜17负，在季后赛中一路杀到西部决赛。

图12　2018年10月31日，2018-2019赛季NBA常规赛，森林狼队以128∶125战胜爵士队。罗斯31投19中，砍下生涯最高的50分，另有4个篮板、6次助攻。

图13　2019年5月12日，2018-2019赛季NBA东部半决赛第七场，猛龙队以92∶90绝杀76人。末节两队战成90平，比赛还剩4.2秒，莱昂纳德接球后漂移后仰完成绝杀。

图14　2020年10月11日，2019-2020赛季NBA总决赛第六场，湖人队以106∶93大胜热火队，詹姆斯收获个人第4个总冠军，同时当选总决赛MVP。